Weltreise statt Kindergarten

Mit Fahrrädern und zwei kleinen Kindern durch Südostasien und Neuseeland

IMPRESSUM

Weltreise statt Kindergarten

Auflage 3, Oktober 2013

Gestaltung, Satz, Grafiken und Karten: Waldemar Piontek
www.39grad.de, www.weltreise-statt-kindergarten.de
Fotos: Waldemar Piontek, Katja Stoppelhaar-Piontek
Lektorat: Jenny Menzel, www.null-fehler.biz

Druck und Verlag: epubli GmbH, Berlin, www.epubli.de

ISBN 978-3-8442-3268-4

Malaysia

Obdachlos

Stress lass nach! Muss wirklich jede Reise so beginnen? Das kennen alle Eltern, egal ob es auf eine Weltreise oder nur an die Ostsee geht. Die Vorbereitung nimmt kein Ende, da wir nicht nur für uns, sondern auch für die Kinder denken müssen. Anika ist gerade fünf Jahre alt geworden, Titus wird in Kürze zwei. Wir, Katja und Waldemar, haben diese Radreise fast anderthalb Jahre lang geplant. Jetzt ist es endlich soweit.

Unsere Ziele stehen erst seit Kurzem fest. Ursprünglich wollten wir mit zwei Fahrrädern und zwei Anhängern von der Türkei nach Zentralasien radeln. Politische Unsicherheiten und zuletzt der Krieg im Irak machten uns einen Strich durch die Rechnung. Ein anderes Ziel, Südafrika und der Indische Ozean, erwies sich flugtechnisch als Sackgasse, da wir nicht Unmengen Geld für Flüge ausgeben wollen und können. Erst seit einigen Wochen steht unsere Route fest: Malaysia, Thailand, dann weiter nach Neuseeland und auf dem Rückweg noch ein Abstecher nach Sri Lanka. Ganz anders als ursprünglich gedacht, aber auch so lässt sich die Welt entdecken. Es geht uns nicht darum, bestimmte Länder zu sehen oder sportliche Leistungen zu bringen. Wir wollen uns ein Jahr Auszeit nehmen, um neue Lebensperspektiven zu finden. Durch meine Anstellung als technischer Redakteur sehe ich die Kinder nur abends vor dem Schlafengehen und an den Wochenenden. Katja sorgt seit fünf Jahren rund um die Uhr für sie. Diese Situation empfinden wir beide als sehr unausgeglichen. Das Ganze umzukehren, macht auch keinen Sinn. Aber solange sich das Karussell dreht, kann man das Drumherum nur verschwommen sehen ...

Bis wir uns endlich auf die Räder setzen können, wartet noch ein Berg Arbeit auf uns, den wir irgendwie abtragen müssen. Ziehen wir einen Brocken heraus, rutscht der Rest nach und begräbt das gerade Gemachte. Für die Reise an sich habe ich ein Jahr Elternzeit genommen, von dem möglichst wenig für Vorbereitungen draufgehen sollte. Eine Woche Resturlaub ist aber definitiv zu wenig gewesen, das merke ich jetzt.
Die Fahrräder sind noch nicht komplett montiert, das Werkzeug muss zusammengestellt werden und das Wichtigste: Die Wohnung, die wir an eine Freundin untervermietet haben, muss auf die Größe des Kinderzimmers zusammengepackt werden. Darin soll all unser Hab und Gut verstaut werden. Katja und ich packen die Kartons, die Kinder packen sie wieder aus. Was wir mitnehmen wollen, sammeln wir seit Wochen in anderen Kartons: Kleidung, die Reiseapotheke mit Homöopathie, Moskitonetze, ein Mini-Laptop, zwei Kameras, ein Tonaufnahmegerät, eine Campingausrüstung und Regenzeug

für Neuseeland, dünne Baumwollschlafsäcke für Asien, Werkzeug und Ersatzteile, Geschenke von unseren Sponsoren für die Leute unterwegs ... Aber ob da alles drin ist, was wir brauchen werden? Was haben die Kinder inzwischen verstreut?
Haben wir Strom und Wasser abgemeldet? Ist das Telefon umgemeldet? Sein Klingeln unterbricht meine Überlegungen: Die frisch eingespeichten Räder sind fertig. Bis auf die Rahmen und die Sättel ist alles neu: Ich habe die Fahrräder für die Reise fast vollständig mit robusten Komponenten neu aufgebaut. Dabei haben wir Unterstützung von verschiedenen Firmen bekommen: Hase Bikes spendierte einen tollen Anhänger für Anika, von Zwei plus zwei kamen Taschen zum Verpacken der Anhänger, weitere Teile gab es von Point, Ortlieb, Schwalbe, Busch und Müller, Magura und Tubus. Schlafsäcke bekamen wir von Deuter und Yeti. Also nichts wie hin zum Fahrradladen! Danach weiter zum Kindergarten ...

Der letzte Tag bricht an. Es sieht immer noch nicht besser aus, aber heute müssen wir fertig werden. Unsere Untermieterin hilft uns – notgedrungen, denn sie will heute einziehen. Anika verabschiedet sich von ihrem Kindergarten. Was mag in ihrem Kopf vorgehen? Ihr Spielzeug ist weggepackt, ihre Eltern sind hektisch und aufgeregt und das schon seit Wochen. Auf einer Kinderkleiderbörse mochte sie gar nicht mit ansehen, wie ihre Sachen verkauft wurden. Dann nahm sie einige Kuscheltiere: „Die gebe ich nicht her!“ Titus nimmt das Ausmaß unseres Vorhabens dagegen kaum wahr, dafür ist er noch zu klein. Er läuft einfach nur mit.
Die Schlüsselübergabe fällt uns schwer, schließlich lassen wir unser bisheriges Leben auf diesen wenigen Quadratmetern zurück. Eine Reporterin der „Libelle“, einer Düsseldorfer Familienzeitschrift, hält unseren Abschied auf Fotos und in einem Interview fest. Vor uns liegt eine ungewisse Zukunft. Es geht in den „großen Urlaub“, das weiß Anika. Aber was das bedeutet, wissen wir selbst nicht genau. Wir stellen uns die Reise wie einen langen Urlaub vor, an dem uns am Ende das Gleiche erwartet, was wir verlassen.

Vor dem Flug von Frankfurt nach Malaysia legen wir noch zwei Zwischenstopps bei unseren Eltern ein. Der Abschied von meiner Mutter ist kurz, als würden wir morgen wiederkommen. Eine kleine Odyssee per Fahrrad und Zug führt uns ins Weserbergland zu Katjas Eltern. Die nächsten Tage verbringen wir entspannt mit letzten Vorbereitungen. Katja erleichtert das Gepäck noch einmal um einige nicht so dringend benötigte Dinge. Aus Zeltstoff nähe ich eine Erweiterung für das Regen- und Sonnenverdeck von Anikas Anhänger, das der Hersteller Hase Bikes in letzter Minute extra für uns noch angefertigt hat. In dem zweirädrigen Anhänger hat Anika eigene Pedale und eine Gangschaltung, im Gegensatz zu dem Chariot-Anhänger, in dem Titus fährt, aber kein richtiges Dach.

Ostern steht vor der Tür und unser Abflugtermin rückt heran. Es ist alles perfekt – bis auf die Flugscheine. Die sind immer noch nicht da. Wir lassen sie zu unserem nächsten Ziel, einer Jugendherberge in Frankfurt, schicken. Anika sagt zum Abschied: „Bis zum nächsten Jahr!“ Aber den Zeitraum kann sie noch nicht überblicken und so klingt es wie „Bis morgen!“ Für Nina, ihre große Puppe, ist kein Platz, sie bleibt bei Oma. Dafür schenkt der Nachbarsjunge Anika zum Abschied einen kleinen Teddy.
Diesmal haben wir das Gefühl, wirklich loszufahren. In der Jugendherberge in Frankfurt am Main-Ufer sucht sich Anika gleich ein Bett ganz oben aus. „Auch oben!“, fordert Titus seinen Schlafplatz ein. Die Gäste der Herberge kommen aus der ganzen Welt. Eine Japanerin fotografiert ihren Frühstücksteller mit Brötchen, Käse und Fleischwurst. Das wirkt befremdlich, aber wer weiß, was wir bald auf den Teller bekommen werden? Die Flugtickets sind noch nicht da ...

Fliegen ist Wahnsinn!

Der Abflugtag beginnt aufregend: Sind die Tickets da? Ein schwerer Stein fällt uns vom Herzen: In letzter Minute sind sie angekommen! Aufregend bleibt es trotzdem. Zwei voll bepackte Fahrräder mit Anhängern in eine gut gefüllte S-Bahn zu bugsieren, ist ein Kraft- und Geduldsakt. Viele andere Menschen haben das gleiche Ziel wie wir. Sie drängeln schon am Bahnsteig, ein Wettlauf beginnt. Als die S-Bahn kommt, belagert Katja einen Eingang, ich den anderen. Zuerst die Fahrräder. „Anika, komm schnell rein und rühr dich nicht vom Fleck!“, rufe ich ihr zu, während ich den Anhänger nachschiebe. Katja macht es ebenso, nur Titus muss in seinem Anhänger bleiben, obwohl ihm das überhaupt nicht gefällt. „Laufen, laufen“, quäkt er. Doch das geht jetzt nicht. „Piep, piep“ – der Signalton für die Abfahrt ertönt. Alles ist drin, als die automatischen Türen schließen.

Die Fahrt durch den Frankfurter Flughafen entwickelt sich zur Schnitzeljagd. Zum Terminal sollen wir mit dem Skyliner fahren. Das ist mit einem oder zwei Koffern kein Problem, mit zwei Fahrrädern und Anhängern aber sehr wohl. Der Zugang ist nicht ebenerdig, um den Fahrstuhl zu benutzen, müssen wir die Anhänger abkoppeln und einzeln hochfahren. Danach sind noch einmal die Fahrräder dran. „Wo ist der Skyliner?“, fragen wir uns oben. Irgendeinen Wegweiser haben wir wohl übersehen.

Die Zeit bleibt nicht stehen und so legen wir den Weg zum Terminal 1 eben per Fahrrad zurück. Für Anika ist der offene Anhänger noch sehr ungewohnt. Sie rutscht von den Pedalen ab, verletzt sich am Fuß und weint. In der Hektik habe ich nicht darauf geachtet, ob sie ihre Füße in den Pedalhaken festgemacht hat. Im nächsten Gebäude zerre ich mein Rad samt Anhänger auf eine Rolltreppe. Das Gewicht zieht mich zurück, aber so geht es schneller. Derweil quetscht Katja ihr Fahrrad und den Anhänger mit Titus in den winzigen Fahrstuhl. Beim dritten Aufzug haben wir Glück: Zwei Fahrräder mit Anhängern passen ohne Probleme hinein.
Jetzt haben wir es fast geschafft. Nur noch einmal Fahrstuhl fahren und wir können einchecken. Ich trockne mir den Schweiß von der Stirn und schaue auf die Uhr: „Uff! Das hat fast eine ganze Stunde gedauert!" Nach einer weiteren Stunde habe ich Anikas Anhänger zerlegt, während Katja die Gepäcktaschen zusammengeschnallt und die empfindlichen Teile an den Fahrrädern in Luftpolsterfolie verpackt hat. Am Schalter werden wir endlich unsere Lasten los: Das Gepäck wiegt über 70 kg.
Erleichtert gehen wir zum Gate. Hier stellt sich heraus, dass die Fahrräder nicht für alle Flüge eingetragen sind. Ein Telefonat mit dem Reisebüro ist notwendig, damit uns neue Fahrradscheine ausgestellt werden können. Die Frau am Schalter ist angesäuert, weil sie die ganze Arbeit hat und der Flug in wenigen Minuten startet. Katja bleibt am Schalter, ich werde mit den Kindern schon zum Flugzeug geschickt.
Im Flieger lasse ich mich in die weichen Sessel fallen, mein Adrenalinspiegel baut sich langsam ab. Jetzt könnte ich erst einmal eine Dusche gebrauchen. Immerhin werden heiße Erfrischungstücher gereicht. Die Flugbegleiter sind sehr nett. „What are you doing in Malaysia?" Bald weiß die ganze Crew über unsere Pläne Bescheid. Wir sind eine Attraktion. Wo bleibt nur Katja? Anika macht sich Sorgen. Da ist sie schon, wir sind vollständig und können losfliegen.

Katja

In dem großen Jumbo sitzen nur 35 Passagiere. SARS, eine Viruserkrankung aus China, die zu schwerer Atemnot führt, wird in diesem Monat großgeschrieben. Weltweit sollen schon eintausend Menschen daran gestorben sein. In Deutschland gab es zwar nur wenige Fälle, die haben aber so viel Panik ausgelöst, dass es viele Menschen von Asienreisen abgeschreckt hat. Deshalb ist genug Platz, wir können uns nach Belieben ausbreiten. Das Essen wird bald serviert, danach Getränke und noch mal Getränke, Sandwiches, Eis, Wein, Getränke und, und, und ...
Anika und Titus finden schnell Freunde zum Spielen. Anika ist fest überzeugt, dass das asiatisch aussehende Mädchen ihre Freundin Hannah kennen muss. Ganz logisch, denn Hannahs Mutter ist Koreanerin. Hannah und dieses Mäd-

chen haben beide schwarze Haare und den gleichen Haarschnitt. Die Kinder rennen immer wieder zur Galley, der Flugzeugküche, und bekommen Süßigkeiten. Jeder Wunsch wird ihnen von den Augen abgelesen. Es ist wie bei den Großeltern! So freundlich habe ich noch keinen Flug erlebt.

Es ist dunkel. Wir schweben irgendwo über Pakistan der Sonne entgegen. Der Sonnenuntergang schien unwirklich, weil der Tag so kurz gewesen war. Obwohl wir hundemüde sind, ist an Schlaf nicht zu denken. Nach einigen Stunden in diesem künstlichen Raum fühle ich mich schlechter, als wäre ich die Strecke geradelt. Die Schleimhäute sind trocken, der Kopf dröhnt und der Rücken schmerzt. Als noch zwei von den zwölf Stunden Flugzeit übrig sind, wird das Frühstück serviert. Anika, gerade aufgewacht, wird liebevoll von einer Stewardess umsorgt. Die Marmelade wird geöffnet, das Brötchen geschmiert und der heiße Auflauf kalt gepustet. Der Chefsteward gibt uns Tipps für die ersten Übernachtungen mit auf den Weg und als Zugabe zwei große Flaschen Wasser und den in Malaysia seltenen Apfelsaft für unsere Kinder. Mit den Worten: „Das wird euer teuerstes Hotel in Malaysia sein, aber an diesem Flughafen gibt es kein anderes", verabschiedet er uns.

In Malaysia ist es früh am Morgen, unsere inneren Uhren stehen aber auf Mitternacht. Meine Schultern schmerzen. Mit Titus in der Deuter-Rückentrage und zwei kleinen, aber schweren Rucksäcken torkele ich auf der gelben Linie entlang, die zur Passkontrolle führt. Katja und Anika schleppen neben ihrem Handgepäck noch das Wasser und den kostbaren Apfelsaft. Der lange Gang ist gespenstisch leer und kalt, nur unsere Schritte durchschneiden die Stille. Die wenigen Menschen mit Mundschutz könnten aus einem Science-Fiction-Film stammen. Übermüdet starren wir auf Schilder, die vor SARS warnen.

„All right", grinst der Zöllner und knallt laut zwei Stempel in unsere Pässe. Das Gepäck ist schon da, die Fahrräder warten an der Sperrgutausgabe. Im Zeitlupentempo schraube ich alles zusammen, Katja bepackt die Anhänger. Die Angestellten bestaunen uns, während Anika und Titus die Bewegungsfreiheit in der großen Halle nutzen. Am Geldautomaten ziehen wir unsere ersten Ringgit, die malaysische Währung. Aus unserer klimatisierten Position hinter den großen, getönten Glasscheiben ist die riesige kahle Fläche mit den wenigen Palmen draußen ein irgendwie unwirklicher Anblick.

In unserem Zustand macht eine Fahrt mit den Rädern an die ca. 40 Kilometer entfernte Küste keinen Sinn, davon bin sogar ich inzwischen überzeugt. Ein Reisebüro gibt uns Auskunft über das einzige Hotel in der Nähe. Mit einer handgekritzelten Wegbeschreibung in der Hand schieben wir die Gespanne zum Ausgang. Ich habe das Gefühl, dass uns tausend Augen anstarren und bin froh, endlich aus dem Flughafengebäude zu kommen. Wie eine Welle schlagen uns Feuchtigkeit und Hitze entgegen, mehr nehmen wir vorerst nicht wahr. Die Metallteile der Fahrräder beschlagen sofort. Mehr schwankend als fahrend ziehen wir in den Dschungel hinaus. In den Straßendschungel! Bald stehen wir am Rand einer vierspurigen Straße und stellen fest, dass wir im Kreis gefahren sind. Ergeben schieben wir ein zweites Mal gegen die Fahrtrichtung. Die Straßen sind von tiefen, breiten und trockenen Wassergräben und einigen wenigen Palmen gesäumt. Ich kann mir nicht vorstellen, dass es hier einmal Wasser gibt?

Die Sonne brennt uns auf die Köpfe, die Kleidung ist nass. Ich habe immer noch Socken an: nasse Socken. Das Hotel, das wir endlich erreichen, hat mindestens vier Sterne. Die kühle Halle wirkt prachtvoll. Ich erinnere mich an die warnenden Worte des Chefstewards: „So viel werdet ihr in Malaysia nie mehr für eine Übernachtung bezahlen." Im Moment ist das egal. Der Jetlag sitzt uns fest im Nacken und die hohe Luftfeuchtigkeit tut ihr Übriges. Glücklich liegen wir auf dem Bett und lassen uns die kalte Luft der Klimaanlage auf die Bäuche blasen. An diesem ersten Tag schaffen wir es gerade einmal zum Swimmingpool. Beim Abendessen schläft Titus im Lokal ein. Anika rührt nichts mehr an, nachdem ich ein langes Ding mit Saugnäpfen aus meinen Nudeln gefischt habe. Danach fallen wir ins Bett - um wenig später hellwach zu sein. Unsere Körper sind auf Spätnachmittag in Deutschland eingestellt. Ein merkwürdiges Geräusch wie Gelächter hält uns auf Trab. Später stellen wir fest, dass wir einen Mitbewohner haben: einen Gecko. Erst in den frühen Morgenstunden fallen wir in tiefen Schlaf und verpassen fast das Frühstück.

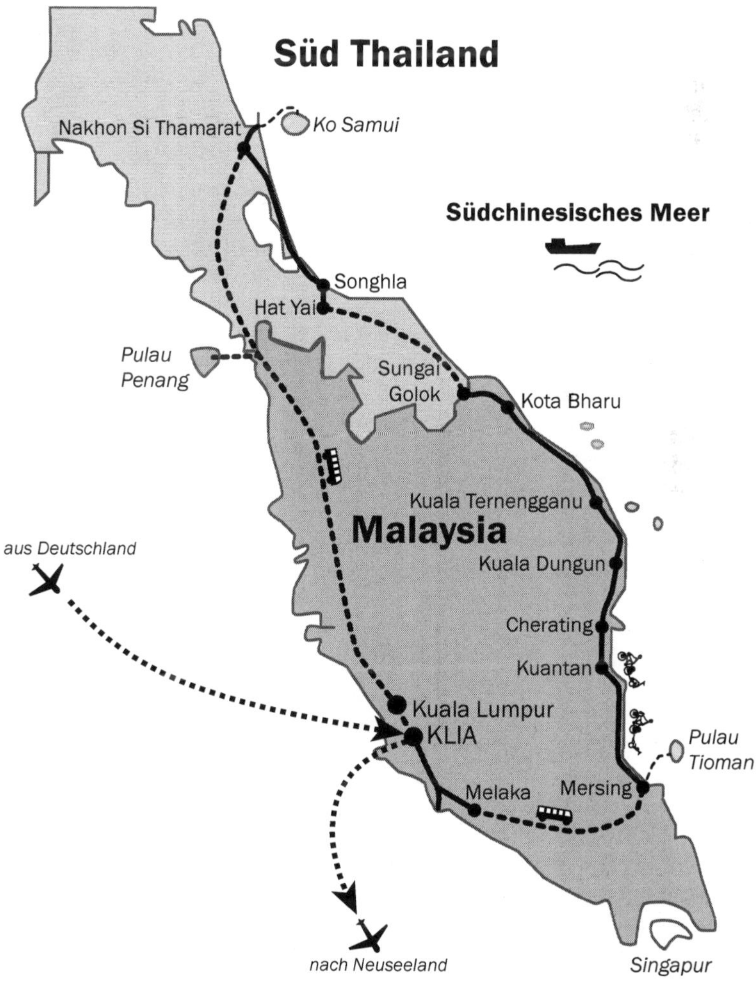

Freundliche Menschen und gnadenlose Sonne

Am zweiten Tag geht es uns schon besser. Wir schaffen es, uns auf die Fahrräder zu setzen, um einzukaufen. Viel finden wir nicht, im Umkreis des Flughafens gibt es nur teure Hotels und eine Formel-eins-Rennstrecke. Die 80 Kilometer nach Kuala Lumpur sind viel zu weit für uns. Abends essen wir eine Wassermelone, die Titus nachts erbricht.

Nach einem ausgiebigen Frühstück machen wir uns am dritten Tag auf den Weg in Richtung Küste. Ein indischer Hotel-Wachmann zeichnet uns die Strecke nach Port Dickson auf und gibt uns noch die Telefonnummer eines Verwandten mit: „You can sleep there." Auf einer schnurgeraden und schattenlosen vierspurigen Schnellstraße kriechen wir in Richtung „Formel-1-Circuit" und müssen dabei frustrierenderweise einen riesigen Bogen um den Flughafen fahren. Tiefer gelegte Autos und vollverkleidete Motorräder und Mopeds rasen an uns vorbei. Die in Lederkombis gekleideten Motorradfahrer sind sicherlich sonst ein seltener Anblick hier. Die Formel-eins-Rennstrecke lässt grüßen.
Die Sonne wandert schneller, als wir fahren, sie steht schon senkrecht über unseren Köpfen. Ich dachte, ich kenne Hitze aus den Mittelmeerländern, aber die Temperaturen hier sind damit nicht vergleichbar. Der Schweiß rinnt mir die Stirn herunter, weit und breit sind kein Schatten und kein Rastplatz zu sehen. Nur trockenes Land mit einigen Palmenplantagen. Die hohe Luftfeuchtigkeit macht jede Bewegung zur Qual. Die Sonne brennt, die Beine sind wie aus Watte. Die Gummigriffe des Lenkers sind nass und rutschig. Über dem Asphalt flimmert die heiße Luft, die Reifen kleben an ihm fest.
Die Hügel vor uns kommen mir wie riesige Berge vor. Das Gepäck, die Anhänger und die Kinder – es sind fast 100 Kilogramm pro Gespann – ziehen uns unerbittlich zurück. „Nicht fahren", jammert Titus. Doch leider können wir nirgendwo rasten. Nicht ohne Schatten. Wir sind gereizt und gestresst und zweifeln an unserem Vorhaben. Anika sagt zwar nichts, aber glücklich sieht sie nicht aus. Wir kommen kaum voran, zumindest scheint es mir so, weil wir ständig anhalten, um zu trinken. Katja geht es nicht besser als mir. Es fällt ihr schwer, in der Hitze den Anhänger mit dem jammernden Titus zu ziehen.
Endlich geht es bergab, die Räder rollen etwas schneller. In der flirrend heißen Luft taucht wie eine Fata Morgana ein Stand mit Wassermelonen auf. Der Verkäufer macht uns Platz unter seiner Plane, schneidet wortlos eine Melone auf und gibt sie uns. Was mag er denken? Wahrscheinlich: „Nur verrückte Weiße reisen mit dem Fahrrad." Ich denke das auf jeden Fall auch. Hinter dem Stand liegen die verdorbenen Früchte im Graben. In der Luft hängt ein Geruch von gärenden Melonen. Den Rest der Melone packt der Mann uns ein, als Geschenk. Das ist sehr nett von ihm, aber ich bin entsetzt: zusätzliche Last im Anhänger!

Die Rast hat uns kaum Erholung verschafft. Ich habe nur einen Wunsch: weg von dieser monotonen Straße und schnell ans Meer. Das Wasser steht mir auf der Haut. Abwischen nützt nichts, die Schweißtropfen sind sofort wieder da. In der Ferne sehen wir eine Ansammlung von Sonnenschirmen. Ich denke an Verkaufsstände mit kühlem Wasser und saftigen Früchten ... Nein! Die Sonnenschirme gehören zu einem Hindu-Tempel. Eine Frau lädt uns ein zu rasten. Wir nehmen dankend an und gönnen uns zuerst eine eiskalte Erfrischung. Im Nu sind die Limonadenflaschen leer. Die Eiswürfel lassen wir lieber stehen, zu frisch sind die Warnungen vor Durchfällen.

Wir sind unsicher, wie wir uns verhalten sollen. Was tun die anderen? Anika erfasst es zuerst: Sie ziehen ihre Schuhe aus und waschen sich Füße und Hände. So machen wir es auch. Der Tempel ist eine ummauerte und überdachte Fläche mit offenen Seiten, die Balken glänzen gelb und rot. Die Kleider der Sonntagsbesucher sind fast farbenprächtiger als der Tempel selbst. Auf einem Altar liegen Eier, verschiedene andere Lebensmittel und Blumen. Der abgeschnittene Kopf (mit Hörnern!) eines geopferten Ziegenbocks liegt ebenfalls darauf. Ein Mann läutet rhythmisch eine Glocke, ein zweiter in einem goldfarbenen, um die Hüften gebundenen Tuch hantiert mit einer brennenden Fackel. Nach der Zeremonie stellen sich die Betenden in einer Reihe auf, um von ihm ein Farbmal auf die Stirn getupft zu bekommen. Alle sind sehr freundlich und offen und von unseren blonden Kindern sehr angetan. Sie berühren ihre Haare, was Anika und Titus aber nicht mögen.
Später setzen wir uns alle in Reihen auf den Boden. Bananenblätter werden ausgeteilt, darauf kommt ein Löffel Kohlgemüse und Gurke. Aus einer großen Blechwanne wird Reis dazugegeben. Schließlich bringt der Mann, der die Zeremonie durchgeführt hat, Fleisch und Soße. Gegessen wird mit den Fingern der rechten Hand. Das Gefühl, die Speisen mit den Fingern anzufassen, ist befremdlich. Die Finger werden klebrig, genau das, was unsere europäische Erziehung verhindern sollte. Für Titus ist das kein Problem, er isst sowieso lieber mit den Fingern.
Anika rührt ihre Portion nicht an, es ist ihr „zu scharf“. Wahrscheinlich ist ihr das Ganze einfach zu fremd, zu Hause kochen wir nämlich auch nicht milder. Mir fehlt allenfalls etwas Wasser zu dem trockenen Essen. Weil alles so neu ist und ich so aufgeregt bin, schaffe ich meine Portion kaum. Als alle längst fertig sind, sitzen wir immer noch da. Die Essensreste samt „Geschirr“ werden über die Mauer gekippt. So gibt es keinen Abwasch und für die Reste finden sich sehr schnell tierische Interessenten. „Thank you very much and bye, bye!“
Gestärkt und erholt verlassen wir die winkenden Menschen. Es ist immer noch sehr heiß; zwar nicht mehr so wie am Vormittag, aber immer noch anstrengend für uns Tropenneulinge. Drei Liter Wasser pro Person sind schnell

verbraucht. Wir benötigen dringend Nachschub. „Anika, schau!", rufe ich aufgeregt und zeige ihr die kleine Sensation. Eine Gruppe Affen macht sich über den Müll am Straßenrand her. Unsere ersten Affen! Auch der kleine Titus schaut fasziniert hin. Er hat Affen noch nicht einmal in einem Zoo gesehen. Wir sehen noch Gürteltiere, Warane und eine Bengalkatze, die aussieht wie ein kleiner Leopard. Leider sind sie alle überfahren worden.
Nach 36 Kilometern kommen wir endlich nach Bagan Lalang. In dem kleinen Küstenort sammeln sich am Wochenende mehr oder weniger wohlhabende Städter aus der Hauptstadt Kuala Lumpur. Da unser Budget durch das Flughafenhotel sehr geschrumpft ist, entscheiden wir uns für die billigste Unterkunft, eine Holzhütte. Obwohl ich den Preis etwas herunterhandeln kann, erscheint er mir immer noch zu hoch. In der Ecke entdecke ich unter dem Bodenbelag eine Kröte. Darüber freut sich Anika: „Hier sind wir genau richtig!" Daran zweifle ich.
Dass es keine gute Wahl war, stellen wir schon bald fest. Das in einem Tank aufgefangene Duschwasser ist schnell aufgebraucht und reicht nur für Katja und Anika. Meine Haut ist immer noch mit einem Film aus Staub und Schweiß überzogen. Unter dem Moskitonetz wird das Schlafen zur Qual: Die Luft steht, es ist heiß und jugendliche Mopedfahrer veranstalten bis tief in die Nacht ein wildes Rennen vor unserer Tür. Titus wacht auf und weint, die Kröte quakt und ein Gecko macht schmatzende Geräusche. Das heitert Titus wenigstens wieder auf: „Gecko da", freut er sich. Am Morgen haben wir die Nase voll und ziehen ins Hotel um.
Im „Seri Malaysia", einem herrlich kühlen Zwei-Sterne-Hotel, können sich unsere strapazierten Muskeln auf einem riesigen, weichen Bett entspannen. Es ist die Zeit des Südwest-Monsuns und wie bisher jeden Abend gewittert es auch heute wieder. Wir entspannen uns am Pool und schauen uns den Sonnenuntergang am Strand an. Die Einheimischen baden und genießen den Regen. Nach den letzten Tropfen gehen auch wir kurz ans Meer und beschließen, noch eine Nacht zu bleiben. Zum Abendessen in einer Strandbude gibt es für die Kinder ganz milden Reis mit wenig Blattgemüse und ein paar Meerestieren. Der Tee dazu hat eine außergewöhnlich orangerote Farbe und schmeckt sehr süß. Titus schmeckt es, aber Anika verweigert wieder das Essen.

Katja

Die Umstellung war ganz schön hart: vom Nobelhotel am Flughafen in eine Holzhütte mit harten Eisenbetten und einem mit Schlauch verlängerten Wasserhahn, der als Dusche dienen sollte. Auf den malaysischen Budget-Standard sind wir noch nicht umgestellt. Die Sonne war gnadenlos und wir mussten mehr Kilometer fahren, als wir uns vorgenommen hatten. Zudem geht es meinem Magen nicht gut. Auf vergangenen Reisen hieß es dann immer: „Da müssen wir jetzt durch, wir haben keine andere Möglichkeit." Den Spruch kann ich zwar nicht mehr hören, aber ich weiß, dass wir es ja bisher wirklich immer geschafft haben. Unsere erste Etappe hatte ich mir anders vorgestellt!

Wohin wir fahren wollen, wissen wir immer noch nicht. Nachts lese ich im Schein der Taschenlampe im Stefan-Loose-Reiseführer über die Westküste Malaysias. Bis auf einige Städte ist sie nur spärlich beschrieben und hört sich auch nicht sehr spannend an. Erst das Kapitel über Melaka macht mir Hoffnung. Bis dahin sind es aber noch fast 150 Kilometer. Für Busreisende sind die langen Strecken kein Problem, mit unseren 40-Kilometer-Tagesetappen könnte das schwierig werden. Die Unterkünfte sind teurer und seltener, als wir angenommen haben. Das macht mir Sorgen, denn unser Budget ist sehr knapp bemessen. Nach Abzug der Flugtickets bleiben uns nur 18 Euro pro Tag für den täglichen Bedarf und die Übernachtung. So hatte ich mir den Anfang unserer Reise nicht vorgestellt! Die Strecke von Bagan Lalang nach Süden ist, wie uns das Flugpersonal schon gewarnt hatte, „very hilly!" Mit dem vielen Gepäck und in der Hitze ist das Fahren eine Quälerei. In der Mittagshitze machen wir Rast im Schatten eines Haltestellenhäuschens auf einem Berg mit Blick auf eine Plantage und einen wunderschönen Hindu-Tempel. Zwei Angestellte der Telekom Malaysia gesellen sich zu uns. Nur noch zwei Berge würden vor uns liegen, dann wäre die Strecke lediglich „leicht wellig". Bis hierhin sind wir insgesamt 18 Kilometer gefahren, davon einige Kilometer nur bergauf. Eigentlich reicht uns das für heute.

Katja

Aus den zwei Bergen werden fünf oder zehn. Die Sonne brennt, wir streiten, ich weiß nicht, warum. Die Sonnencreme muss ständig erneuert werden, die Wasserflaschen sind schon wieder leer. Irgendwann verliere ich Waldemar im Rückspiegel. Es dauert eine Weile, bis er wieder auftaucht: Er hat einen Platten am Hinterrad und schiebt!

Es ist schon früher Nachmittag und wir haben noch die Hälfte der Strecke vor uns. Die Kinder haben keine Lust mehr zu sitzen. Sie toben herum und sammeln bunte Vogelfedern, während Waldemar den Schlauch wechselt. Nur unter Protest geht es weiter. Wir kämpfen uns die Berge hinauf und genießen den Wind der Abfahrten. Hupende Autos und Laster machen einen großen Bogen um uns herum. Manche fahren im Schritttempo vorbei, um in die Anhänger sehen zu können.

Die Strecke zieht sich, jeder Hügel wird zu einem großen Berg. Waldemar und Anika verschwinden immer wieder aus meinem Rückspiegel. Waldemar ist vollkommen ausgepowert und wirft mir vor, ich würde vorneweg „rasen" und noch nicht einmal zum Trinken anhalten. Haha, auch ich bin erschöpft. Nur das Ziel – ein Platz am Meer, wo wir uns ausgiebig ausruhen und erst mal ankommen können –, gibt mir Kraft.

In Lukut, einem kleinen Ort sieben Kilometer vor Port Dickson, gabelt sich die Straße. Bald müssten wir den Hafen erreichen. Doch wo ist Waldemar? Ich halte an und warte. Nichts. Schließlich wende ich und fahre zurück. Endlich kommt er: Sein Reifen saß nach der Reparatur des Plattens nicht richtig auf der Felge und musste noch einmal korrigiert werden.

Durch Port Dickson führt eine stark befahrene Straße. Die Stadt wirkt laut und dreckig, der Verkehr ist wild, am Straßenrand wird Unkraut mit Feuer gerodet. Port Dickson ist nicht weit von Kuala Lumpur entfernt und soll ein Wochenendausflugsziel und Wohnsitz wohlhabender Malaysier sein. Am Stadtrand stehen große, teure Hotels. Ich lotse uns zum Ortsausgang, wo ich das „Youth Hostel" vermute. Das Einfädeln in den Linksverkehr bekomme ich nicht mehr hin, so kaputt bin ich.

Ein Straßenhändler spricht uns an: Gegenüber wohne eine Frau aus Berlin, die könne uns alles zeigen. In einer Windsurfing-Schule treffen wir Salina. Sie ist begeistert, als sie erfährt, dass wir aus ihrer Heimat kommen. Den Besitzer des Hostels, der ein Freund von ihr ist, ruft sie vorsichtshalber an, damit wir den Weg nicht umsonst machen. Wir müssen uns beeilen: Regenwolken ziehen sich zusammen. Wir versprechen Salina aber, wiederzukommen. Mit den ersten Regentropfen erreichen wir das „Youth Hostel": einige Bungalows, die in Hadji Muhammeds großem Garten stehen. Die Herberge wirkt nicht mehr ganz frisch, aber der Fußboden aus rotem Tropenholz lädt zum Verweilen ein. Hastig bringen wir das Gepäck in unser kleines Chalet mit vier Betten und *einem Bad. Danach gönnen wir uns unter dem vom Dach herabprasselnden Wasser eine erfrischende Regendusche. Herrlich! Selbst Anika stellt sich in das kühle Nass und Waldemar fotografiert uns, während Titus zuschaut.*

Endlich angekommen!

Port Dickson, ehemalige Bergarbeiterstadt und Sitz von viel Militär, ist keine sehr attraktive Stadt, zumindest nicht für westlich orientierte Touristen. Für die Einheimischen hat sie allerhand zu bieten: einen Strand, Geschäfte, Restaurants, Garküchen und Hotels verschiedener Kategorien. Frei ist in Malaysia nur der Sonntag, daher kommen viele Besucher am Samstagabend von weit her. In unserem „Youth Hostel" erleben wir die Wochenendausflügler. Ein „Harley-Davidson-Nachbau-Club" bezieht gegenüber Unterkunft. Abends und morgens blubbern die V-Motoren mit viel Hubraum. Bis sie warmgelaufen und zur Abfahrt bereit sind, dauert es mindestens eine Viertelstunde. Hin und wieder dreht einer am Gasgriff, das Blubbern wird lauter und fällt wieder auf Standgas-Niveau. Das tun sie alle nacheinander, bis sie dann endlich mit einem Höllenlärm davonbrausen.
Sonst ist es eher still, nur die Grillen sorgen für ein gleichbleibendes Hintergrundgeräusch. Als sich eines der handgroßen Tiere auf Anikas T-Shirt niederlässt, ist die Insektenforscherin begeistert. Abends schauen wir unter der Leuchtstofflampe den Geckos bei der Jagd zu. Die kleinen, flinken Tierchen warten, bis sich ein Insekt in ihre Nähe setzt, laufen los und verschlingen ihre Beute.

Das Chalet bei Hadji Muhammed wird für eine Woche ein kleines Zuhause für uns. Auf dem Gelände am Hang wachsen Bananenstauden, Papaya- und verschiedene andere tropische Obstbäume. Nach der „Durststrecke" tut dieses üppige Grün gut und wir gewöhnen uns langsam an das Klima. Wir fühlen uns überhaupt nicht mehr fremd. Nach unserer Ankunft haben wir die Betten zusammengeschoben und ein Moskitonetz darüber gespannt. Einen ganzen Tag lang rühren wir uns nicht von unserer Veranda. Anika hört Kassetten, wir schreiben oder lesen oder tun einfach nichts.
Satt werden wir schon für einen Ringgit, nur die Ameisen ärgern uns. Wo nur ein wenig Nahrung liegt, wimmelt es von ihnen. Kommt man ihnen zu nahe, laufen sie die Beine hoch und beißen, was ein wenig brennt. In der ersten Nacht bildeten sie eine Straße über Anikas Bett. Na ja, die Kinder haben da auch ganz schön gekrümelt. Auch der Boden von Titus' Anhänger ist schwarz von „Ameis, Ameis", wie Titus sagt. Das ist lustig, er bildet die Mehrzahl wie die Malaien: Zur Mehrzahlbildung wird das Wort noch einmal wiederholt. Ein Kind heißt „kanak", mehrere Kinder heißen „kanak kanak".

Katja
Die Buschtrommeln der Ameisen funktionieren sehr gut: Sobald irgendwo etwas Essbares zu finden ist, sind sie da. Die Ameisenstraße auf dem Bett war ganz schön lästig, die Viecher haben kräftig gebissen. Nach dieser Nacht haben wir nur noch auf der Veranda gegessen und täglich ausgefegt. Selbst kochen wir bisher kaum, weil wir von den Speisen in den Garküchen so begeistert sind. Außer „mee goreng" (gebratene Nudeln) und „pisang goreng" (frittierte Kochbananen) wissen wir meist gar nicht so richtig, was wir da essen – es ist eine Sache von drauf deuten und nicken.
Vorbei an den „food stalls", wo es die Leckereien in Bananenblätter verpackt gibt, geht es zum Strand. Hier betreibt ein Österreicher mit seiner malaiischen Frau und ihrer Familie eine Pizzeria. In Port Dickson durchstreifen wir auch unseren ersten großen Supermarkt in Malaysia. Bisher haben wir immer in kleinen Tante-Emma-Läden eingekauft, wo das Angebot eher begrenzt war. Hier gibt es alles. In verschiedenen Reiseführern habe ich gelesen, man solle möglichst viele Windeln, Tampons etc. mitnehmen. Dass so etwas schwierig zu bekommen sein könnte, habe ich bisher selbst im kleinsten Lädchen nicht feststellen können: Windeln und einfache Damenbinden gibt es überall. Auf unserem Einkaufszettel stehen meistens Obst, Toast und Brotaufstriche wie „kaya" (Kokosnuss-Ei-Aufstrich) und Erdnussbutter. Titus und Anika sind von der bunten, glitzernden Süßigkeitenvielfalt angetan und naschen hier und da.

Auf der Straße haben wir keine Chance, inkognito zu bleiben. Sogar die Polizei grüßt uns. Am Strand lassen sich die Leute mit uns und vor allem mit unseren Kindern fotografieren. Das ist Exotik einmal andersherum. Salina hat über uns in der Zeitung gelesen, noch bevor wir ankamen! Wir besuchen sie noch zweimal in ihrer Surfschule. Jedes Mal sind dort neue Leute aus aller Welt. Der Besitzer eines großen Luxushotels lädt uns sogar ein, bei ihm zu übernachten.
Bevor wir weiterreisen, erleben wir noch einen Nachtmarkt. Wo tagsüber Autos parken, werden abends mehrere Dutzend Stände aufgebaut. Mit aufkommender Dämmerung eilen die Leute hierhin, tagsüber ist es einfach zu heiß. Von verschiedensten Lebensmitteln, Stoffen, Kleidern und Schuhen bis zu Naturarzneien wird allerhand angeboten: alles, was die Menschen für den täglichen Bedarf brauchen. Wir brauchen nichts und staunen nur. An einem Ende des Marktes bietet ein Metzger seine Waren an, die ganzen Tiere hängen kopfüber an Haken. Gekühlt sind sie nicht, aber es riecht gut. Alles ist bunt und fremd für uns. Wir können uns gar nicht satt sehen und denken gar nicht ans Schlafen gehen.

„Sama Sama"

In dem chinesischen Hotel, das wir uns in Melaka ausgeguckt haben, treffen wir niemanden an. Schade, denn es sieht nett aus und in dieser Straße stehen einige schöne Tempel. Die nächste Adresse ist ein altes chinesisches „Guesthouse". Hier ist nur ein kleines Zimmer ohne Fenster und mit drei Stockbetten frei. Nicht das, was wir suchen. „Wir finden bestimmt etwas Besseres!" Da sind wir uns einig und machen uns auf den Weg durch den abendlichen Verkehr zurück nach Chinatown.
Auf der Straße bleiben wir stehen: Aus einer kleinen Halle tönt Reggae-Musik. Draußen stehen ein paar Korbstühle, zwei mächtige Steinlöwen bewachen den Eingang. Eine Wand der Halle ist mit Reggae-Schallplatten geschmückt. Das Gasthaus heißt „Sama Sama" („ebenso"), was die Antwort auf „terima kasih" („empfangen mit Liebe") ist, wie man auf Bahasa Melayu „danke" sagt. Ein Schweizerdeutsch sprechender Chinese und eine Schweizerin bitten uns hinein. Im Innenhof stehen einige Pflanzen und ein kleines Bassin mit Goldfischen. In einem alten Brunnen schwimmt ebenfalls ein Fisch. Nur ein Fisch, damit das Wasser nicht zu sehr belastet wird. So lange dieser Fisch lebt, ist das Wasser lebendig und gut, erzählt uns Soon, der Schweizer-Chinese.

Das ehemalige Opium-Haus ist weiß gestrichen, die Holzbalken sind schwarz und das Dach mit uralten Dachziegeln gedeckt. Alles ist frisch renoviert, die alten Holzböden im oberen Geschoss fühlen sich angenehm unter den Füßen an. Überall im Haus ist eine angenehme Atmosphäre spürbar. Rings um den Innenhof hängen in abgeschnittene Plastikflaschen eingesetzte Pflanzen und von Soon gebastelte Mobiles bewegen sich neben den Papierdrachen sanft im Wind. Statt Glas schützen vertikale Holzgitter und -läden die Fensteröffnungen, so dass die Luft frei zirkulieren kann. Anika ist von den Ventilatoren entzückt und lässt sich nach dem heißen Tag minutenlang „durchblasen". Auch die Hängematten in der überdachten Galerie über dem Hof werden sofort von unseren Kindern besetzt.
Wir spannen unsere Moskitonetze heute vorläufig über die Betten im Schlafsaal, morgen ziehen wir in ein freigewordenes Zimmer um. Von hier oben können wir auf die Straße mit den kleinen chinesischen Läden und einem Tempel blicken.

Katja
Das Guesthouse ist mir schon aufgefallen, als wir uns das chinesische Hotel angeschaut haben. Doch es wirkte nach außen so gepflegt, dass ich dachte, es würde bestimmt unser Budget übersteigen. Ich staune: Es kostet genauso viel bzw. wenig wie das dunkle Loch, das wir vorher angeschaut haben. Klasse! Die Herzlichkeit und Wärme von Gabi und Soon sind überall zu spüren. Die

kleinen Details wie ein Sarong als Zudecke oder die Windspiele im Innenhof machen es zu etwas Besonderem. Im Gästebuch steht: „Wir haben uns wie zu Hause gefühlt." Das kann ich mir gut vorstellen.

Die erste Nacht im Schlafsaal klappt prima. Die Befürchtung, dass die Kinder die anderen Gäste zu früh wecken würden, bestätigt sich nicht. Margret und Joshua, die beide im Schlafsaal übernachten, sind sogar vor unseren Kindern wach. Mittags können wir in ein schönes Zimmer mit einem Rattan-Bett umziehen. Alles ist sehr sauber, jeden dritten Tag bekommen wir frische Handtücher und Bettwäsche. Das tut gut nach den Unterkünften der letzten zwei Wochen, die alle etwas muffig und funktionell eingerichtet waren.

Die Kinder beschäftigen sich mit Biko: Der Kater ist ca. neun Wochen alt, Anika darf ihn mit der Flasche füttern. Wir Eltern haben Zeit für uns, dösen in der Hängematte, kaufen auf dem Markt bunte Sarongs, die man hier um die Hüfte geschlungen trägt, stöbern im Antik-Laden, schreiben im Internetcafé E-Mails und entspannen einfach. Ich bin erstaunt, dass es mit den Kindern hier in der Stadt so gut funktioniert. Der lichtdurchflutete Innenhof bietet ihnen Freiraum zum Toben, „Fische gucken" und „streicheln", sie planschen in der Waschschüssel oder malen mit Wasserfarben die Tageserlebnisse auf. Wir lassen uns Zeit, wir müssen nicht die ganze Stadt an einem Tag sehen und abfotografieren. Vielleicht bleiben wir sogar bis zu meinem Geburtstag in zwei Wochen hier?

Im Guesthouse treffen wir auf die verschiedensten Reisenden: Margret, eine allein reisende Endfünfzigerin aus Irland, kommt gerade aus Australien. Sie ist Lehrerin und will in China Anthropologie unterrichten. Auf der Zwischenstation in Melaka lernt sie zwei Monate lang Chinesisch. Margret meint, wir würden sie an sich selbst erinnern. Früher sei sie mit ihren Kindern auch viel gereist.

Joshua ist Amerikaner. Der Enddreißiger ist Grafik-Designer, für zwei Wochen hier und hat immer sein Buch und Stifte zum Malen dabei. Ein Deutscher, der seit Januar in Südostasien unterwegs ist, kommt abends an, besichtigt Melaka am nächsten Vormittag und muss dann weiter, sein Visum für Australien läuft ab. Zwei Holländerinnen bleiben für zwei Nächte auf der Durchreise nach Thailand. Sie waren bereits in Neuseeland, Australien und Singapur, wollen weiter nach Penang und machen einen sehr gestressten Eindruck. Vier malaysisch-chinesische Künstlerinnen aus Kuala Lumpur bleiben eine Woche, basteln Blumen aus Krepp und Brillen aus Papier für Anika und Titus und haben Spaß beim Scherzen mit ihnen. Zum Schluss lernen wir James kennen: ein Ire wie Margret, der 35 Jahre in Neuseeland und sieben Jahre in Australien gewohnt hat und der jetzt innerhalb eines Jahres langsam zurück nach Irland reisen will. Er ist ein gesprächiger Zeitgenosse, der als erstes ein Dutzend Eier kauft, um morgens für jeden Omelette machen zu können.

All die unterschiedlichen Menschen wären uns zu Hause nie über den Weg gelaufen. Wir sind die erste Familie im „Sama Sama"-Guesthouse. Hoffentlich werden noch viele folgen, denn es ist ein wunderbarer Ausgangspunkt, um mit Kindern Melaka zu erleben.

Melaka ist eine uralte Stadt mit einer langen, wechselhaften Geschichte. Die Einflüsse der verschiedenen Kolonialherren, ob nun Portugiesen, Engländer oder Holländer, sieht man überall an den alten Häusern im Stadtkern. Das Chinesische Viertel von Melaka, in dem wir jetzt wohnen, liegt am westlichen Ufer des Melaka River und besteht aus zahllosen schmalen Gassen und noch schmaleren Häuserfassaden, hinter denen sich meist größere Gebäude verbergen. „Eine Fassade ohne Verkaufsfläche ist eine verschwendete Fassade", sagen die Chinesen. Neben kleine Werkstätten von Blechschlossern oder Korbflechtern quetschen sich winzige Geschäfte und Garküchen, aus deren Woks es mittags nach Knoblauch und Sojasoße duftet. Viele Angestellte nutzen ihre Pausen für eine Stärkung in den winzigen Restaurants. Reis oder Nudeln werden mit Stäbchen gegessen, die Suppe wird geschlürft. Wer weniger Zeit hat, der nimmt den Inhalt des Woks in einer Plastiktüte mit. Das Lunchpaket wird sorgfältig mit einem Gummi verschlossen, so dass auch Flüssigkeiten drin bleiben. Auf diese Weise lässt sich sogar Tee transportieren. Das ist Fastfood auf Asiatisch.

Nach einer kurzen Zeit hier habe ich nicht mehr das Gefühl, in dem bisher erlebten Malaysia zu sein. Auch wenn die verschiedenen Kulturen überall spürbar sind, ist dieses Viertel eine Welt für sich. Gegenüber dem „Sama Sama" lebt ein 74-Jähriger, der lieber ein Geschäft eröffnete, als sich zur Ruhe zu setzen. Er fand eine Marktlücke und stellt Kokosraspeln in kleinen Mengen her, die sonst niemand anbieten will. Damit hat er für seinen behinderten Sohn eine Lebensgrundlage geschaffen, die dieser nach dem Tod des Vaters übernehmen kann. Die Chinesen gelten als sehr geschäftig und fleißig. Als Handwerker und Geschäftsleute sind sie sehr geschätzt. Sie denken an die Zukunft und darauf sind alle ihre Aktivitäten ausgelegt. Die Kinder bekommen gute Ausbildungen, die Geschäftsleute sind ehrlich, damit Stammkundschaft erhalten bleibt. Da das Materielle eine große Rolle spielt, sind Glücksspiele und Wetten sehr beliebt. Sogar Kinder werden dazu animiert. Das fördere ihre Ausrichtung auf Rechnen und Geschäfte, meint Soon. Vielleicht liegt das auch an ihrem Glauben, der keinen Widerspruch dazu sieht? Die ältesten Tempel der Stadt sammeln sich in der Jalan Tukang Emas, der Straße der Goldschmiede. Ihre Verlängerung heißt Jalan Tukang Besi, Straße der Schwarzschmiede. Von diesen Eisenschmieden gibt es tatsächlich immer noch einige. Dicht neben dem chinesischen Cheng-Hoong-Teng-Tempel und dem Xiang-Lin-Si-Tempel stehen ein Hindu-Tempel und die Kampung-Keling-Moschee. Manchmal vermischt sich der Ruf des Muezzins mit indischem Getrommel und dem Duft der chinesischen Räucherstäbchen. Soon organisiert für uns eine Besichtigung in einem kleinen Tempel gleich neben dem „Sama Sama". Gegen 22 Uhr, nachdem die Tore für Besucher geschlossen wurden, lässt uns der Wächter hinein und erklärt uns die verschiedenen Götterfiguren, während Soon übersetzt. Wie in vielen Naturreligionen gibt es eine große Anzahl von Göttern, die jeweils besondere Funktionen haben. Die Archetypen sind mit ihren Stärken und Schwächen menschlich wie wir: Es gibt Kriegsgötter, genuss- und rauschsüchtige Götter, bei Kinderlosigkeit helfende Götter und eine unüberblickbare Zahl weiterer. Mich beeindruckt der Gott der Genüsse: ein dunkler Mann mit einem langen Bart, an den Opium geschmiert wird. Das Rauschgift ist zwar in Malaysia verboten, aber für diese Zwecke wird es geduldet. Auch Bier und Kaffee werden dem Gott täglich gereicht. Ein männlicher Buddha und ein weiblicher Buddha sind ebenfalls zu finden. Der Glaube ist tolerant und offen für andere Einflüsse. Die Geisterwelt und die materielle Welt liegen hier nahe beieinander. Geister haben den gleichen Stellenwert wie die Lebenden. In fast jedem Hauseingang ist an der linken Seite ein roter Schrein mit Räucherstäbchen angebracht und kleine Altäre sind in vielen Straßen und Winkeln zu finden. Über manchen Hauseingängen hängen kleine Spiegel oder Windspiele, die nach der „Feng Shui"-Lehre die Chi-Energie positiv leiten sollen. In einer engen Gasse gehen wir auf unseren Streifzügen oft am Haus eines Eierhändlers vorbei. Durch dessen weit geöffnete Türen kann ich im spärlichen Licht an der Wand gegenüber tief über dem Boden einen Altarstein für die Mutter Erde erspähen. Darüber hält der Hausaltar Opfergaben für verschiedene Gottheiten. Auch die Ahnen haben dort ihren Platz, eine Tafel oder ein Foto erinnert an sie. Tägliche kleine Opfergaben in Form von Essen und Trinken sorgen dafür, dass die Geister der Ahnen über viele Generationen nicht vergessen werden. Gleich daneben steht der Fernseher, vor ihm türmen sich Stapel mit Eierkartons, die gegen Abend etwas weniger werden.

Happy Wesak Day: Buddhas Geburtstag

Musikkapellen ziehen durch Melaka und verteilen Bonbons, hinter ihnen Kinder und Mönche. Auf den Wagen stehen Buddha-Statuen, geschmückt mit Blumen und Lichtern. Jeder Wagen sieht anders aus, aber alle sind bunt und leuchten. Die Menschen sind fröhlich und strahlen Frieden aus. Morgen hat Buddha Geburtstag und heute wird reingefeiert. Dieser Tag wird immer nach dem ersten Vollmondtag im Mai gefeiert und soll an Buddhas Geburt und seine Erleuchtung erinnern. Der volle Mond steht für die Erleuchtung. Es ist ein wenig wie unser Karneval, nur wärmer.

Am nächsten Morgen ist der Altar im Chinesischen Tempel in unserer Straße mit Gaben geschmückt: Obst, Getränke und zwei große Pakete mit Geburtstagsgeschenken. Auf weiteren Altären werden Buddha-Statuen mit einer Kelle in meditativer Ruhe mit Wasser begossen. Überall riecht es nach Räucherstäbchen. Viele der Betenden nehmen eine Handvoll dieses Räucherwerks und zünden es an, um es daraufhin in ein Gefäß mit Sand zu stecken. Sie knien vor dem Altar und beugen sich vor, beten, zünden Kerzen an oder verbrennen unechtes Geld oder Papier. Manche essen kleine Küchlein oder trinken Wasser, aber alle bewegen sich völlig frei. Titus und Anika sind sehr interessiert an dem Geschehen. Anika findet es völlig selbstverständlich, dass Buddha seinen Geburtstag groß feiert und eine Party gibt. Wir bekommen von Buddhas Geburtstagstisch Bananen und Bonbons.

Am selben Morgen feiern in derselben Straße, nur ein paar hundert Meter entfernt, auch die Hindus mit einer Prozession ein Fest. Die Straße vor dem Tempel Sri Poyyatha Vinayagar Moorthi, dem ältesten Hindu-Tempel Malaysias, ist mit Menschen gefüllt. Schon von Weitem tönen lautes Trommeln

und die Klänge der südindischen Nageshwaram, einer oboenähnlichen Tröte. Durch die Nebelschwaden des Räucherwerks sehen wir Männer in der Menge, die nur mit Sarongs oder kurzen Hosen bekleidet sind. In ihren nackten Schulterblättern stecken große Haken, an denen Limonen oder Metalltöpfchen hängen. Die Haut spannt sich unter dem Gewicht. An anderen Haken sind Seile befestigt, an denen auch noch gezogen wird.
Wir stehen zwischen den Menschen, Zuschauer und Teilnehmer mischen sich. Direkt neben mir steht ein Mann mit einem langen, glänzenden Dreizack: das Symbol von Shiva, dem Erschaffer, Erhalter und Zerstörer der Welt. Das spitze untere Ende des Dreizacks sticht der Mann durch eine Banane und setzt es dann an die Wange eines jungen Chinesen, der von zwei anderen gestützt wird. Mir läuft ein Schauer über den Rücken: ein Stoß, und die scharfe Spitze durchdringt die Mundhöhle und ragt aus der anderen Wange heraus. Der Chinese verzieht keine Miene. Es fließt kein Tropfen Blut und er scheint auch keine Schmerzen zu spüren. Die Wunden werden mit einem weißen Pulver bestreut. Der junge Mann wippt und tanzt im Rhythmus der doppelfelligen Thavil-Trommel. Dieselbe Zeremonie sehen wir noch mehrmals, manchmal werden statt Bananen Limonen benutzt. Einigen Männern werden Zigarren gereicht, in denen sicher kein Tabak ist. Sie scheinen in einer tiefen Trance zu sein, die aber nicht nur durch Drogen erzeugt wurde. Ihre Geisteskraft befähigt die Gläubigen, den körperlichen Schmerz auszuschalten. Ich bin verwirrt, denn das „Thaipusam“-Fest wird im

Monat „Thai“ des Hindu-Mondkalenders gefeiert, immer dann, wenn der Stern „Pusam“ am Himmel aufgeht. Das ist normalerweise im Februar unseres Kalenders, jetzt ist aber Mai. In Tamil Nadu in Indien, wo es inzwischen nicht mehr abgehalten werden darf, ehrt man damit den Gott Muruga. Um ihm zu danken oder ihn um Hilfe zu bitten, unterziehen sich die Menschen extremen Selbstkasteiungen. Wer einen besonders großen Wunsch hat oder besonders viel Dankbarkeit ausdrücken will, zieht oft noch einen Anhänger mit der Statue einer Gottheit hinter sich her. Die Seile, mit denen dieser Anhänger gezogen wird, werden mit Haken im Rücken festgemacht. Fast alle gehen barfuß, manche sogar mit Nagelschuhen. Hier in Melaka wird nicht Muruga, sondern die Göttin Mariamman gefeiert, das Fest heißt „Datuk Chachar“.
Plötzlich wird die Menge unruhig und gibt einen kräftigen, sehr dunkelhäutigen Mann frei. Seine Augen drohen, aus ihren Höhlen zu springen, seine Bewegungen sind tierisch. Er scharrt mit den Beinen wie ein Bulle mit seinen Hufen. Gleich rennt er los! Doch zwei Männer halten ihn zurück. Ein anderer scheint sich in ein Wildschwein zu verwandeln. Ich kann fast sehen, wie ihm ein Rüssel und Stoßzähne wachsen, mit denen er die Menge auseinanderschiebt. Das Ganze wird von Zurufen und monotonem Gesang unterstützt.

Der Auslöser meiner Kamera klackt ununterbrochen. Auch ich bin schon lange in einer Trance. Der zweite Dia-Film ist voll und auch die Chipkarte der Digitalkamera warnt. Eine Tonkassettenaufnahme läuft ebenfalls mit. An der Haut einiger Männer werden jetzt „Kavadis“, anderthalb Meter breite und mit Stoffen und Federn geschmückte Gestelle, verankert. Das Gewicht lastet schwer auf ihnen. Der Schweiß läuft von ihren Schläfen, die Ankerhaken bohren sich tief in die Haut der Hüften. Während die Kapelle lauter und schneller spielt, beginnen die Männer mit den Gestellen, sich langsam wie Karussells zu drehen. Was muss das für eine Last sein? Die Gestelle sehen sehr schwer aus. Dann setzt sich die Prozession in Bewegung zum Sri-Muthu-Mariamman-Tempel. Frauen in gelben und orangefarbenen Kleidern mit Milchgefäßen auf den Köpfen begleiten sie. In der Milch wird die Statue der Göttin später gebadet. Die Frauen sind nass, die Kleidung klebt an ihrer Haut. Ein alter Chinese steht mit zusammengelegten Händen und ehrfürchtigem Gesicht am Straßenrand. Viele Schaulustige schließen sich der Prozession an, auch ich ziehe mit, bestimmt noch eine weitere Stunde. Das Gefühl für Zeit geht mir vollständig verloren. Obwohl ich selbst so etwas nie machen würde, bin ich beeindruckt, wie diese Menschen sich so fallen lassen können. Ihr Rausch fasziniert mich. Europa ist sehr kopfgesteuert, hier erlebe ich das Gegenteil. Ich bin tief beeindruckt!

Katja
Das Hindu-Fest zieht Waldemar total in seinen Bann, er ist nur noch am Fotografieren. Als sich nach über einer Stunde die Prozession endlich in Bewegung setzt, habe ich eigentlich genug. Titus und Anika wollen nicht weg! Wir machen einen Kompromiss und warten auf den geschmückten Ochsenkarren, während Waldemar noch ein ganzes Stück mit dem Zug mitgeht. Zurück im „Sama Sama" malt Anika sich einen roten Punkt auf die Stirn, wie ihn die Hindus tragen. Die vielen bunten Menschen und der Trubel haben die beiden fasziniert, bedrohlich fanden sie es nicht.

Melaka auf zwei Rädern

Die Zeit vergeht so schnell! Aus den wenigen geplanten Tagen in Melaka sind schon zwei Wochen geworden. Mit Soon und Gabi feiern wir ganz still Katjas dreißigsten Geburtstag. Ich habe Kuchen besorgt und kleine Geschenke in eine Dose gepackt, Gabi und Soon schenken ihr einen kleinen Buddha-Anhänger aus Jade. In der Straße, in der wir wohnen, kennen uns schon alle und grüßen uns, auch wir fühlen uns heimisch. Anika und Titus mit ihren blonden Haaren ziehen überall Aufmerksamkeit auf sich. Es wird viel gescherzt bei den Chinesen, jedoch sanfter als bei den Malaien, die die Kinder gern mal in die Wange kneifen.

Melaka hat 370.000 Einwohner, ist also recht groß. Für alles, was außerhalb von Chinatown liegt, nehmen wir die Räder. Die Warnungen im Reiseführer, vor dem dichten Verkehr finden wir überflüssig: Wir fallen auf und das macht das Fahren sicher. Die Autofahrer sind sehr aufmerksam, Einfädeln ist kein Problem. Wir müssen nur wie alle anderen nach vorn schauen, entschlossen in die Pedale treten und uns eindeutig verhalten, damit der folgende Verkehr entsprechend reagieren kann. So richtig Spaß machen mir meine Solotouren ganz ohne Gepäck und Anhänger, während die Kinder und Katja Mittagsschlaf machen: Befreit von der Last, erreiche ich die Geschwindigkeit der Mopeds und schaffe es nicht selten sogar, sie zu überholen.
Autos haben hier sowieso keine Chance. Mit den Rädern können wir links und rechts überholen und nach Belieben die Spur wechseln. Das sind die Autofahrer gewohnt, die anderen Zweiradfahrer machen es nicht anders. Auch gegen die Fahrtrichtung zu fahren, ist in den unzähligen und unübersichtlichen Einbahnstraßen üblich. Nur manchmal habe ich das Gefühl, dass die anderen nicht mit der Geschwindigkeit rechnen, die wir mit den Fahrrädern erreichen können. Mit Anhänger und Gepäck fahren wir meistens 15 km/h schnell; schon das liegt über dem Tempo der meisten hiesigen Radfahrer. Ohne Gepäck und Anhänger ist mehr als das Doppelte drin!

Auf unsere Fahrräder und Anhänger werden wir oft angesprochen. Sie sind eine kleine Sensation. In Melaka fahren Touristen und Einheimische in Trishaws durch die Stadt. Die Trishaws, bei uns als Rikschas bekannt, sind Fahrräder mit einem Beiwagen und einer verstärkten Gabel. Bei den Arbeits-Trishaws stehen Schlichtheit und Gebrauchstüchtigkeit im Vordergrund. Anstatt einer Aluminium-Werkzeugkiste mit Mercedes-Stern liegt im Heck nur eine Holzkiste mit Vorhängeschloss. Die Touristen-Vehikel dagegen sind kunterbunt, mit vielen Lichtern, Blumen, Auto-Emblemen und oft sogar Stereoanlagen ausgestattet. Es würde mich nicht wundern, wenn sie bald auch Klimaanlagen hätten.
Reich sind Trishaw-Fahrer nicht. Wenn sie Touristen chauffieren, nehmen sie 20 RM (das sind ungefähr 5 Euro) pro Stunde. Das ist sehr viel. Die „gewöhnlichen" Trishaw-Fahrer, die morgens Händler mit ihren Waren zum Markt oder Kinder zur Schule transportieren, verdienen viel weniger. Trishaw-Fahren ist ihr Leben, viele Chauffeure schlafen auf ihren Wagen, um morgens direkt die ersten Fahrgäste zu ergattern. Bei ihnen hat sich unsere Anwesenheit schnell herumgesprochen. Wir werden nun nicht mehr wie die anderen Touristen gefragt, ob wir eine Stadtrundfahrt machen wollen. Wir haben unsere eigenen Trishaws dabei, damit lässt sich die Stadt am besten erkunden.

Immer wieder einmal tausche ich mein Rad kurz gegen ein Trishaw ein. So ein Gespann ist irre schwer! Um zwei Fahrgäste darin zu transportieren, ist ein riesiger Kraftaufwand nötig. Die meisten Fahrer sind sehr dünn und drahtig; wenn sie Brücken oder kleine Steigungen bezwingen müssen, strampeln sie oft im Schneckentempo daher. Danach fachsimpele ich mit meinen Tauschpartnern über die Teile. Es gibt bei den Fahrern ebensolche Materialfreaks wie bei uns, nur die Prioritäten liegen anders. Statt der leichten japanischen bevorzugt man eher solide englische und niederländische Ersatzteile. Unsere hydraulischen Bremsen und die Federgabeln von Magura erregen Aufsehen. Ein hagerer Mann mit Baseballcap freut sich, weil wir fast keine Shimano-Teile verbaut haben. Die würden nichts taugen. Klar – ein Trishaw ist ganz anderen Belastungen ausgesetzt als ein Sportrad.

Dengue-Fieber

Draußen rollt ein Lärm wie von aufziehendem Gewitter heran. Ein Landrover fährt durch die Straßen, aus einem Anhänger mit mehreren kanonenähnlichen Rohren entströmt Nebel. Wir sitzen gerade beim Essen, als Margret aufspringt und hastig beginnt, alle Türen zu schließen. „What is it?", frage ich erstaunt. Noch bevor sie eine Antwort herausbekommt, sind alle Türen geschlossen. Sie erklärt hastig: „In der Nähe sind zwei Menschen an Dengue-Fieber erkrankt."
Dengue, auch als Knochenbrecherfieber bekannt, verursacht sehr hohes Fieber mit starken Schmerzen, die Erkrankten können sich kaum auf den Beinen halten. Nach einer Woche ist alles vorbei, nur bei Kindern und Zweiterkrankten können tödliche innere Blutungen auftreten. Übertragen wird die Krankheit von tagaktiven „Tiger-Mücken", vor denen man sich nur schwer schützen kann.
Jetzt werden die Straßen regelmäßig mit einem Insektizid eingenebelt, um die krankheitsübertragenden Mücken zu vernichten. Wir ziehen uns zum Essen in die Küche zurück, aber nach einiger Zeit hören wir wieder den Lärm. Draußen werden jetzt die Abwassergräben an den Straßenrändern eingenebelt. Hastig schließen wir die Fensterläden und Türen im Obergeschoss. Leider sind sie ziemlich durchlässig. Die Holztreppe bebt unter den hastigen Tritten der Füße. Die Rückseite wird sicherlich auch vernebelt. Die Tür in der Küche steht noch offen! Damit das Gas nicht so schnell eindringt, richten wir Ventilatoren auf alle Fenster- und Türöffnungen. Nun fühlen wir uns einigermaßen sicher – bis der giftige Nebel auch über dem Dach hängt und in den Innenhof eindringt. Es ist wie in einem Kriegsfilm. Wir sind eingekesselt und haben keine Möglichkeit, dem Gift zu entkommen. Wohl oder übel müssen wir die schwere Luft einatmen.
Unsere Augen tränen. Das ganze Chinesische Viertel wird begast. Eine riesige Wolke hängt darüber. Kein Mensch wurde informiert, keiner gewarnt.

Das Gift dringt in die Wohnhäuser ein, die Einwohner stehen teilweise mitten in den Nebelschwaden und atmen sie ein. Glücklich ist, wer zwei Beine und dichte Fernster hat. Eine Rollstuhlfahrerin hat keine Chance, spielende Kinder verschwinden ebenso im Nebel. Alle Läden sind betroffen, die Lebensmittelstände und die Garküchen natürlich auch. Morgen werden wir das essen ...

Katja
Die einfachen Leute mit den kleinen Geschäften in Melaka leben beengt und unter schlechten hygienischen Bedingungen. Abends huschen Ratten und Kakerlaken an den Häusern vorbei, ideale Bedingungen für Mücken und andere Krankheitsüberträger. Krankheiten und ihre Verbreitung nehmen die Malaysier nicht ernst. Statt Information und Aufklärung erfolgt hier staatlich verordnete Schädlingsbekämpfung. Soon erzählt, dass diese Prozedur wöchentlich wiederholt werde, seitdem die Dengue-Fieber-Fälle aufgetreten wären. Schon zu seiner Kindheit wurden einmal im Monat die Häuser ausgesprüht. Tritt ein Krankheitsfall auf, wird noch radikaler bekämpft.
Die Mücken sind an diesem Abend nicht weniger zahlreich, eher im Gegenteil: Sie scheinen aggressiver. Gegen viele Chemikalien sind sie inzwischen resistent, die üblichen Moskitospiralen richten kaum etwas aus. Da hilft nur eines: ab unter das Moskitonetz und nicht den Stoff berühren, denn die Mücken stechen hindurch. Im „Sama Sama" haben wir die guten Baumwoll-Moskitonetze kennengelernt und tauschten die Pyramidenform aus Nylon gegen ein Kastennetz aus Baumwolle. Die Hitze staut sich nicht so stark darin und es ist etwas mehr Platz. Die Kinder schlafen sicherheitshalber gleich in einem Netz mit Boden und Reißverschluss.

Tioman: Inselparadies?!

„Wo ist meine Taschenlampe?" Katja sucht sie vergebens. Der Aufbruch aus Melaka ist im Gegensatz zu den entspannten Wochen im „Sama Sama" ziemlich stressig. Wir haben Mühe, zusammenzupacken, was im Haus verstreut wurde. Überflüssige Dinge schicken wir nach Hause, Sarongs und andere gekaufte Schätze für Freunde gehen ebenfalls per Post nach Deutschland. Unsere warmen Schlafsäcke, die von Point gesponserten Fahrradhelme der Kinder und die Regensachen reisen schon nach Neuseeland. Sie werden auf dem Seeweg drei Monate brauchen und sollen auf dem Postamt in Auckland auf uns warten.
Seit einer Woche hat es nicht mehr geregnet. Die Hitze macht es uns nicht leicht. Doch als wir auf den beladenen Rädern sitzen, fühlen wir uns gut. Endlich wieder in Bewegung! Weit müssen wir heute nicht radeln, der Busbahnhof ist ganz nah. Mit dem Bus wollen wir die Berge überwinden, um an die 240 Kilometer entfernte Ostküste zu gelangen.

Überraschung: Der Kofferraum ist in der Mitte geteilt, so dass die Räder nicht hineinpassen. Und nun? Den Busfahrer lässt das kalt, wir müssen uns selbst etwas einfallen lassen. Jetzt weiß ich, was Soon mit dem Unterschied zwischen den moslemischen Malaien und den Chinesen meinte. Ich überlege und probiere: Über der Abtrennung ist noch etwas Platz, dort hinein versuche ich die Fahrräder zu schieben. Als ich die Vorderräder ausgebaut habe, funktioniert es. Auch von Anikas Anhänger muss ein Rad ab, das geht nur mit Werkzeug und ist etwas aufwendiger. Katja klappt derweil den Chariot zusammen und verstaut das restliche Gepäck: acht Radtaschen, zwei Rollen und viel Kleinkram aus dem Anhänger. Endlich ist alles drin. Der Busfahrer, der die ganze Zeit mit den Händen in den Hosentaschen hinter uns stand, knallt ohne Kommentar die Ladeklappe zu und geht weg. Die anderen „Zuschauer" sind längst im Bus. Ich drücke noch einmal nach, um die Klappe ganz zu schließen, und ärgere mich ein wenig. Meine Arme sind schwarz verschmiert und mit Schnittwunden übersät, da ich bei dem Stress nicht auf scharfe Kanten geachtet habe. Gemeinsam wäre es wesentlich einfacher gewesen!

Im Bus wird mein Herzschlag langsam ruhiger. Wir sitzen ganz vorn, alle Plätze sind besetzt. Trotz meines Ärgers bin ich froh: Ich hatte schon befürchtet, dass uns der Bus nicht mitnimmt. Von hier oben sieht der Straßenverkehr in Melaka brutal aus, jetzt verstehe ich die Warnungen des Reiseführers. Auch drinnen geht es brutal zu: Ein Video beginnt. In dem amerikanischen Thriller fließt viel Blut, Körperteile fliegen herum, ein Mann verbrennt und ein anderer wird langsam von einem Rohr durchbohrt. Unsere Kinder sitzen zum Glück so, dass sie nicht viel davon mitbekommen. Einige Passagiere – mit Kindern! – haben offensichtlich viel Spaß dabei.
Die ganze Fahrt über regnet es, in Mersing an der Ostküste begrüßen uns riesige Pfützen. Titus setzt sich erfreut hinein, während wir das Gepäck auf die Fahrräder schnallen. Die letzte Fähre auf die kleine Insel Tioman, die 50 Kilometer vor dem Festland im Südchinesischen Meer liegt, ist bereits ausgelaufen. Wir kommen in einem kleinen Hotel mit einer Kakerlake in der Kloschüssel unter und versuchen es am nächsten Morgen noch einmal. In der Nebensaison fahren nur relativ kleine Boote und Fähren nach Tioman. Räder und Anhänger quetschen wir zwischen die Kartons und Säcke, die die Einheimischen mit auf die Insel nehmen. Einige Touristen fahren auch mit. Die Wellen sind ziemlich hoch, durch die offene Vorderluke spritzt Wasser herein. Anika findet es toll und ist schon bald ziemlich nass. Nach zwei Stunden schaukelnder Fahrt bekomme ich langsam ein flaues Gefühl im Magen, doch da kommt schon die Insel in Sicht. Sie sieht schön und wild aus, wie ein grüner Hut in einem blauen Meer. Ihr ganzes Inneres soll ein Naturreservat sein.

Katja
Von wegen Inselparadies! Soon und Gabi haben von Tioman geschwärmt, aber sie waren wohl schon länger nicht mehr hier. Zugegeben: Als wir an der „Jetty", dem Anlegesteg im Hauptort Selang, anlegten, sah es paradiesisch aus. Das Meer ist kristallklar, man kann bis auf den Grund schauen und Schwärme von Zebrafischen sehen. Die Kinder waren begeistert und wollten gar nicht weiter. Ich dagegen war enttäuscht: Bis wir zu „Ellas Place" kamen, wohin statt des beschriebenen Korallenpfades ein betonierter Weg führte, reihten sich Ferienhäuser, Chalets und Restaurants ohne Pause aneinander. Von wildem Dschungel und Naturreservat ist hier nichts zu sehen, alles ist künstlich angelegt.

An unser „Chalet" in Selang, eine enge Holzhütte, haben wir uns nach einigen Tagen gewöhnt. Die wenigen Häuser stehen im grünen Dschungel, im Wasser schwimmen bunte Fische. Das Schwimmen im Meer ist wunderschön, das Wasser kristallklar und warm. Wir finden Korallen und Muscheln am Strand, über dem Meer kreisen Adler und über den Strand huschen Krebse. Bunte Schmetterlinge schweben über dem Boden, nachts fliegen Flughunde und Glühwürmchen über unseren Köpfen. Warane trauen sich bis auf einige Meter an uns heran und ein Affe fletscht aus nächster Entfernung die Zähne. Die Preise auf der Insel sind allerdings heftig: Eine Flasche Wasser kostet 3,30 RM, gekühlt noch mehr. In Melaka zahlten wir nur einen Ringgit dafür! Auch die Kehrseite des Tourismus macht sich bemerkbar: Der meiste Müll wird zwar per Boot in die neue Müllverbrennungsanlage nach Tekek im Südwesten der Insel gebracht, doch hinter den Holzhütten liegt trotzdem noch genug davon herum. In Selang gibt es große entwaldete und erodierte Brachen. Das Wasser des Flusses, der in die Bucht mündet, ist schmutzig, in der Luft hängt ein süßlicher Gestank. Die zwei Meter langen Warane freuen sich darüber, sie fressen gern Müll, genauso wie die Affen.
Das Klima auf der Insel ist angenehm. Tagsüber ist es zwar sehr heiß, doch der Wind sorgt für Erfrischung. Abends gewittert es kurz, aber heftig, und kühlt sich etwas ab. Seit langer Zeit kann der Ventilator nachts endlich aus bleiben. Wir hören das Meer rauschen und Geschrei im Dschungel. In der Kühle des Morgens denke ich an Europa: an einen kühlen, sommerlichen Mischwald, an den Morgentau, an den vertrauten Gesang der Vögel, an die Kiefernwälder und Sandböden meiner Kindheit, an Orte, an denen ich einmal war, an Heimweh nach einem Ort, den ich nicht kenne...

Katja
Auf Tioman quälen mich die Sandfliegen. Wir wurden gewarnt, uns nicht in den Sand zu legen, aber selbst Relaxen in der Hängematte oder auch nur Sitzen auf der Veranda machen keinen Spaß, da die Biester mich ständig um-

kreisen. Titus und Anika haben zerbissene Beine und Rücken. Ein Deutscher in einem Restaurant erzählt uns, dass andere Reisende deswegen direkt wieder abgefahren seien. Von einem Einheimischen bekommen wir den Tipp, Sunblocker dick aufzutragen, aber bei unserer Öko-Sonnencreme scheint das nichts zu nützen.

Mit den anderen Kindern finden Anika und Titus keinen richtigen Kontakt, es leben sowieso kaum Einheimische auf Tioman. Wir vermissen die bisher erlebte Herzlichkeit und Neugier der Malaien, die Kinder langweilen sich und lassen uns nicht in Ruhe. Anika ist besonders unglücklich - wie sich herausstellt, vermisst sie ihre Puppe Nina doch mehr, als wir dachten. Abends weint sie sich in den Schlaf. Unsere Laune wird immer schlechter, in der Hitze zerfleischen wir uns gegenseitig. Es wird erst besser, als wir im Reiseführer über die „touristisch uninteressanten" Gebiete nördlich von Mersing lesen und beschließen, dort weiterzufahren. Genau diese Stellen waren bisher die interessantesten. Strand und Meer sind eben nicht alles, wenn wir dafür vom örtlichen Leben abgeschnitten sind, und Dschungel gibt es auch auf dem Festland. Morgen fahren wir zurück - und geben der Oma in Deutschland Bescheid, dass Nina nachkommen muss. Anika geht es gleich besser.

1.000 Kilometer Küste

Die Rückfahrt mit dem Schnellboot ist heftig. Das Meer ist sehr viel stürmischer als auf der Hinfahrt. Das kleine Boot fährt nicht über das Wasser, es fliegt. Hin und wieder prallt es heftig gegen die Wellenkämme, um wieder einige Meter zu fliegen. Bei jedem Sprung werden wir von den Sitzen gerissen, Titus schreit vor Angst wie am Spieß. Daraufhin übernimmt ein anderer Fährmann das Steuer. „No Fears" steht auf einem Aufkleber über seinem Kopf. Die Fahrt wird zunächst nicht ruhiger, aber ich habe das Gefühl, dass er das Boot sicherer über die Wellen bringt.

Die Einheimischen zucken dabei nicht mit der Wimper. Ein kleines Kind schläft friedlich auf dem Schoß seiner Mutter. Auf dem offenen Meer wird es dann endlich ruhiger und auch Titus schläft schließlich ein. An der Jetty in Mersing hilft uns der Fährmann, die Fahrräder und Anhänger über zwei weitere Boote an Land zu tragen und spricht Titus an. Ich denke, dass er sich etwas um ihn gesorgt hat und deshalb das Steuer übernahm. Titus ist allerdings sehr ablehnend, er hat genug vom Bootfahren.

Aus unserem Plan, mit dem Bus noch 30 Kilometer in den Norden nach Endau zu fahren, wird nichts. Der Schnellbus halte dort nicht, heißt es. Ob das stimmt? Die Frau am Fahrkartenschalter sagt Ja, der Busfahrer sagt Nein. Nach den Erfahrungen in Melaka vermute ich eher, dass der Fahrer keine Lust hat, sich mit dem Einpacken unserer Fahrräder abzumühen. Dann bleiben wir eben noch eine Nacht in Mersing. Unangenehm ist die Stadt nicht, von Touristen wird sie nur als Umsteigestation nach Tioman genutzt, so treiben sich kaum welche in den Straßen herum.

Katja
Ich bin so kaputt nach der wilden Überfahrt! Anfangs hatte ich richtige Angst um mein Leben. Als der Fährmann wechselte, wurde ich etwas ruhiger, denn wir kannten ihn schon von der Hinfahrt. Trotzdem saß ich voller Anspannung mit dem schlafenden Titus auf dem Schoß, fing die Schläge ab und zog mir dabei viele blaue Flecken zu. Jetzt ist meine Energie erschöpft, die Beine sind wie aus Watte. „Mama, Arm!" - ausgerechnet jetzt will Titus getragen werden...

Die Nacht in unserem alten Hotelzimmer war für uns alle nicht erholsam. Mit müden Knochen brechen wir auf nach Norden. Die Strecke, zunächst relativ stark befahren, führt an kleinen Sümpfen vorbei, in denen riesige Lotusblüten liegen. Palmenplantagen links und rechts der Straße bestimmen das Bild. Allmählich wachsen immer mehr Hügel aus der Landschaft. Sie werden höher und höher, bis ich in den niedrigsten Gang schalten muss. „Anika, mittreten!", rufe ich schnaufend. Ausgerechnet jetzt fallen Anika in ihrem Anhänger die meisten Fragen ein. „Was ist das für ein Tier?" Sie meint einen plattgefahrenen Affen, an dem wir gerade vorbeigefahren sind. Meine Anstrengung bekommt sie nicht mit. Weil sie nur tritt, wenn sie Lust hat, ist sie ausgeruht und löchert mich, während ich nach Luft schnappe.
Endlich erreiche ich die Bergkuppe. Der Fahrtwind trocknet jetzt den Schweiß. Es geht bergab, bis zur nächsten Steigung. Und dann immer wieder im Wechsel. Die Landschaft verändert sich. Jetzt rollen wir durch die Reste eines Urwalds. Bei einer schattenlosen Pause am vermüllten Straßenrand sehen wir zu, wie Affen die Straßenseite wechseln. Im weiteren Verlauf der Straße sehen wir viele tote Tiere überfahren am Straßenrand liegen; nicht nur Affen, auch tote Warane, Schlangen und Fledermäuse.
Die Strecke wirkt, als hätte sie jemand auf ein Reißbrett gezeichnet: Die schnurgerade Straße nimmt keinerlei Rücksicht auf die topografischen Gegebenheiten. Anders als in Europa, wo viele Straßen eine jahrhundertealte Entwicklung von Fuß- und Karrenwegen zu Bundesstraßen durchgemacht haben, scheinen diese hier einfach durch zweckgebundene Planung entstanden. Noch vor hundert Jahren führte kein einziger Weg durch den Osten Malaysias, Dörfer waren nur in der Trockenzeit per Boot erreichbar. Heute knattern bunte, mit Baumstämmen beladene Lkw über den glatten Asphalt. Der Urwald geht allmählich in gerodete Flächen über. Die aufgerissene Erde sieht wie eine riesige, verkrustete Wunde aus. Baumstümpfe sind abgebrannt oder herausgerissen. Um Palmenplantagen anzulegen und

Tropenholz für Europa und Japan zu schlagen, wird Stück für Stück Malaysias Dschungel gerodet. „Warum haben die Menschen eine Straße durch das Zuhause der Tiere gebaut?", fragt Anika. Darauf finde ich so schnell keine Antwort.

Katja

Ich hatte es im Gefühl, dass das heute eine sehr anstrengende Strecke werden würde. Solche Straßen habe ich noch nie gesehen, wie der Querschnitt eines Donauwellen-Kuchens! Und dazu die glühende Hitze. Wenige Kilometer vor Endau sind die Wasservorräte aufgebraucht. Meine Kraft lässt nach, es fällt mir schwer, den Lenker festzuhalten. Die Hände schlafen ein, die Beine sind lahm.

Endau besteht aus nicht viel mehr als einer langen Straße. Nach den günstigen Unterkünften der letzten Tage zahlen wir hier horrende 50 RM. Dafür haben wir die bis jetzt beste Klimaanlage, ein schönes Badezimmer und Blick auf den Fischereihafen. Anika holt sofort ihre Stifte heraus und malt die gefahrene Strecke mit den Hügeln auf. Danach zeichnet sie eine Schatzkarte. Das ist ihre Methode, an einem neuen Ort anzukommen und sich zu Hause zu fühlen.
Im Ort werden wir von allen Seiten bestaunt. Ich denke nicht, dass sich viele Touristen hierher verlaufen. Die Läden sind fast zu einhundert Prozent chinesisch, die Restaurants auch. Da Katja Probleme mit dem Natriumglutamat im chinesischen Essen hat, wählen wir heute das moslemische Restaurant von Fatimah. „Roti", auf der heißen Herdplatte gebratene Pfannkuchen mit einer Soße aus Curry oder „dal" (ein Linsen- oder Kichererbsenbrei), könnten wir immer essen. Dazu gibt es „daging lembu" (Rindfleisch) oder „ayam" (Huhn) in eigenen Schälchen. Am besten schmeckt dazu „teh tarik", heißer Tee mit geschäumter Milch und viel Zucker. Günstig ist es noch dazu.

Die nächste Etappe von Endau nach Kuala Rompin ist mit 30 Kilometern nicht ganz so lang wie die gestrige und vor allem herrlich flach. Allerdings ist es genauso heiß wie gestern, der Schweiß steht mir auf der Stirn. Nur einige Haltestellenhäuschen spenden uns in den Fahrpausen Schatten. In dieser Gegend sind sie besonders schön und komfortabel: Boden und Bänke sind farbig gefliest, die Kanten mit kleinen Mosaikfliesen abgerundet. Um die Häuschen herum sind Brüstungen aus Stahlrohren angebracht, an die wir unsere schweren Räder lehnen können. Die Ständer haben schon in Deutschland gestreikt, jetzt sind sie ganz unbrauchbar. Ersetzen konnten wir sie bis jetzt nicht, da sie eine Einheit mit den Anhängerkupplungen bilden. Um einen Adapter zu bauen, der die Kupplung separat an der Achse hält, brauche ich eine Werkstatt.

Kuala Rompin erreichen wir am frühen Nachmittag. Der Strand wirkt ausgestorben, neben einigen Wohnhäusern ragen halb zerstörte öffentliche Toiletten und Duschen aus dem Sand. Eine Polizeistreife kennt eine Übernachtungsmöglichkeit: Wir folgen ihr eine Viertelstunde auf einer schmalen Straße zu einem Vier-Sterne-Resort. Das ist nicht unbedingt das, was wir uns vorgestellt haben, wir versuchen unser Glück lieber in der Stadt. An der Tür des ersten Hotels hängt das Schild „Maf bilik suda penuh", was „voll belegt" heißt. In dem anderen ist nur ein kleines, muffiges Doppelzimmer ohne Fenster zu einem überhöhten Preis frei. Das im Reiseführer erwähnte Guesthouse finden wir einige Kilometer außerhalb der Stadt, doch hier werden wir abgewiesen. Am Gelände einer Organisation der Orang Asli (das sind die Ureinwohner Malaysias) fragen wir, ob wir unser Zelt aufschlagen dürfen, doch auch hier gibt es ein klares Nein. Frust macht sich breit. Unsere blonden Kinder wollen die Malaysier alle gern anfassen, aber uns helfen?
Uns bleibt nichts anderes übrig, als in das kleine, fensterlose, dunkle, muffige, von Schimmel befallene Loch zu ziehen. Wir zünden Räucherstäbchen an und hoffen so, den Schimmelgeruch etwas zu übertünchen. Hier wollen wir uns nur so kurz wie möglich aufhalten. Nach den Strapazen von gestern und der Enttäuschung von heute ist die Stimmung schlecht und entlädt sich als Gewitter in Form eines Streits. Immerhin: Die „roti canai" vom Stand neben dem Spielplatz schmecken gut, das „satay" (kleine gegrillte Fleischstückchen am Spieß) ist hervorragend.

Am nächsten Tag wollen wir mit dem Bus weiterfahren. Die nächsten Ortschaften liegen alle weit entfernt und machen uns wenig Hoffnung auf Übernachtungsmöglichkeiten. Pekan, Sitz der malaysischen Königsfamilie, hört sich im Reiseführer interessant an, aber dahin fahren nur Lokalbusse, und in einen „localbas" bekommen wir unsere Fahrräder nie hinein. Der Schnellbus ins 40 Kilometer weiter nördlich liegende Kuantan fährt erst um ein Uhr mittags, wir frühstücken also in Ruhe auf einer Bank am Busbahnhof, umringt von Neugierigen. So lange wir essen, lassen sie uns in Ruhe. Das muss wohl eine Höflichkeitsregel sein. Die Straßen der Stadt sind von jungen Menschen in Trainingsanzügen bevölkert. Mannschaften verschiedener malaysischer Bundesstaaten tragen hier gerade Sportwettkämpfe aus. Einige junge Mädchen mit Kopftüchern sind von Anika und Titus so angetan, dass sie schon bald mit ihnen über den Spielplatz ziehen. Ein Neugieriger versucht mir den Unterschied zwischen Malaien und Deutschen zu erklären. Malaien seien dunkel wie Afrikaner, sagt er. Als er seinen Arm neben meinen hält, muss ich grinsen. Seine Haut ist heller als meine sonnenverbrannte! Am Busbahnhof montiere ich schon mal vorsorglich die Vorderräder und ein Rad von Anikas Anhänger ab, aber der Busfahrer ist eisern: „Not possible. No space inside." Ich gebe nicht nach, bis er widerstrebend

eine Klappe öffnet. Zwei Eimer und ein Besen stehen darin. Kein Problem, das bekomme ich hin, doch er ist anderer Meinung: „Full." Dann dreht er sich einfach um und geht. Ich bin schon wieder ziemlich sauer, öffne den Kofferraum jetzt einfach selbst und fange an, unsere Räder zu verstauen. Die zwei freien Abteile des Kofferraums reichen, auch wenn es ganz schön knapp ist. Inzwischen ist Katja mit den Fahrkarten vom Schalter zurück. Zu zweit packen wir schnaufend und schwitzend alles ein, während der Busfahrer und sein Helfer uns grimmig mit verschränkten Armen vor der Brust zuschauen. Ha - alles drin! Der Busfahrer geht weg, ohne eine Miene zu verziehen. Ich bin enttäuscht: Überall wird Hilfe angeboten, doch wenn es darauf ankommt, stehen wir allein da. Auch unser Helfer von heute morgen, der uns beim Verladen unterstützen wollte, hat sich nicht blicken lassen. Vielleicht wollte er nur die Provision für unsere zu teuren Busfahrkarten kassieren? Auch ohne ihn haben wir zu viel bezahlt, für Anika hätte nur der halbe Preis berechnet werden dürfen.
Im Bus - heute zum Glück ohne Actionfilm - schläft Titus ein, Anika schaut aus dem Fenster oder malt. Mit jedem Kilometer verfliegt unser Ärger. Aus dem Fenster sehen wir zwei Radfahrer. Nur gut, dass wir hier nicht radeln! Die Landschaft ist uninteressant, die Straße stark befahren. Kuantan kündigt sich schon viele Kilometer vorher mit Industriegebieten und dichter Bebauung an. Hier wird die malaysische Automarke „Proton" produziert, auf den Straßen fahren fast ausschließlich Autos mit dem Halbmond-und-Sonne-Logo. Die Hauptstadt des malaysischen Bundesstaats Pahang mit einer halben Million Einwohnern sieht sehr modern aus. Mehrspurige Straßen durchziehen die Stadt, dazwischen stehen viele Hochhäuser.
Am Ufer des Kuantan River finden wir ein teuer aussehendes Hotel und sind erstaunt über den relativ niedrigen Preis. Für ein Doppelzimmer mit Klimaanlage, Fernseher, Telefon, Kühlschrank und Frühstücksbüffet zahlen wir 75 RM. Im Vergleich zu der 50 RM teuren Schimmelbude von gestern ist das wenig. Ich staune, denn den malaysischen Standard haben wir anders kennengelernt: Unter Putzen versteht man meist, mit dem Besen auszufegen und das Bad mit Wasser abzuspritzen. So gepflegt und sauber sah nicht mal das doppelt so teure „Concord Inn" am Flughafen aus.
Da auf jedem Bett zwei Matratzen übereinander liegen, bekommen wir eine zimmerbreite Liegefläche. Anika und Titus nutzen sofort die Badewanne und danach die vier Meter breite Hüpfbahn. Das Frühstück ist eigentlich für zwei, aber wir können alle so viel essen, wie wir wollen. Hier steigen meist einheimische Geschäftsleute ab, entsprechend ist die Küche: gebratene Nudeln („mee goreng") und Reis („nasi"), Curry („kari"), geröstete Sojabohnen („kacang soya"), winzige getrocknete Fischchen („ikan kering") und natürlich Toastbrot („roti sandwic").

An einer Tankstelle finden wir zum ersten Mal eine relativ ausführliche Straßenkarte. Die gibt es nicht oft, die meisten sind sehr grob, so dass wir nicht die kleinen Straßen finden, auf denen wir mit den Rädern fahren wollen. Mit schmelzender Eiscreme machen wir uns wieder einmal auf zu einem Spielplatz. Ein tägliches Ritual, wenn wir in einer Stadt sind, und eine Möglichkeit für uns Erwachsene, mal unter uns zu sein. Eine Menge kleiner Malaysier tummeln sich hier; die durchschnittliche malaysische Familie hat vier Kinder. Die Spielplätze sind hier großzügig angelegt und nicht nur bei unseren Kindern sehr beliebt. Nach einem Baukastenprinzip werden immer gleiche Teile zu neuen Spielgeräten aufgebaut, die für Kinder jeden Alters etwas bieten. Wie so oft mischen sich unsere Kinder unter die anderen. In dem Alter gibt es noch keine Sprachbarrieren.

Katja

Nachdem sich Anika und Titus auf dem Spielplatz ausgetobt haben, ziehen wir weiter zu einem hinduistischen Tempel, dem Kuil Sri Mariamman zwei Kilometer außerhalb der Stadt. Schon von Weitem bietet er einen prachtvollen Anblick. Der ummauerte Tempelbereich wird von zwei Steinelefanten bewacht und über dem Eingang erhebt sich ein gigantischer pyramidenartiger Turm, der mit unzähligen farbenfrohen Götterfiguren geschmückt ist. Jede erzählt eine Geschichte. Getragen wird das Ungetüm von Säulen in Tierform, die drachen- oder löwenähnliche Köpfe haben. Anika belehrt uns, dass wir die Schuhe ausziehen und Hände und Füße waschen müssen, bevor wir den Tempel betreten dürfen. Erstaunlich, wie schnell sie sich diese Dinge merkt. Der Tempel ist enorm farbenprächtig, selbst das kleinste Detail ist kunstvoll gestaltet. Ich bin von der Ausstrahlung so ergriffen, dass mir Tränen in die Augen steigen. Er ist Ganeshas Mutter Parvati gewidmet. Der Brahmane bereitet gerade den Tempel für die Betenden vor. Er schmückt die vielen Standbilder mit Blumen und bunten Tüchern. Anika und Titus dürfen sich frei bewegen und müssen nicht ruhig sein, ganz anders als in einer Kirche. Sie sind angetan von den Ganesha-Abbildungen. Titus ruft fröhlich „Nesha, Nesha“ und springt von Bild zu Bild.

Ich könnte mich stundenlang hier aufhalten. Der Brahmane zeichnet uns einen

Punkt zwischen die Augen, zuerst mit weißem, dann mit rotem und mir zum Schluss mit gelbem Pulver. Das Weiß soll gegen Schmerzen und Krankheiten wirken, der rote Punkt zeigt an, dass wir im Tempel waren und der gelbe ist nur für Frauen.

Eine Legende erzählt von der Entstehung des Elefantengottes Ganesha: Der Gott Shiva, so heißt es, beobachtete sehr gern seine Frau Parvati beim Baden, was dieser aber nicht gefiel. So formte sie aus dem Lehm, mit dem sie ihren Körper eingerieben hatte, einen kleinen Jungen, übergoss ihn mit heiligem Ganges-Wasser und erweckte ihn so zum Leben. Sie nannte ihn Ganesha und setzte ihn als Wache vor ihr Badehaus. Als Shiva kam, versperrte ihm Ganesha den Weg. Shiva schlug ihm den Kopf ab und gelangte so in das Bad Parvatis. Dann aber bemerkte er, dass er gerade Parvatis Sohn getötet hatte und so befahl er seinen Dienern, ihm den Kopf des ersten Lebewesens zu bringen, auf das sie trafen. Es war ein Elefant. Dessen Kopf setzte Shiva auf Ganeshas Rumpf, um ihn ins Leben zurückzubringen. Seitdem trägt der freundliche Ganesha einen Elefantenkopf. Er gilt als Beseitiger von Hindernissen und ist auf dieser Reise unser Beschützer. Ein kleines Abzeichen klebt auf meinem Lenker und auf dem Mini-Laptop.

Unser Weg führt uns zu einem weiteren Ganesha-Tempel in der Nähe des Busbahnhofs. Er ist neueren Datums, aber auf seine Weise ebenso besonders. Wir trauen uns zuerst nicht so recht hinein, die christliche Prägung und

der Respekt vor „Gotteshäusern“ wirken tief. Aber an den roten Punkten auf unseren Stirnen sieht sowieso jeder, dass wir schon in einem Tempel waren. Als wir in einem Laden mit Räucherstäbchen und Ganesha-Aufklebern an der Kasse stehen, kommt ein bettelnder Araber herein. Zumindest sieht er so aus, denn seine Gesichtszüge sind nicht malaiisch und er trägt eine Jelaba, einen langen, hellen Umhang, wie wir ihn ganz ähnlich in Marokko gesehen haben. Als der Ladenbesitzer ihm nichts geben will, meint der Bettler, auch die Hindu-Götter wären Allah. Dann zeigt er auf uns Europäer und meint, unser Gott wäre ebenso Allah. Der indische Ladenbesitzer schmunzelt, ein chinesischer Kunde ebenso. Ich habe das Gefühl, dass sie diese Ansichten nicht besonders schätzen. Als wir an der Reihe sind, fragt uns der Verkäufer: „You are hindu?“ „No, but we like Ganesha“, antworte ich. „You was in the temple?“, fragt er und zeigt auf den roten Punkt auf meiner Stirn. „Yes, by Ganeshas mother“, sage ich. „Oh, this is a powerful place!“
Danach trauen wir uns hinein. Ich bin genauso ergriffen wie Katja und lasse sogar die Kamera im Rucksack. Vor den einzelnen Götterfiguren sind Mandalas auf den Boden gemalt. Wir kommen pünktlich zur Zeremonie und werden eingeladen, daran teilzunehmen. Nach kurzem Zögern stellen wir uns in die Reihe vor der großen Ganesha-Figur und wiederholen die Gesten derjenigen, die vor uns stehen. Es scheint keine festgelegten Rituale zu geben. Jeder tut das, was er für richtig hält.
Der junge Brahmane mit nacktem Oberkörper gibt uns einen kleinen Schluck Milch in die Hand. Dann bringt er eine Schale mit einer weißen Flüssigkeit. Titus, der auf meinem Arm sitzt, greift hinein und verschmiert sie auf seiner Stirn. Ich bin erstaunt, wie gut er das beobachtet hat. Dann reicht uns der Brahmane eine Schale mit roten Pigmenten. Titus malt sich damit einen roten Punkt auf die Stirn. Ich mache es ihm nach. Obwohl mir das alles ziemlich fremd ist und ich kaum etwas über den Hinduismus weiß, fühle ich mich wohl und auch irgendwie zugehörig. Jetzt kann ich es mir besser vorstellen, warum die „Blumenkinder“ in den spießigen 1960er-Jahren scharenweise nach Indien pilgerten. Welch ein Gegensatz zum Christentum! Ich möchte einen katholischen Priester sehen, der zu einem fremden Inder sagt: „Komm doch herein, koste von unserer Hostie.“

Zwei Fahrradläden gegenüber unserem Hotel sind eine gute Gelegenheit, um neue Ständer zu besorgen. Leider finde ich nichts Geeignetes. Am nächsten Tag gehe ich noch einmal zurück. Ein paar Speichen haben sich in Katjas Laufrädern gelockert. Ein alter Chinese führt eine lange Schraube durch die Nabe und legt sie auf einen uralten Zentrierständer. Nach einigen Umdrehungen und Drehen an den Speichennippeln ist das erste Rad fertig. Inzwischen erzähle ich seiner Frau auf Englisch, was wir hier tun. Als ich nach dem Preis frage, macht der Mann Handbewegungen, als wolle er mich aus dem Laden scheuchen. Ich staune und frage noch einmal: „Nothing pay for special guests", antwortet der Alte grinsend. Als wir am nächsten Tag abfahren, steht er am Straßenrand und winkt uns nach.

Nach nur sechs Kilometern und einer langgezogenen Steigung erreichen wir Beserah. Im Fluss stehen Wasserbüffel, sonst ist das Fischerdorf wie ausgestorben. Zum Zelten ist das ein idealer Platz. Es gibt einen schönen Strand und Toiletten mit fließendem Wasser. In den Dünen finde ich unter vielen verstreuten Spielkarten einen Joker, den ich erst wegwerfe und dann doch wieder aufhebe – er könnte uns Glück bringen. Es ist Mittagszeit, einige Fischer essen in einem winzigen Restaurant ihre Nudeln. Wir wollen eigentlich nur einen Tee trinken, aber auf dem Tisch steht Gebäck und lädt uns zum Mittagessen ein. Nudeln mit Curry oder eine Suppe? Wir nehmen das Curry, trinken Tee und besprechen, wie es weitergehen soll.
Schon bald finden sich auf dem Spielplatz gegenüber einige Kinder ein, mit denen sich Anika und Titus anfreunden. Die Fischer haben inzwischen ihr Mittagessen beendet und gehen zurück an ihre Arbeit. Ein gut angezogener Chinese und seine Frau steigen aus einem glänzenden Mittelklassewagen und setzen sich uns gegenüber. Sie sehen aus wie Urlauber. Das sind sie auch, wie sich herausstellt. Wie so viele andere wollen auch sie wissen, wohin wir mit den Fahrrädern unterwegs sind. Der Chinese holt eine Straßenkarte heraus und zeigt mir interessante Orte. Die Karte möchte er uns schenken, doch wir haben gestern genau die Gleiche gekauft. Als die beiden mit ihren Getränken fertig sind, bestellen sie für uns noch zwei Gläser Tee und bezahlen unser Essen. Wir staunen. Vielleicht war das unser Joker?

Vor einem Guesthouse stehen mindestens 40 Polizeimotorräder. Einige Polizisten entspannen auf der Veranda, Stiefel und Socken liegen auf Baumstümpfen zum Trocknen. Der Guesthouse-Besitzer sagt, es sei kein Problem, am Strand zu übernachten, sein Haus wäre sowieso voll. Nur etwas laut könnte es werden, denn es wären noch Schulferien. Wir wollen unser Zelt in der Nähe der Toiletten neben einem betonierten Weg aufbauen. Der Spielplatz ist in der Nähe, hinter der Düne rauscht das Meer. Der Wind ist kühl, sogar duschen können wir uns in der Hocke mit dem Toilettenschlauch. In Asien wird kein Klopapier benutzt, die Menschen waschen sich nach Erledigung ihres Geschäfts mit Wasser ab. Dazu dient ein Schlauch.
Kaum haben wir unser Trekking-Zelt ausgebreitet, scharen sich Kinder um uns. Mit jeder Minute werden es mehr. Nachdem sie den Namen Titus gehört haben, rufen sie ständig „Titus, Titus". Zuerst ist das noch spaßig, doch bald sind sie wie lästige Fliegen. Anika ist längst mit einigen Kindern im Wasser verschwunden, Titus wehrt sich gegen die restlichen. Um Anika brauchen wir uns nicht zu kümmern. Sie planscht mit den kleinen Malay-

siern im flachen Wasser und fängt Krebse, ein Blick in ihre Richtung hin und wieder reicht aus. Die malaysischen Mütter spazieren am Wasser und passen auch auf.
Endlich wieder draußen schlafen! Zu Abend kochen wir heute mal auf dem Spirituskocher. Essen müssen wir im Zelt, denn die Dorfkinder geben keine Ruhe. Wenn sie könnten, würden sie auf unsere Teller kriechen. Zum Glück ist unser Zelt mit zwei Kammern relativ geräumig und wir können in der Apsis dazwischen recht gut sitzen. Ich versuche, den malaysischen Kindern klar zu machen, dass sie morgen wiederkommen sollen. Gegen sechs Uhr wird es dunkel, aber sie müssen noch nicht nach Hause. Erst nach einer Stunde sind fast alle weg. An Schlafen im Zelt ist trotzdem nicht zu denken. Der Wind hat nachgelassen, es ist unerträglich heiß. Dazu klebt überall Sand, die verschwitzte Haut juckt. Laut ist es auch. Unser stilles Plätzchen von heute Mittag entpuppt sich als Strandpromenade: Im Dunkeln spielen Erwachsene Basketball, Bänke laden zum Plaudern ein. Erst nach halb zwei Uhr schließen wir die Augen – und werden sehr früh wieder wach. Noch eine Nacht wollen wir hier nicht verbringen. Eigentlich schade, denn die Kinder haben hier tolle Spielkameraden und der kilometerlange Strand ist ansonsten menschenleer.

Cherating, alte Traveller-Oase

Der Stefan-Loose-Reiseführer beschreibt Cherating als Traveller-Domäne. Ursprünglich war das Dorf ein Geheimtipp auf dem Weg von Taman Negara zu den Tauchparadiesen Malaysias. Die Reisenden wurden hier von den Einheimischen aufgenommen. Als sich herumsprach, dass man hier das ursprüngliche malaiische Leben kennenlernen kann, kamen immer mehr. Heute hat Cherating seine Bedeutung als Zwischenstopp zu den Perhentian Islands verloren. Wir finden eine Siedlung mit einfachen Holzhütten, ein paar Lädchen und Restaurants: ein ruhiger Platz zum Abhängen. Das ursprüngliche Dorf ist nicht mehr erkennbar, ebenso wenig wie die hierher kommenden Backpacker.
Die Bungalows in dem Guesthouse, das wir uns ausgesucht haben, sind für uns leider zu klein. Im „Kampung Inn" sind sie groß genug, doch leider auch ziemlich heruntergekommen. Das Bad ist ein gemauerter Anbau, die Plastikrohre für die Toilettenspülung und die Dusche hängen lose an der Wand. Die Spülung funktioniert nicht gut, aber es gibt ja den obligatorischen Eimer zum Nachspülen. Der Spiegel wurde bestimmt seit 120 Jahren nicht geputzt. Der Rest sieht auch nicht besser aus. Wir kennen das malaysische Konzept von Reinigung ja schon. Die Gasthäuser, die von Europäern geführt werden, sind meist in einem viel besseren Zustand. Aber wir haben zwei große Betten und eine Veranda und bekommen den Bungalow für 25 statt 35 RM. Die einfachen, mit Wellblech gedeckten Hütten sind im Stil

eines „kampung“, eines malaysischen Dorfes, aufgestellt. Der überdachte Platz in der Mitte, wo Tische, Bänke und zwei Liegen stehen, bietet Anika und Titus eine Spielmöglichkeit. Zum nahen Strand unternimmt Anika allein einen Erkundungsgang. Das Wasser ist ziemlich flach, bei Ebbe entstehen kleine und große Badewannen und Inseln, ein Paradies für Kinder. Das ist sicher der Grund, weshalb viele einheimische Familien hier sind. Mit Kind und Kegel und voll bekleidet im Sonntagsdress planschen sie im flachen Wasser. Beim Anblick zweier hellhäutiger, blonder Kinder zücken alle ihre Fotoapparate. Inzwischen wehren sich unsere beiden ziemlich kräftig, wenn ihnen jemand zu plump kommt. Von den etwa zwei Dutzend Travellern sehen wir nicht viel. Erst als die malaysischen Schulferien zu Ende sind, fallen sie wieder mehr auf. Am Strand treffen wir eine Schweizer Radfahrerin, die seit einem halben Jahr von Vietnam aus unterwegs ist. Eine schöne Begegnung, gerade jetzt, wo wir uns ziemlich einsam vorkommen und uns wieder einmal mit Gleichgesinnten unterhalten wollen. Leider fährt sie am nächsten Morgen weiter.
Die reifen Früchte des Cashew-Baums sind zwar sehr süß, hinterlassen aber einen stumpfen Geschmack im Mund. Nur die Kerne sammeln wir, Cashew-Nüsse sind eine Delikatesse. Die Früchte rollen mit großem Krawall über das Blechdach unserer Hütte, wenn sie vom Baum fallen. Manchmal helfen auch Eichhörnchen nach. Eichhörnchen? Vielleicht sollte ich sie besser Cashew-Hörnchen nennen. Sie sind braun, haben rostrote Bäuche und Flaschenbürsten-Schwanzspitzen.
Eine Affenfamilie von ungefähr zwanzig Tieren mag die Cashew-Früchte auch. Aber noch mehr lieben es die Affen, im Müll nach Leckereien zu stöbern. Der Anführer, so groß wie Titus, ist kräftig gebaut und fletscht schon

mal seine Zähne, wenn man ihm oder den anderen zu nahe kommt. Für Titus und Anika ist das der „Chef-Affe". Sie flüchten auf die Veranda, wenn die Affen kommen. Während ich durch den Sucher schaue, um einige der Jungtiere zu fotografieren, bemerke ich aus dem Augenwinkel, wie ein Affe sich bis auf nicht einmal zwei Meter heranschleicht. Bevor ich reagieren kann, springt er blitzschnell auf die Veranda, greift sich eine Mango und flieht auf das Geländer einer kleinen Holzbrücke. Ich werfe ihm eine Blechtasse hinterher, aber das nützt überhaupt nichts. Die Frucht gibt er nicht mehr her. Ich höre fast sein Lachen.

An den nachfolgenden Tagen kommen die Affen immer wieder, vor allem, wenn keiner in der Hütte ist. Die schlauen Tiere wissen, dass hier noch mehr zu holen ist. Sie klauen alles, was essbar und nicht festgebunden ist. Weil sie ganz schön gefährlich werden können, verfolgen die Malaysier sie mit Steinschleudern, wo sie nur können. Anika meint: „Die Menschen haben den Affen den Urwald genommen, dann müssen sie sich eben ihr Essen bei den Menschen holen." Anika ist jetzt fünfeinhalb und redet ununterbrochen. Sie ist so groß, ihre Sprache ist komplexer und ihr Denken sehr logisch geworden. Als ihr erster Milchzahn herausfiel, war das ganz schön aufregend. Anika spielt gern mit der vierjährigen Tochter des Hüttenbesitzers, doch das Mädchen verbringt fast die gesamte Zeit vor dem Fernseher, das ist für Anika uninteressant. Dann spielt sie lieber allein oder langweilt sich, wenn Titus mittags schläft und wir die Ruhe genießen wollen.

Viele Tage vergehen in Cherating, wir verpassen den Zeitpunkt zum Weiterfahren und fühlen, wie uns der Ort und unsere eigene Trägheit festhalten. Es ist ja auch bequem, einfach dazubleiben, morgens auf der Veranda zu frühstücken und den Tag vergehen zu lassen. Mehrere Vormittage verbringe ich mit der Reinigung und Reparatur der Fahrräder. An Katjas Fahrrad ist die Kette gerissen. Mit einem Kettenschloss repariert, reißt sie am nächsten Tag wieder. Unglaublich! Bei näherer Betrachtung sehe ich bei beiden Ketten an vielen Gliedern spröde Brüche. Nach gerade einmal 500 Kilometern sind sie völlig unbrauchbar. Sollen Edelstahlketten nicht ewig halten? Vielleicht wollen uns die mysteriösen Kettenbrüche sagen, dass wir zu rastlos sind? Ich sende eine E-Mail an den Hersteller und hoffe auf Ersatz. Vorerst stehen beide Räder still.

Mit dem Bus wollen wir im zehn Kilometer entfernten Chukai nach Ersatz suchen. Der erste Bus rauscht an uns vorbei. Der Fahrer hat uns doch am Bushäuschen sitzen gesehen! Jetzt erinnere ich mich: Die Menschen hier halten den Daumen in die Luft. Beim nächsten Bus, der aussieht, als würde er noch aus der Kolonialzeit stammen, klappt es. Will man aussteigen, muss man klingeln. Die Fahrgäste fliegen durch den Bus, denn der Fahrer schafft es, auf sehr wenigen Metern anzuhalten. In Chukai können wir die letzten

beiden Taiwan-Ketten ergattern. Es ist aber noch eine ganze Menge mehr an den Fahrrädern zu tun: An Katjas Rad müssen die Magura-Bremsen und Schaltungen nachgestellt werden. Eine Kabelverbindung für die Beleuchtung ist abgerissen und die Ständer sind inzwischen gebrochen. Doch die kann ich nicht abmontieren, weil die Kupplung dranhängt. Es war wohl ein Fehler, eine Ständer-Kupplung-Kombination zu wählen.
Dann geht auch noch die Spiegelreflexkamera kaputt. In der Feuchtigkeit sind die Schrauben des Kameragehäuses festgerostet und beim Versuch, sie herauszuschrauben, zerstöre ich die Kreuzschlitze. Vielleicht sollte ich meine Augen öffnen und nicht nur durch das Objektiv schauen? Manchmal ist das Fotografieren störend, statt das Hier und Jetzt zu erleben, schaue ich nur nach „guten" Bildern. Es wird also in der nächsten Zeit keine Dias geben. Zum Glück haben wir noch die Digitalkamera.

In einer nahe gelegenen Schildkrötenaufzuchtstation lernen wir etwas über das Leben der seltenen Lederschildkröten. Die größten Meeresschildkröten der Welt erreichen eine Länge von über zwei Metern und wiegen bis zu 700 Kilogramm. Ihre 50 bis 100 Eier vergraben die Weibchen im warmen Sand an Stränden in aller Welt und lassen sie dann von der Sonne ausbrüten, während sie ins Meer zurückkehren. Schildkröteneier sind in Asien sehr begehrt, sie sollen die Potenz steigern. Deshalb werden sie ausgegraben, bevor nach knapp zwei Monaten die Jungtiere schlüpfen können, und auf dem Markt für 1,50 RM pro Stück verkauft. Das ist zwar verboten, aber es stört die wenigsten Malaysier. Die Mitarbeiter der Aufzuchtstation graben die Eier aus und verlegen sie an geschütztere Stellen. Die geschlüpften Schildkrötenjungen sammeln sie ein und lassen sie nachts ins Meer. Um die Freilassung der kleinen Schildkröten anzusehen, fahren wir noch einmal abends dorthin. Es ist zum zweiten Mal auf unserer Reise Vollmond, das Meer schimmert silbern, die Nacht ist warm und klar. In der Dunkelheit lehnen zwei Reisefahrräder an einem Zaun. Sie gehören Malcolm und Chris, einem neuseeländischen Paar, das seit drei Jahren von London nach Auckland unterwegs ist. Die beiden staunen nicht schlecht, als sie unsere Anhänger sehen. Sie fahren morgen früh weiter, in einer Woche wollen sie in Singapur sein und dann weiter nach Australien fahren. Welch ein Zufall: Sie werden gleichzeitig mit uns nach Neuseeland zurückkehren. Inzwischen wurde ein Eimer mit den geschlüpften Schildkröten herbeigeholt. Die Winzlinge sind einen Tag alt und passen auf eine Kinderhand. Titus

erschrickt, als der Wärter ihm eine kleine Schildkröte auf die Hand legt und sich das Tier auf seiner Hand bewegt. Fast hätte er es fallen gelassen. Zusammen mit anderen Touristen gehen wir im Licht des Mondes zum Meer. Die Nacht ist warm und still. Der Führer setzt die Schildkröten vorsichtig in den Sand. Den Weg ins Meer müssen sie allein zurücklegen. Er leuchtet mit einer Taschenlampe auf das Wasser, die Schildkröten sollen dem Licht folgen. Andere Lichtquellen sind nicht erlaubt: keine Taschenlampen, keine Blitzlichter. Einige wenige Tiere folgen dem Lichtstrahl. Nur noch wenige Schritte und sie haben es geschafft, die ersten Wellen erfassen sie. Auf dem Weg ins Wasser begegnen sie normalerweise den meisten Feinden. Im Wasser sind sie fast sicher, aber auch dort überleben nur die wenigsten. Die ersten sind schon im Schwarz des Meeres verschwunden. Das ist so ergreifend wie die ersten Schritte eines Kindes.
Eine zweite Truppe braucht etwas mehr Motivation, um ins Meer zu gelangen. Einige zögern, andere laufen in die falsche Richtung, andere hocken bewegungslos im Sand. Zwei Schildkröten schaffen es mit Hilfe der Taschenlampe noch ins Wasser, der Rest ist mehr oder weniger orientierungslos. Ein chinesischer Tourist mit einer großen Videokamera filmt das Geschehen, der Führer leuchtet nun für ihn. Ich erinnere mich: In der Hütte wurden zwischen dem Chinesen und dem Führer Geldscheine gewechselt. Jetzt geht es nicht mehr um die Tiere. Videokameras surren, Blitzlichter erhellen die Vollmondnacht.
Der Führer zieht sich nun ganz zurück und überlässt die Tiere der menschlichen Horde. Wie bei einem Schneckenrennen werden die kleinen Schildkröten zum Start aufgestellt. Jetzt machen auch die einheimischen Kinder mit. Für sie sind es Spielzeuge. Die meisten der Tiere haben inzwischen völlig die Orientierung verloren und bewegen sich nicht mehr. Wie Geier hängen die Menschen über den verängstigten Schildkröten, der Tod ist ihnen sicher. Ich kann nicht begreifen, was ich hier sehe. Chris ist völlig außer sich, sie will hier nicht bleiben. Wir auch nicht. Von dem Ende dieses Ausflugs sind wir schockiert und sprechen nicht viel.

Auf der Rückfahrt im Dunkeln zieht ein Sturm auf. Der Regen wird so heftig, dass wir nichts mehr sehen, die Palmen biegen sich in den Windböen. Hoffentlich fallen uns keine Kokosnüsse auf den Kopf... Völlig durchnässt stehen wir endlich in unserer Hütte. Oh je! Drinnen sieht es nicht besser aus: Das Dach ist undicht und das Bett nass. Mit den Zeltunterlagen decken wir die Moskitonetze ab, damit es wenigstens nicht auf unsere Köpfe tropft. Im „Kinderbett“ schauen wir uns auf dem Display der Digitalkamera die Bilder des Tages an. Titus ist fast weggetreten, als er von den Schildkröten erzählt. Während er ständig die zwei Wörter „Schildkröte mini“ murmelt, leuchten seine Augen. In ein Handtuch gewickelt, sitzt er bewegungslos

da und wiederholt immer wieder diese zwei Wörter: „Schildkröte mini". Bald fallen er und Anika in einen tiefen Schlaf. Die Nacht ist sehr stürmisch, der nächste Tag sehr regnerisch. Die Regenwolken entsprechen unserer Stimmung, die sich ebenfalls wie ein Gewitter entlädt. Katja hat Probleme mit der Verdauung und schluckt Kohletabletten. Vielleicht liegt es an dem braunen, modrig riechenden Trinkwasser? Jetzt haben wir nur noch einen Wunsch: weiterfahren.
Am Morgen starten wir für unsere Verhältnisse ziemlich früh. Die Sonne versteckt sich noch hinter den Wolken, es lässt sich gut fahren. Zumindest für mich, Katja ist immer noch ziemlich schlapp und quält sich. Ihr Augenweiß sieht gelblich aus. Hoffentlich hat sie keine Hepatitis! Wegen ihres Befindens wollen wir lieber wieder den Bus nehmen. In Chukai finden wir aber keine passende Busverbindung in das 70 Kilometer entfernte Dungun: Der „ekspressbas" hält dort nicht, der „localbas" hat keinen Platz für unser Gepäck. Der Busfahrer dreht sich einfach um und geht weg. Die Weiterfahrt heben wir uns also für morgen auf. In Chukai, einer Stadt mit 160.000 Einwohnern, kann man die Entwicklung vom Fischerdorf zur Stadt erkennen. Im Kern stehen einige alte Häuser, die von Neubauten umgeben sind. Vor hundert Jahren, als es noch keine Straßen gab und die Dörfer nur mit Booten erreichbar waren, lagen solche Orte hauptsächlich an den Mündungen großer Flüsse. Deshalb steht vor den Namen meist „Kuala", was Mündung bedeutet.
Das sympathischste Hotel in Chukai ist ein chinesisches mit einem Spiegel über dem Eingang. Die Zimmer sind groß, haben Klimaanlage, Ventilator und ein richtiges Badezimmer mit Wanne. Die Kinder freuen sich, weil sie wieder auf den großen Betten hüpfen können. Anika ruft: „Da ist es wie zu Hause!" Titus quietscht vergnügt und schreit abwechselnd „Duschen!" und „Badewanne!" Endlich gibt es wieder „roti canai", unsere Lieblingsspeise. Danach genießen wir das saubere Duschwasser und schauen fern. Welch ein Zufall, gerade läuft eine Sendung über Neuseeland. Das Land scheint ein Vorbild für Malaysia zu sein.
In der Sendung wird verglichen, wie die beiden Länder mit Müll umgehen. Hier hat Malaysia noch eine Menge zu tun, der Müll liegt überall herum und wird einfach verbrannt. In Cherating roch es fast jeden Abend danach. In der ersten Nacht wachten wir davon auf und dachten, unsere Hütte brennt, weil eine der maroden elektrischen Leitungen sich entzündet hätte. Einige Tage später holte mich genau aus diesem Grund der aufgeregte Besitzer zu seinem Haus, nachdem er erfahren hatte, dass ich Elektro-Ingenieur bin: Im Verteilerkasten blitzte es und Funken sprühten. Die maroden Klemmen waren in einem Holzkasten untergebracht. Durch das feuchte Klima war alles oxidiert, die Verbindungen hingen lose herab. Der Mann stand hilflos und verängstigt davor. Mit einem kaputten Schraubendreher zog ich die ausge-

arbeiteten Schrauben notdürftig nach und warnte ihn, dass er alles erneuern müsse. Ich bin sicher, dass er das in zehn Jahren noch nicht getan haben wird, es sei denn, sein Guesthouse ist inzwischen wirklich abgebrannt.

Am Morgen ist sich Katja nicht sicher, ob sie Fahrrad fahren kann, der Durchfall ist nicht besser geworden. Aber sie entscheidet sich, es zu versuchen. Zu so früher Stunde - gegen acht oder halb neun ist es noch nicht so heiß - sind die Straßen recht belebt. Vor dem Markt stehen viele bunte Trishaws und warten, zum Teil schon mit Einkäufen beladen, auf ihre Passagiere. An der Ausfallstraße nach Dungun fahren wir sogar an einem kleinen Stau vorbei, dann wird es leer. Die Autoströme fahren weiter auf der neuen Hauptstraße, die nicht auf unserer Karte eingezeichnet ist. Wir bleiben auf der alten Straße. Hier fahren keine Laster, keine Mopeds, nur hin und wieder ist ein Auto zu sehen. Es ist wesentlich grüner als bisher - und bergiger. Bei einer Abfahrt erreiche ich über 50 km/h!
Lange Zeit fahren wir allein. Keine Besiedlung ist zu sehen. Ein Stahlwerk, das aus dem grünen Dickicht herausragt, ist ein ungewohnter Anblick. Wie ein Geisterwerk steht es da. Keine Menschen, keine Bewegungen, keine Anzeichen eines Betriebs sind zu sehen. Zu unserem Erstaunen erreichen wir schon bald das nächste Dorf, obwohl die Karte etwas anderes sagt. Holzhäuser auf Stelzen stehen inmitten von Palmen am Strand. In einer Teebude gibt man den Kindern winzige, noch blinde Katzen in die Hand. Die Männer tragen ausgeblichene karierte Sarongs und verbringen ihre Zeit damit, gelassen Tee zu trinken. Von der strengen moslemischen Religion ist hier nichts zu spüren. Die meisten Frauen tragen nur einen vor der Brust geknoteten blumigen Sarong, das Kopftuch fehlt. Es wäre schön, hier bleiben zu können, aber von einer Unterkunft weiß leider niemand. Wir folgen der Straße, doch die führt wieder auf die stark befahrene Hauptstraße. Ohne bestimmtes Ziel lassen wir uns mit dem Verkehr treiben. Früher oder später werden wir schon etwas finden.
Nach 31 Kilometern Fahrt lädt uns der Strand zu unserer Rechten am frühen Nachmittag zum Verweilen ein. Eine Gruppe von Felsen im Wasser zieht uns magisch an. Der eine bildet eine kleine Bucht, der andere eine Insel, die bei Ebbe zu Fuß erreichbar ist. Ein Mann erzählt uns etwas von einer Höhle. Auch eine Unterkunft, die seinem Bruder gehöre, auf der anderen Seite der Flussmündung, kennt er. Zuerst schauen wir uns die Höhle an. Sie ist nicht sehr groß, hat aber eine Verbindung zum Meer. Titus folgt mir sofort, Anika zögert, kommt dann aber auch. Drinnen schenkt sie den Erdgeistern eine Muschel und bittet sie darum, dass Katja wieder gesund wird. In der Höhle weht ein kühler, erfrischender Wind, der durch die zweite Öffnung hineinkommt. Nach wenigen Sekunden stürzen die Kinder heraus. „Ein Geist, ein Geist! Ich habe ihn brüllen gehört!" Anika rennt blind vor Tränen heraus und

wirft Titus um. Titus rennt hinterher, nicht weniger erschrocken, mit einem blutigen Knie.
Das alte Dorf liegt auf einer Landzunge zwischen dem Meer und einer Flussmündung. Außer einigen wenigen Fischern ist niemand hier. Die Fischerhäuser stehen direkt am Strand. Manche sind sehr einfach gebaut: ein Viereck aus Brettern mit einem Blechdach darüber und fertig. Davor toben Kinder herum. Die Männer bereiten ihre Netze für den nächsten Fang vor. Die Sonne verschwindet langsam rot glühend hinter den Palmen am Fluss. Das ist genau, was wir gesucht haben.
Die Hütte, die der Mann uns zeigt, ist winzig, aber sehr sauber und ziemlich neu. Es gibt sogar eine Decke und Handtücher. Die Verständigung ist schwierig: Der Besitzer spricht kaum Englisch und sagt „drei Ringgit", meint aber 30. Mit Hilfe seines Bruders handeln wir den Preis von 35 auf 20 RM herunter.
Bisher waren wir entweder in touristischen Orten mit teuren Unterkünften oder in kleinen Orten ohne jegliche Übernachtungsmöglichkeit. Das liegt wohl an unserer Reise-Art: Die Anhänger, das Gepäck und nicht zuletzt die Kinder, die Bewegung brauchen, schränken unseren Bewegungsradius ein. Zehn oder zwanzig Kilometer weiterzufahren, wenn uns ein Ort nicht gefällt, übersteigt am Ende eines Tages manchmal einfach unsere körperlichen Möglichkeiten. Der Stefan-Loose-Reiseführer ist auch keine Hilfe: Er beschreibt das Land für Busreisende, die immer in den gleichen Orten eintreffen. Alles, was dazwischen liegt, wird nur am Rand erwähnt oder gar nicht. Bisher war unsere Reise wegen der Suche nach Unterkünften schwierig. Wir hoffen, dass es damit jetzt vorbei ist und zünden für Ganesha ein Räucherstäbchen an.

Wir bleiben nicht nur eine Nacht hier, sondern drei. Die Tage verbringen wir mit langen Spaziergängen am Strand. Anika geht mit, als ich auf einen der Felsen klettere. Es ist bemerkenswert, wie sicher sie in ihren Flipflops auf diese Höhe kommt. Auch Titus klettert ganz selbstverständlich auf jeden Felsen. Das ist etwas anderes als die Spielplätze zu Hause, wo jedes Risiko minimiert ist. Hier lernen die Kinder, ihre Möglichkeiten richtig einzuschätzen und wachsen mit den Schwierigkeiten. Sie klettern auf Zäune, spielen an einem abbrennenden Palmenstamm und untersuchen Insekten. Am Strand haben die Wellen eine hohe Sandkante geschaffen, an der die beiden hinaufklettern und dann wie auf einer Rutsche wieder hinuntergleiten. Das macht mehr Spaß als auf einem Spielplatz, denn jede Sandrutsche ist anders. Schauen wir zurück, sehen wir eine mehrere hundert Meter lange, „ausgefressene" Sandkante.
Die Geisterhöhle besuche ich noch einmal allein. Eine Verbindung zum Meer soll bei Ebbe zu einer Statue oder einem Naturgebilde führen. Der

Eingang ist niedrig und schmal, gebückt komme ich aber gut durch. Nach einigen Metern stehe ich in einer Halle, in deren Mitte ein großer Stein liegt. Durch einen zweiten Eingang sehe ich das Meer. Leider ist das Wasser noch zu tief, um weiterzugehen, aber über die Felsen schaffe ich es in eine sandig-felsige Bucht, die sonst keinen Zugang hat. Das mysteriöse Gebilde finde ich nicht und suche auch nicht weiter, weil vor der Höhle Titus und Anika auf mich warten.
Dieser Ort ist für uns einmalig. Es macht nichts, dass die Hütte winzig ist. Der Ort ist ein kleines Paradies, wie es wohl vor zwanzig Jahren Cherating einmal war. Hoffentlich bleibt es auch so. Auf keinen Fall werden wir diesen Ort weiterempfehlen! Er soll bleiben, wie er ist.

Katja
Nach den anstrengenden letzten Tagen fühle ich mich zum ersten Mal richtig frei und es geht mir wieder gut. Der Ort heilt meine angstbesetzte Seele. In Cherating ging es los, allein der Gedanke ans Weiterfahren machte mich beklommen. Die schönsten Strände der Ostküste zwischen Kemaman und Dungun sollten unter der Industrie-Ansiedlung sehr gelitten haben. Es gibt tatsächlich Industrie, aber zum Glück nur an einigen Orten. Die Strände wirken wie tropische Bilderbücher: petrolgrünes Meer, strahlender, schattenloser Sand, am Rand vereinzelte schiefe Palmen, ein paar Holzhütten und Fischerboote. Ab und zu braust ein Moped über die Dorfstraße. Zum Leben gibt es hier alles, was wir brauchen, und das zu normalen Preisen, wie sie auch die Einheimischen bezahlen. Nur das Obst fehlt.
Nach ein paar Tagen wird es Zeit, weiterzufahren, bevor wir uns dieses Paradies kaputtmachen. Aber es fällt uns schwer. Es ist, als ob mich beim Fahrradfahren etwas zurückzieht. Doch wir wollen heute versuchen, die 48 Kilometer bis in die Stadt Kuala Dungun zu schaffen. Die Hitze raubt mir die Kraft zum Treten, die Straße ist laut und voll, Lastwagen donnern an uns vorbei, Dieselgestank weht mir um die Nase. Der Weg führt durch scheinbar endlose Wohnanlagen für die Angestellten von Petronas und Esso. Die Bauweise entspricht den „Engländer-Häusern", einer Wohnanlage der britischen Rheinarmee, die wir aus Düsseldorf kennen. Am Straßenrand liegt kaum Müll. Alles ist bewacht und sehr gepflegt, ein ungewohntes Bild.
Gemächlich rollen wir auf einer breiten Straße in ein riesiges Industriegebiet hinein. Im Mittelpunkt steht die Petronas-Raffinerie. Die Verwaltungszentrale des staatlichen Unternehmens mit dem höchsten Gebäude der Welt, den Twin Towers, steht in Kuala Lumpur. Ein Teil von Malaysias Reichtum wird im Südchinesischen Meer gefördert und in dieser Raffinerie verarbeitet. Auf einer Strecke von mehr als fünf Kilometern sehen wir nichts anderes als ein Labyrinth von silbern glänzenden Röhren, riesigen Tanks und hellen Flammen, wo das überschüssige Gas abgefackelt wird. Kein einziger Baum spendet uns

Schatten. Wir hatten uns vom Reiseführer abschrecken lassen, der diese Gegend als unansehnlich beschrieb, und überlegt, den Bus zu nehmen. Jetzt sind wir froh. Auch das gehört ja zu diesem Land, es besteht nicht nur aus Traumstränden. Doch sind wir auch erleichtert, als wir die Gegend hinter uns gelassen haben.

In Paka ziehen endlich Wolken auf. Die Straße führt um einige Berge herum, es riecht nach frischer Erde und die Luftfeuchtigkeit steigt. Es geht auch wieder leicht bergauf, zunächst an vereinzelten Häusern vorbei, dann nur noch durch den Wald. Die Industriegebiete sind wie weggezaubert. Es ist grün, grüner als im Flachland. Links und rechts tauchen Stücke der alten Straße auf. Auch wenn die neue Straße einfach so durch die Landschaft gebaut wurde, wofür man die topografischen Gegebenheiten ignoriert hat, bin ich doch froh, nicht die alte, steile und kurvige Straße fahren zu müssen.
Mit unseren Gespannen kommen wir bei Strecken über 40 Kilometer an unsere Grenzen. Durch die Hitze und den Wasserverlust ist weniger möglich als in Europa. Wird es bergiger, gelangen wir noch schneller an unser Limit. Während ich mich in einem niedrigen Gang Meter für Meter hinaufarbeite, kreist mir eine Idee von einem Doppeltandem durch den Kopf. Vielleicht zwei Pinos von Hase nebeneinandergekoppelt? Vorn die Kinder, hinten wir, darüber könnte ich einen Sonnenschutz spannen. So wäre das Gesamtgewicht reduziert und die Energie besser nutzbar ...

Während mir so etwas durch den Kopf geht, ist Katja schon hinter der nächsten Kurve verschwunden. Es ist still. Nur das Reifengeräusch und der Kettenlauf von Anikas Anhänger sind zu hören. Sie tritt heute kräftig mit. Irgendwann muss ich halten. Das ist eine Seltenheit, denn das meiste Wasser verdunstet durch die Hautporen. Vier bis viereinhalb Liter Wasser laufen pro Fahrt durch den Körper. Ich stelle das Fahrrad ab. Der wackelige Ständer verträgt jetzt keinen Lufthauch. „Anika, beweg dich nicht!“ Aber schon wackelt sie und das Rad fällt krachend auf den Seitenstreifen. Ich bin sauer und schreie sie an. Das tut mir aber gleich wieder leid, denn sie kann eigentlich nichts dafür. Warum ich so verärgert bin? Das weiß ich gar nicht so richtig. Vielleicht, weil ich mit meinen Kräften am Ende bin. Allein das Aufheben des Rades mit dem Gepäck macht mir schon die allergrößte Mühe. Doch mit jedem Pedaltritt nimmt die Steigung ab. Eine Teepause täte jetzt gut, doch hier ist gar nichts. Ein kleiner Trost: Noch wenige Kilometer, dann sind wir am Meer. Lange halte ich es auf meinem Sattel auch nicht mehr aus. Nach zehn Jahren ist die oberste Schutzschicht abgetragen. Das Leder saugt sich mit Schweiß voll, hält die Form nicht mehr und färbt auch noch ab. Ölen und Fetten reichen nicht mehr aus. Bisher habe ich aus Rücksicht auf die moslemischen Sitten knielange Hosen getragen. Heute habe ich zum ersten Mal eine gepolsterte Fahrradhose an, trotzdem geht es nicht besser. Das nächste Mal kommt nur ein neuer Ledersattel mit in die Tropen, das schwöre ich mir!

Kuala Dungun ist kleiner, als ich es mir vorgestellt habe. Der Strand scheint endlos, der alte Stadtkern mit den chinesischen Häusern ist winzig und wirkt verlassen. Da fällt es mir wieder ein: Heute ist Freitag, wegen der strengen Gesetze im Bundesstaat Terengganu halten auch die Chinesen ihre Läden geschlossen. Völlig geschafft steigen wir vor einem Restaurant ab. Der malaysische „teh tarik" wirkt Wunder.

Am nächsten Morgen gehen wir auf den Markt. Titus rennt von Stand zu Stand, fasziniert von der Vielfalt. „Fische gucken" ist inzwischen bei jedem Marktbesuch Pflicht für uns. Ein Verkäufer sortiert kleine, silberne Fische zu Stapeln. Die Asche der Nelken-Zigarette in seinem Mundwinkel fällt auf den Verkaufstisch - macht nichts, sie gibt den Fischen die richtige Würze! Am Nachbarstand werden gerade große Thunfische zerlegt, daneben liegen drei orangefarbene Fische neben einer gleichfarbigen Waage. Andere sind gestreift und schimmern in allen Regenbogenfarben. Auch Haie sind dabei. Ihre starren Augen sehen immer noch gefährlich aus. Weil die Fische ständig mit Wasser begossen werden, um sie frisch zu halten, steht in den Gängen überall Wasser. Platsch, platsch - von unseren Schlappen spritzt die Fischbrühe auf Beine und Kleidung. In der ersten Etage macht sich Titus davon und schaut einer Gruppe kleiner Jungen bei ihren Spielen zu.

Nach nur 15 Kilometern beenden wir bei „Awang's" die Tagesstrecke. Ein alter Mann kümmert sich um die sehr gepflegte Anlage. Er war einer der ersten, die den Backpackern hier Hütten angeboten haben. Am langen Strand gibt es schattige Plätze und ein Restaurant, in dem blühenden Garten leben zwei sprechende Beos in Käfigen. Einer kann arabische Begrüßungen, der andere spricht einige englische Wörter. Besonders lustig ist seine Nachahmung eines startenden Mopeds. Einem der Vögel versuche ich, „Guten Tag" beizubringen, doch er antwortet beharrlich mit „Salam aleikum". Ich gebe es auf; wir sind in einem sehr moslemischen Bundesstaat.

Lange bleiben wir hier nicht, die Neugier treibt uns weiter. Es hat zwei Monate gedauert, bis wir wussten, wonach wir suchen. Der Anfang war schwierig, wir mussten uns über unsere Wünsche und Ziele klar werden. Unsere Verhaltensweisen und die täglichen Muster können wir nur Stück für Stück verändern. Ein Jahr Reisen genügt wahrscheinlich nicht, es sollte aber genug sichtbar machen, damit wir besser zusammenwachsen. Unsere Kinder brauchen mehr von uns, als wir ihnen bis jetzt geben konnten. Auch das ist deutlich geworden. Also nutzen wir die Zeit und unsere Möglichkeiten.

Katja
Der alte Mann von „Awang's" war heute Morgen sehr besorgt, ob wir die fast 50 Kilometer nach Marang schaffen werden. Er wollte uns sogar die steile Auffahrt hinaufschieben. Gestern hat er die Waschmaschine für uns angestellt, sie überwacht und uns die Wäsche gebracht, als sie fertig war. Das war wirklich ein spezieller und sehr angenehmer Ort, obwohl nachts eine Ratte Anikas Rucksack durchgeknabbert hat. Vor einigen Tagen haben die Kinder nämlich eine zuckersüße, braune Masse geschenkt bekommen, wahrscheinlich gehärteter Zuckerrohrsirup. Dieser Leckerbissen war in der Seitentasche des Kinderrucksacks und stellte ein gefundenes Fressen für die Ratten dar.

Kurz nach neun Uhr morgens rollen unsere Räder wieder. Die Straße führt schnurgerade durch Sümpfe und Graslandschaft. Rechts schimmert silbern das Meer, manchmal leuchten blaue Lagunen auf. Wir sind schnell heute, der Tacho zeigt zwischen 17 und 19 km/h an. Mit meinem Blick versuche ich, den Asphalt vor mir zu fangen. Je näher eine Stelle an mich herankommt, desto schneller läuft sie mir davon. Es sind kaum Autos unterwegs, so dass ich das Summen der Reifen hören kann. Genau wie damals, als ich als Kind auf dem Fahrrad meines Großvaters mitgefahren bin. Ich blicke auf mein Vorderrad und sehe den dicken 28-Zoll-Reifen eines alten, schwarzen Herrenrades mit einer Gestängebremse. Wir fahren durch einen Mischwald, das Fahrrad rollt immer schneller bergab. Das Summen wird lauter, links und rechts flitzen die Bäume nur so an uns vorbei. Da kommt eine Kurve! Ich spüre, wie sich das schwere Rad neigt und uns über den Asphalt auf eine Lichtung trägt... Ich weiß nicht, wie lange ich in einer anderen Welt gefahren bin, auf jeden Fall ist es Zeit für einen Tee. 30 Kilometer liegen hinter uns, es ist bald Mittag. Die Umgebung kommt mir jetzt sehr vertraut vor. Ob das an den Erinnerungen liegt?

Marang ist sehr verschlafen. Einige „Roti"-Buden, ein Spielplatz und ein Schattenhäuschen, das ist schon fast alles. Der Strand liegt hinter einer wackeligen, hölzernen Brücke. Vom Hafen fahren täglich Boote auf die Insel Pulau Kapas. Im „Marang Guesthouse" sind wir fast die einzigen Gäste. Kaum haben wir die Fahrräder abgeladen und uns mit Mangos gestärkt, taucht Sar auf. Der Angestellte ist begeistert von Titus und holt den Kindern zwei Kokosnüsse vom Baum. Darauf folgen Kekse, Bonbons, eine aus Palmblättern gebastelte Windmühle und eine Pfeife.
Mittags dösen wir wie die Fischer auf Bänken im Park am Hafen, die Kinder spielen auf dem Spielplatz. Die Zeit vergeht hier langsam. Abends ist Sar mit Keksen und Bonbons wieder da. Als die Kinder schlafen, unterhalten wir uns noch lange über das Leben hier und in Deutschland. Für Sar ist das Dasein ganz einfach: Pro Tag braucht er 10 RM (etwas über zwei Euro) für Essen,

die Miete für sein Haus kostet 120 RM pro Monat. Strom und Wasser sind staatlich subventioniert, Krankenhäuser umsonst. Sar arbeitet nur, wenn er Lust hat. Das Leben im „kampung", dem malaiischen Dorf, ist sehr einfach. Wenn man kein Geld hat, muss man auch nichts bezahlen. Man hilft sich gegenseitig. Für uns ist schwer vorstellbar, dass das funktioniert. In Melaka hat Soon etwas anderes erzählt. Die moslemischen Malaien scheinen in einem Schlaraffenland zu leben, sie werden rundum vom Staat unterstützt. Die Chinesen und Inder haben es da wohl etwas schwerer.
Von Sar erfahren wir außerdem, dass Malaien nur Reis („nasi") essen: morgens „nasi lemak" (Reis in Kokosmilch gekocht) oder „nasi minyak" (Reis in Öl), mittags „nasi ayam" (Reis mit Huhn) oder „nasi ikan" (Reis mit Fisch) und Nelken. Abends gibt es „nasi goreng" (gebratenen Reis). Na ja, ein paar andere Dinge haben wir auch schon gegessen, es gibt da zum Beispiel noch die Varianten mit Nudeln und Gemüse. Aber irgendwie stimmt es schon: Reis ist überall gegenwärtig.

Unfreiwillige Verzögerung

Heute Morgen findet Katja noch eine Spielkarte, wieder den Joker. Wenn das kein Glück bringt! Kurz entschlossen verlassen wir Marang. Die 15 Kilometer nach Kuala Terengganu schaffen wir recht schnell. Es regnet und auch später bleibt es bedeckt. Zum ersten Mal auf dieser Reise friere ich! An der „floating mosque", einer in einem See auf Stelzen gebauten Moschee, machen wir eine Pause. Bei diesem Wetter sieht sie allerdings nicht aus, als würde sie schwimmen. Ein Wochenendausflügler aus Terengganu will erstaunlich viel über uns erfahren und gibt uns Tipps für die Übernachtung. Wäre er nicht gerade auf Reisen, hätte er uns in sein Haus eingeladen. Uns ist schon aufgefallen, dass in diesem Bundesstaat von Malaysia die Menschen besonders offen sind.
In Kuala Terengganu schieben sich viele Autos über die mehrspurigen Straßen, dazwischen klingeln die Trishaws. So verschlafen, wie man uns erzählt hat, wirkt die Stadt ganz und gar nicht. Erst im Chinesischen Viertel wird es ruhiger. Hinter der Rezeption des „Ping Anchorage" erwartet uns in der ersten Etage eine verschlossene Gittertür wie in einem Hochsicherheitstrakt, aber die Dachterrasse mit vielen Topfpflanzen und einigen Tischen sieht gemütlich aus. Unser geräumiges Zimmer mit zwei zusätzlichen (kostenlosen!) Matratzen für die Kinder hat sogar ein Spülbecken und fließendes Wasser. Hier können wir bequem kochen. Für die nassen Handtücher und die Moskitonetze sind unsere Gepäckgurte schnell zwischen den Wänden und den Fenstergittern aufgehängt. Das ist keine Traumunterkunft, aber wer weiß, wofür es gut ist, dass wir hier gelandet sind.

Kuala Terengganu ist eigentlich keine Stadt, obwohl sie 300.000 Einwohner hat. Im Grunde ist sie ein „kampung" geblieben oder besser gesagt, in das Dorf ist eine Stadt hinein gebaut worden. Zwischen den mehrspurigen Straßen und den Hochhäusern ist das Dorf überall gegenwärtig: Hinter den Hochhausfassaden und Straßenblöcken verbergen sich Palmenhaine und Holzhäuser. Hühner und Ziegen laufen herum und morgens kräht noch vor dem Muezzin der Hahn.

Auf Anikas ausdrücklichen Wunsch besuchen wir wieder einmal einen chinesischen Tempel. Hier gibt es ein vasenähnliches Gefäß, so groß, dass Titus locker hineinpassen würde. Seine Funktion ist uns unbekannt, aber die Kinder dürfen es drehen, was sie mit großem Spaß tun. Der Tempel ist sehr wohnlich eingerichtet, auch ein Mikrowellenherd für die Mönche fehlt nicht. Da wir draußen neben einem Trishaw geparkt haben, stehen jetzt einige Leute um unsere Fahrräder herum und so entkommen wir den üblichen Fragen nicht: „Where are you coming from, what are you doing in Malaysia?" Im Gegenzug erfahre ich, wo sich hier ein Fahrradladen befindet. In Marang ist nämlich wieder einmal - nach gerade 175 Kilometern - die Taiwan-Kette gerissen.

Überraschend werden wir von unserem Vermieter gefragt, ob wir Interviews geben. Sein Freund, ein Journalist, hat uns auf dem Weg nach Terengganu vorbeifahren sehen. Wie der Zufall es wollte, standen unsere Räder ein wenig später vor dem Gasthaus seines Freundes. Wir haben Marang, ohne zu wissen warum, fluchtartig verlassen; war dieses Interview der Grund? Gegenüber unseren Sponsoren haben wir uns verpflichtet, Veröffentlichungen zu machen. Im Gegenzug dafür haben wir unsere Ausrüstung bekommen. Mit einigen Firmen haben wir richtige Verträge abgeschlossen, bei anderen genügten mündliche Vereinbarungen, auf jeden Fall sollen wir Fotos machen, auf denen die gesponserten Produkte zu sehen sind. Da kommt diese Gelegenheit wie gerufen.

Es ist unser erstes Interview auf Englisch. Wir erzählen von unseren Erfahrungen in Malaysia, von den kleinen, verschlafenen Orten, und dass wir uns lieber abseits der Touristenströme bewegen. Meng interessiert sich besonders für die eigenwillige Konstruktion des Hase-Anhängers und unsere Beweggründe für die Reise. Anika versteckt sich schüchtern und will sich nicht fotografieren lassen. „Nur ihr dürft das", sagt sie. Einige Tage später ist das Interview gedruckt. So schnell! Wir denken an einen aufwändigen Fernsehbericht, den der WDR über uns gedreht hat, und der nach wochenlangem Hin und Her schlussendlich nie gesendet wurde.

Im „Star", einer englischsprachigen Zeitung, die wir schon in Melaka gesehen haben, ist uns fast eine ganze Seite gewidmet. Auf einem Foto sind Katja und Titus mit dem Hase-Anhänger zu sehen, im Hintergrund das Schild des Gasthauses. Immerhin ist Meng ein Freund des Besitzers und macht auch für ihn gleich ein wenig Werbung. Das Gasthaus, das Reisebüro, ein paar große Reisebusse und eine Batik-Galerie haben ein ziemliches Monopol hier in der Stadt. Viele Durchreisende haben Pauschalaufenthalte auf den Inseln gebucht. Mit einem deutschen Paar, das seit mehreren Monaten durch Südostasien nach Neuseeland unterwegs ist, komme ich ins Gespräch, aber auch sie sind am nächsten Morgen wieder weg. Es ist frustrierend: Die Menschen reisen nicht, sie rasen. Vielleicht hätten wir das ohne Kinder auch getan? Mit unseren Kindern sind wir zur Langsamkeit gezwungen, sehen dafür aber alles länger und vielleicht erleben wir es auch intensiver.

An einem Morgen treffen wir Mohamed. Besser gesagt, Mohamed trifft uns. Wir haben uns gerade in der Markthalle mit frischem Gemüse und Obst versorgt und verstauen alles in den Anhängern, da kommt ein aufgeregter alter Mann auf uns zu. Er spricht sehr schnell. Ich verstehe nur, dass er uns ein Terengganu-Fähnchen für unseren Anhänger schenken will, wir sollen in seinen Laden kommen. Dort holt er mit ungeheurer Geschwindigkeit allerhand touristisches Informationsmaterial unter der Theke hervor. „All presents for you" sagte er und fischt im gleichen Atemzug noch zwei Kunststoffteller mit Fischmotiven und zwei Plastikfischen heraus. „Presents for your children!" Dann kramt er aus einer Schublade ein Gästebuch hervor, in das ich mich eintragen soll, und zeigt uns Fotos von seinen Besuchern. Mohamed ist so schnell, dass es mir schwer fällt, ihm zu folgen. An einen Dialog ist gar nicht zu denken. Der Mann ist für mich ein Rätsel, doch eines weiß ich: Er will uns nichts verkaufen. Er freut sich einfach über unseren Besuch, er „sammelt" Reisende. Am nächsten Morgen erscheint Mohamed unangemeldet im Gasthaus. Als wir vor ihm stehen, beginnt er hektisch und wild gestikulierend zu reden. Den Angestellten ist das unangenehm, sie bitten uns, in das benachbarte hauseigene Café zu gehen. Mohamed lädt uns zum Frühstück und zu einem „teh tarik" ein. Seine Worte schlagen Purzelbäume. Ich verstehe nur, dass er Mitglied in der „Malaysian Cyclist Federation" ist. Aus seiner Brieftasche holt er ein verblasstes Schwarzweiß-Foto, auf dem ein Mann mit freiem Oberkörper und Turban zu sehen ist. „This is my teacher", sagt Mohamed, tastet meinen Knöchel ab und fragt nach unseren Fahrgewohnheiten. Auch will er wissen, ob wir unsere Meridiane beim Duschen in der richtigen Richtung und Reihenfolge, von unten nach oben, mit dem Wasserstrahl anregen. Mit den Antworten ist er zufrieden. Aus der Hosentasche zieht er jetzt ein Fläschchen mit einer grünen Flüssigkeit. Das Muskelöl soll uns auf unserer Tour etwas helfen. Dem Geruch nach enthält es Kampfer und andere ätherische Öle. Danke! Doch er ist noch nicht fertig: Schon hält Mohamed das Foto eines deutschen Radfahrerteams in malaysischen Trikots in der Hand. Radsport ist hier sehr beliebt, jedes Jahr findet in Malaysia das Etappenrennen „Tour de Langkawi" statt.

Genauso schnell, wie er aufgetaucht ist, verabschiedet sich Mohamed wieder und braust auf seinem Moped davon. Zum Abschied konnten wir ihm gerade noch den Zeitungsausschnitt mit unserem Interview mitgeben.

Katja
Das war eine Begegnung besonderer Art! Dieser total überdrehte Malaie hat uns einfach „mitgenommen“. Er hat uns gestern gesehen und schon einmal Unterlagen für uns zusammengestellt! Mohamed ist seit über 20 Jahren Physiotherapeut für die malaysische Fahrradnationalmannschaft. Daher seine Begeisterung. Er ist etwas überdreht, aber einfach nett. Wir sollen auch Bescheid sagen, wenn wir Bananen wollen, sein Onkel verkauft sie uns dann billiger! Egal, was wir brauchen, wir können uns an ihn wenden. Auf der Straße treffen wir dann noch einen jungen Chinesen, der Waldemar seine Visitenkarte gibt und meint, wenn wir Hilfe brauchen, sollen wir ihn anrufen. Auf solche Offenheit und Spontanität treffen wir in Europa nur selten.

Irgendwie haben wir uns schon auf die Gelassenheit und Stille der Fischerdörfer an der Ostküste eingestellt. Die Unruhe der Großstadt überträgt sich auf uns, wir streiten häufiger und mich quälen Kopfschmerzen und

ein Schnupfen. Bevor wir aufbrechen, wollen wir aber noch einen Ersatz für die defekte Kamera finden. Während wir die Fahrräder vor einem Foto-Geschäft abstellen, turnt Anika auf einem niedrigen Geländer herum. Plötzlich höre ich einen durchdringenden Schrei, sie liegt auf dem Boden. Als sie sich aufrichtet, blutet ihr Hinterkopf so stark, dass ihr gelbes Kleid in Sekunden rot durchtränkt ist. Anika schreit laut, ich stehe wie versteinert da. Aber da bringt schon jemand aus dem Laden eine Rolle Toilettenpapier und Katja ist sofort bei ihr. Menschen versammeln sich um uns, der Ring wird immer dichter, alle wollen helfen. Eine Chinesin bringt ein Fläschchen mit unbekannter Medizin, eine andere Frau tränkt einen Wattebausch mit Desinfektionsmittel. Ich erkenne die Marke: Genau dieses Zeug hat Gabi in Melaka zum Putzen

der Waschbecken benutzt!
Das ist zu viel der Hilfe, Katja hält ihre Hand vor die Wunde. Jemand will uns ins Krankenhaus bringen. Das ist vielleicht die beste Idee. Die Wunde blutet nicht mehr, also packe ich Anika schnell in den Anhänger. Wir bedanken uns und lösen uns aus der Belagerung. Am Guesthouse, das gleich um die Ecke ist, machen wir Halt, damit Katja aus der DHU-Taschenapotheke noch schnell Arnica-Globuli holen kann. Vor der Rezeption steht ein Taxi. Spontan bietet man uns an, damit kostenlos ins Krankenhaus zu fahren. Ein Englisch sprechender Angestellter des Reisebüros begleitet uns. So schnell wie der Taxifahrer hätten wir den Weg nicht gefunden. Das große Krankenhaus soll das modernste Malaysias sein, es könnte auch in Deutschland stehen. Für eine Aufnahmegebühr von 50 RM kommen wir in die Ambulanz und werden an den vielen Wartenden vorbeigewunken, die sicherlich nicht weniger ernst verletzt sind als Anika.
Titus hält immer noch brav die Rolle Toilettenpapier fest, die ich ihm anfangs in die Hand gedrückt habe. Er verhält sich ganz ruhig. Als Anika auf dem OP-Tisch liegt, reicht er mir Blatt für Blatt von dem Toilettenpapier, damit ich ihr die Wunde abtupfen kann. Doch das macht besser der Arzt. Der sagt uns auch, dass das Desinfektionsmittel, vor dem wir uns so erschreckt haben, durchaus auch zur Desinfektion von Wunden gedacht ist. Er säubert die Wunde und vernäht sie mit zwei Stichen. Anika bekommt Paracetamol-Salbe und noch ein Fläschchen mit. Nach einer Woche sollen die Fäden entfernt werden, so lange müssen wir nun in Kuala Terengganu bleiben. Jetzt müssen wir umdenken und uns mit dieser hektischen, lauten Stadt irgendwie arrangieren.

Katja
Was für ein Schock! Wie kann beim Sturz von einem kniehohen Geländer so eine große Wunde entstehen? Es ist toll, dass sich so viele Menschen gleich um Anika kümmern, wir haben nur selbst kaum eine Chance, an sie heranzukommen. Im Krankenhaus dann die bekannte Frage nach Anikas Impfungen. „Nein, sie hat keine.“ Aber: nichts passiert, erstaunlicherweise folgt kein Vortrag, es gibt keine Vorwürfe wie in Deutschland und auch keine Zwangs-Impfung, die Wunde wird ohne Kommentar genäht! Wir bekommen eine Salbe und Schmerztabletten mit, bezahlen müssen wir nichts. So viel Hilfsbereitschaft ohne Versicherungskarte! Wozu brauchen wir eigentlich eine Auslandskrankenversicherung?

Die Zeit läuft jetzt langsamer. Wir finden heraus, wo ein Spielplatz ist und verbringen dort einige Abende. Auch einen indischen „Roti“-Laden finden wir und probieren abwechselnd „chapati“, „roti canai“ und „tossai“, ver-

schiedene Fladen. Wir sind bald Stammgäste, genauso wie ein englisches Paar, das wir noch in Khota Baru und später in Neuseeland wiedertreffen werden. Nach Tagen entschließen wir uns, endlich weiter nach der Ersatzkamera zu suchen. Eine bezahlbare Spiegelreflexkamera, zu der unsere Objektive passen, bekommen wir erst wieder in Kuala Lumpur. Bis dahin muss eine kleine Kompaktkamera reichen. Die Qualität der Bilder ist auf Dia-Film erheblich besser und wir wollen unsere Fotos schließlich zu Hause häufig präsentieren.
Die Auswahl ist groß. Von malaiischen Verkäufern werden wir mit Unverständnis angeschaut, als wir uns eine der Kameras ansehen und gar ausprobieren wollen. Das scheint nicht üblich zu sein. Die Verkäufer begreifen nicht, wieso wir uns mehrere Kameras zeigen lassen und sie nicht gleich kaufen. Ihr Verhalten ist wiederum für uns sehr befremdlich: Wir kaufen doch keine Katze im Sack!? Eine Kamera scheint hier ein Statussymbol zu sein. Es ist nicht wichtig, was sie kann, sondern dass man überhaupt eine hat. In einem chinesischen Laden werden wir ganz anders behandelt. Schließlich finden wir eine Kombination aus einem kompetenten chinesischen Angestellten und einer zurückhaltenden malaiischen Ladenbesitzerin. Der Angestellte gibt uns unter den erstaunten Augen der Frau einen Überblick über das Sortiment. So finden wir endlich einen passenden Fotoapparat.

Anikas Fäden sind gezogen, wir können endlich weiterfahren. Als wir die Stadt verlassen, sind wir froh. Wenn ich nur an die Mopedfahrer am Freitagabend denke: Zu Hunderten rotten sie sich zusammen, um lärmend mit aufgedrehten Gasgriffen durch die Straßen zu ziehen, die innerhalb von Minuten in dichtem Abgasnebel stecken. In der Zeitung sah ich ein beschlagnahmtes Moped, das zu einer Rennmaschine umgebaut worden war. Alle Achtung! Das war Profi-Arbeit. Nur werden die Rennen nicht in Sepang bei der Formel eins veranstaltet, sondern nachts in der Stadt. An Schlaf ist da nicht zu denken. Dazu kommen das laute Klappern der Klimaanlagen und der Gesang des Muezzins morgens um halb fünf, der die Moslems zum Gebet ruft, begleitet von einem heulenden Hund.
Irgendetwas war an dieser Stadt, das für uns nicht stimmte. Letztendlich sind es aber die Menschen, die eine Stadt ausmachen und von denen gab es viele, die wir in guter Erinnerung behalten werden.

Slow motion

Die Brücke über den Terengganu führt uns auf einem für Fahrräder und Trishaws ausgewiesenen Weg aus der Stadt. Von der anderen Seite wirkt Kuala Terengganu schon sehr fern. Als wir von der vielbefahrenen Hauptstrecke abfahren und eine ruhige Straße in Richtung Meer nehmen, fällt die letzte Gereiztheit wie ein großer Stein von uns ab. Die Reise geht endlich weiter.

Große, niedrig bewachsene Flächen mit grasenden Rindern erwecken Erinnerungen an Europa, nur die Palmen am Straßenrand passen nicht dazu. Merang erreichen wir nach den inzwischen üblichen 46 Tageskilometern. Außer ein paar Souvenirläden am Hafen, von dem aus Schiffe auf die Inseln Bidong, Redang und Perhentian fahren, gibt es hier nur wenig. Der Strand wirkt verlassen. Nicht einmal Fischer sind zu sehen. Die Kinder haben ihren Spaß, sie bauen eine Schildkröte aus Sand und spielen mit einer angeschwemmten Boje. Titus schleppt eine riesige Kokosnuss an. In einer großen Hütte sind wir die einzigen Gäste. Über das große Gelände streifen viele Tiere. Kühe stehen in den Palmenhainen, Ziegen sind auch überall zu sehen und durch das leere Restaurant streunt eine Katze mit zwei Jungen, was die Kinder sehr freut. Nach der Enge der Stadt entspannen wir uns hier. In der Nacht ist außer den Tieren kein Geräusch zu hören, wir schlafen gut. Nur Titus wacht sehr früh auf, weint und redet vom Wasser. Er hat irgendetwas geträumt, kann es aber noch nicht sagen.

Katja
Die Stille und Gelassenheit der Ostküste haben uns wieder. Wenn ich zurückblicke, sehe ich verschiedene Phasen, die wir auf unserer Reise durchlaufen haben. Zuerst war da die Gewöhnung an das Klima und die fremde Kultur: ein echter Schock, nichts war wie in Europa. Neue Eindrücke konnten wir nicht so schnell verarbeiten, wie sie entstanden. Dann folgte die Loslösung von unseren europäisch geprägten Vorstellungen und Erwartungen. Nach fast zwei Monaten haben wir endlich unseren eigenen Rhythmus gefunden und nehmen die Gegebenheiten jetzt so an, wie sie sind. Eine neue Phase scheint zu beginnen.
Hier haben wir wirklich ein Urlaubsgefühl. Vielleicht liegt es auch an dem Stress, der hinter uns liegt. Tagsüber spielen die Kinder nackt an den Wasserhähnen im Freien und verspritzen Unmengen von Wasser. Aus gefundenen Rohren bauen sie eine Wasserleitung, sie entdecken Käfer und Vögel und fangen kleine Frösche, die durch das Gelände hüpfen. Ich nutze die Zeit zum Wäschewaschen, Waldemar reinigt die Anhänger. Da hat sich eine Menge angesammelt. Der Kettenschutz hat sich gelöst und das Schaltwerk ist blockiert. Während die Wäsche in der Sonne trocknet, lesen wir und kochen zusammen. Es ist ein tolles Gefühl, sich mit einem sauberen, nach Wind und Sonne duftenden Handtuch abzutrocknen. Das letzte Mal haben unsere Handtücher das braune, modrig riechende Wasch- und Trinkwasser in Cherating gesehen. Auch der Waschbeutel strahlt wieder. Die zu Hause selbstverständlichen Arbeiten bekommen auf Reisen einen ganz neuen Wert.
Das Geld für die Übernachtung lassen wir an der Rezeption liegen, denn es ist niemand da. Nachdem wir Anika überzeugen konnten, dass wir auch morgen wieder Katzen finden werden – denn die gab es bis jetzt fast überall

- ist die Weiterfahrt kein Problem. Anfangs war Anika vor jeder Weiterfahrt gereizt und machte Ärger. Das hat sich gelegt. Sie hat verstanden, dass wir noch viele Strände, Kinder, Katzen usw. finden werden und es immer etwas Spannendes gibt.

Nur 18 Kilometer weiter, auf einer Landzunge zwischen einer Flussmündung und dem Meer, finden wir in Penarik die schönste Bambushütte, die wir bisher hatten. Hierhin gelangen nur wenige Traveller, denn der Bus hält

nicht in diesem Ort. Von der Terrasse aus können wir das Meer sehen. Das Bett ist aus dicken Ästen zusammengezimmert und mit einer Tagesdecke abgedeckt. Kleine, liebevolle Details geben uns ein gutes Gefühl. Als ich unter dem Bett noch eine zweite Matratze finde, ist alles perfekt. Was aber diesen Ort ausmacht, ist die Stimmung, das Gefühl, dass alles stimmt. Zur Begrüßung bekommen wir Cola. Anika ist besonders stolz, denn das ist ihre allererste Cola, und dann noch eine ganze Dose! Bevor wir abladen, machen wir Fotos mit dem Selbstauslöser. Titus findet es besonders spaßig, wie ich zwischen den Kameras und den Fahrrädern hin und her laufe und mit einem Sprung auf dem Tisch lande.

Die Besitzer, Mohamed und Rohana, sind wie Eltern um uns besorgt; oder wie Großeltern. Anika wird von Rohana besonders ins Herz geschlossen: Sie flechtet aus Palmblättern Armbänder für sie und schenkt ihr eine Brosche. Ihre Kinder sind erwachsen und leben an der Westküste. Ich denke, sie fehlen ihr. In einem grün bewachsenen VW-Bus, dem Wahrzeichen des „Penarik Inn", reisten die beiden mit ihren vier Kindern kreuz und quer durch Malaysia, so oft sie konnten. Dieser einsame Ort hat sie so verzaubert, dass sie der stressigen Westküste den Rücken gekehrt haben und ein Guesthouse eröffneten.

Die wenigen gemütlichen Holz- Bungalows liegen verstreut im Sand im Schatten von Palmen am kilometerlangen, sauberen Bilderbuch-Sandstrand. Unseren Blick auf den Horizont verstellt nichts – außer den Perhentian-Inseln, die ungefähr 20 Kilometer vor der Küste im Südchinesischen Meer liegen und als Schnorchel- und Tauchparadies gelten. Von den Touristenmassen sieht man hier zum Glück nichts.

Anika, die zu Hause kaum Gelegenheit hatte, eigene Spielideen ohne Spiel-

zeug zu entwickeln, lernt es jetzt wieder. Spielzeug hat schon seit längerer Zeit seine Bedeutung verloren, Titus kommt ganz ohne aus. Selbst Bücher ersetzen wir zum größten Teil. Vor dem Schlafen erzählt jeder von uns eine Geschichte. Meistens handeln sie, fantasievoll verpackt, davon, was wir erlebt haben und was uns gut oder weniger gefallen hat. Manchmal beginnt einer zu erzählen und der Nächste führt die Geschichte fort.
Nachschub an Lebensmitteln und Geld holen wir im 18 Kilometer entfernten Bandar Permaisuri. Hier sind die Begegnungen mit den Menschen viel intensiver als weiter im Süden Malaysias, das erleben wir immer wieder. Ein Mann fragt uns aus und erzählt auch viel von sich. Wir erfahren, wo er wohnt und dass er, wie die meisten Malaien, vier Kinder hat. Dann gibt er uns und den Kindern eine Cola aus, auf die beide schon ganz wild sind. Titus kann es gar nicht abwarten, bis wir ein schattiges Plätzchen gefunden haben und die Dose öffnen. „Cola trinken!", ruft er ständig. Bei jeder dunkel aussehenden Flüssigkeit wird er nun unruhig und ruft „Cola, Cola!"

Die Puppe Nina

Wir bleiben einige Tage länger im „Penarik Inn", als wir uns das vorgestellt haben. Wäre da nicht irgendwo am Horizont ein Ausreisetermin, würden wir die gewöhnliche Zeitrechnung vollständig aus den Augen verlieren. Meistens wissen wir nicht, welchen Wochentag wir haben und müssen uns das aktuelle Datum mühsam rekonstruieren. Es ist uns nicht mehr so wichtig, ob wir noch nach Thailand oder sonst irgendwohin kommen. Alles können wir sowieso nie sehen. Wichtig ist das Hier und Jetzt.
Wie lange wir schon in Malaysia sind, erkennen wir am Mond: Den ersten Vollmond erlebten wir in Melaka, er stand groß und klar über dem Innenhof des „Sama Sama" und erleuchtete ihn hell. Der zweite beschien die Palmen in Cherating und erhellte den kleinen Schildkröten den Weg ins Meer. Der dritte Vollmond steht uns jetzt bevor: Die Sonne verschwindet langsam hinter den Palmen, während im Osten der schon fast runde silberne Ball über dem heute ganz ruhigen Meer hängt. Ich versuche, ihm entgegenzuschwimmen. Meine Bewegungen zerschneiden die glatte Wasseroberfläche. Immer wieder stoße ich mit den Füßen an den Boden; es ist Ebbe. Noch vor wenigen Tagen kam mir das Meer in der Dunkelheit wie ein großes Lebewesen vor, das mit heftigen Wellenbewegungen atmete. Heute ruht es.

Am nächsten Morgen regnet es. Die Hitze lässt nach und der Regen ist warm. Vor dem Frühstück gehen wir schwimmen. Unser letzter Tag hier kommt mir vor wie das Ende der ganzen Reise. Irgendwie ist es das ja auch: Es bleibt nicht mehr viel Zeit, bis unser Touristenvisum abläuft, mit dem wir drei Monate am Stück in Malaysia bleiben dürfen. Nun haben wir noch einen Monat für einen Thailand-Abstecher Zeit und bald steht schon der

Flug nach Neuseeland vor der Tür. Eigentlich war die Zeit viel zu kurz, um Malaysia richtig kennenzulernen.
Unsere letzte Station ist Kota Bharu. Dort wollen wir uns überlegen, ob wir ein Stück durch Thailand reisen oder lieber gleich wieder zurückkommen und an der Westküste Malaysias weiterfahren wollen. Auch andere Gedanken kreisen durch meinen Kopf: Wie wird es sein, wenn wir wieder in Deutschland sind? Weiterzuleben wie vorher, kann ich mir nicht mehr vorstellen. Jeden Morgen zur Arbeit fahren, stundenlang auf einem Stuhl sitzen und auf einen Bildschirm schauen, der Tag für Tag meine Sehkraft mindert, das kann nicht das Richtige sein. Leben, wo alles organisiert werden muss und wo alles von der Uhr bestimmt wird, will ich auch nicht mehr.

Katja
Der Abschied vom „Penarik Inn" fällt uns sehr schwer. Morgens nach dem Aufwachen öffnete ich einfach die Tür unseres Chalets und die Kinder waren nach wenigen Schritten am Strand. Ich saß oft lange im warmen Wasser und ließ mich einfach von den Wellen bewegen. Das hat mir Ruhe gegeben und mir klar gemacht, dass wir schon immer wie das Wasser gehandelt haben: Wir haben es fließen lassen und das Richtige gefunden. Das Wasser findet immer einen Weg. Voraussetzung ist nur das Vertrauen, das Richtige zu finden. So ist es während dieser Reise und so wird es auch nach der Reise sein.
Hier könnte ich noch ewig bleiben. Uns allen geht es hier pudelwohl. Ob wir so einen Platz wohl wieder finden? Wir haben ja bereits gesponnen, uns hier anzusiedeln. Das leere Grundstück nebenan ist nur mit Palmen bewachsen. Aber wovon sollten wir hier leben?

Am Morgen der Abfahrt bin ich schon vor Sonnenaufgang am Meer. Die rote Kugel schiebt sich im Zeitlupentempo aus dem Meer empor und durchdringt die silberblauen Wolkenstreifen. Die Strahlen gleiten über die wellige

Wasseroberfläche und berühren den noch kühlen Sand vor meinen Füßen. Titus kommt zu mir. Auf meinem Arm bewundert er die riesige Orange. Gemeinsam mit Katja und Anika schauen wir so lange zu, bis die Sonne ihr Rot verliert. Um neun Uhr sind wir abfahrbereit, doch bis wir wirklich losfahren, vergeht eine weitere Stunde. Am Tor mache ich noch Fotos von Mohamed und Rohana, dann kehren wir kurz um und fotografieren uns vor dem Eingangsschild. Das hier ist sicher ein Ort, an den wir noch lange denken werden. Katja stehen Tränen in den Augen, als wir losfahren.
Die Sümpfe, die sich über 30 Kilometer hinter Penarik erstrecken, sind dicht bewachsen, das Wasser sieht schwarz und dickflüssig aus. Danach ändert sich die Landschaft. Hier leben die Menschen von der Erde, ihre Dörfer sehen anders aus als die Fischerdörfer, deren Häuser verstreut in Palmenhainen stehen. Kleine, bunte Gärten dominieren, dazwischen immer wieder Felder, auf denen alles bunt durcheinander wächst.
Von Kuala Besut fahren Schiffe auf die Gruppe der Perhentian-Inseln. Täglich laden hier Busse ihre Passagiere ab, die auf die Schiffe strömen oder, wenn noch Zeit bleibt, in die Restaurants und Einkaufspassagen. Dieser Ort ist nur eine Durchgangsstation, das spüren wir in der Distanziertheit der Einwohner. Die einen leben von den Touristen und sind nur an ihrem Geld interessiert. Die anderen? Vielleicht lebten sie vorher ruhiger und fühlen sich heute von den halb nackten Weißen gestört. Mit den Touristen ist das Dorf gewachsen und die alten Strukturen sind zerbrochen. Wir sehen überraschend viele Bettler, die uns hinterherlaufen und uns nicht in Ruhe lassen. In dem überteuerten Hotel bleiben wir nur eine Nacht. Der enge Raum provoziert Streit und Unruhe, nicht nur bei uns: die Kinder einer norwegischen Familie im Nachbarzimmer veranstalten ein Schreikonzert und denken nicht daran aufzuhören. Es klingt unglaublich, aber das beruhigt uns: Es geht also nicht nur uns so!

Geweckt werden wir von einem ganz anderem Geräusch: Hühnergeschrei. Die Kinder entdecken auf dem Hof gegenüber einen Schlachter. Aus einem großen Korb, in dem mehrere Dutzend Vögel zappeln, holt er ein Huhn nach dem anderen heraus und schneidet ihm mit einem großen scharfen Messer mit einem schnellen Zug die Kehle durch. Das noch immer schreiende, blutende Huhn wird dann in einen Käfig geworfen. Zusammen mit den zuvor geschlachteten Hühnern sorgt es für eine Menge Geflatter. Die Erde um den Platz färbt sich rot. Eine Frau holt die sterbenden Hühner wieder heraus und wirft sie in einen Kessel mit kochendem Wasser, um sie danach zu rupfen.

Katja
Dass die Hühner auch ohne Kopf noch weiter „leben", erstaunt die Kinder, ich bin ein wenig geschockt. Bis auf Waldemar haben wir so etwas noch nie gesehen. So eine Erfahrung macht man im modernen Europa kaum noch. Dieser Schlachter kannte seine Hühner und hat sie nicht zusammen mit zehntausend anderen in schuhkartongroße Käfige gesperrt, um sie dann vollautomatisch von einer Schlachtmaschine zerlegen zu lassen. Gerade für unsere Kinder finde ich es wichtig und interessant zu sehen, dass das, was wir auf den Teller bekommen, vorher ein lebendiges Wesen war. Auf der Weiterfahrt fallen uns die vielen Verkaufsstände mit den an den Füßen aufgehängten Hühnern seitdem besonders auf.

Die Mittagspause verbringen wir in einem kleinen Restaurant am Straßenrand, trinken „teh tarik" und essen köstliches „nasi" und „daging lembu", Rindfleischwürfel in einer leckeren Soße. Der Besitzer setzt sich zu uns und hat viele Fragen. Wir unterhalten uns über die Art, wie wir reisen, über den Irakkrieg und Präsident Bush, den hier kaum einer mag. Trotzdem hat Malaysia viel von den Amerikanern übernommen oder mit ihnen gemeinsam: sei es das Konsumverhalten mit den großen Shopping Centern, Fastfood-Ketten und Fertigprodukten oder die malaysische Flagge, die man bei flüchtigem Hinschauen schnell für die amerikanische hält.
Der Wirt und seine Frau haben - na klar - vier Kinder. Deren Alter erstaunt mich: Sie sind 28, 23, 18 und 11 Jahre alt. Der relativ große Abstand zwischen ihnen ist beabsichtigt, damit sich das schon etwas größere Kind um das Neugeborene kümmern kann. Der Nachteil des Prinzips: Das Jüngste wird erst erwachsen, wenn die Eltern schon relativ alt sind. Aber so sei es eben üblich in Malaysia. Wir Europäer hätten es dagegen schnell hinter uns - grinst der Wirt.
Eine Frage, die uns oft gestellt wird, kommt natürlich auch: ob wir denn auf „den Inseln" waren? „Nein, waren wir nicht", sage ich. Unsere Antwort, dass wir den Massentourismus meiden und lieber kleinere Orte aufsuchen, wo wir das Leben und die Kultur der Menschen besser kennenlernen können, scheint dem Wirt zu gefallen. Er lehrt uns auch einige Sätze in Bahasa Melayu, der Amtssprache in Malaysia. Sonst haben wir wenige Gelegenheiten, etwas dazuzulernen, denn bis auf die Marktfrauen antworten uns alle auf Englisch. Das findet der Wirt lustig. Als wir wieder aufbrechen wollen, müssen wir nichts bezahlen. So ein netter Mensch! Wie gut, dass wir nicht die ganze Zeit mit Bussen reisen und auch an den unscheinbaren Plätzen Halt machen können.

Die Besiedlungsdichte im Bundesstaat Kelantan ist sehr hoch - genau wie die Preise für Übernachtungen, wie wir feststellen. Für ein muffiges Chalet mit abgebrochenem Duschkopf sollen wir 60 RM bezahlen! Andere Unterkünfte sind noch teurer. Nach fast 40 Kilometer haben wir für heute eigentlich genug, aber ein Schild: „Kota Bharu 22 km" treibt uns zum Weiterfahren an. Das schaffen wir noch!
Es ist schon weit nach Mittag, der Asphalt ist aufgeheizt und unsere Waden sehnen sich nach kühlem Wasser. Eigentlich haben wir den Kindern versprochen, an den Strand zu gehen ... Bei einer Pause im Schatten essen wir all unsere Mangos auf. Die Kinder sind klebrig vom Fruchtsaft und schwarz vom Straßendreck, aber glücklich. Auch wir haben jetzt ein gutes Gefühl. Im „Ideal Travellers' Guesthouse" in Kota Bharu werden wir herzlichst begrüßt: „I know you, you were in the newspaper!" Wir bekommen aus diesem Grund einen Rabatt für ein Zimmer mit Bad und Balkon. Die Zimmernummer Acht ist bei den Chinesen eine Glückszahl.
Anika ist sprachlos, als jemand sie auf Deutsch anspricht. Diese Sprache hat sie von Fremden schon lange nicht mehr gehört. Ulrike aus Berlin kaufte sich in Asien ein Mountainbike und will bald mit dem Kanadier Shanti, der einem anderen Reisenden hier ein Liegerad abgekauft hat, quer durch den malaysischen Dschungel nach Kuala Lumpur fahren. Danach sollen Borneo und Indonesien folgen. Irgendwann will Ulrike auch nach Neuseeland kommen. Wer weiß, vielleicht fahren wir uns noch einmal über den Weg?
Gegen Ulrikes leichtes Rad und ihr Minimalgepäck sind unsere Räder Lastwagen. Früher einmal hat uns auch so wenig ausgereicht, aber da waren Titus und Anika noch nicht auf der Welt. Jetzt ziehen wir zwei Anhänger hinterher, in denen nicht nur das Nötigste drin ist: Unser Vorrat an Muscheln und Steinen wächst ständig. Am Strand fand Titus den Wirbelsäulenknochen eines großen Tieres, der natürlich auch mit muss.

Im Guesthouse wird Anika von der Putzfrau, Köchin und Kraft für alles ins Herz geschlossen. Die Frau, die nicht sprechen kann, deutet auf die aufgelöste Naht von Anikas bunt gebatiktem Kaftan. Sie möchte ein neues Kleid für sie nähen. Ich weiß, dass sie wenig Geld hat und nach ihrer Arbeit im Guesthouse für andere näht. Ihren Missmut über ihre knauserigen Arbeitgeber zeigt sie auch ohne Worte oft genug. „Ich möchte kein neues Kleid", entgegnet Anika freundlich, aber bestimmt. Ihren einfachen Kaftan, der eigentlich nur ein Nachthemd ist, findet sie schöner als jedes Kleid. Damit gibt sich die Frau nicht zufrieden, sie möchte wenigstens die gelöste Naht ausbessern. Egal, wie arm die Menschen leben, sie sehen immer ordentlich und gut angezogen aus.
Ich staune immer wieder über die Herzlichkeit dieser Menschen, die mit sehr wenig auskommen müssen. Trotzdem sind sie zufrieden und wollen

anderen auch noch Gutes tun. Vielleicht sind sie gerade deshalb zufriedener: weil sie dadurch sehr viel zurückbekommen. In Europa bringt man uns bei, dass wir immer mehr Dinge zum Leben brauchen. Wir sind froh, das alles zumindest für ein Jahr hinter uns zu lassen. Das, was wir mithaben, ist manchmal noch zu viel. Die Taschen füllen sich sehr schnell von selbst. Gerade die Kinder bekommen ständig und überall Geschenke.
Wieder einmal geht eine Fuhre von Souvenirs und Einkäufen per Post nach Deutschland: Stoffe und Kleider, aber vor allem Muscheln, Korallen und andere Strandfundstücke. Die packen wir samt den belichteten Dia-Filmen in eine große Keksdose (die wir natürlich vorher leer essen müssen...). Der Wirbelsäulenknochen, den Titus gefunden hat, bleibt natürlich hier. Der gewonnene Platz wird schnell wieder aufgefüllt: Auf der Post erwartet uns ein Paket von meinen Eltern. Der lang ersehnte Ersatz für die kaputte Spiegelreflexkamera ist drin. Die Gummibärchentüte wird sofort aufgerissen. So weit weg von zu Hause bekommen die kleinsten Dinge einen besonderen Wert. Aus dem kleinen Spielzeug-Lkw baut Titus allerdings sofort die Räder aus. Am meisten freuen sich die Kinder über ihre neuen Bücher. Abends lesen wir jetzt „Bobo Siebenschläfer" vor, morgens nach dem Aufwachen ist eine Geschichte aus „Die Kinder aus der Krachmacherstraße" an der Reihe.

Katja
Ein Paket fehlt noch: Anikas Puppe Nina, die bei meinen Eltern geblieben war, ist seit zwei Monaten unterwegs. Diese Puppe gehörte früher mir, heute ist sie Anikas treue Begleiterin. Wir können nur leider nicht mehr länger warten, unsere Aufenthaltserlaubnis läuft ab. Kurzerhand rufen wir Meng an, den Journalisten aus Kuala Lumpur. Zum Glück haben wir seine Visitenkarte aufbewahrt. Sein Angebot, er würde uns helfen, wenn wir ihn brauchen, gilt noch: Er will das Paket annehmen. Wir stellen also einen Nachsendeantrag an seine Anschrift. Jetzt können wir beruhigt das Land verlassen. Nur Anika ist traurig und macht sich Gedanken, ob das Paket mit Nina auch wirklich ankommen wird. In knapp zwei Monaten wollen wir Nina bei Meng abholen und hoffen, dass es bis dahin endlich da ist. So lange muss Anika leider noch auf ihre geliebte Puppe warten.

Vor der Abfahrt werden Anika und Titus umarmt, ein Foto zum Abschied, die letzte Nacht brauchen wir nicht zu bezahlen. Wieder einmal lassen wir nette Menschen zurück. Die Räder rollen, vor uns liegen noch 40 Kilometer bis zur thailändischen Grenze. Trotz oder gerade wegen der Empfehlung unserer Gastgeber, die neue Schnellstraße zu nehmen, wählen wir die alte, die parallel dazu verläuft. Sie ist zwar etwas holpriger, aber der Verkehr ist dünner und es gibt mehr zu sehen. Grüne Reisfelder erstrecken sich zu beiden Seiten der Straße. Dazwischen stehen kleine Häuschen mitten im

Wasser. Ob die Probleme mit Mücken haben?

Nach etwa 20 Kilometern lösen Kautschuk-Plantagen die Reisfelder ab. „Ich muss Pipi!“, ruft Anika aus dem Anhänger. Das ist eine gute Gelegenheit, sich die Kautschuk-Bäume näher anzusehen. Die Stämme werden pfeilartig nach unten angeritzt. Eine darunter angebundene Kokosnussschale oder ein Tontopf fängt den weißen, dickflüssigen Saft auf, der heraustropft. Der Saft wird danach unter Zusatz von Chemikalien zu Fladen gegossen, mit Handmangeln flach ausgewalzt und getrocknet. Die getrockneten Platten werden dann in größeren Betrieben verarbeitet. Anika reißt einige schon fest gewordene Tropfen ab. Die Masse lässt sich noch gut modellieren.

Der Kautschuk-Baum stammt eigentlich aus Südamerika, konnte dort aber wegen eines Pilzes nie in Plantagen angebaut werden. Durch die Erfindung der Vulkanisierung im Jahr 1839, wodurch sich Kautschuk in elastisches Gummi verwandeln ließ, stieg die Nachfrage nach Kautschuk enorm. Obwohl die Ausfuhr der Samen unter Todesstrafe verboten war, gelang es den Engländern am Ende des 19. Jahrhunderts, 70.000 Samen aus Brasilien nach Ceylon zu schmuggeln. Bald legten sie in ihren Kolonien in Afrika und Asien, darunter auch in Malaysia, große Plantagen an. Die Nachfahren der Plantagenarbeiter – Südinder, Tamilen und Singhalesen – leben heute noch in Malaysia.

Thailand

Thailand macht Stress

Am malaysischen Grenzübergang sind unsere Pässe schnell abgestempelt. An der thailändischen Grenze dauert es etwas länger. Doch mit Kindern ist das kein Problem: Die Grenzbeamten scherzen mit ihnen und geben die Pässe nicht uns, sondern den Kindern zurück.

Obwohl hier im Süden noch vorwiegend moslemische Malaien leben, sind die Geschäfte deutlich bunter, die Mode ist westlicher, die Frauen gehen unverschleiert und sind körperbetonter angezogen und die Mopeds haben ihre Körbe vor und nicht hinter dem Lenker. Auch der Verkehr kommt uns rastloser und schneller als in Malaysia vor. Den ersten Unterschied zu Malaysia sehen wir schon nach wenigen Pedaltritten: Statt der malaysischen Proton-Autos sind hier große japanische Pick-ups unterwegs, die Sitzbänke auf der Ladefläche haben und als Taxen eingesetzt werden. Einzelne Passagiere nehmen Moped-Taxen.
Sungai Golok, eine typische Grenzstadt, lebt von den „Freiheiten", die das moslemische Malaysia nicht bietet. In Malaysia gibt es offiziell keine Prostitution. Besonders streng werden die islamischen Sitten in den grenznahen Bundesstaaten Kelantan und Terengganu eingehalten. Da liegt es auf der Hand, dass Thailand von vielen unverheirateten Paaren und vor allem von Männern für ein kurzes Abenteuer aufgesucht wird. Die Hotels, bei denen wir nachfragen, sind angeblich alle voll - wie kann das sein, es ist mitten in der Woche und die Stadt wirkt leer?! Schließlich finden wir ein kleines, muffiges Zimmer ohne Fenster nach draußen, das schimmelig riecht. Ich kann mir lebhaft vorstellen, dass es eigentlich für andere Zwecke vermietet wird... Aber es ist das günstigste, das wir finden konnten und eins, das uns nimmt.
Mit dem Grenzübertritt hat sich auch das Wetter geändert, als hätten wir einen unsichtbaren Vorhang überquert. Es regnet heftig. Sungai Golok wirkt leer und verlassen und unsere Stimmung sinkt. Hier an der Grenze beginnt eine Bahnlinie, die bis in das mehr als 1.000 Kilometer entfernte Bangkok führt. So weit werden wir nicht kommen. Für Thailand haben wir nur einen Monat Zeit, dann könnten wir kurz ausreisen und wieder einreisen. Aber das lohnt sich nicht, denn im nächsten Monat startet unser Flug von Kuala Lumpur nach Neuseeland.
Zugfahren ist hier sehr günstig: Die 200 Kilometer bis Hat Yai kosten in der dritten Klasse 81 thailändische Baht, das sind nicht einmal zwei Euro. Kinder unter einem Meter Größe zahlen nichts, bis 1,50 m die Hälfte. Während wir auf einer Bank das verpasste Frühstück nachholen, versammeln sich immer mehr Menschen auf dem Bahnsteig. Pakete und Säcke werden ganz vorn am Bahnsteig abgestellt. Dort wird wohl der Gepäckwaggon stehen, in

den auch unsere Fahrräder hineinsollen. Sehr langsam rollt der Zug endlich bis tief in den Kopfbahnhof hinein. „Wo ist unser Wagen?" Die Wagennummern stimmen irgendwie nicht, ich werde hektisch. Ulrike hatte uns in Kota Bharu erzählt, dass die Züge nicht lange warten. Müssen wir jetzt vom Gepäckwaggon mit all unserem Hab und Gut zum anderen Ende des Zuges hetzen? Der Schaffner ist die Ruhe selbst. Katja bringt das Gepäck im Zug unter, während ich die Fahrräder mit den Anhängern zum Gepäckwaggon schiebe. Geschafft! Mein Atem kommt zur Ruhe. Die dritte Klasse ist sogar ziemlich komfortabel, die Sitze sind gepolstert und an den Decken sind Ventilatoren angebracht, die allerdings nicht funktionieren. Das macht nichts, denn während der Fahrt bleiben die Fenster geöffnet. Das Ende des Wagons ist mit einer Kette abgegrenzt und für buddhistische Mönche reserviert.
Der Zug füllt sich auf den folgenden Stationen immer mehr. Durch das offene Fenster weht erfrischender Wind hinein. Die Landschaft ist sehr grün, es regnet oft. Aus dem Wald tauchen hin und wieder Dörfer auf, die den malaiischen Kampungs ähneln. Auf den Straßen fahren Pick-ups, auf deren Ladeflächen Kinder sitzen. Das fasziniert Anika: „Wieso dürfen die das?" Dass die Regeln und Gebräuche nicht überall gleich sind, ist eine wichtige Lernerfahrung für sie. Hin und wieder sehen wir eine weiße Moschee mit goldglänzenden Zwiebeltürmen. Nur eine Minderheit der Bevölkerung Thailands ist moslemisch, hier im Süden bilden sie allerdings die Mehrheit. Seit Jahrzehnten versuchen verschiedene Unabhängigkeitsbewegungen, eine Abspaltung von Thailand zu erreichen. Dabei geht es nicht immer friedlich zu, bis jetzt gab es über tausend Tote und viele Buddhisten haben die umstrittene Grenzregion verlassen. Die meisten Touristen meiden diese Gegend. Ulrike, die hier mit dem Rad unterwegs war, berichtete von unangenehmen Erlebnissen: Sie wurde von bewaffneten Männern verfolgt, die sich einen Spaß daraus machten, ihr Angst einzujagen.
Doch die Zugfahrt ist friedlich. Titus schläft in Katjas Armen, Anika hält ihren Kopf aus dem Fenster. So macht Zugfahren Spaß! Die Landschaft flitzt nicht an uns vorbei wie in einem deutschen Zug. Für den Preis einer deutschen Fahrkarte für diese Entfernung könnten wir wahrscheinlich halb Asien bereisen. Sicherlich wären wir in einem deutschen Zug schneller unterwegs, aber ein paar Stunden mehr oder weniger spielen hier keine große Rolle. Ständig geht jemand durch die Gänge und verkauft Getränke und Speisen für wenige Baht. Für das leibliche Wohl ist also gesorgt und Langeweile kommt auch nicht auf.
Nach einigen Stationen steigt eine Marktfrau mit Durian-Früchten ein. Die stachelige, kopfgroße Delikatesse gilt als Königin der tropischen Früchte. Europäer mögen diesen nach Zwiebeln riechenden bzw. stinkenden Riesen mit zentimeterlangen Stacheln oft gar nicht. Die Einheimischen wissen das und machen sich einen Spaß daraus, sie ahnungslosen Touristen anzu-

bieten. Auch mir boten einige Malaien die Frucht zum Frühstück an. „Gar nicht schlecht und sehr sättigend", stellte ich zum Erstaunen meiner Gönner fest, blieb jedoch bei einem Stück. Der Geruch einer Durian lässt sich nicht verbergen. Auf dem Markt riecht man sie schon aus einiger Entfernung. In manchen Hotels sind sie deshalb sogar verboten. Wer trotzdem eine hineinschmuggelt, muss für eine weitere Woche bezahlen, da sich der Geruch aus dem Zimmer nur schwer vertreiben lässt.
Die Marktfrau versucht, im Zug ihre Früchte zu verkaufen. Ein Mann nimmt eine der großen Durians in die Hand, wiegt sie, streichelt sanft über die Stacheln und gibt sie seinem Nachbarn. Wie ein Baby wird die Frucht weitergereicht, jeder Fahrgast betätschelt sie, begutachtet sie und gibt seinen Kommentar dazu. Schade, dass wir nichts verstehen. Die Frucht macht noch eine Runde, nichts wird überstürzt. Jetzt wird um den Preis gefeilscht. Der Mann, der die Durian zuerst in die Hand genommen hat, zieht einige Scheine aus der Hosentasche und die Durian wandert in eine weiße Plastiktüte. Aber nein! Das ist keine würdige Verpackung für die Königin der Früchte. Sie wird herausgenommen, sorgfältig in Zeitungspapier gewickelt und dann wieder in die Tüte gelegt. Der Käufer hält zufrieden sein „Baby" im Arm. Die Marktfrau steigt an der nächsten Station aus, um einen Zug in die Gegenrichtung zu nehmen.

Am Nachmittag sind wir da. Schnell, schnell, das Gepäck aus dem Fenster reichen, zum Gepäckwagen rasen, die Fahrräder hinauswuchten, ein freundlicher Mitreisender packt mit an. Puh, geschafft! Hat Yai ist eine hektische Stadt, der Verkehr ist rasant. Immerhin ist es die wirtschaftlich wichtigste Stadt Südthailands. Schon am Bahnhof fallen uns die vielen Schlepper auf, die den Reisenden Unterkünfte vermitteln wollen, weil sie dafür eine Provision kassieren. Unser Hotel mit sauberen, großen und hellen Räumen finden wir nicht weit vom Bahnhof und drehen den Schleppern eine Nase. Drinnen kühlt uns der Ventilator, die geschnitzten Holzmöbel und ein Fernseher sind der pure Luxus für uns – und das alles für 260 Baht nicht mal teuer. Die chinesischen Besitzer haben nichts dagegen, dass wir die Fahrräder im Hotelrestaurant abstellen. In der Küche werden zur Freude der Kinder Kaninchen gehalten, alle sind zufrieden.

Katja
Eine kleine Verletzung, die in Deutschland kaum Beachtung findet, erfordert hier sehr viel Sorgfalt. Bei der hohen Luftfeuchtigkeit trocknet sie nicht und entzündet sich sehr leicht. Bis auf Titus haben wir alle Probleme damit. Meine quälenden Mückenstiche liegen ausgerechnet unter den Riemen der Sandalen und an den Knöcheln, so dass mir das Gehen schwer fällt. Ich habe versucht, den Juckreiz mit homöopathischem Combudoron-Gel zu stillen, doch

das hat nicht gereicht, mittlerweile sind sie aufgekratzt und eitern. Die Füße sind geschwollen und jeder Schritt schmerzt. Unsere Kinderärztin empfahl mir per E-Mail, homöopathische Traumeel-Tabletten zu nehmen. Die haben mir meine Eltern zwar geschickt, aber ausgerechnet in dem Nina-Paket, das nicht rechtzeitig in Kota Bharu angekommen war.
Der Arzt, den unsere chinesischen Gastgeber mir empfehlen, hat leider nichts mit der traditionellen chinesischen Medizin am Hut, die ich aus Deutschland kenne: Er verschreibt mir ein Antibiotikum, ein Schmerzmittel und noch etwas Undefinierbares. Alle diese Medikamente landen lose in einem Plastiktütchen. Mit einem Kugelschreiber schreibt der Arzt eine Einnahmeanweisung darauf. Natürlich in kringeliger und für uns völlig unlesbarer Thai-Schrift. Wie soll ich die einzelnen Tabletten voneinander unterscheiden? Ich werde jetzt ein Antibiotikum nehmen, das wir selbst für Notfälle dabei haben.

Wir müssen umdenken: Bananen heißen hier nicht „pisang“, die stacheligen roten Rambutan-Früchte heißen nicht „rambutan“ und die ebenso leckeren Mangosteens heißen nicht „mangis“. Die rettenden „roti“, die in Malaysia zu jeder Tages- und Nachtzeit irgendwo zu bekommen sind, gibt es nicht. Stattdessen sind die Pfannkuchen, die sich hier „roti“ nennen, gezuckert und mit Kondensmilch bestrichen. Kein Linsen-Dal und kein Curry dazu. Mit den gebratenen Maden können wir uns nicht recht anfreunden.
Nicht nur die thailändische Sprache ist schwierig, die Schrift mit ihren 44 Konsonanten und 16 Vokalen bildet eine echte Grenze. Jetzt fällt mir auf, wie viele malaysische Wörter ich von irgendwelchen Schildern gelernt habe. Hier wird auch viel weniger Englisch gesprochen. In Malaysia müssen die Völkergruppen der Malaien, Chinesen und Inder sich mit der Verkehrssprache Englisch verständigen; hier sprechen offenbar alle nur Thai. Andererseits kommt mir alles viel westlicher vor. Die Straßen gleichen einem Fest. Nach dem Arztbesuch ist das alles zu viel für Katja, also übernehmen Anika und ich die Essensversorgung. Auf dem Nachtmarkt tönt Musik, überall ist Lärm, überall sind Menschen, Autos, Mopeds, Licht, Gerüche. Als wir uns auf den Weg zurück zum Hotel machen, bin ich sicher, den Weg zu kennen. Doch nachdem ich zum dritten Mal auf der gleichen Straße ankomme, weiß ich, dass ich die Orientierung verloren habe. Zum Glück hat Anika sich den Weg besser gemerkt.

Noch am gleichen Abend bekomme ich hohes Fieber: Ist es Malaria oder Dengue? Mulmig ist uns schon, zu viel haben wir über diese Krankheiten gehört. Die Nacht verbringe ich im Halbschlaf und weiß teilweise nicht, wo ich mich befinde. Nach einigen Stunden und fünf homöopathischen Aconitum-Globuli ist es jedoch vorbei. Irgendetwas, das ich seit Kuala Terengganu ausgebrütet habe, ist jetzt raus. Auch die entzündeten Mückenstiche schwellen ab.

Es tut gut, aus der lauten und hektischen Stadt herauszukommen. Von Hat Yai bis Songkhla sind es nur 28 Kilometer, aber ich habe nach dem Fieberschub noch keine Kraft in den Beinen und Katjas Knöchel ist auch noch nicht ganz heil. So rollen wir ganz langsam und machen viele Pausen. Auf einer Landzunge zwischen dem riesigen Binnensee Thale Sap Songkhla und dem Golf von Thailand erreichen wir das ruhige Städtchen. Als erstes weist uns das „Amsterdam Guesthouse" ab – wegen der Kinder! Sie seien zu klein und könnten die Ruhe der gestressten Gäste stören. Die „tierliebe Paula", wie die niederländische Besitzerin im „Stefan Loose"-Reiseführer beschrieben wird, scheint nicht sehr kinderlieb zu sein. Von einem Bulgaren, der sich hier angesiedelt hat, bekommen wir einen guten Tipp: Das neu eröffnete hölzerne „Backpackers Inn" steht mitten im Grünen, die Duschen sind draußen auf einer kleinen Terrasse.

Mit den Rädern besuchen wir die Meerjungfrau, eine bronzene Skulptur, die etwas außerhalb der Stadt am Samila-Strand steht. Ein Volksmärchen, das der thailändische Nationaldichter Sunthorn Phu aufgeschrieben hat, erzählt von einer Meerjungfrau, die hier Tag für Tag aus dem Wasser stieg und ihr goldenes Haar kämmte. Eines Tages entdeckte sie ein Fischer und war von ihrer Schönheit verzaubert. Doch er war unvorsichtig und die Nixe bemerkte ihn. Sie glitt von ihrem Stein und verschwand im Wasser. Ihren Kamm und den Spiegel ließ sie liegen. Der Fischer hoffte, sie wiederzusehen und kam jeden Tag her, um ihr den vergessenen Kamm und Spiegel zurückzugeben. Doch die Meerjungfrau kam nicht mehr zurück. In den 1960er-Jahren wurde an der Stelle ein Denkmal errichtet. Die Meerjungfrau ist mit einer frischen Blumengirlande behängt, neben ihr liegen ein Kamm und ein Spiegel. Irgendjemand hat an die Nixe gedacht. Erstaunlich finde ich, dass hier am anderen Ende der Welt die Sagen so ähnlich wie in Europa sind. Dieselbe Meerjungfrau könnte auch in Kopenhagen stehen.
An den Strand gehen wir öfters. Gebadet wird hier ähnlich wie in Malaysia voll bekleidet, allerdings ohne Kopftuch. Die Thais sind distanzloser als die Malaysier: Wohin wir auch kommen, immer sammeln sich sofort Menschen um uns und wollen unsere Kinder anfassen. Eine angetrunkene Frau nimmt Titus einfach auf den Arm und geht in Richtung Meer. Ehe wir uns versehen können, wird Titus sogar in den Schritt gefasst, um festzustellen, ob er ein Junge ist. Da bin ich einfach sprachlos! Schon bald finden die Kinder das nicht mehr lustig und wehren sich.
Die Einheimischen finden unsere Kinder nicht nur toll, sie warnen uns auch immer wieder, gut auf sie aufzupassen. Niemand sagt etwas Genaueres, nur dass es für zwei blonde Kinder hier „gefährlich" sei. Unser Zimmernachbar, ein großer, kahler Kanadier, der ein wenig wie Yul Brynner aus den „Glorreichen Sieben" aussieht, arbeitet vor der Küste auf einer Ölbohrinsel und

braust jeden Morgen auf seiner nagelneuen Harley davon. Auch von ihm kommt die Warnung: „Be careful with your children!" Er hat von einigen Fällen von Kindesentführung gehört. Staatliche Broschüren, die mit dem Slogan „Sex with children is crime" über die offenbar alltägliche Kinderprostitution aufklären, werfen einen Schatten auf unseren Aufenthalt hier.

Eine Fähre bringt uns nach einigen Tagen Aufenthalt hier über die Mündung des Songkla-Sees und erspart uns einen großen Umweg. Zuerst sollen wir acht Baht bezahlen, aber nachdem ich protestiere, sind es nur noch vier Baht; immer noch das Doppelte, was es eigentlich kosten sollte. Unsere Etappe ist nur 35 Kilometer lang, aber die Fahrt auf der breiten Straße führt durch eine zerstörte Landschaft: Die intensive Shrimps-Zucht für den unersättlichen Weltmarkt hat die Landschaft mit den kleinen grünen Reisfeldern verschandelt. Stattdessen reihen sich Shrimps-Becken aneinander und ein Netz von Versorgungsleitungen, Verarbeitungsanlagen und Zulieferstraßen komplettiert den traurigen Eindruck. Das monotone Tuckern der Generatoren, mit denen die Sauerstoffpumpen für die Becken angetrieben werden, setzt sich in meinem Kopf fest und der fischige Gestank beißt in der Nase.
Erleichtert folgen wir dem Abzweig zum Khu Khut Vogelpark. Im Informationszentrum spricht zwar niemand Englisch, trotzdem bekommen wir ohne Probleme eine Unterkunft. Der Weg dahin führt über eine wackelige Holzbrücke, der ein Teil des Geländers fehlt. Wird sie die schwer beladenen Fahrräder und Anhänger halten? Sie tut es. Auf der anderen Seite des Wasserarms stehen einige gemauerte Häuser auf Pfählen mit einer Terrasse über dem Morast. Sogar die Fahrräder passen hinein, so dass wir sie nicht abladen müssen. Einige Matten dienen als Schlaflager.
Als wir zum See gehen, läuft uns eine Schar Kinder hinterher, auch zwei Frauen interessieren sich für unsere Kinder. Um sie berühren zu können, locken sie sie mit Bonbons an. Titus ist besonders genervt, er entwickelt ein richtiges Trauma: Sobald er hohe, weibliche Stimmen hört, die „Hello Baby" rufen, fängt er an zu schreien und flüchtet. Zum Glück lassen die menschlichen Plagegeister uns heute bald wieder in Ruhe. Die Abendsonne scheint, ein angenehmer Wind weht, wir sind entspannt. Nach 1.000 Fahrradkilometern an der Küste entlang ist dieser Anblick eine echte Abwechslung: Der Songkhla-See ist mit über 1.000 km2 der größte See Thailands, aber fast vollständig mit Brackwasser gefüllt. Von einem Aussichtsturm können wir den See in seiner vollen Schönheit bewundern. Das Wasser glänzt silbrigrot in der untergehenden Sonne. Grüne Inseln schwimmen darin. Dahinter zieht sich eine Bergkette entlang des Seeufers. Das ist wirklich mal etwas anderes als Strand und Palmen ...
Es ist ganz still hier – zumindest bis zur Dämmerung. Wie auf Kommando schwärmt eine Handvoll Fischer mit ihren langen Booten aus dem Gebüsch

wie Bienen aus dem Stock und tuckern über den See. Die meisten der schmalen, flachen Holzboote werden von lauten Außenbordmotoren mit einer langen Welle für die Schiffsschraube angetrieben. Direkt vor uns stakt eine alte Frau mit einer Bambusstange ihr Boot am Steg vorbei. Die niedrig stehende Sonne lässt die Furchen in ihrem von Wind und Sonne gegerbten Gesicht noch tiefer erscheinen. Sie trägt eine Fischerhose mit weiten Beinen, die an der Hüfte geschnürt ist, genauso eine wie fast alle Thailandreisenden. Nach kurzer Zeit ist die Oberfläche des Sees wieder leer, die Boote verschwinden in den schmalen Wasserschneisen zwischen dem Grün der Mangroven. Nur ein alter Mann im Sarong stakt sein Boot noch durch das flache Wasser. Ohne Motor ist er viel langsamer als die anderen.
In himmlischer Ruhe kochen wir auf der Terrasse unseres Bungalows Reis mit Gemüse, die Kinder setzen das Badezimmer unter Wasser und vor dem Schlafengehen sehen wir uns die Milchstraße an. Hier sind keine störenden Lichter, es ist absolut dunkel. Die Nacht ist ganz schön laut! Schließlich schlafen wir mitten in einem Vogelschutzgebiet, wo zehntausende Vögel leben.

Eine stille Nebenstraße führt uns weiter am See entlang. Vor einer Meute Hunde müssen wir uns in acht nehmen, sie sind Gespanne wie unseres nicht gewohnt und bellen uns an oder laufen uns sogar hinterher. In Songkhla konnten wir uns nur mit kräftigen Tritten in die Pedale vor einem Rudel retten. Leider fuhren Anika und ich dabei in eine Sackgasse hinein. Ein Thai versuchte, die Hunde zurückzurufen, doch ohne Erfolg. Mit zusammengebissenen Zähnen wendete ich und preschte zwischen der zähnefletschenden Meute hindurch. Anika war wirklich tapfer und hat mit aller Kraft mitgetreten - ich mag gar nicht daran denken, was ihr in dem niedrigen, offenen Anhänger hätte passieren können ...
Nach 13 Kilometern erreichen wir das Wat Phra Ko, ein berühmtes buddhistisches Kloster, in dem der Fußabdruck eines bekannten Mönchs zu sehen ist. Keine Ahnung, wie man sich verhalten muss, wir schauen es am besten den anderen Besuchern ab. Anika hat eine besondere Beobachtungsgabe dafür und sagt uns wie immer, was wir tun sollen. Ich ziehe meinen Sarong aus Melaka über die Radhose und wir steigen die vielen Stufen hinauf, an einem Geländer aus langen, sich windenden Schlangenschwänzen entlang. Diese „nagas" sind Dienerinnen Buddhas und beschützen den Aufgang zum Kloster. Im Buddhismus finden sich viele Elemente des Hinduismus und des Naturglaubens wieder. Garuda, der König der Vögel mit dem Kopf, den Flügeln und Klauen eines Raubvogels und einem menschlichen Körper, ist das Reittier Vishnus. Ihn findet man in vielen Tempeln. Vor den Wats stehen oft Geisterhäuschen, in denen „nats", die Schutzgeister leben.
Im Mittelpunkt der Tempelanlage steht ein „chedi", ein hoher, glockenförmi-

ger Turm mit einer goldenen Spitze, bei uns eher unter der burmesischen Bezeichnung Pagode bekannt. Anika und ich umschreiten den Tempelturm dreimal entgegen des Uhrzeigersinns, wie die anderen Besucher. Obwohl oder gerade weil Anika erst fünf ist, erfasst sie die Bedeutung und die besondere Atmosphäre eines Tempels sehr schnell. Wir sind keine Buddhisten, aber beim Umrunden des Chedi fühlen wir uns beide sehr feierlich. Danach schenkt ein Mönch den Kindern kleine Buddha-Anhänger.

Katja
Ich komme nicht mit in den Tempel, mir ist heute alles zu viel. Ich will nur meine Ruhe und fühle mich nicht wohl. Thailand ist anstrengend und ich habe Heimweh. Es ist so mühsam, die ganze Zeit die Kinder zu bewachen,

damit sie nicht angefasst oder einfach mitgenommen werden. Besonders Titus wird von den Thais einfach nicht in Ruhe gelassen! Ich will zurück nach Malaysia, wo wir keine Probleme damit hatten! Nach drei Monaten ist das Land ein wenig zur Heimat für mich geworden. Totale Verweigerung macht sich in mir breit. Und vor uns liegt noch eine so lange Strecke! Ich will hier nur weg. Wenn ich daran denke, dass uns in einem Reiseforum von Malaysia abgeraten wurde: Wir sollten doch lieber die komplette Zeit in Thailand verbringen, das wäre viel angenehmer, gerade auch für die Kinder! Nur gut, dass wir unseren eigenen Wegen folgen und uns nichts einreden ließen.

Katja ist unzufrieden, sie findet Thailand schrecklich. Ich mag die aufdringlichen Menschen auch nicht, hier ist alles viel stressiger. Aber einfach umkehren? Nach einigem Hin und Her und hitzigen Debatten beschließen wir, erst einmal weiter nach Hua Sai zu fahren, bis dahin sind es noch 65 Kilometer nach Norden. Vielleicht fährt ja dort ein Überlandbus zurück nach Malaysia... 18 Kilometer vor unserem Ziel überfällt uns ein Unwetter. Bevor der Regen aus den schwarzen Wolken bricht, finden wir einen Unterstand, in den sogar die Fahrräder hineinpassen. Wir wollen es uns gerade gemütlich machen, da legt das Gewitter so richtig los. Innerhalb von Sekunden stürzen Wassermassen vom Himmel, ein kräftiger Wind legt sie waagerecht. Wir versuchen, uns hinter den Fahrradtaschen vor der Wasserflut zu schützen, doch es nützt nichts. Titus versteckt sich hinter Katja und bleibt der trockenste von uns allen. Der Wind drückt mein durchnässtes Hemd an meinen Rücken. Wir können nichts tun, als durchzuhalten. Nach zwanzig Minuten ist das Schlimmste vorbei, doch an eine Weiterfahrt ist nicht zu denken. Es regnet immer noch und uns ist kalt. Unter der Überdachung

Die Frau zeigt uns einen kleinen und einfachen Raum hinter der Küche, den eine grelle Leuchtstofflampe erhellt. Ein Brett, das gerade so hineinpasst, dient gleichzeitig als Lattenrost und Matratze, darauf ist eine Schlafmatte

ausgebreitet. Ein kleiner Tisch mit einem Hocker darauf dient als Altar. Eine Buddha-Statue, zwei Bilder des weiblichen Buddha und ein Foto einer jungen Frau, das ist schon alles, was zu finden ist. Im Nebenraum gibt es noch eine Hocktoilette und zwei gemauerte Wasserbecken: eines für die Klospülung, eines für die Schöpfdusche. Der alte Mönch macht immer wieder eine Geste, als würde er sich mit Wasser begießen. Ich bin unsicher, ob wir hier übernachten dürfen oder uns nur duschen sollen. Doch die Zweifel verfliegen schnell. Die weiß gekleidete Frau zeigt auf das Bett und schließt von außen die Tür. Wir sind allein.

In ärmeren Gebieten Thailands ist es üblich, als junger Mann für mindestens drei Monate in ein Kloster zu gehen. Manche bleiben über die drei Monate hinaus, um nach der nur vier- bis sechsjährigen Grundschulzeit eine weiterführende Bildung zu erhalten. Klosterschulen sind eine beliebte Alternative zum staatlichen Schulsystem. Als Mönch wird man zu einer respektierten Persönlichkeit. Das liegt daran, dass ein Mönch nicht als Einzelperson, sondern als Vertreter der buddhistischen Ideale angesehen wird. Eine Gruppe solcher jungen Drei-Monats-Mönche steht draußen im Halbkreis um unsere Fahrräder herum, der Regen prasselt auf ihre Köpfe. Die Fahrräder und vor allem die Anhänger sind überall eine kleine Sensation. Wahrscheinlich wollte einer von ihnen die Fahrräder etwas genauer „anschauen“ und hat dabei eines umgekippt. Der alte Mönch bedeutet mir, die Fahrräder in die Küche zu schieben, aber das geht nicht. Einer der Spanngummis hat sich um eine Nabe gewickelt. Während ich das behebe, bekomme ich viel Hilfe.

Ich fühle mich merkwürdig, bin unsicher, etwas falsch zu machen, weil ich mich nicht verständigen kann. Als wir zu Abend essen, kommt die weiß gekleidete Frau noch einmal. Streng, aber auch fürsorglich sie zeigt auf unsere geöffnete Sardinendose und auf die Küche. Wir sollen uns etwas nehmen, wenn wir nicht genug haben. So funktioniert die Verständigung auch ohne Sprache. Beim Essen streiten die Kinder; kein Wunder, der Tag war lang, anstrengend und ungewöhnlich. Wir sind alle erschöpft und fallen ins Bett. Aber halt: Das Bett ist für uns vier zu klein, wir breiten also eine Matte auf dem Fußboden aus. Der Raum ist so schmal, dass wir nur das kleine Moskitozelt ausbreiten können, und da müssen wir alle drunter. Auf 1,50 m Breite ist es zu viert sehr eng. Zu eng. Den Kindern macht das nichts aus, sie erkämpfen sich ihren Platz wie immer.
Meinen unruhigen Schlaf begleiten merkwürdige Träume. Wie ein fliegender Teppich schwebt ein monotones surrendes Geräusch draußen über dem Gelände, hölzern und monoton, in wechselndem Rhythmus. Ich wache auf und realisiere, wo ich mich befinde. Das klappernde Geräusch ist aber immer noch da. „Was ist das nur?“ Es dauert lange, bis ich herausfinde,

dass das die Gebetsmühlen der Mönche sein müssen, die sich schon lange vor Sonnenaufgang im Gebetsraum neben unserem Zimmer versammelt haben.

Die Fahrradtaschen sind schnell gepackt, gegen acht Uhr sind wir startklar. Einige junge Mönche stehen herum, die älteren sind noch im Gebetsraum. Gerade ist Essensausgabe. Wahrscheinlich die letzte für heute, denn buddhistische Mönche dürfen nur bis zum Mittag etwas essen. Unsere Kinder bekommen je ein Ei geschenkt, wir erhalten eine Tüte mit Obst. Katja übergibt der alten Frau eine kleine Spende und ein Foto von uns. Auf der Rückseite haben wir uns bedankt und geschrieben, dass wir aus Deutschland sind. Gestern hatten alle gerätselt, woher wir kommen. Sie dachten, wir seien Amerikaner, da an einem unserer Anhänger eine malaysische Fahne hängt.
Das Treten fällt schwer. Ohne ein richtiges Frühstück und unausgeschlafen will es nicht so richtig vorangehen. Der Himmel ist grau und bedeckt, die Luftfeuchtigkeit ist hoch und es nieselt. Die 18 Kilometer bis Hua Sai kommen mir sehr lang vor, wir sind alle kaputt. An einer Tankstelle kapituliere ich und frage einfach einen Mopedfahrer nach einem Hotel für uns. Er führt uns auch flink zu einem Guesthouse, angeblich das einzige hier, und kassiert ganz bestimmt eine Provision dafür. Als uns der Besitzer das Zimmer mit Klimaanlage zeigt, schlägt uns schon von Weitem Schimmelgeruch ent-

gegen, das Innere ist dunkel und renovierungsbedürftig. Nein, hier bleiben wir auf keinen Fall. Ein Zimmer mit „Fan" riecht etwas angenehmer, ansonsten ist es in keinem besseren Zustand. Ein Ventilator ist in den Tropen angenehmer als eine Klimaanlage. Diese fängt, wenn sie nicht regelmäßig gewartet wird, nach einiger Zeit an zu schimmeln Als ein Pärchen ohne Gepäck das Nachbarzimmer verlässt, wird uns klar, wo wir gelandet sind: in einem der vielen 24-Stunden-Hotels.
Unsere Stimmung ist trübe, wir haben die Nase voll von Thailand. Auch der Versuch, am Hafen von Hua Sai ein entspanntes Plätzchen zu finden, schlägt fehl. Eine Horde Kinder umlagert uns, die Erwachsenen folgen ihnen. Ein vielleicht zweijähriger Junge trägt ein T-Shirt mit Osama-Bin-Laden-Aufdruck. Ganz anders als im islamischen Malaysia ist der Boden hier offenbar fruchtbar für Extremismus. Separatistische Tendenzen werden zwar vom thailändischen Staat bekämpft, wachsen aber deshalb umso stärker. Wir weichen auf eine Strandstraße aus, aber die Kinder verfolgen uns grölend und schreiend, wie Hunderte von Wespen, die um unsere Köpfe schweben und summen. Eine Frau stellt sich uns in den Weg und hält Katjas Anhänger fest, um Titus einmal anfassen zu können. Etwas weiter versucht ein kleines Mädchen, uns ein Restaurant schmackhaft zu machen. Nichts wie weg hier! Es ist wie Spießrutenlaufen.
An der Hauptstraße wird die Stimmung nicht besser. Die Restaurants und Garküchen sind geschlossen, die Menschen auch hier aufdringlich. Wir fahren weiter ins Zentrum zu einem Spielplatz am Flussufer, wo wir essen wollen. Die Spielgeräte sind in einem traurigen Zustand. Ein paar Kinder stellen schon ihre Fahrräder ab, noch bevor wir es tun können. In Ruhe zu essen, ist schwierig: einerseits, weil die thailändischen Kinder sehr neugierig sind, anderseits, weil das Essen, eine Art Bolognese mit Bohnen, so scharf ist wie bis jetzt noch nie. Zum Glück halten sich die Kinder an ihren gebratenen Reis und haben nicht von meinem Essen probiert. Meine Lippen brennen und sind wie betäubt, ich könnte hineinbeißen und würde es nicht bemerken. Dabei dachten wir, dass wir schon an einiges gewöhnt sind.
Auf einem anderen Spielplatz wird die Stimmung langsam besser. Titus versucht, mit den einheimischen Kindern Fußball zu spielen und Anika rennt mit den Jungs umher. So langsam glättet sich unser Gemüt. Die Kinder haben viel weniger Probleme mit dieser Situation als wir. Von ihnen können wir lernen: Es nützt nichts, sich zu ärgern. Wir müssen die Situation so nehmen, wie sie ist und das Beste daraus machen.
In unserer zweifelhaften Absteige lesen wir im Reiseführer über die Insel Penang an der Westküste Malaysias. Die ursprünglich unbewohnte Insel voller Betelpalmen, die unter englischer Kolonialherrschaft zum florierenden Hafen wurde, klingt interessant. Wir beschließen, noch 65 Kilometer weiter nach Nakhon Si Thammarat zu fahren und von dort den Bus zurück

nach Malaysia zu nehmen. Das ist ein kleiner Trost. Am nächsten Morgen brechen wir schon um acht Uhr auf. Es nieselt, aber das Wasser trocknet sofort im Wind und sorgt für eine angenehme Kühle. Eine kleine Hügelkette muss überquert werden. Aber auch das ist nicht schlimm. Zu wissen, dass wir diese unangenehme Stadt hinter uns lassen, beflügelt uns und gibt neue Kraft. Auf diese Weise überstehen wir die 65 Kilometer der heutigen Etappe ganz gut. Während der Pausen sind wir wieder von wohlmeinenden Neugierigen umringt, aber diese sind weniger aufdringlich und richtig nett: Auf halber Strecke eilt beim Anblick unserer Kinder eine Frau mit Eis und Chips herbei.
Unsere schwer beladenen „Schneckenhäuser" rollen heute fast widerstandslos, immer öfter schalte ich auf das große Kettenblatt um. Das Gepäck und der Anhänger mit Kind wiegen mindestens 70 Kilogramm, je nachdem, wie viel Wasser und Nahrungsmittel (und Muscheln und Steine...) wir mitführen. Bald erreichen wir die ersten Häuser von Nakhon si Thammarat. Die Stadt ist sehr langgezogen, erst nach einer halben Stunde erreichen wir das Zentrum. Statt der uns bekannten Trishaws fahren hier vorwiegend Rikschas: Dreiräder, deren Passagiere hinten sitzen.
Auf der Straße vor dem Hotel werden jeden Morgen viele Garküchen und Marktstände aufgebaut. Hier würden unsere Kinder nicht verhungern, überall bekommen sie etwas zu essen geschenkt: Obst, Süßigkeiten, sogar eine lebende Made. Titus ist davon so fasziniert, dass er uns nicht weitergehen lässt. Als die Marktfrau auf uns zukommt, ahne ich es schon. Sie nimmt mit einer Servierzange eine Made aus der Auslage und packt sie in ein kleines Tütchen. Hätte ich einen Spiegel, würde ich feststellen, dass mein Blick das reinste Entsetzen zeigt. Titus nimmt das Geschenk nicht an und so wandert die Made zurück zu ihren Leidensgenossen und wird von jemand anderem verspeist. Die Frau hat sicher damit gerechnet, dass wir die Made nicht nehmen werden. Auf jeden Fall hat sie zur Belustigung der anderen Gäste beigetragen. Ein anderes kulinarisches Erlebnis habe ich mit einem gebratenen Würstchen: Als ich erwartungsvoll hineinbeiße, ist meine Enttäuschung groß. Es ist kein Fleisch darin, sondern süßer Reis.

Nakhon, eine der ältesten Städte Südthailands, ist angenehm. Nach der gruseligen Erfahrung in Hua Sai haben wir die billigsten Unterkünfte gleich links liegen gelassen und die nächsthöhere Preisklasse genommen. Unser geräumiges Zimmer im dritten Stock hat sogar einen Fernseher. Unsere Trägheit wächst und die Motivation, hier noch „Programm zu machen", sinkt. Einfach nur den Alltag zu erleben, hat für uns einen besonderen Wert. Das Reisen, ohne zu reisen oder besser, ohne ständig den Ort zu wechseln, bringt eine andere Tiefe. Erst, wenn man sich für längere Zeit an einem Ort aufhält, bekommt man etwas von dem Leben dort mit. Die Entscheidung,

schnell zurück nach Malaysia zu fahren, vertagen wir erst einmal.
Wir sind so langsam geworden, dass die zehn Tage, die uns noch bis zur Ausreise verbleiben, als sehr kurz erscheinen. Das wird klar, als wir einen anderen Reisenden treffen, der fragt, was wir noch in Thailand vorhaben. Der Australier hat noch fünf Tage, in denen er eine lange Liste von Sehenswürdigkeiten abarbeiten will. Das bringt uns zum Nachdenken: Das Visum läuft „schon" oder „erst" in zehn Tagen ab, es kommt ganz auf die Sichtweise an. Also entscheiden wir uns wegen des reisefreudigen Australiers, doch noch etwas von Thailand anzusehen.
Nicht weit von hier liegt der Khao-Luang-Nationalpark, der einen kleinen Eindruck des übriggebliebenen Dschungels geben soll. Wir recherchieren darüber im Internet, suchen die passende Busverbindung und holen uns Informationen vom Tourist Office. Die Fahrräder bleiben hier im Hotel, das Allernotwendigste wird in zwei Rucksäcke und einen Ortlieb-Sack gepackt. Doch es kommt anders: Am Vorabend wird Titus krank. Er fiebert, an eine Fahrt in den Dschungel ist nicht zu denken. Also bleiben wir, wo wir sind. Schon wieder kurzfristig umdenken, wie in Kuala Terengganu, als Anika ihre Platzwunde bekam. Erneut sitzen wir unfreiwillig fest und müssen das Beste daraus machen. Mit Anika entdecke ich einen riesigen Spielplatz im Thalad-Park. Anika findet hier Tiere, „die aussehen wie Bären". Tatsächlich, in einem kleinen Tierpark sind Affen, Bären, Vögel und ein Tiger untergebracht, leider in winzigen Käfigen. Für Anika ist es jedoch eine wichtige Abwechslung, sie ist stolz, weil sie den Mini-Zoo entdeckt hat. Am nächsten Tag fahren wir auch mit Titus hin. Trotz seines Fiebers ist er glücklich.

Katja
Ich nutze die Zeit, um Dinge einzukaufen, die wir in Deutschland weiterverkaufen könnten. Als ich den Preis einiger Taschen herunterhandeln will, mache ich die Erfahrung, dass Handeln hier nicht erwünscht ist. Ich bekomme die Taschen zwar etwas billiger, aber nur mit Widerwillen. Meine Erfahrungen aus Marokko nützen hier nichts, große Preisspannen sind nicht möglich. Die Thais scheinen nicht so gern zu handeln wie die Malaysier oder gar die Marokkaner. In einem Souvenirladen entdecken wir eine kleine thailändische Flagge, die ich neben der malaiischen und der aus Terengganu an Anikas Anhänger anbringen möchte. Doch auch hier funktioniert das Handeln nicht. Wir bekommen sie geschenkt. Die Verkäuferin freut sich, dass die Fahne ihres Landes an unserem Anhänger wehen soll.
Nach einigen Tagen geht es Titus wieder etwas besser und wir müssen langsam weiter, denn unser Zimmer wird durch die Wäsche, die wir drinnen zum Trocknen aufhängen, von Tag zu Tag feuchter. Uns ist klar geworden, dass wir wieder Meer und Strand brauchen. Den Plan mit dem Nationalpark werfen wir kurzerhand über Bord, stattdessen wollen wir mit dem Bus 120 Kilometer

bis Don Sak fahren und von dort mit der Autofähre auf die kleine Insel Ko Pha-ngan im Golf von Thailand übersetzen.

Ko Samui – unter Deutschen

Vor dem Busbahnhof wartet ein halbes Dutzend roter Busse. Am gleichen Schalter, vor dem ich schon vor zwei Tagen stand, bekomme ich heute nur sehr dürftige Informationen. Die Frau, die kein Englisch spricht, deutet grob in die Richtung der Busse. Deren Zielanzeigen sind leider nur in Thai, also fragen wir uns von einem Bus zum nächsten durch. Der Bus nach Don Sak hat einen großen Kofferraum für unsere Fahrräder und Gepäck. Perfekt. Der Busfahrer und der Schaffner helfen uns, alles einzuladen. Welch ein Gegensatz zu Malaysia! Leider wird die Freude schnell getrübt: Nachdem wir losgefahren sind, verlangt der Schaffner fast den dreifachen Preis von uns. Für das Übergepäck dürfen wir kräftig draufzahlen. Das hat uns vorher niemand gesagt, ich habe auch nicht danach gefragt. Ich bin zwar ein wenig verärgert, aber nach den Erfahrungen in Malaysia ist das schon in Ordnung. Außerdem haben wir wieder etwas gelernt: Alles hat seinen Preis und nach dem sollte man halt vorher fragen.
Im Bus ist es zum Glück sehr luftig. Nicht nur die Fenster sind geöffnet, von der Decke pusten uns auch noch Ventilatoren ins Gesicht. Als Unterhaltungsprogramm werden Musikvideos gezeigt; keine Horrorfilme wie in Malaysia. Die Musik erinnert an die Scorpions, die hier sehr beliebt sind und oft kopiert werden. Die Fahrt soll knapp zwei Stunden dauern; hoffentlich bekommen wir noch die Fähre nach Ko Pha-ngan um 13 Uhr!
Nach einigen etwas längeren Zwischenstopps, bei denen der Busfahrer aus unbekannten Gründen einfach hält und eine Weile wartet, schwindet unsere Hoffnung ... und wird vollständig zerstört, als wir am Straßenabzweig nach Don Sak abgesetzt werden. Der Bus hält offenbar nicht in Don Sak, sondern etwa 20 Kilometer außerhalb, und von Don Sak sind es noch weitere acht Kilometer bis zum Pier. Der hilfsbereite Schaffner befördert unsere Siebensachen flink in den Staub am Straßenrand. Mit ausgestreckter Hand zeigt er auch noch in die Richtung, in die wir fahren müssen. Dann hören wir nur noch das Kreischen des Getriebes und schon stehen wir in einer Wolke aus Staub und Dieselabgasen. Der rote Bus verschwindet hinter einer Kurve, sein Knattern ist noch einige Zeit zu hören. Nachdem sich die stinkende Wolke verzogen hat, kehrt Stille ein.
Kein Haus steht in der Nähe, die Gegend ist absolut einsam und die Sonne steht genau über unseren Köpfen. So haben wir uns diesen Ausflug nicht vorgestellt ... Schnell sind die Räder zusammengebaut und das Gepäck ist wieder verstaut. Die ersten Kilometer der hügeligen Strecke fallen mir schwer, doch dann finde ich meinen Rhythmus. Schon seit einiger Zeit stelle ich fest, dass ich immer höhere Gänge fahren kann. Katja bleibt diesmal

weit zurück. Ihr geht es nicht so wie mir. Nach einigen schlaflosen Nächten mit Titus kämpft sie mit ihrem Kreislauf und ist sauer, weil ich das nicht bemerke. In einem Schattenhäuschen legen wir eine Notpause ein, damit Katja ihre Beine hochlagern kann. Eine Dose eines isotonischen Getränks hilft ihr wieder auf die Beine, sie quält sich weiter. Auch Titus geht es nicht gut, er glüht schon wieder und ist quengelig. Die roten Punkte in seinem Gesicht werden zu Flecken. Sind es Masern oder eine schlimme Form von Dengue-Fieber?

Katja

Meine Angst vor Tropenkrankheiten meldet sich zurück. Wir beschließen, in Don Sak einen Arzt aufzusuchen. Zwei Jungs auf Fahrrädern führen uns zu einem kleinen Krankenhaus, Wo Titus registriert und untersucht wird. Dengue-Fieber ist es nicht, puh. Stattdessen diagnostiziert der Arzt die Masern: „German Measles". Aber sicher ist er nicht, bei Thais sehen die gleichen Krankheiten anders aus als bei Europäern. Dass Titus nicht gegen Masern geimpft ist, kann der Arzt nicht verstehen. Wir sollen das schnell nachholen, mahnt er uns. Das obligatorische Paracetamol zur Fiebersenkung und einen Hustensaft „zur Sicherheit" stecke ich brav ein und gebe Titus weiter homöopathische Mittel aus unserer DHU-Reiseapotheke. Auf jeden Fall sollten wir weiter auf die Inseln reisen, denn dort hätten die Krankenhäuser mehr Erfahrungen mit Weißen, empfiehlt der Arzt. „Außerdem hat Don Sak nur ein sehr schlechtes Hotel", entschuldigt er sich etwas verlegen und meint wahrscheinlich, dass es ein Stundenhotel ist.

Die Fähre nach Ko Pha-ngan ist natürlich schon weg, die nächste fährt erst morgen. Heute können wir aber schon einmal zusammen mit vielen anderen Backpackern auf die touristisch besser erschlossene und größere Insel Ko Samui fahren, die ein gutes Krankenhaus haben soll und quasi auf der Strecke nach Ko Pha-ngan liegt. Das scheint uns und vor allem Katja eine sichere Alternative. Die Fahrräder schieben wir einfach in den „Bauch" der großen, verrosteten Autofähre und nehmen an Deck Platz. Von Bord sehen die vielen steilen Hügel auf dem Festland und die noch zahlreicheren kleinen Inselchen im Golf von Thailand wie grüne Hüte aus, eingehüllt in weiße Wolken, schwimmend im tiefblauen Meer. Es wirkt wie ein Anblick aus Urzeiten, traumhaft. Am Horizont ist bereits die Insel zu sehen, über der sich eine dunkle Regenwolke entlädt, wobei ein wunderschöner Regenbogen entsteht. Der restliche Himmel ist blau. Die Kinder stellen derweil ihre Köpfe auf den Boden, strecken ihre Hinterteile in die Höhe und sind eine Belustigung für alle Passagiere. Titus springt wieder munter umher, als wäre er nie krank gewesen.

Ko Samui ist nur 35 Kilometer vom Festland entfernt. Nach anderthalb Stunden erreichen wir den Hafen in Na Thon. Die vielen Schlepper fangen die meisten Rucksacktouristen schon beim Aussteigen ab. Da wir mit unseren Fahrrädern viel später zusammen mit den Autos aus dem Bauch der Fähre fahren, bemerkt uns niemand. Wir suchen uns unsere Bleibe ungestört selbst, hier wollen wir sowieso nur für eine Nacht bleiben.
Heute ist unser fünfter Hochzeitstag! Nach dem Stress und den Ängsten dieses Tages wollen wir wenigstens den Abend schön verbringen und beschließen, essen gehen. Das passt gut zu unserer Tradition: Zur Hochzeit waren wir beim Libanesen essen, in den Jahren danach haben wir immer mal eine andere Länderspezialität ausprobiert. Heute wird es eben thailändisch - allerdings auf die einfachste Weise, denn in dem einzigen noch geöffneten Restaurant in Na Thon gibt es nur gebratenen Reis. Uns stört das kaum: Beim Essen haben wir große Mühe, nicht einzuschlafen und sind froh, den Tag endlich hinter uns zu haben. Todmüde fallen wir ins Bett.

Obwohl Titus wohl doch nicht so krank ist, wie wir befürchtet hatten, geht es uns allen nicht gut zurzeit. Die Stimmung ist am Boden und wir beschließen, auf Ko Samui zu bleiben und ein paar Tage „Urlaub von der Reise" zu machen. Der Hochzeitstag war eine gute Erinnerung, dass wir auch unsere eigenen Bedürfnisse nicht vergessen dürfen. Im Reisestress vergessen wir viel zu schnell, uns genug Zeit als Paar einzuräumen.
Die Westküste von Ko Samui bietet zwar schöne Sonnenuntergänge, hat aber sonst nicht viel zu bieten. Der Strand ist bei Ebbe eine kilometerbreite braune Fläche, Sand ist kaum zu sehen. Deshalb gibt es hier natürlich auch keine Unterkünfte und so fahren wir auf der Suche immer weiter und weiter. Nach 15 Kilometern Fahrt durch die Hitze sind wir entnervt: Wir haben uns gegen den Uhrzeigersinn auf der Ringstraße, die die ganze Insel umrundet, von Bucht zu Bucht vorgearbeitet, finden aber partout keine Unterkunft, die uns anspricht. Zu einer Bungalow-Anlage, die laut Reiseführer von Alt-Hippies geführt wird, sind es noch weitere 15 Kilometer auf hügeliger Straße. Wir treten verbissen in die Pedale, bis die „Amity"-Bungalows am südlichen Rand des Dorfes Lamai in Sicht kommen.
Die Hütten der Anlage stehen direkt am Strand auf Stelzen im feinen weißen Sand, beschattet von Palmen, und gruppieren sich um ein offenes Freiluftrestaurant und eine kleine Bar. Liegestühle laden zum Entspannen ein. Unser Bungalow ist zwar teurer als gewohnt, aber - für uns - einmalig. Die Holzhütte mit Wänden aus Palmblatt-Matten ist spärlich, aber gepflegt eingerichtet. Zwei kleine Räume mit Ventilatoren, einer für uns und einer für die Kinder, das ist purer Luxus. In einem angebauten gemauerten Bad haben wir Waschbecken und eine Dusche. Nach Monaten in den einfachsten Unterkünften, die eher am einheimischen Standard orientiert waren, ist das

hier der pure Luxus, obwohl es für das Urlaubsbudget europäischer Reisender immer noch ein Schnäppchen ist. Direkt von unserer Tür läuft ein mit Baumstämmen eingefasster Weg zum Strand, es sind vielleicht fünf Schritte. Rechts und links ragen Kokospalmen auf und spenden Schatten.

Von Hippies ist nirgendwo etwas zu sehen, dafür wird überall deutsch gesprochen. Eigentlich wollten wir Deutschland ja hinter uns lassen, aber nun genießen wir es, einfach deutsch sprechen zu können und keine Exoten, sondern „normale Menschen" zu sein. Kein Thai fragt uns, wohin wir reisen und wie alt unsere Kinder sind, kein Backpacker fragt uns, wie wir das denn schaffen und am wichtigsten: Keiner belästigt Titus und Anika. Wir sind Weiße unter Weißen, das ist überraschenderweise sehr angenehm. Wir machen tatsächlich „Urlaub von der Reise". Da unsere Hütte sehr zentral steht, sind wir immer mittendrin im Geschehen. Nach kurzer Zeit fühlen wir uns wie in einem kleinen Dorf, alle kennen sich. Manche Urlauber verbringen hier zwei oder drei Wochen, manche legen nur einen Zwischenstopp ein. Es sind andere Menschen als die Traveller, die wir bis jetzt getroffen haben. Sie genießen eher ihre Zeit, als von Ort zu Ort zu jetten. Sie sind aber auch näher an Deutschland dran. Zuerst fühlt es sich etwas seltsam an, denn wir sind schon fast vier Monate weg. Das politische Geschehen ist uns ferner denn je. Nur manchmal haben wir Kuriositäten in den hiesigen Zeitungen gelesen, etwa von der neuen Kuppel des Berliner Reichstags, über die sich die Chinesen ein wenig lustig machten, denn nach der „Feng Shui"-Lehre ist es absolut ungünstig, einen Raum, in dem Menschen konzentriert arbeiten sollen, nach oben offen zu lassen. So kann die Energie ungehindert nach oben abfließen und die Gedanken der Parlamentarier sind schnell weg. Ob es stimmt?
Anika freundet sich hier mit dem zwei Jahre älteren blonden Niklas aus Deutschland an, der seit zwei Wochen mit seinen Eltern hier ist. Von Bangkok kommen sie regelmäßig mit Zug, Bus und Fähre hierher, Niklas kennt sich also aus. Da sonst keine Kinder hier sind, ist er sehr froh über Gesellschaft. Als er Anikas Schleuder sieht, die sie in Kota Bharu bekommen hat, ist er hin und weg. Die Schleuder besteht aus dem Horn einer Kuh, das an der dicksten Stelle aufgeschlitzt ist und an dessen Seiten ein starker Gummi mit einem Lederläppchen hängt. Niklas will auch eine Schleuder haben. Eine Astgabel findet er schnell, der junge Thai-Barmann schneidet sie für ihn aus einem Baum heraus. Jetzt fehlt nur noch der Schleudergummi. Ein Verschlussgummi reißt zu schnell, zwei Luftballons sind auch nicht optimal und einen Gummi aus der Unterhose herauszuschneiden, erlaubt ihm seine Mama nicht. Auf dem ganzen Gelände gibt es keinen Gummi.
Wo kommt Gummi her? Von Kautschuk-Bäumen, das wissen wir ja jetzt. Aber auch die wachsen nicht in der Nähe. Die Idee verfolgt Niklas drei Tage und seine Mutter ist ganz schön genervt, denn sein einziger Gedanke ist:

„Wo bekomme ich den Gummi her?“ Als ich schließlich aus einem Dorfladen einen festen Gummi mitbringe, ist Niklas überglücklich! Sofort befestigt er den Gummi an seiner Astgabel und schon veranstalten wir einen Schießwettbewerb auf Plastikflaschen. Na ja, seine Mutter ist nicht ganz glücklich damit, denn ab jetzt ist nichts mehr sicher vor Niklas und seiner Schleuder; es bleibt ja nicht bei Plastikflaschen. Anderseits ist sie sehr froh, weil Niklas jetzt nicht mehr allein ist und sie und ihr Freund etwas mehr Zeit für sich haben. Das geht uns ganz genauso.

Katja

Die Sonnenuntergänge können wir hier an der Ostküste nicht sehen, dafür sind die Mondaufgänge umso schöner. Wir erleben hier den vierten Vollmond unserer Reise. Ein Monat ist vergangen, seit wir das letzte Mal am Strand gewohnt haben. Ein ganzer Monat! Das Meer hat uns gefehlt und Thailand hat sich oft nicht von seiner besten Seite gezeigt. Doch hier ist es schön. Die Anspannung der letzten Wochen fällt von mir ab. In Deutschland haben uns viele beneidet: „Ein Jahr Urlaub, so gut möchten wir es auch haben!“ Doch Reisen ist kein Urlaub, es ist anstrengend. Sich ständig neuen Situationen zu stellen, ist eine Herausforderung und erfordert viel Kraft. Tauschen würde ich nicht, trotz oder wegen allem würde ich es immer wieder tun. Ich habe das Gefühl, dass diese Reise mein und unser ganzes Leben verändert.

Der Vollmond ist für viele Backpacker in Thailand ein Grund zum Feiern. Die berühmte „Full Moon Party“ auf Ko Pha-ngan wird in diesem Monat wegen des Geburtstags der thailändischen Königin Sirikit um einen Tag verschoben.

Hunderte Boote und auch Menschen fahren dann von hier nach Ko Pha-ngan zum Haad Rin Beach, wo zehntausende junge Leute die Nacht durchtanzen. Deshalb ist es hier in Lamai trotz der vielen Resorts ganz schön leer geworden. Wir brauchen zur Zeit etwas anderes als Party. Thailand war anstrengender als wir erwartet hatten und wir wollen nicht weiter nach dem perfekten Platz zum Bleiben suchen.
Stattdessen machen wir es uns im warmen Sand gemütlich und bewundern gemeinsam den Mondaufgang. Am Horizont erscheint ein heller Schein, als brenne er. Kurz danach rollt ein rötlicher Ball aus dem Meer. So habe ich bis jetzt nur die Sonne erlebt. Schon bald steht der Mond hoch am Himmel. Wolken umhüllen ihn und lassen ihn dann wieder in voller Helligkeit erscheinen. Das Meer ist ruhig, sanfte Wellen umspülen den weichen und warmen Sand. Die Sterne leuchten und zwei Sternschnuppen erfüllen mir zwei Wünsche. Ich liege im Sand und blicke mal zu den Sternen, mal zum Mond und bin wie hypnotisiert. Ich wünsche mir, dass die Unrast dieser Reise ebenso abnimmt wie der Mond.

Im Dorf Lamai fallen mir die vielen bleichgesichtigen und dickbäuchigen Männer auf geliehenen Mopeds oder Harley-Imitaten auf. Auf dem Sozius: sehr junge Thai-Mädchen, die ebenso wie die Motorräder für zwei oder drei Wochen „gemietet" sind. Auch auf dem Festland gibt es überall Stundenhotels, doch es ist nicht so offensichtlich wie auf Ko Samui. Begleitdamen warten hier in jeder Bar. Um mithalten zu können, tragen viele der europäischen Touristinnen fast gar nichts: Die Stringtangas sind nur wenige Millimeter breit, Bikini-Oberteile sind schon Ausgeh-Garderobe, die allenfalls mit knappen, durchsichtigen Kleidchen bedeckt werden. Das ist ganz schön ungewohnt nach drei Monaten im züchtig verhüllten Malaysia. Viele der Männer tragen T-Shirts mit ein- und mehrdeutigen Sexsprüchen – vielleicht, um ihre Potenz zu unterstreichen? Auch in unserer Anlage wohnen einige „Studentinnen" aus Bangkok, die die Freizügigkeit der Urlauber genießen und mit ihnen am Strand Thai-Whisky trinken. Ich denke aber nicht, dass sich eines der Mädchen als Prostituierte bezeichnen würde.
Unser Nachbar, ein muskulöser, dunkelhäutiger Brasilianer, der oft am Strand Capoeira tanzt, wohnt auch mit einer solchen „Studentin" zusammen. Während er vor der Hütte sitzt und auf einem einsaitigen Instrument spielt, das nur aus einer Bambusstange, einer Kokosnussschale und einem Draht besteht, sorgt sie für die Drinks. Der Brasilianer erzählt mir von der Geschichte der südamerikanischen Sklaven, die den Capoeira als Kampf-Tanz aus afrikanischen Kampfspielen weiterentwickelten. Statt Technik und Kraft sind vielmehr Schläue und Strategie beim Capoeira entscheidend; ein guter Capoeirista ist wie eine Schlange, die auf ihre Beute lauert und im richtigen Moment zustößt. Nach dem afrikanischen Vorbild entstand auch das

Hauptinstrument, das alle Capoeira-Kämpfe oder vielmehr -Spiele begleitet: der Berimbau. Gespielt wird sie, indem man ein Stöckchen an die Saite schlägt. Die Tonhöhe wird dabei mit einem Geldstück oder einem Steinchen variiert, das man mehr oder weniger fest an die Saite hält. Von der Musik, die nur aus drei Tönen besteht, bin ich so fasziniert, dass ich bald genauso verbohrt herumlaufe wie Niklas: Wie baue ich mir so ein Instrument?

Bitterer Nachgeschmack

Nach fünf entspannten Tagen, in denen wir nicht viel mehr gemacht haben, als am Strand zu liegen, uns mit Landsleuten zu unterhalten und ab und zu in Lamai Lebensmittel zu kaufen, fällt der Abschied schwer. Unser Bungalow auf Ko Samui ist ein Stück Penarik für uns geworden: ein Ort, wo wir uns so wohl fühlen, dass wir uns vorstellen können, zu bleiben. Niklas und seine Eltern verabschieden sich von uns, auch sie reisen morgen ab. Anika ist traurig, sie hängt nur herum und steht uns beim Packen im Weg. In den letzten Tagen haben wir sie kaum gesehen. Niklas und sie verbrachten fast den ganzen Tag miteinander, obwohl er sie manchmal geärgert hat. Spielkameraden fanden Anika und Titus bis jetzt überall, aber es ist schon etwas Besonderes, jemanden zu finden, der die gleiche Sprache spricht. Seit Melaka haben wir kaum Deutsche getroffen und kinderlose Reisende haben ein ganz anderes Tempo, weshalb alle Kontakte sehr kurz waren. Hier ist es anders, die Menschen haben Zeit. Nur wir müssen weiter, denn unsere Aufenthaltsgenehmigung als Touristen gilt nur für 30 Tage.

Das Treten fällt mir heute schwer. Der Morgen erscheint mir heißer als sonst. Vielleicht fehlt mir das allmorgendliche kühlende Bad im Meer? Wir nehmen eine Abkürzung quer über die Insel, so sind es nur 16 Kilometer bis zur Fähre in Na Thon. Der Weg sieht flach aus; bis auf eine sehr langgezogene Steigung. Im kleinsten Gang, den Blick auf den Asphalt geheftet, geht es herauf. Wir sind fast allein auf der Straße, der Hauptverkehr spielt sich auf Ko Samui auf der Ringstraße ab. Anika tritt fleißig mit, hin und wieder spüre ich kleine Schübe. Nur nicht nach vorn schauen, geht es mir durch den Kopf. Der Schweiß rinnt mir von der Stirn und in die Augen. Wie durch ein Brennglas bohren sich die Sonnenstrahlen in die Haut. Auf der höchsten Stelle der Steigung warte ich schnaufend im Schatten einiger Kokospalmen auf Katja und Titus. Der leichte Wind kühlt ein wenig. Die restliche Strecke legen wir sehr schnell zurück, jetzt habe ich mich eingefahren und könnte noch Stunden so weitertreten.

In Na Thon sehe ich einen Bus, auf dessen Zielanzeige „HAT YAI“ steht. Das wundert uns – fährt der Bus über Wasser oder wie?, aber dann klärt es sich auf: Der Bus kommt tatsächlich mit der Fähre hierher und fährt von Don Sak direkt weiter nach Hat Yai. Nach unserem ursprünglichen Plan,

den wir in den letzten Tagen ausgeheckt hatten, wollten wir zum nächsten Bahnhof auf dem Festland fahren und dort in den Zug nach Hat Yai an der Grenze steigen. Surat Thani liegt zwar entgegen unserer Fahrtrichtung, es wäre aber die kürzeste Fahrradstrecke. Der Nachteil: Der Zug fährt mitten in der Nacht los.
Dieser Bus könnte die einfachste Lösung sein: Von Hat Yai fährt nämlich ein Zug die knapp 200 Kilometer nach Butterworth an der Westküste von Malaysia, wo unser nächstes Ziel, die Insel Penang, liegt. So bräuchten wir gar nicht mehr in Thailand zu radeln. Auf angegrabscht Werden am Straßenrand haben wir alle keine Lust mehr, den Kindern wollen wir eine Wiederholung des Terrors gern ersparen. Der Kofferraum ist groß genug, das wäre kein Problem. Allerdings wird er langsam mit Durian-Früchten gefüllt. Wir müssen uns schnell entscheiden. Der Preis ist unverschämt hoch. Anika und Titus sollen zusammen einen vollen Preis bezahlen, obwohl sie ja kostenlos wären, und die Fahrräder kosten zusätzlich je 500 Baht. Verhandeln ist unmöglich, also bezahlen wir zähneknirschend und quetschen unsere Fahrräder zwischen die Durians. Immerhin ist die Fähre inklusive und wir müssen nicht umsteigen. Der Schaffner stellt nur die Fahrkarten für uns aus, nicht für die Fahrräder, bemerke ich. Das verdiente Geld steckt er vermutlich in die eigene Tasche.

Ab Nakhon Si Thammarat nimmt der Bus die gleiche Straße nach Süden, auf der wir mit den Fahrrädern nach Norden gefahren sind. Viele Erinnerungen werden wach, als wir etwas melancholisch durch die schmutzigen Scheiben schauen: Da drüben standen wir auf der Brücke über der Hauptstraße und beobachteten den dichten Abendverkehr. Etwas später erkennt Anika das Kloster in Nakhon, dann die Stelle, wo die Kinder bei einer Fahrpause Eis geschenkt bekamen. Dort, wo uns der Sturm überraschte und wir in der buddhistischen Schule übernachtet haben, regnet es gerade. Das scheint hier öfter vorzukommen, da die Berge hier besonders niedrig sind und die Wolken von der Westküste herüberziehen.

Katja
Wie anstrengend die Hinfahrt gewesen ist, habe ich schon lange ausgeblendet. Jetzt kommt die Erinnerung an den langen Weg wieder. Die Shrimps-Farmen sehen aus den Busfenstern erst recht wie Mondlandschaften aus. Das unaufhörliche Tuckern der Dieselmotoren zur Sauerstoffversorgung der kleinen Krustentiere ist nur in meinem Kopf zu hören. Tack, tack, tack ... Vom Bus aus sehen wir nur die sich drehenden Schaufeln und riechen kaum etwas von dem modrigen Wasser. In vier Stunden mit dem Bus legen wir die Strecke von vier Fahrradtagen zurück; vier Tagen mit unzähligen Erlebnissen und vielen Eindrücken. Es sind Details, für die eine Busfahrt keinen Platz hat.

Mit dem Fahrrad zu reisen ist anstrengend, aber je langsamer man unterwegs ist, desto mehr Kleinigkeiten fallen einem auf. In Gesprächen mit anderen Reisenden stellen wir oft fest, dass viele Besonderheiten für sie Alltag für uns sind. Wer bekommt schon aus einem Bus- oder Zugfenster mit, wie der Saft der Kautschuk-Bäume langsam in die Kokosnussschalen tropft, was für bunte Käfer in den Blumen am Straßenrand sitzen oder was die Einheimischen zum Mittag essen? Vor allem die Gerüche eines Landes bekommt man nur mit, wenn man sich darauf einlässt und auf den Komfort von Geschwindigkeit und Klimaanlage verzichtet.
Vielleicht ist Malaysia deshalb für uns ein Stück Heimat geworden, weil wir in den drei Monaten eine Menge Kleinigkeiten mitbekommen haben. Viel mehr als in dem einen Monat in Thailand, wo alles viel zu schnell ging. Wir hatten in den letzten vier Wochen viele Hindernisse zu überwinden: vom Wetter und der Übernachtungsproblematik bis hin zu Sprachbarrieren und „Geldgier". Besonders aber bleibt die Aufdringlichkeit vieler Thais gegenüber unseren Kindern als bitterer Nachgeschmack.

In Hat Yai suchen wir das chinesische Hotel auf, in dem wir vor drei Wochen waren, und werden mit einem freudigen „My family is back!" begrüßt. Zwei Tage haben wir Zeit, nach einer Gelegenheit zur Weiterreise zu suchen. Mit dem Zug können wir leider doch nicht nach Malaysia weiterfahren, denn der nimmt keine Fahrräder mit. Für eine Busfahrt auf die Insel Penang sollen wir 1.550 Baht bezahlen! Allein das Trinkgeld, damit der Busfahrer die Fahrräder mitnimmt, soll 300 Baht betragen. Ein malaysisches Busunternehmen verlangt nur die Hälfte, die Fahrräder werden umsonst transportiert. Wir buchen Tickets für morgen. Der bittere Nachgeschmack von Thailand wird dadurch noch etwas bitterer.

West-Malaysia

Penang: Fest für den Gott der Gnade

Am Grenzübergang in Bukit Kayu Hitam müssen wir all unser Gepäck aus dem Bus holen und kontrollieren lassen. Sämtliche Taschen fahren durch eine Sicherheitsanlage wie auf einem Flughafen und werden durchleuchtet. Das kostet Schweiß, aber die malaysischen Grenzbeamten sind sehr freundlich. Nur Katja darf nicht einreisen: Sie muss fast einen ganzen Kilometer zu Fuß zum thailändischen Grenzposten Samnak Kam zurückgehen und einen fehlenden Stempel holen. Wir stopfen derweil das Gepäck in den Bus zurück. Der Busfahrer und sein Gehilfe warten geduldig, aber in ihren Gesichtern lese ich Unruhe. Wie sich später herausstellt, wartet in einem Restaurant schon das Mittagessen auf sie: Suppe mit Hühnerfüßen. Auch die Kinder warten ohne Murren, während ich langsam nervös werde. Viele Menschen gehen durch den Zoll, nur Katja ist nirgends zu sehen. Die Malaysier werden besonders streng kontrolliert. Sie müssen ihre Taschen und Koffer sogar öffnen. Eine junge Chinesin versucht vergeblich, ihren großen grauen Rollkoffer auf den Tisch zu heben. Als ich ihr galant helfen will, schaffe ich es selbst kaum. Was hat sie nur eingekauft? Das sehe ich nicht mehr, denn als die Verschlüsse mit einem lauten Klick aufspringen, ist Katja endlich zurück.

Katja

Was für ein Affentheater! Der thailändische Grenzer hatte vergessen, den Ausreisestempel in meinen Pass zu drücken. Als ich zurückkam, um ihn nachzuholen, wollte der Grenzbeamte die Einreisepapiere von mir haben, die er mir natürlich vorhin schon abgenommen hatte. Er konnte sich angeblich auch nicht an mich erinnern, was mich nicht wundert, da er seinen gelangweilten Blick schon beim ersten Durchgang fast nie von den Papieren abgewandt und daher auch niemanden von uns angeschaut hatte. Erst als ich ihm die Löcher von den Heftklammern zeigte, da, wo die Papiere in meinem Pass befestigt gewesen waren, bekam ich den fehlenden Stempel.

Als wir nach fast sechs Stunden recht langweiliger Fahrt auf einer Schnellstraße endlich über die längste Brücke Südostasiens auf die Insel Penang fahren, erscheint ein Meer von Hochhäusern am anderen Ufer. George Town, die Hauptstadt der 285 km2 großen Insel, ist gigantisch. Schon beim Ausladen fragen uns einige Neugierige, wo wir herkommen und wo wir übernachten. Nach den vielen Schleppern in Thailand sind wir skeptisch und staunen, als es bei einigen Tipps bleibt. Auf Penang leben hauptsächlich Chinesen, aber auch Inder winken uns vom Straßenrand freundlich zu. In Thailand hatten wir oft das Gefühl, ausgelacht zu werden, wenn wir zurück-

grüßten. Auch die Kinder werden hier nicht so distanzlos begrapscht. Es ist einfach alles entspannter.
Auf der Lebuh Chulia, der Hauptstraße von Chinatown und einer der ältesten Straßen in George Town, sehen wir viele weiße Touristen. Ein Guesthouse liegt neben dem anderen, die Preise für Essen sind entsprechend hoch. Doch wir haben keine Energie mehr, etwas Günstigeres zu suchen und bleiben erst mal hier, genießen das „satay" und trinken den lang ersehnten „teh tarik". Gegenüber dem Restaurant sind eine Bühne und ein großer Altar aufgebaut. Als mich ein alter Chinese fragt, ob wir etwas darüber erfahren wollen, leuchten gleich meine Warnleuchten aus Thailand auf: „Er will uns Geld abnehmen!"
Falsch. Der Chinese erklärt mir freundlich, dass drei Tage nach Vollmond ein Fest für den „God of Mercy" gefeiert werde, nach dem man eine übergroße Statue aus Pappmaché verbrennt. Dabei kann man sich etwas wünschen. Der mehrere Meter große „Hungry Ghost" ist bunt bemalt, mit roten und goldenen Stoffbahnen geschmückt und wird von Blumenschmuck gekrönt. In seinem Rücken stecken mehrere große dreieckige Fahnen. Einige Speisen stehen für ihn bereit und – Guinness-Bier.
Kurz vor Mitternacht soll es losgehen. Nachdem wir die Kinder ins Bett gebracht haben, gehe ich noch einmal hin. Eine sehr knapp bekleidete und offensichtlich bekannte chinesische Sängerin wechselt zwischen Techno und traditionellen chinesischen Liedern. Am Straßenrand warten leicht bekleidete Mädchen – oder sind es Jungs? So deutlich lässt sich das nicht unterscheiden – auf Kunden. Nach 1.000 Fahrradkilometern an der malaysischen Ostküste hätte ich so viel Freizügigkeit hier nicht erwartet. Aber das hier ist eine Großstadt und die Chinesen sind in Penang fast unter sich. Als die Sängerin und ihre Fans verschwinden, leert sich der Platz. Ausländische Touristen sind nicht mehr zu sehen.
Der Altar wird jetzt abgebaut, der alte Chinese erscheint wieder: „Is finish, next year again", lächelt er mir zu. Kurze Zeit später wird der Pappgott in die Mitte der Straße gezogen. Die Papierdekorationen werden vor ihm ausgebreitet und Säcke voller Zettel werden ausgeschüttet, auf denen sicherlich Wünsche stehen – so kenne ich es von den Chinesen in Malaysia. Bevor das Ganze angezündet wird, verteilt man Räucherstäbchen unter den Anwesenden. Zu Gong- und Glockenklängen umrunden die Menschen den „Hungry Ghost" und zünden anschließend mit ihren Räucherstäbchen die Papiermenge an. Das Feuer frisst sich schnell bis zu der Gottheit vor, die innerhalb weniger Minuten vollständig verbrennt. Auch ich sende mit den Flammen in Gedanken meinen Wunsch mit.
Im Gegensatz zum wilden, farbenfrohen und mystischen Thaipusam-Fest in Melaka (das sich im Nachhinein als Datuk Chachar herausstellte) feiern die Chinesen ihr Fest wesentlich pragmatischer. Statt Tänzen in religiöser

Ekstase werden hier in Alltagskleidung die nötigen Rituale absolviert, wobei die Gläubigen so konzentriert vorgehen wie bei ihren täglichen Geschäften. Obwohl das Fest für mich als Außenstehenden vergleichsweise unspektakulär wirkt, ist es doch authentischer Teil der chinesischen Kultur. Anstatt über das Fremde zu staunen, mache ich hier einfach mit und freue mich, dass uns Penang mit einem Fest begrüßt. Es ist schön, wieder in Malaysia zu sein.

Obwohl die moslemisch-malaiische und die chinesische Kultur nicht gegensätzlicher sein könnten, leben offiziell alle friedlich zusammen, Spannungen werden nach außen kaum sichtbar. Auf der politischen Ebene sieht das anders aus: Weil die moslemischen Parteien die Mehrheit im Parlament haben, wird diese Bevölkerungsgruppe bevorzugt. In chinesischen und indischen Kreisen wird oft auf die Malaien geschimpft und deren staatliche Bevorzugung kritisiert. Umgekehrt wird in Gesprächen mit Malaien deutlich, dass sie die Cleverness der anderen geradezu fürchten und das Bedürfnis haben, ein Minderwertigkeitsgefühl zu überspielen. Malaien machen die Politik in Malaysia, sie sind in Bürokratie, Justiz, Armee und Polizei überrepräsentiert. Die Chinesen sind der Motor der Wirtschaft und die Inder reinigen die Straßen, handeln oder werden Anwälte. Das sind zumindest die Klischees.

Im Zentrum von George Town sind viele alte Häuser aus der Kolonialzeit verstreut. Manche sind sehr verfallen, andere in hervorragendem Zustand. Wir trinken „teh tarik", essen indisch und finden Läden, in denen es Ganesha in allen möglichen Formen gibt. Das freut besonders die Kinder, der Elefantengott ist ihr Liebling. In einer Nebenstraße finden wir das „Western Oriental Guesthouse", das unser Reiseführer nicht kennt. Das Haus hat ebenso hohe Decken wie das schimmelige „Blue Diamond Hotel", in dem wir gestern abgestiegen sind, aber die Zimmer sind hell, luftig und sauber und die Angestellten lesen uns jeden Wunsch von den Augen ab. Titus interessiert sich vor allem für das kleine Becken mit Fischen und einer Schildkröte, das im Restaurant steht. Ständig will er die Schildkröte streicheln. Die ist nicht dumm: Schon nach kurzer Zeit erkennt sie Titus von Weitem und macht sich zu seinem Bedauern unsichtbar.
Kurz nachdem wir eingezogen sind, kündigt ein Angestellter Besuch für uns an. Wer kann das nur sein? Hier kennen wir doch noch niemanden! Es ist ein Fotograf, der ein Interview mit uns machen möchte. Erfreut vereinbaren wir einen Termin für den nächsten Morgen. Pünktlich um 10 Uhr kommt er mit einem Reporter der „New Straits Times", einer großen, englischsprachigen malaysischen Zeitung. Die Fragen sind detaillierter und gehen mehr in die Tiefe als die des „Star"-Journalisten. Wir sind inzwischen vorbereitet und wissen, was wir erzählen wollen. Auch für die Fotos nimmt sich der schon etwas ältere Fotograf viel Zeit. Wir schieben unsere Fahrräder mit den An-

hängern die gesamte Straße entlang, bis es „passt“. Für die sehr professionellen Fotos bekommt jedes der Kinder zehn Ringgit. Hinterher fällt mir auf, dass Anika keine Unterhose angezogen hat. Na, hoffentlich sieht man das nicht auf dem Bild, in Malaysia wäre das ein kleiner Skandal!
Im indischen Viertel gehen wir auf Entdeckungstour und lassen das Leben auf uns wirken. Anika und Katja lieben das indische Essen. Überall ist Musik zu hören, in den Schaufenstern stehen Fernseher, die ununterbrochen Musikvideos zeigen. Die Inder scheinen es überhaupt laut zu mögen. In einigen Läden wird sofort die Musik lauter gedreht, wenn wir hineinkommen. Titus bleibt fasziniert vor den Flimmerkisten stehen und schaut den farbenprächtigen Bollywood-Tänzen zu.
Weit außerhalb von hier liegt der herrlich bunte Schlangentempel, der dem chinesischen Mönch Chor Soo Kong gewidmet ist. Die giftigen Lanzenottern, die im Tempel gezüchtet werden, gelten als seine heiligen Dienerinnen, sie sollen nach der Errichtung des Tempels von allein hergekommen sein. Zuerst sehen wir sie gar nicht, denn sie liegen bewegungslos in zwei Sträuchern links und rechts neben einem Altar, wohl betäubt vom Duft der Räucherstäbchen. Für einen stolzen Preis werden die Schlangen den Touristen zum Fotografieren angeboten. Anika und Titus sind von den trägen Reptilien wenig beeindruckt – da war unser Erlebnis auf Ko Samui, wo sich vor unserem Bungalow eine flinke Schlange vom Baum abseilte, viel spannender.
Ein Mönch drückt uns Räucherstäbchen in die Hand, die wir anzünden sollen. Dann fordert er uns sanft, aber eindringlich auf, eine Spende abzugeben. Das erinnert mich an Robin Hood: Die Reichen müssen an einem Fest teilnehmen und dürfen dafür bezahlen! Kleine, weniger besuchte Tempel sind uns lieber, da geben wir auch freiwillig eine Spende.

Auch wenn das Erlebnis uns eher abgeschreckt hat, brechen wir an einem bedeckten Tag auf zu einem weiteren Tempel, dem buddhistischen Wat Chaiya Mangkalaram. Auf dem Weg dahin springt uns ein heftig gestikulierender Mann entgegen. Er winkt und tut, als würde er fotografieren. Das ist nichts Neues, denke ich, viele wollen uns fotografieren. Also fahren wir weiter. Aber einige hundert Meter weiter ist der Mann wieder da. Er stellt sich als Fotograf des „Star“ vor. Nachdem wir an ihm vorbeigefahren sind, hat er sich schnell ein Moped ausgeliehen und ist uns hinterhergefahren. Geschwind macht er einige Bilder von uns, das Interview ist auch recht kurz. Lustig ist, dass er nicht weiß, dass wir schon einmal in seiner Zeitung waren. Anders als sein Kollege von der „New Straits Times“ schickt er uns die Fotos auf CD und die Zeitung als Belegexemplar. Trotz der Kürze des Interviews steht sein Artikel dem seines Kollegen in nichts nach, und es ist auch nichts verdreht und verfälscht!

Der Mangkalaram-Tempel beherbergt den drittgrößten liegenden Buddha der Welt, er ist 33 Meter lang! Um ihn herum sind, wie wir es schon in Thailand kennengelernt haben, viele kleine Buddha-Figuren angeordnet: Sie stehen oder sitzen, sind golden oder weiß, haben die Hand erhoben oder formen mit Daumen und Zeigefinger ein „mudra". Jede Statue ist einem anderen chinesischen Tierkreiszeichen zugeordnet, hat eine andere Handhaltung und damit auch eine andere Bedeutung. Dem Buddha für Glück und Reichtum spenden wir ein paar Münzen und hoffen, dass er uns hilft. Reichtum kann man vielseitig definieren. In Thailand hat er Anika geholfen, als sie sich gewünscht hat, dass ihre entzündeten Mückenstiche endlich abheilen.
Als ich Katja und die Kinder suche, finde ich sie zusammen mit einigen anderen unter einem Baum sitzen. Sie wurden mit Obst und Wasser beschenkt. Seit langer Zeit gibt es wieder einmal Äpfel! Ehe ich mich zu ihnen setzen kann, werden wir zum Essen eingeladen. Heute ist der fünfzigste Todestag des höchsten Mönches in diesem Kloster, weshalb Menschen aus vielen Teilen Malaysias und Thailands angereist sind. Der verstorbene Mönch war hier wie in Südthailand sehr bedeutend. Sein Leichnam wird dorthin überführt und soll dann alle drei Jahre zwischen den Klöstern in Songkhla und George Town wechseln.
Von der Festtafel ist einiges übriggeblieben und wir dürfen mitessen. Wir nehmen an einem runden Tisch mit rot karierter Plastiktischdecke im Nebenraum Platz, in dessen Mitte eine Drehscheibe mit verschiedenen Speisen steht. In Schüsseln liegen Reis, Bohnen und Kohlgemüse mit verschiedenen Soßen. Das ist eine sehr gute Gelegenheit, die verschiedenen Speisen zu probieren. So ein Festessen wird nirgendwo in den Garküchen angeboten. Alle kümmern sich um uns und reichen uns ständig verschiedene Speisen zum Probieren. Dazu gibt es Wasser und Tee. Eine Frau wundert sich über unsere Begeisterung. „Wir waren einen Monat in Thailand", erklären wir.

Katja
Im Guesthouse erwartet uns eine Überraschung: Eine belgische Familie ist angekommen. Seit drei Monaten sind sie als „Backpacker" unterwegs, nach Sumatra und Thailand folgt jetzt Malaysia, danach soll es nach Nepal gehen. Obwohl sie mit solchen Reisen Erfahrung haben, staunen sie, wie gut alles klappt. Ihre Kinder sind in der zweiten und vierten Klasse und erledigen ihre Schulaufgaben in ruhigen Momenten im Bus, auf Schiffsüberfahrten oder wann immer sich eine Gelegenheit bietet. Es tut so gut, eine andere reisende Familie zu treffen und Erfahrungen auszutauschen! Auch Anika freut sich über eine Spielkameradin, sie hat ein Minipuppenhaus, mit dem sie emsig zusammen spielen. Leider reisen die Belgier nach einer Stadtbesichtigung schon am nächsten Tag weiter.

Schon nach einigen Tagen stresst uns die Stadt wieder. Beim Navigieren durch den dichten Verkehr rutscht Waldemar mit einem Fuß von der Pedale ab und verletzt sich am Schienbein. Die Wunde ist nicht groß, aber sie beginnt schon bald zu eitern. Zudem verliert Titus seine lebenswichtige Nuckelflasche! Aber Titus ist ein guter Traveller, er bekommt eine neue Flasche und ist zufrieden. Auch, wenn sie jedes Mal beim Trinken tropft und er von oben bis unten nass wird, aber das Wasser trocknet bei den Temperaturen ja schnell wieder und bringt so auch noch von außen eine willkommene Erfrischung.

„Unseren" Spielplatz besuchen wir fast täglich, damit die Kinder in der Steinwüste des Zentrums etwas Raum zum Toben haben. Eines Tages finden wir hier ein kleines, schwaches Kätzchen mit verklebten Augen eitriger Nase. Es liegt einfach da, niemand beachtet es. Ein chinesischer Junge tritt einfach drauf, noch bevor Waldemar ihn daran hindern kann Das zählt zu den Situationen, in denen mir das Verstehen schwer fällt. Nach außen wirken die Menschen immer freundlich und zuvorkommend, offene Gewalt ist nicht erwünscht, aber am Tier wird sie ausgelebt? Wer viel unterdrückt, muss ja auch irgendwohin mit seiner Aggression und Wut. Vielleicht ist das ein Ventil, ein Tier kann sich nicht wehren.
Bevor wir gehen, legen wir das Tier an eine geschütztere Stelle unter einen Baum. Am nächsten Tag ist sein Zustand nicht besser. Aus dem Guesthouse holt Waldemar Sojamilch, Wattestäbchen und Gummihandschuhe. Ich versuche, dem Kätzchen den Eiter abzuwaschen und ihm mit einer Spritze etwas Sojamilch einzuflößen. Zuerst kann es nichts damit anfangen, aber dann saugt es doch gierig ein paar Tropfen. Seine Überlebenschancen halte ich trotzdem für sehr gering. Am dritten Tag ist das Kätzchen nicht mehr da, als wir es füttern wollen. Anika ist traurig und ich hoffe sehr, dass es ihm gut geht.

Ankha, Alex und die Babybadewanne

Die Tage vergehen schnell, nun sind wir schon über eine Woche in George Town. Auf dem Spielplatz macht Katja Bekanntschaft mit einer Mongolin. Ankha, deren quirliger, kraushaariger Sohn Marcus genauso alt ist wie Titus, „pendelt" seit drei Jahren mit ihrem australischen Mann per Fahrrad zwischen Malaysia und Thailand. Mit ihrem mongolischen Pass bekommt sie kaum Visa für andere Länder. Zuerst brachen die beiden vor sieben Jahren als Backpacker auf und reisten mit öffentlichen Verkehrsmitteln, dann kamen die Fahrräder dazu. Als in Thailand ihr Sohn auf die Welt kam, baute Alex für ihn eine Plastikwanne mit Sonnenschutz auf den vorderen Gepäckträger. Derzeit fährt der Kleine in einem Rattan-Sitz an Alex' Lenker, wird aber so langsam auch dafür zu groß. Das halten sie für sicherer als einen Anhänger, in dem sie den Kleinen nicht im Blick hätten.

So eine Konstruktion würde in Deutschland nie erlaubt werden, aber den Erfindungsgeist muss ich schon bewundern. Alex' Bastelei zeigt mir nicht nur, dass unsere Anhänger der reinste Luxus sind, sondern dass es in vielen Teilen der Welt eben auch einfacher geht. Tauschen wollen würde ich nicht: Mein Fahrrad ist mir oft genug unbeabsichtigt umgekippt, ein Kind auf dem Lenker wäre dabei einfach herausgepurzelt. Auch Ankha und Alex kennen die Distanzlosigkeit der Thailänder gegenüber ihrem Sohn. Sie müssen bald wieder nach Thailand zurück, weil Ankhas Visum für Malaysia abläuft.

Ich verabrede mich mit den beiden für eine kleine Fahrradtour zum Botanischen Garten. Katja fühlt sich nicht wohl und will „zu Hause" bleiben. Als die beiden uns am Guesthouse abholen, schläft Titus noch. Alex präsentiert uns derweil sein frisch lackiertes und runderneuertes Rad. Die Fahrräder der beiden sind sehr einfach, aber robust. Eben das, was man hierzulande bekommt. Trotzdem oder vielleicht gerade deswegen halten sie schon etliche tausend Kilometer und es gibt fast überall Ersatzteile. Wenn ich an meine Suche nach neuen Ketten denke, bin ich froh, dass ich Katjas Schaltung von neunfach auf achtfach umgebaut habe. Viele Kleinigkeiten hat Alex speziell an ihre Bedürfnisse angepasst: Die Gepäckträger sind modifiziert, an den Lenkern sind Autorückspiegel angebracht und an Alex' Rad ist statt eines Seitenständers ein langer Stock mit einem Gabelende befestigt, den er gegen den Rahmen stützt. Dieser sei auch gut zum Verscheuchen von Hunden, von denen es in Thailand genug gibt, wie wir selbst erlebt haben.
Der Park ist herrlich schattig, es gibt viele Spielgeräte für Kinder und Trimmgeräte für die Erwachsenen. Wir schauen den Chinesen zu, die auf einem 300 Meter langen, gewundenen Fußreflexzonenmassage-Pfad aus verschieden geformten Steinen spazieren. Schon nach wenigen Metern auf den spitzen Steinen gebe ich auf, obwohl wir in Asien oft barfuß laufen. Für Anika kein Problem, sie läuft auf dem Pfad wie auf einem Teppich. Der Grund, wa-

rum wir hergekommen sind, ist aber das kostenlose öffentliche Schwimmbad - oder eher ein Springbrunnen. Während die Kinder in dem großen Becken planschen, haben wir die Gelegenheit, uns zu unterhalten - wenn wir nicht gerade den kleinen Marcus retten müssen, der von Anika getaucht wurde. Es ist nicht einfach, die ganze Zeit Konversation auf Englisch zu machen. Ankhas mongolischer Akzent macht mir zusätzliche Schwierigkeiten. Sie und Alex sind schon ein eigenartiges Paar. Allein ihre Herkunftsländer könnten nicht gegensätzlicher sein. Was sie verbindet, ist das Reisen. Alex wirkt auf mich etwas rastlos, er will nicht sesshaft werden und plant für das nächste Jahr schon eine Tour durch Australien. Ankha, obwohl aus einer Nomadenkultur stammend, sieht das anders: Als Mutter möchte sie irgendwann einen festen Platz zum Leben finden, wo Marcus feste Freunde haben kann. Alex rät mir, wo wir in Kuala Lumpur günstig übernachten können und natürlich, wo wir einen Fahrradladen finden. Dort soll es nur sehr wenige geben, dafür sind sie hier in George Town reichlich vorhanden. Also gehen wir auf Nummer sicher und kaufen uns zwei Fahrradhelme für Neuseeland, wo Helmpflicht herrscht. Von den 150 RM, die wir dafür bezahlen, leben Ankha und Alex fast einen ganzen Monat! Bei Alex' Erzählungen spüre ich, wie die Begriffe „cheap" und „expensive" zum Inhalt seines Lebens geworden sind. Sogar für uns, die auf dieser Reise möglichst wenig ausgeben wollen - man könnte mich durchaus als geizig bezeichnen -, scheint das extrem. Als sie erzählen, dass sie einen Reiskocher dabei haben, taucht bei mir automatisch das Bild umherziehender Nomaden auf, die ihren Herd auf dem Kamel transportieren. Ein Reiskocher auf dem Fahrrad? Das kann ich nicht glauben! Der ist doch viel zu schwer, um damit beweglich zu sein? Mit elektrischen Geräten lässt sich Brennstoff für den Benzinkocher sparen und Strom muss man in den Hotels nicht extra bezahlen. Alex fand ihn im Straßengraben, wie andere Dinge, die er dann repariert und verkauft. So kann er noch mehr Geld sparen. Auch auf einen Ventilator im Zimmer verzichten die beiden, wenn dafür der Preis niedriger ist. Immerhin bringt uns das auf die Idee, einen kleinen Tauchsieder zu kaufen, damit könnten wir auch Brennstoff sparen. Wenn wir unsere Art des Reisens mit der von „normalen" Touristen vergleichen, dann leben wir sehr günstig. Für viele hier ist es selbstverständlich, täglich essen zu gehen und verschiedene Dienstleistungen wie Wäscheservice usw. in Anspruch zu nehmen. Wir kaufen, wenn möglich, auf dem Markt ein und kochen selbst. Fahrradfahren kostet nichts außer Muskelschmalz und Schweiß. Die Unterkünfte und das Wasser machen den größten Teil unserer Ausgaben aus. Wir reisen aber auch nur für ein Jahr und haben ein festes Budget. Im Vergleich mit Alex und Ankha geben wir Unmengen von Geld aus. Ich könnte nicht so wie die beiden reisen. Keinen festen Punkt zu haben, zu dem man zurückkehren kann, ist eine verwirrende Vorstellung.

Katja
Obwohl Titus im Gegensatz zu Anika gegenüber anderen Kindern eher zurückhaltend ist, hat er in den letzten Tagen doch langsam einen Draht zu Marcus gefunden. Es tat gut zu sehen, wie ausgelassen die beiden zusammen herumgetobt sind. Jetzt setzt sich Marcus zu Titus in den Anhänger. Auch für ihn war es gut, ein gleichaltriges Kind zu treffen. Wir verabschieden uns von den dreien und als wir losfahren, weint er. Auch in mir steigt Traurigkeit auf: In den wenigen Tagen sind wir alle Freunde geworden. Die Definition von Freundschaft ist unterwegs ein wenig anders als zu Hause: Freundschaft entsteht hier durch Dinge, die einen verbinden, und nicht durch Dauer. Den letzten Abend auf Penang verbringen wir bei unserem Lieblings-Inder. Nach den vielen Gesprächen mit Alex kommt es uns vor, als würden wir im Luxus leben. Zu spät fällt uns ein, dass wir die drei hätten einladen können.
Der Abschied am nächsten Tag fällt uns schwer. Es war schön, Ankha und Alex getroffen zu haben, da sind wir uns einig. Ich denke, umgekehrt ist es auch so. Wir haben uns im Januar in Melaka verabredet.

Busfahrt mit Hindernissen

Weiter mit dem Rad zu fahren, wäre schön, aber die Westküste von Penang soll nicht allzu attraktiv sein und wir müssen ja nach Kuala Lumpur, wo bald unser Flug nach Neuseeland geht. Alex und Ankha kennen sich aus und empfahlen uns die Route über die Autobahn. Die nehmen wir auch, aber mit dem Bus. An der Abfahrtstation haben wir noch genug Zeit, um die Fahrräder und Anhänger klein zu machen. Eine wartende Frau macht sich Gedanken um unser Gepäck. Ich verstehe sie nicht genau, aber sie zeigt auf das Gepäck und ihr Begleiter fragt uns, ob wir dafür extra bezahlen mussten. Nein, nach den guten Erfahrungen mit dieser Buslinie in Hat Yai wissen wir, dass wir nichts dafür bezahlen müssen. Die Fahrkartenverkäufe-

rin hier in George Town hat uns das bestätigt. Wir warten weiter, während der freundliche Begleiter unseren Kindern zwei Schlüsselanhänger mit chinesischen Zeichen einer Versicherung und eine Perlenkette schenkt. Als der Bus endlich kommt, öffnet er für uns die Kofferraumklappen und hilft uns, die Fahrräder einzuladen. Der Mann zeigt auf den Busfahrer und treibt uns an - weiß er etwas, was wir noch nicht wissen?
Unsere Sachen sind verstaut, die Passagiere warten auf die Abfahrt. Doch es tut sich nichts. Unruhe macht sich unter den Reisenden breit. Der Busfahrer diskutiert draußen laut und heftig gestikulierend mit der Fahrkartenverkäuferin. Es dauert nicht lange und sie kommt auf uns zu. „Der Busfahrer weigert sich, die Fahrräder mitzunehmen", erklärt sie. Wir bitten um eine Erklärung, doch die bekommen wir nicht. Der Busfahrer will anscheinend nicht von seinem Standpunkt abrücken.
Die Fahrkartenverkäuferin macht uns den Vorschlag, einen späteren Bus zu nehmen, der wäre komfortabler. Doch das sehen wir nicht ein. Der Bus ist nicht voll und der Platz im Kofferraum nicht ausgeschöpft. Die Diskussionen draußen gehen weiter. Inzwischen zeigen auch die Passagiere ihren Unmut. Sie sind auf unserer Seite. Wir verstehen nicht, dass ein Angestellter sich einfach so weigern kann, seinen Dienst zu tun. Gibt es vielleicht eine Vorschrift, die verbietet, Fahrräder im Bus mitzunehmen? Niemand weiß es. Wir packen das Gepäck noch etwas kompakter, so dass fast ein ganzes Kofferraumabteil frei bleibt. Schließlich können wir im Bus bleiben. Dafür soll der Busfahrer ausgewechselt werden. Das finde ich einfach unglaublich! Ich fotografiere für alle Fälle das Nummernschild des Busses und auch den Busfahrer, der daraufhin seine Hose runterziehen will, zumindest deutet er es an. Ich bin ziemlich sauer - er auch. Die Fahrkartenverkäuferin entschuldigt sich wortreich für sein Verhalten und bittet uns, es nicht weiterzuerzählen.
Nach mehr als einer halben Stunde Verzögerung fährt der Bus endlich los; mit dem gleichen Busfahrer. Die Fahrgäste, die nach einigen Kilometern zusteigen, sind über die Verspätung entrüstet. Wenig später fährt der Bus von der Autobahn ab und hält an einer Polizeistation. Der Busfahrer und sein Gehilfe verschwinden kommentarlos hinter den Glastüren. Ich vermute, dass der Fahrer sich bei der Polizei erkundigt, ob Fahrräder transportiert werden dürfen. Eine Welle der Empörung geht durch die Sitzreihen!

Diese Unterbrechung dauert noch einmal eine halbe Stunde. Die Fahrgäste protestieren, weil so viel Aufregung wegen zwei Fahrrädern gemacht wird. „So behandelt man keine Ausländer!", regt sich eine ältere Malaiin auf. „Was sollen sie nur von unserem Land denken?" Zum Trost schenkt uns eine chinesische Sitznachbarin eine Tüte „keropok" (Krabbenchips) und Früchte. Aber der Ärger hat uns die Stimmung gründlich verdorben. Hätten wir vielleicht doch aussteigen und einen anderen Bus nehmen sollen?

Haben wir aus Unverständnis der malaiischen Kultur etwas getan, was wir nicht hätten tun dürfen? Wir wissen es nicht und werden es wahrscheinlich nie erfahren. Nichts passiert, der Bus fährt weiter.
Drei Stunden später kommen wir in Kuala Lumpur an, der Hauptstadt Malaysias. Irgendwie habe ich mir die Millionenstadt größer vorgestellt: mit kilometerlangen Vorstädten und Verkehrschaos. Stattdessen kommen wir wenige Minuten, nachdem wir von der Autobahn abgefahren sind, am alten Bahnhof an. Als ich den Fahrer bitte, einen Meter vorzufahren, damit wir den Kofferraum öffnen können, der von einer Laterne versperrt wird, tut er, als ob nichts geschehen wäre und ist sehr freundlich. Ich hätte ihn nicht fotografieren sollen, das ist mir jetzt klar. Damit hat er sein Gesicht verloren. Mit einer Erklärung seinerseits wäre alles nicht so schlimm gewesen, aber hierin liegt vielleicht gerade mein Fehler: Eine Erklärung zu erwarten, das ist typisch europäisch. Etwas hinnehmen, ohne eine Erklärung zu erwarten, das ist asiatisch.

Auf der fast leeren mehrspurigen Straße rollen wir in Richtung Chinatown. Beim Blick nach oben sehen wir riesige Hochhäuser. Kuala Lumpur wirkt wie viele andere malaysische Städte: eine Nummer zu groß gebaut und etwas protzig. In Chinatown ist es bald vorbei mit der Ruhe, uns strömt das pralle Leben entgegen. Hier sind die Straßen enger, die Busse stinken, der Verkehr ist dicht und laut. Radfahren macht so keinen Spaß. Die Gasthäuser und Hotels sind teuer und heruntergekommen oder zu klein für uns. Das wie ein „Schwesternwohnheim" wirkende YWCA-Haus wäre eine Alternative zu den üblichen Backpacker-Unterkünften und bietet Kontakte zu Einheimischen, aber für 60 RM ist uns das muffige Zweibettzimmer zu klein und zu teuer. Nein, wir suchen lieber etwas außerhalb eine Unterkunft. Katja und Anika schauen sich einige Räume an, während der nörgelnde Titus und ich draußen bei den Fahrrädern warten. Die vorbeidonnernden Busse sind so laut, dass Titus sich die Ohren zuhält und wir uns hinter einer Säule verstecken. Er hat schon lange genug: Erst die lange Busfahrt, dann die Suche nach dem richtigen Viertel strapazieren seine Geduld. Zur Ablenkung zählen wir die Busse und die „teksis": Die malaysische Sprache enthält viele englische Elemente, die so geschrieben werden, wie man sie spricht. Als Katja und Anika zurückkommen, ohne ein Quartier gefunden zu haben, können wir Titus nur noch damit zum Weiterfahren motivieren, dass er im Hotel auf den Betten hüpfen darf.
Ein Mann mit Beinprothese, der mir erzählt, er wolle im Rollstuhl Malaysia umrunden, hat eine Guesthouse-Empfehlung für uns und will uns gleich hinbringen. Das heißt, er fährt in Anikas Anhänger mit, denn er kann nicht so gut laufen. Auch das noch: Durch die Vermittlung wird das Zimmer bestimmt teurer. Tatsächlich sind 40 RM recht viel, doch nicht ungewöhnlich

für KL. Der hektische Manager stellt sich als „Rocky" vor. Er ist ganz in Schwarz gekleidet und hat Gel in den Haaren, sehr ungewöhnlich für einen Inder. Das Haus ist aber in Ordnung und sein Manager, wie sich später herausstellt, auch. Der Raum ist klein. Sehr klein. Ein französisches Doppelbett und ein Einzelbett passen gerade hinein. Das Gestell des Einzelbetts stellen wir kurzerhand hochkant und nutzen es als Handtuchhalter, die Matratze lehnen wir an die Wand und die des Doppelbetts legen wir auf den Boden. So bekommen wir eine zimmerbreite Liegefläche, die Titus leider vor Müdigkeit nicht mehr zum Hüpfen nutzen kann. Auch wir sind müde und wollen nur noch schlafen. Vielleicht suchen wir uns morgen etwas anderes ...

Katja
Nein, tun wir nicht. Uns fehlt einfach die Kraft. Nach der heißen Busfahrt und dem ganzen Ärger sind meine Mückenstiche und Waldemars Fahrradverletzung wieder voller Eiter. Wir fühlen uns so schlapp, dass wir nur eine Runde um den Block gehen, um uns gleich darauf wieder aufs Bett zu legen. Mittagspause. Vielleicht kommt es mir nur so vor, aber das Wetter hier ist drückender. Erst am Nachmittag holen wir etwas zum Essen und Trinken. Der folgende Tag ist auch nicht besser. Ich gebe Waldemar das Antibiotikum, das ich in Thailand bekommen habe. Er dämmert nur vor sich hin. Zum Glück sind die Kinder friedlich und beschäftigen sich im Zimmer selbst.

Erst am dritten Tag schaffen wir es in den KLCC Park hinter den berühmten Petronas Towers. Zwischen den vielen Hochhäusern erscheint das höchste Gebäude der Welt gar nicht so groß. Mit den Rädern durch die Stadt zu fahren, ist kein Vergnügen, die Luft ist sehr schlecht, sie brennt in der Lunge. Mit den Anhängern können wir nur auf den mehrspurigen, krachend lauten Autostraßen fahren. Kurz vor dem Park halten wir vor einer lustigen, hochmodernen Ampel:

Das grüne Ampelmännchen für die Fußgänger bewegt sich! 17 Sekunden lang rennt es regelrecht, danach bleibt es stehen, wird rot und gibt das Startzeichen für die Autolawine, die uns mitzieht.
Als wir endlich mit den Fahrrädern in den Park hineinfahren, jagt uns ein Sicherheitsangestellter gleich wieder hinaus. Es sind keine Fahrzeuge auf dem Gelände erlaubt! Alles hat hier seine Ordnung und wird streng überwacht. An jeder Ecke steht ein Sicherheitsangestellter oder eine Sicherheitsangestellte mit einem Knüppel, im Einkaufszentrum der Twin Towers tragen sie sogar Gewehre. Dieses Gelände ist ein Vorzeigeobjekt Malaysias, fast 2.000 endemische Bäume und 66 Palmenarten wurden hier von einem Star-Architekten angepflanzt, um die Vielfalt der malaysischen Natur zu präsentieren und auch zu erhalten. Sehr natürlich sieht es hier nicht aus; ständig werden Blätter aus den Teichen gefischt, alles ist pieksauber und in einem tadellosen Zustand. Neben einem riesigen tollen, aber unübersichtlichen Spielplatz, auf dem wir ständig nervös auf unsere Kinder achten müssen, gibt es mehrere Wasserbecken mit Wasserfällen und Fontänen. Ein Riesenspaß für Kinder! Als Titus ohne Windel ins Wasser geht, pfeift allerdings schon wieder eine Sicherheitsangestellte. Unbekleidet baden ist nicht erlaubt, auch nicht für Kinder.

Die Tage in KL vergehen schnell. In Gedanken sind wir schon in Neuseeland und können es kaum erwarten, die dreckige, laute und stickige Großstadt hinter uns zu lassen. „Rocky" macht uns für das Minizimmer einen besseren Preis und so entscheiden wir uns, nicht mehr umzuziehen. Heute bekommt Anika ihre lang ersehnte Nina wieder! Sie hat sie so vermisst. Bis sie die geliebte Puppe in ihren Armen halten konnte, vergingen fast vier Monate, denn das Päckchen aus Deutschland kam in Kota Bharu einige Tage zu spät an. Über einen Nachsendeantrag wurde Nina zu Meng, einem Journalisten der Zeitung „Star" geschickt, der uns in Kuala Terengganu interviewt hatte und in Kuala Lumpur lebt. Meng hat jetzt endlich etwas Zeit gefunden und bringt uns Nina zur Herberge in der Jalan Pudu. Die Freude ist riesengroß. Anika drückt Nina in ihre Arme und lässt sie nicht mehr los. Ab jetzt muss die große Puppe überallhin mit.

Kuala Lumpur ist generell teuer. Verglichen mit der Ostküste Malaysias, sogar sehr teuer. Obst und Gemüse finden wir nur abgepackt in Supermärkten. Aber irgendwie müssen sich die Menschen hier doch versorgen? Nicht alle sind schließlich so gut betucht wie die Shopper im schicken KLCC-Einkaufszentrum. Nach einigen Kilometern Fahrt durch Abgaswolken finden wir einen Markt, wie wir ihn kennen, mit Gemüse und anderen bezahlbaren Dingen. Hierhin verirrt sich kein Tourist. Der Boden ist matschig, denn die Fische werden ständig mit Wasser begossen, um sie frisch zu halten. Meine Flipflops bleiben immer wieder im Matsch kleben, um dann mit einem

lauten Plopp und einem kräftigen Schlammspritzer auf meinen Rücken aus dem Dreck herauszuschnellen. Jetzt weiß ich, woher der Name Flipflop kommt.
Bevor wir nach Neuseeland fliegen, müssen wir noch einiges erledigen: warme Sachen kaufen, eine Bahnverbindung zum Internationalen Flughafen KLIA herausfinden und bei Malaysian Airlines nach den Flugdaten fragen. Der größte Bahnhof Südostasiens, „Stesien Sentral", liegt etwas außerhalb und ist so brandneu, dass er eher an einen Flughafen erinnert. Der Gedanke ist gar nicht so abwegig, denn er ist praktisch die Verlängerung des Flughafens, der 50 Kilometer außerhalb liegt. An den Check-in-Schaltern der Fluggesellschaften kann gleich das Gepäck aufgegeben werden. „KLIA Ekspres", die Bahnlinie zum Flughafen, mit der man die Fahrtzeit von über einer Stunde auf 28 Minuten verkürzt, ist speziell dafür gebaut worden.
Vor dem Bahnhof ist Parken, auch für Fahrräder, strengstens verboten. Da aber die Wächter von uns in der Zeitung gelesen haben, machen sie eine Ausnahme. Der Transport der Fahrräder zum Flughafen stellt sich allerdings als unmöglich heraus. Die Vorzeigebahn zum Flughafen in der malaysischen Vorzeigestadt nimmt aus Sicherheitsgründen keine Fahrräder mit! Vorschriften sind Vorschriften, da können wir nichts machen. Sogar für Rollstühle braucht man eine Sondergenehmigung. Der Bahnangestellte erklärt es uns freundlich und gibt uns die Telefonnummern von einigen Transportunternehmen. Er ruft sogar selbst an und erkundigt sich nach ihren Preisen. Diese sind wie erwartet hoch. Auf ein Fahrrad sind in Malaysia halt nur arme Leute angewiesen, als Sportgerät hat es sich noch nicht etabliert. Deshalb ist der Radtransport in der Bahn schlichtweg nicht vorgesehen. Wir müssen wohl nach einem Kleinbus suchen. Gut, dass wir vorher gefragt haben!

Auch die Suche nach Fahrradketten und Schutzblechen, die wir in Neuseeland bestimmt brauchen werden, ist mühsam. Erst sehr weit draußen finde ich zwei Möbelläden, die Fahrradteile führen. Gute Ketten gibt es hier nicht, aber immerhin Dynamohalter und Schutzbleche. Auf dem Rückweg stelle ich fest, dass Alex sich getäuscht hat: Es gibt doch Fahrradläden in KL. Etwas versteckt hinter einer Brücke betreibt ein Trainer der malaysischen Fahrrad-Nationalmannschaft ein sehr gut bestücktes Geschäft. Hier gibt es zwar alles und auch für die edelsten Rennmaschinen, aber die Preise sind europäisch. Dann kann ich die Ketten auch in Neuseeland kaufen und das Gewicht im Fluggepäck sparen.
Den letzten Vormittag in KL verbringe ich damit, die Anhänger zu zerlegen und in eine Transporttasche zu packen. Um die Fahrräder für den Flug zu präparieren, schraube ich die Pedalen und die Frontscheinwerfer ab und wickle Bremshebel und Schaltungen in Packpapier. Während Titus schläft, malt Anika auf dem übriggebliebenen Packpapier ein Flugzeug für den net-

ten Nepalesen an der Rezeption. Sobald die Kinder in der kleinen Halle der Rezeption auftauchen, schaltet er ohne Rücksicht auf die anderen Gäste den ewig laufenden Fernseher auf ein Kinderprogramm um. Dafür bekommt er jetzt das gemalte Flugzeug.
Noch schnell eine letzte Mahlzeit beim Inder, und schon ist unser Fahrer da. Der uralte Minibus hat offensichtlich schon einige Konflikte mit anderen Verkehrsteilnehmern erlebt. Hoffentlich geht das gut! Schon nach einigen Kilometern bleiben wir stehen, es gab einen Kurzschluss. Der Fahrer kennt wohl das Problem und greift sofort zu einer neuen Sicherung. Als das nichts bringt, schlägt er mit einem schweren Werkzeug auf die Batteriepole, um Kontakt herzustellen. Vergebens. Die Batterie ist leer. „No problem, please wait!", schon tippt er hektisch auf die Tasten seines Handys. Der Verkehr wird immer dichter, bald werden die Straßen komplett verstopft sein.
Doch Hilfe kommt: Der Guesthouse-Mitarbeiter, der uns den Bus besorgt hat, eilt herbei und bald darauf ein weiterer Inder. Nach einem kurzen, aber heftigen Wortwechsel mit viel Fuchteln fährt der Mann auf seinem Moped wieder weg, um nach einer halben Stunde mit einer neuen Batterie auf dem Gepäckträger wiederzukommen. Wir können endlich weiter, noch bevor die Straßen ganz dicht sind. Statt der vereinbarten 100 RM will der Fahrer nach dem Ausladen nun 150 RM haben, so viel habe die neue Batterie gekostet. Nichts da, er bekommt 100 RM wie vereinbart.

„Kuala Lumpur International Airport" kennen wir ja bereits; obwohl er einer der größten der Welt ist, wirkt er auch heute sehr übersichtlich. Unser Gepäck wird gewogen, drei gelangweilte Angestellte übernehmen die Fahrräder und die Anhängertasche. Der Angestellte am Sperrgepäckschalter schaut die Tasche skeptisch an. „Bicycle?", schaut er misstrauisch hinter seinem Bildschirm hervor. Als auf dem Monitor ein Gewirr von Rohren und Speichenrädern erscheint, ist er beruhigt. Die anderen begleiten uns noch in lässigem Schritt zur Passkontrolle.

Katja

Bis zum Abflug ist noch ein wenig Zeit. Anika hat plötzlich hohes Fieber bekommen, sie klagt über Bauchschmerzen und weint. Das kennen wir schon von anderen Reisen: Sie ist traurig, dass wir Malaysia verlassen. Es hat ihr hier gut gefallen. Vor allem dort, „wo die graue Katze war". Sie meint Kota Bharu. Titus dagegen freut sich, als er die Flugzeuge auf der Rollbahn sieht. Es kann ihm nicht schnell genug gehen, hineinzukommen. Nachdem ich ihm erklärt habe, dass das Flugzeug noch gereinigt wird, fragt er ständig nach, ob es schon sauber ist. Anika sitzt still und in sich gekehrt mit Nina auf einer Bank. Zusammen mit anderen Familien dürfen wir zuerst einsteigen. Die wenigen freien Plätze werden sehr schnell von einigen älteren Neuseeländern besetzt.

So haben wir keine Chance auf etwas Platz für die Kinder zum Schlafen. Fliegen ist für Titus scheinbar schon Routine, er holt gleich die Fernbedienung aus der Armlehne und will eine Kindersendung ansehen. Dass die Kopfhörer noch nicht da sind, stört ihn nicht. Erstaunlich, wie er sich noch an den letzten Flug, seinen ersten, erinnern kann. Anika schläft fast den ganzen Flug über. Diesmal stellt Waldemar seine Uhr direkt um - auf neuseeländische Zeit, damit wir weniger Probleme mit der Zeitumstellung haben. Merkwürdig: Meine Uhr ist schon zu Anfang der Reise stehengeblieben, sogar Waldemars Solaruhr verweigerte zwischendurch immer wieder den Dienst. Es war so, als ob in den letzten Monaten für uns die Zeit stehengeblieben wäre.

Jetzt beginnt ein neuer Abschnitt und bis auf Anika sind wir alle sehr gespannt. Immer, wenn wir in den letzten Wochen die Nase voll hatten oder ich mit Sorge auf unsere entzündeten Mückenstiche geschaut habe, war Neuseeland ein hoffnungsvolles Licht am Horizont. Ohne die tropisch feuchte Hitze haben sie endlich eine Chance abzuheilen! Allerdings war der Wetterbericht der letzten Tage, den wir im Internetcafé gesehen haben, nicht sehr erwärmend. Der Frühling scheint in Neuseeland noch nicht so richtig angekommen zu sein! Zum Glück haben wir ja neue Fleece-Sachen in Malaysia gekauft und viele warme Dinge schon vorausgeschickt. Das wird wohl so sein wie bei uns im Frühling, eine Jahreszeit, die ich sehr mag. Neuseeland muss es einfach toll werden, wir haben uns schon so lange darauf gefreut! Und danach warten noch mal mehrere Monate in Asien auf uns. Ich bin so zufrieden, ich könnte die ganze Zeit grinsen.

Neuseeland

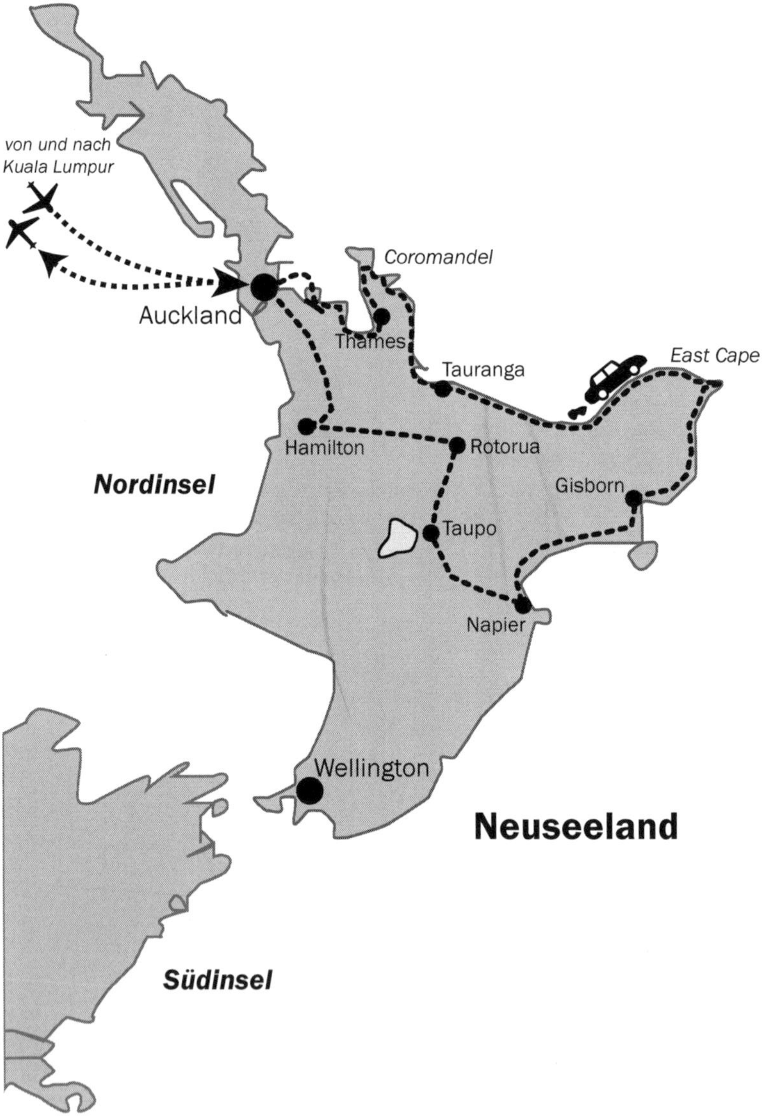
von und nach
Kuala Lumpur
Coromandel
Auckland
Thames
Tauranga
East Cape
Hamilton
Rotorua
Nordinsel
Gisborn
Taupo
Napier
Wellington
Neuseeland
Südinsel

Frostige Begrüßung

Am Flughafen in Auckland werden unsere Pässe sehr sorgfältig kontrolliert. Vor dem Transportband warten nicht nur die Fluggäste auf das Gepäck, auch Zollbeamte und ihre Hunde interessieren sich dafür. Die ankommenden Gepäckstücke werden gleich von den niedlichen weiß-braunen Beagles beschnüffelt. Sie suchen aber nicht nach Drogen, sondern nach Lebensmitteln. Um die einheimische Tier- und Pflanzenwelt zu schützen, sind die Einfuhrbestimmung in Neuseeland sehr streng. Keine Lebensmittel, keine pflanzlichen oder tierischen Teile dürfen mitgebracht werden. Schuhsohlen, Campingausrüstungen etc. werden strikt auf Erde, Samen oder Krabbeltiere kontrolliert. „Biosecurity" nehmen die Neuseeländer offenbar sehr ernst.
Auch als ich die Anhänger und Fahrräder zusammenschraube, kommen Kontrolleure vorbei. Einer der Beagles bleibt sogar bellend vor meinem Rucksack stehen. Huch! Lebensmittel sind nicht drin, aber ich erinnere mich, dass ich vor einigen Tagen Blüten aus dem botanischen Garten in Kuala Lumpur hineingelegt hatte. Ist es das, was der Hund riecht? Auf jeden Fall muss ich meinen Rucksack öffnen und den Inhalt zeigen. Uff! Es war nichts drin. An den Gepäcktaschen, wo ich doch etwas „heiße Ware" versteckt habe, ist man allerdings nicht interessiert.

Durch die frühzeitige Abtrennung Neuseelands von Gondwana, zu dem auch das heutige Australien und die Antarktis gehörten, entwickelte sich hier über 80 Millionen Jahre eine eigene Pflanzen- und Tierwelt. So gab es bis auf ein paar Fledermäuse keine Landsäugetiere, dafür aber viele Vögel, die mangels natürlicher Feinde zum Teil sogar das Fliegen verlernten. Aus anderen Erdteilen eingeschleppte Pflanzen und Tiere haben dieses empfindliche Ökosystem schon stark zerstört. Europäische Marder, Füchse und verwilderte Hunde haben zum Beispiel die am Boden lebenden Kiwis und Kakapos so stark dezimiert, dass sie heute vom Aussterben bedroht sind. „Possums" (nicht: Opossums!), die zur Pelzzucht aus Australien eingeführt wurden, haben sich zur Nationalplage entwickelt. Die Jagd auf die pelzigen Beuteltiere ist in Neuseeland zum Volkssport geworden. Eine Zeitlang gab es ein „Kopfgeld" für jedes getötete Tier, überfahrene Tiere werden spöttisch „possum pizza" genannt.
Anika und Titus bekommen von anderen Passagieren Milch geschenkt. Andere empfehlen uns im Gegenteil, unser mitgebrachtes Essen bereits hier wegzuwerfen. Das tun wir auf jeden Fall mit der Milch – die mögen nämlich weder Anika noch Titus. Bei der Kontrolle sei es zu spät, da könnten uns hohe Geldstrafen erwarten! Aber wenn die Hunde den Tee und die Nudeln nicht gerochen haben, dann tun es die Zöllner auch nicht, beruhige ich Katja. So ist es auch. Die Panik war umsonst, eingeschweißte Lebensmittel beanstandet niemand. Auf die Fahrräder wird nur ein flüchtiger Blick ge-

worfen, die haben wir vorher gut geputzt. Das „neue“ Zelt wird auch nicht kontrolliert, nur die Gepäcktaschen müssen wir noch einmal abnehmen und durchleuchten lassen. Nichts Verdächtiges wird entdeckt.

Katja

Mensch, was habe ich geschwitzt! Da stand der große Container mit der Aufforderung, alles hineinzuwerfen, was nicht eingeführt werden darf. Wir standen davor in der Warteschlange und diskutierten leise, aber heftig. Waldemar will sich ja nie an irgendwelche Auflagen halten und so blieben einige eingepackte Lebensmittel, die er für „ungefährlich“ hält, im Gepäck. Das Zelt hatten wir in Malaysia nicht noch einmal extra gereinigt, aber es wurde von Waldemar kurzerhand als „neu“ deklariert und passierte die Kontrolle. Während Waldemar die Gepäcktaschen wieder zusammenpackt, schaue ich zu, wie einigen Reisenden recht grob undeklarierte Lebensmittel abgenommen werden und wie man penibel ihre Wanderschuhe untersucht. Die Neuseeländer sind nicht zimperlich, wenn es um ihre Umwelt geht!

Draußen vor dem Flughafen schwitzt keiner mehr – es ist verdammt kalt und ziemlich windig! Die Wolken jagen über den tiefblauen Himmel, die Sonnenstrahlen schaffen es nicht, die Luft auf mehr als 15° Celsius zu erwärmen. Titus schläft zum Glück im Anhänger, Anika zieht sich gleich zwei Hosen übereinander an. Bis ins Zentrum von Auckland sind es etwa 20 Kilometer. Dahin zu radeln, macht mir nichts aus, Katja sieht das aber anders und auch Anika ist nicht begeistert.
Also lasse ich mich überzeugen, eines der in einer langen Schlange wartenden Taxis zu nehmen. Die meisten dieser Minibusse haben Anhänger, in die unsere Fahrräder und Anhänger problemlos hineinpassen würden. Die Fahrer sind allerdings skeptisch. Für die Fahrt ins Stadtzentrum verlangen sie 65 NZ-Dollar, über 30 Euro. Das ist viel, nicht nur nach Malaysia. Handeln ist hier unmöglich, mein Versuch erntet Spott: „Ihr könnt ja die Autobahn nehmen!“, „Sind diese Anhänger überhaupt erlaubt in Neuseeland?“ oder „Wisst ihr, dass Neuseeland bergig ist und dass gerade Winter herrscht?“ Ich entgegne selbstbewusst, dass wir bereits seit fast fünf Monaten mit dem Fahrrad reisen und einiges gewohnt seien. „Haha, Neuseeland ist aber nicht Asien! Hier gibt es Regeln, und unsere Berge sind auch etwas anderes. Überhaupt ist es zu gefährlich und Babytransport ist nicht erlaubt.“ Wir fügen uns und nehmen den Kleinbus eines Kollegen. In dessen Anhänger würde sogar ein Pferd hineinpassen.
Die Landschaft draußen erinnert mich stark an Schottland: endlose grüne Wellen mit einzelnen kahlen Bäumen, alles sehr ordentlich. Auckland wirkt, obwohl es die größte Stadt im ganzen Pazifikraum ist, gar nicht wie eine Großstadt. Nach Kuala Lumpur kommt es mir eher vor wie ein großes Dorf.

Außer im kleinen Stadtzentrum dominieren einstöckige hölzerne Einfamilienhäuser das Stadtbild. Hier sind wir wirklich am Ende der Welt. Der Verkehr wirkt nicht anders als in Europa – bis auf die Kleinigkeit, dass man hier auf der linken Straßenseite fährt, was für uns aber inzwischen ganz normal ist. Der Weg ist allerdings wirklich ziemlich hügelig. Ich bin nun doch froh, dass wir in diesem Bus sitzen, obwohl mir das viele Geld weh tut.

Wenige Minuten später stehen wir mit einem Berg Gepäck und den Fahrrädern vor einem gemütlichen, im viktorianischen Stil erbauten Holzhaus. Ein günstiges Hostel zu finden, war gar nicht so einfach: Die meisten sind für allein reisende Backpacker gedacht und nehmen keine Familien auf. Da auf ihre E-Mail-Anfragen von Malaysia aus noch nicht einmal Antworten kamen, musste Katja jetzt am Flughafen lange herumtelefonieren. Die Geschäftsführer des „Georgia Parkside Backpackers" sind Asiaten, deshalb wahrscheinlich die Kinderfreundlichkeit.
Die geräumige Villa hat ein besonderes Flair: Wenn die Sonne durch das bunte Glasfenster im Treppenhaus scheint, fängt die Landschaft aus bunten Scheiben an zu leben. Von der Veranda schaut man auf die „Auckland Domain", einen öffentlichen Park, wo die ersten Gänseblümchen ihre Köpfe durch das satte Grün stecken. Wir bekommen ein schönes achteckiges Zimmer mit drei Stockbetten. Der Preis ist erneut heftig: 60 Kiwi-Dollar! Das ist hier aber normal, ein Zweibettzimmer kostet das Gleiche. In den neuseeländischen Hostels wird pro Person bezahlt, nicht wie in Asien pro Zimmer. Das ist natürlich ungünstig für Familien. Also nehmen wir das große Zimmer und zahlen mit Rabatt 55 NZ-Dollar.
Das Klavier im Salon will Anika sofort ausprobieren; ein anderer Gast ist davon wenig begeistert und klappt kommentarlos den Deckel zu. Später spielt er selbst darauf eine traurige Melodie. Andere Gäste sind freundlicher, vor allem die vielen Japaner. Ein etwa 60 Jahre alter Mann, der kaum Englisch spricht, bereist das Land wie wir mit dem Fahrrad. Seine Ausrüstung ist spartanisch: Die Gepäckträger sind mit Holzleisten verstärkt, einfache Umhängetaschen dienen ihm als Radtaschen, seine Schlafmatte besteht aus einer Pappe. Ich habe Zweifel, dass er das bei dem Wetter schaffen wird, aber er wirkt sehr zäh. Sein windgegerbtes Gesicht zeigt, dass er mit den Elementen vertraut ist.
Wir sind hundemüde und hungrig, erst einmal müssen die mitgebrachten Nudeln ohne alles reichen. Mit lästigen, aber hier sehr nützlichen Dingen wie Socken, Schuhen und Fleece-Jacken ziehen wir später los, um in der Stadt etwas Wohlschmeckenderes zu finden. Das ist gar nicht so einfach. In der Nähe des Hostels finden wir keinen einzigen Imbiss und auch sonst nur kleine Tante-Emma-Läden, die „Superette" genannt werden. Die günstigeren großen Supermärkte liegen in den Vororten und sind nur mit dem Auto

erreichbar. Brot kaufen wir schließlich notgedrungen in einer Tankstelle, dazu gibt immerhin es ein Geschenk: zwei Gläser mit einem Farnblatt, dem Emblem der neuseeländischen Rugby-Nationalmannschaft „All Blacks“. Als wir im Dunkeln zurückgehen, fängt es heftig an zu regnen. „Oh je, wie sollen wir hier nur Fahrrad fahren?“

Der nächste Morgen ist sonnig. Wir können uns nicht entscheiden: Es ist nicht kalt, aber auch nicht warm. Die Neuseeländer sind sich auch nicht einig: Manche laufen in kurzen Hosen und T-Shirts herum, andere wiederum in Felljacken. Unser Lieblingsplatz wird die Wohnküche des Hostels, hier steht ein alter Holzherd. Leider wird er nicht mehr benutzt, das zugige Haus hat auch sonst keine Heizung. Bei 15° Celsius Außentemperatur ist es drinnen recht kühl. In unserem Zimmer erwärmt ein elektrischer Radiator nur dürftig die Luft, die uralten Sicherungen fliegen oft raus und dann stehen wir im Dunklen.
Als ich unsere Pakete aus Malaysia und Deutschland abholen will, schwitze ich in der Sonne (bergauf) und friere im Fahrtwind (bergab). Ein freundlicher Neuseeländer will mir den Weg zu der ziemlich versteckten Post beschreiben. Als er merkt, dass ich seine Erläuterungen in Kiwi-Englisch nur schwer verstehe, bringt er mich sogar hin. Für das Paket, das wir uns selbst aus Malaysia geschickt haben, muss ich noch 25 NZ-Dollar für Lagerung nachzahlen. Anika, deren Fieber schnell verschwunden ist, freut sich über den Brief ihrer Freundin Mareen, über die Fotos und neue Geschenke von den Großeltern. Das große Hostel-Zimmer ist schon bald voll mit herumliegenden Spielzeugen, Gummibärchen, Papier und zum Glück auch mit den von uns vorausgeschickten Schlafsäcken und warmen Sachen.

Katja
Dick eingemummelt, wagen wir uns wieder auf die Räder. Den von Backpackern viel gepriesenen schwarz-gelben „Pak'n Save“ haben wir einige Kilometer außerhalb endlich gefunden, doch bei den Preisen für frisches Obst und Gemüse verschlägt es mir die Sprache. Um zu sparen, müssten wir Großpackungen kaufen, die passen aber nicht in unsere Fahrradtaschen oder machen das Gepäck zu schwer. Wie sollen wir damit die Berge hochkommen?
Wenn wir hier länger bleiben wollen, müssen wir unbedingt Geld verdienen. Eine gute Möglichkeit zum Arbeiten für Nicht-Neuseeländer bietet das „Wwoofen“, dabei kann man auf Öko-Farmen seine Arbeitskraft gegen eine Unterkunft tauschen. Ich habe uns schon in Deutschland bei der Organisation „World Wide Opportunities on Organic Farms“, die weltweit freiwillige Helfer vermittelt, angemeldet. Natürlich geht es uns nicht nur um „günstiges“ Übernachten, sondern darum, das Land, seine Bewohner und die Arbeit auf einem Bio-Hof kennenzulernen. Durch gemeinsames Arbeiten lernt man die Menschen oft besser kennen.

Während ich die Fahrräder und Anhänger für die Fahrt rüste und die Schaltungen nachstelle, knattert ein mit Wasserkanistern beladenes Motorrad auf den Hof des Hostels. Der in zünftiges schwarzes Leder gekleidete Fahrer ist vor anderthalb Jahren in England gestartet und über Russland, Japan, Südostasien und Australien nach Neuseeland gekommen. Schnell kommen wir ins Gespräch. Auch Steve erlebte nach der Zeit in Asien einen Preisschock - und einen Kälteschock. „Man gewöhnt sich daran", meint er lakonisch. Unsere Fahrräder findet er gut: „Ihr kommt billiger voran als ich. Ihr braucht kein Benzin und keine Transportkosten." Allein die Motorradverschiffung von Australien nach Neuseeland koste schon 600 NZ-Dollar. Mit einem zweiten Blick auf unsere Gespanne fügt Steve skeptisch hinzu: „Die Berge sind hart! Darum beneide ich euch nicht."
Der Verkehr in Auckland macht uns keine Probleme, auch wenn die Autofahrer ziemlich rücksichtslos sind. Vor der Reise haben uns alle vor dem Verkehr in Asien gewarnt - von den Fahrern in Neuseeland hatte da wohl keiner eine Ahnung! Von einem Lkw werde ich ziemlich geschnitten und an einer Linksabbiegerspur bleibt kein Platz für Fahrräder. Die wenigen Radfahrer in Auckland haben den Fehdehandschuh offenbar aufgehoben: Wenn ich mir so manche von ihnen ansehe, verstehe ich, dass es hier viele Verkehrsunfälle gibt. Wir sehen eigentlich nur Mountainbikes und schnelle Rennräder, die nach Fahrradkurier-Manier zwischen den Autos hindurchflitzen. Anders als in Malaysia könnte hier das Motto der Autofahrer lauten: „Wenn ich schon nicht vorankomme, sollen es die anderen auch nicht." Wir fallen auf und werden von Weitem gesehen, das ist - wie schon in Asien - unser Vorteil. Es gelten allerdings wieder strenge Verkehrsregeln. In Asien gibt es die natürlich auch, aber die Fahrer verlassen sich eher auf sich selbst als auf die Gesetze. Wichtig ist immer nur das, was vor einem fährt und nicht, wer Vorfahrt hat.
Die Steigungen sind wirklich ziemlich anstrengend. Auckland liegt auf fünfzig erloschenen Vulkankegeln, die Straßen führen schnurgerade darüber hinweg. Mein kleiner Ausflug zum 183 Meter hohen „One Tree Hill" mit Anika im Anhänger gibt mir eine gute Vorstellung davon, was auf uns zukommt. Bevor die weißen Siedler auf die Insel kamen, befand sich auf dem Gelände des heutigen Cornwall Park ein Maori-Wehrdorf mit etwa 4.000 Bewohnern. Da auf dem Gipfel des Hügels ein einziger Baum stand, nannten die Maoris ihn fantasievoll „Hügel mit einem Baum" („te totara i ahua"). Die Weißen holzten diesen Baum kurzerhand ab. Der spätere Bürgermeister von Auckland, John Logan Campbell, ließ zwar neue Kiefern anpflanzen, von denen überlebte aber nur eine einzige. Kurz vor der Jahrtausendwende fiel auch sie einem Maori mit Kettensäge zum Opfer, der den ausländischen Baum als Zeichen kultureller Unterdrückung empfand. Seitdem ist der Hügel baumlos und wird „N(one) Tree Hill" genannt.

Der Weg windet sich spiralförmig um den Gipfel nach oben. Nur mit größter Mühe und mit Anikas Hilfe schaffe ich es mit dem Fahrrad hinauf. Die letzten Meter schieben wir. Doch die Anstrengung hat sich gelohnt: Die Aussicht ist grandios. Zwischen zwei silbern glänzenden Meeren liegt unter wolkenverhangenem Himmel ein schmaler Streifen Land mit der Stadt Auckland, durchzogen von Parkanlagen und kleinen Meeresarmen.

Es ist Mitte September, aber der Frühling in Neuseeland lässt dieses Jahr etwas auf sich warten, davor haben uns schon einige Neuseeländer gewarnt. Nur wenn die Sonne hinter den Wolken hervorkommt, wird es kurz warm. Keiner kann sich entscheiden, ob es nun kalt oder warm ist. Frauen in kurzen Röcken und knappen Tops laufen neben Menschen in dicken und warmen Mänteln durch die Stadt. Wir frieren und schwitzen abwechselnd. Die dicke Kleidung und vor allem die Schuhe sind lästig, auch der Helm ist alles andere als angenehm. Diese „verordnete Sicherheit" spricht gegen Neuseeland.

Nach fünf Tagen müssen wir wohl oder übel starten: Unser Zimmer kann nicht verlängert werden, jemand anders hat es reserviert. Vielleicht ist das auch gut so, denn unsere Lust zum Aufbruch ist nicht sehr groß. Nach den tropischen Temperaturen in Asien macht uns das Radeln mit kalten Fingern und nassen Schuhen nicht wirklich Spaß. Wenn sich nicht der Geldbeutel so schnell leeren würde, könnte ich durchaus länger hier bleiben.

Wir werden Auckland auf dem Wasserweg verlassen, um die stauverstopften Highways zu umgehen, die aus der Stadt herausführen. In den letzten Tagen schien oft die Sonne, aber auf dem Weg zum Hafen fängt es natürlich wie aus Eimern an zu schütten. Wir sind schon spät dran, als wir vor der historischen Grafton Bridge auf einen Stau stoßen. Für die Anhänger ist kaum Platz, schließlich quetschen wir uns auf dem Bürgersteig an den Autos vorbei. Klitschnass kommen wir im Hafen an, von außen durch den Regen und von innen durch das Schwitzen von der Anstrengung, und sehen noch, wie die kleine Fähre ablegt. Die nächste fährt erst in einigen Stunden. Weil es immer noch „cats and dogs" regnet, wie man so schön sagt, vertreiben wir uns die Zeit bis dahin in einer tristen Einkaufspassage mit einem Kaufhaus und ein paar Fastfood-Restaurants. Bei einem wässrigen Kakao und voller Sehnsucht nach leckerem „satay" mit „teh tarik" schauen wir traurig durch die nassen Scheiben auf die grau verhangene Stadt.

Vor einem großen Kriegsschiff, das im Hafen ankert, sieht die Fähre nach Pine Harbour winzig aus und weckt bei Titus unangenehme Erinnerungen an die stürmische Überfahrt von Tioman. Aber das kleine Boot gleitet ruhig über die Wellen, der Regen hat zum Glück aufgehört und weder die Fahrräder noch die Anhänger bekommen einen Spritzer Wasser ab. Wir

sitzen direkt hinter der Kabine des Fährmanns, der die Ruhe selbst ist. Auf dem Monitor seines Navigationssystems ist die Küstenlinie von Auckland zu sehen. Ich verfolge gespannt, wo wir gerade langfahren. Eine halbe Stunde später landen wir sicher im Hafen von Pine Harbour, ungefähr 40 Kilometer südlich von Auckland. An der menschenleeren Marina dümpeln unzählige Yachten im Nieselregen. Am Kai sind Anker und Winde der „Rainbow Warrior" ausgestellt, die 1985 im Hafen von Auckland durch den französischen Geheimdienst gesprengt wurde. Greenpeace hatte mit seinem Schiff gegen die Atomwaffentests der Franzosen im Pazifik protestiert. Auf internationalen Druck musste Frankreich seine Nukleartests elf Jahre später tatsächlich stoppen. Die zu zehn Jahren Gefängnis verurteilten Geheimdienst-Agenten kehrten nach zwei Jahren Haft auf einer paradiesischen Insel nach Frankreich zurück. Diese Geschichte finde ich heute noch unglaublich.
Die ersten Hügel hinaufzufahren, fällt mir etwas schwer. Der Helm ist ungewohnt und ich bin ständig damit beschäftigt, den Reißverschluss meiner Regenjacke zu öffnen (bergauf) und zu schließen (bergab). Dafür tun uns die Stille und das Grün sehr gut. Nach nur fünf Kilometern erreichen wir den Omana Regional Park, eine gute Alternative zu den normalen Campingplät-

zen, die hier nicht umsonst „motorcamps" heißen und vor allem von Wohnmobilen angesteuert werden. Der Ranger ist nicht in seinem Häuschen und so erkunden wir erst einmal allein den öffentlich verwalteten Park, der ebenso menschenleer ist wie der Hafen und der Weg hierher. Der „Park" ist eine riesige, hügelige Fläche mit einzelnen Baumbeständen am Meer, zwischen denen Schafe weiden. Wenn man sich Mühe gibt, kann man am Horizont die Skyline von Auckland sehen.
Auf dem großen Holzspielplatz, neben dem Gehege der neugierigen Hausschweine und Ziegen, warten wir auf den Ranger, der uns das Gattertor zum Campground aufschließt. Verteilt auf der 40 Hektar großen Fläche sind mehrere Grillplätze und genug Platz zum Zelten. Die Ausstattung ist eher spartanisch: Es gibt „long haul toilets" (auf gut Deutsch: Plumpsklos) und eine Trinkwasserstelle. Das Zelt ist schnell aufgebaut. Kurz nach uns kommen zwei Kiwis mit sieben Kindern an. Wir freuen uns, in dieser Einöde nicht ganz allein zu sein, aber die Familie stellt ihre Zelte am anderen Ende des Parks auf und düst im Auto wieder davon.
Am Steilufer stand hier vor der Ankunft der weißen Siedler ein Maori-Dorf, dessen Befestigungsgräben man noch unter dem Gras erahnen kann. Heute sind hier nur Schafe und Vögel. Es ist still, nur das Meer rauscht und Vögel zwitschern fremdartig. Es tut gut, die Großstadt hinter sich gelassen zu haben. In Asien war es eigentlich nie ganz ruhig: Es gab überall Menschen, die nie still waren. Außerdem war da die Trägheit durch die Hitze. Hier ist es umgekehrt: Wir müssen nichts tun, das gibt uns Ruhe, und weil es kühl ist, haben wir einen größeren Bewegungsdrang.

Am nächsten Morgen gehe ich mit Anika und Titus auf Entdeckungstour. Auch heute ist es hier absolut einsam, der kalte Wind heult uns um die Ohren, wenn wir uns nicht zwischen den Bäumen oder in einer Senke bewegen. Das Meer ist ganz anders als in Malaysia oder Thailand, der Tidenhub gibt eine riesige, hässliche Fläche voller Schlick frei. Ich muss unweigerlich an die Nordsee denken, obwohl ich mich gleichzeitig wie am Ende der Welt fühle. Wenn wir die dunklen Wellen unter den schweren grauen Regenwolken sehen, hat keiner von uns Lust, hineinzuspringen oder auch nur einen Zeh hineinzuhalten. Anika und Titus haben im Gegensatz zu Asien offensichtlich mehr Lust, zu Fuß zu gehen. Sie wirken lebendiger, das Klima scheint ihnen gut zu tun. Am Steilufer entdecken sie eine Entenfamilie und ein kleines entlaufenes Lamm, die Maori-Spuren interessieren sie eher weniger. Als wir mit roten Wangen zurückkommen, hat Katja Reis mit Äpfeln und Rosinen gekocht, wofür sich auch die herumlaufenden Hühner interessieren, die mit ins Zelt wollen. Der Raum zwischen den beiden Schlafkabinen ist groß genug, um als kleines Wohn- bzw. Esszimmer zu dienen. Jetzt bin ich froh, dass sich Katja beim Kauf dieses Zelts durchgesetzt hat – mir

schien es zu groß, zu schwer und zu teuer. Zwischendurch regnet es immer wieder, die Wiese ist feucht. Gut, dass wir wenigstens für Anika in Auckland Gummistiefel gekauft haben! Ich trage weiterhin eisern meine Flipflops. Hier würden wir gern länger bleiben, leider gehen unsere Essensvorräte zur Neige. Am nächsten Morgen brechen wir also auf. Bis wir alles abgebaut und eingepackt haben, braucht es eine Weile. Auf ein richtiges Frühstück müssen wir verzichten, aber die Hügel machen uns keine Probleme. Der Pacific Highway führt uns nach Süden, zunächst direkt am Strand entlang, später durch Weiden und Wiesen ins Landesinnere. Der Eindruck von Schottland, der sich mir nach wie vor aufdrängt, passt nicht zu den Palmen und den anderen unbekannten Bäumen, die teilweise noch kahl sind. In den Gärten wachsen Zitrusfrüchte, die Pferde tragen Regenmäntel – das sollte uns zu denken geben.
Kurz vor Clevedon, einem Städtchen am Ufer des Wairoa River, fängt es an zu nieseln und bald gießt es wieder wie aus Eimern. Eine mitleidige Frau winkt uns in ihren Laden für Kunsthandwerk, hier können wir uns unterstellen. Während ich trübsinnig aus dem Fenster auf die Wassermengen schaue, die vom Himmel kommen, finden die Kinder einen Korb mit Spielzeug in der Ecke und sind beschäftigt. Ihnen macht der Regen nichts, wir dagegen sind ziemlich besorgt: Bis zum nächsten Campingplatz sind es noch viele Kilometer und einige Steigungen. Bis jetzt hatten wir Rückenwind, aber das dürfte sich ändern, sobald die Straße nach Thames ihre Richtung wechselt. Der Regen will und will nicht aufhören ...
Inzwischen weht draußen ein kalter Wind, der Regen legt noch mal zu. So macht es einfach keinen Sinn, weiterzufahren. Katja ruft bei einem „Bed and Breakfast" an. Es ist frei, aber der Preis übertrifft alles: 120 NZ-Dollar! Wenigstens ist das Frühstück inklusive. Die wenigen Kilometer dahin fahren wir mit Seitenwind und zum Schluss mit Gegenwind. Auf den letzten hundert Metern kommen wir kaum noch voran, das Wasser läuft nur so an uns herunter. Aber das ist nicht mehr so schlimm, weil wir wissen, dass wir bald ins Warme und Trockene kommen werden.

Cathy, die Besitzerin des Bed and Breakfast, kommt uns entgegen und führt uns sofort zu dem kleinen separaten Gebäude. Die Räder stellen wir unter das Dach der schmalen Veranda. Die Unterkunft ist tatsächlich sehr gemütlich und besteht aus einem Wohnzimmer mit Fernseher und einer ausziehbaren Couch, einer angeschlossenen Küche und einem Schlafzimmer mit einem großen Doppelbett. Die nassen Sachen hängen bald auf der Heizung und der Tee dampft auf dem Herd. Puh! Aus Gewohnheit setzen wir uns alle auf den Teppich. In trockenen Sachen wird uns schnell wieder warm. Etwas Verzweiflung macht sich allerdings doch breit. Solche ungewollten Stopps können unsere Reisekasse ruinieren. Was, wenn es noch lange so regnet? Unsere Tagesstrecken sind zu kurz, um gleichzeitig günstige Einkaufsmöglichkeiten in den Randzonen der Großstädte und günstige Unterkünfte außerhalb der Großstädte zu finden. Die Kosten übersteigen unser Budget, mit dem wir immerhin noch fünf Monate auskommen müssen.

Katja

Haben wir nicht gut genug recherchiert? Offensichtlich. Vor der Reise war alles ziemlich chaotisch, es ging uns mehr darum, überhaupt zu reisen und wir mussten gegen die Widerstände unserer Familien und der Umgebung ankämpfen. „Was tut ihr den Kindern damit an?!", war noch die harmloseste Frage. Zusammen mit unseren eigenen Ängste und Sicherheitsbedenken blieben die genauen Ziele und die Recherche ein wenig auf der Strecke. Von unseren Eltern erfahren wir, dass die Nachrichten über das schlechte Wetter in Neuseeland auch in Deutschland zu sehen waren. Statt uns zu streiten, sitzen wir niedergeschlagen und wie betäubt da. Nach den haushohen Erwartungen und der monatelangen Vorfreude fühlen wir uns jetzt, als wären wir gegen eine Wand gelaufen. Der Wind hat uns kräftig durchgeschüttelt, die Kälte und Feuchtigkeit sitzt uns in den Knochen. Was sollen wir tun? Keine Ahnung. Während wir unsere Optionen diskutieren, wird uns wieder unsere Suche nach einem Platz bewusst, nach einem Zuhause. Dieses Thema zieht sich schon durch die ganze Reise. Es ist unser Antrieb, weiterzufahren: einen neuen Platz zum Wohlfühlen zu finden, zumindest für eine kurze Zeit. Es sind nicht die Schwierigkeiten, auf die wir stoßen, die zur heutigen Krise führten, es ist etwas Grundsätzliches: die Suche nach einem Ort, nach Wurzeln. Auf dieser Reise werden wir sie nicht finden. Was wird, wenn wir wieder zurück in Deutschland sind? Eine Wohnung ist noch lange kein Zuhause. Geht da die Suche weiter?

Der Wind rauscht noch die ganze Nacht, immer wieder wache ich auf und horche, voller Hoffnung, dass es morgen besser aussieht und wir weiterfahren können. Anika habe ich einmal damit getröstet, dass die Sonne, wenn sie von ihr träumt, auch wieder scheinen wird. Oh Wunder: Anika hat heute Nacht von der Sonne geträumt! Den Wind habe ich leider vergessen, er weht uns mit 70 km/h entgegen. Dagegen werden wir mit den Anhängern nicht ankommen. Die geplanten drei Monate in Neuseeland werden wir nicht realisieren können, das wird jetzt auch mir klar. Was machen wir? Kämpfen wir uns weiter mit den Fahrrädern voran oder kehren wir nach Asien zurück? Dort ist das Klima wenigstens angenehm und über Versorgungsmöglichkeiten müssen wir uns auch keine Sorgen machen. Andererseits wäre es doch schade, so schnell aufzugeben!
Draußen heult der Wind, wir sitzen im warmen Wohnzimmer auf dem Fußboden und überlegen, ob wir uns vielleicht für kurze Zeit ein Wohnmobil

leisten können. Die sind hier im „Autofahrerland" recht günstig und auch sehr praktisch, weil man sich darin die Übernachtungskosten für Campingplätze sparen kann. Phil, unser Gastgeber, bemüht sich, Autovermietungen für uns im Internet zu finden, aber auch jetzt in der Nebensaison übersteigt ein Wohnmobil mit vier Sitzen unser Budget bei Weitem. In den „Yellow Pages" sucht Katja parallel nach einem günstigen Apartment: ohne Erfolg. Wir rechnen hin und her und entscheiden uns, für zwei Wochen einen Kleinwagen für 25 NZ-Dollar pro Tag zu mieten. Danach fliegen wir zurück nach Malaysia und sehen weiter. Die Entscheidung ist gefallen und es geht uns gleich ein wenig besser. Trotzdem macht sich Traurigkeit breit, besonders ich fühle mich richtiggehend besiegt. Es ist eine erzwungene Entscheidung, wir sehen so zwar ein Stück von der Nordinsel Neuseelands, aber gar nichts von der Südinsel. Wir bekommen die Natur nicht so hautnah mit, wie ich mir das erträumt habe. Und wir fahren nicht Fahrrad. Aber es geht uns schließlich um das Reisen und nicht nur um das Radfahren, versucht Katja mich zu trösten. Die Krise zwingt uns zum Umdenken, wir müssen neue Wege suchen. Das ist anstrengender als Radfahren, ich fühle mich ziemlich ausgelaugt. Aber jetzt ist wenigstens klar, was wir tun werden.

Katja
Am nächsten Morgen bringt uns Cathy mit dem Auto nach Auckland. Sie und ihr Mann Phil haben unser Dilemma und unsere Traurigkeit mitbekommen und sind untröstlich, dass wir ihre schöne Heimat von so einer schlechten Seite kennenlernen. Die Fahrräder können wir in ihrer Garage unterstellen, bis wir zurückkommen. Trotz unserer Niedergeschlagenheit sind wir unglaublich dankbar für so viel Unterstützung. Vorbei an hohen Hecken, hinter denen in wenigen Monaten Kiwi-Früchte reifen werden, geht es geschwind nach Auckland zurück. Nach einer halben Stunde sitzen wir alle in einem unspektakulären weißen Hyundai Accent mit Stufenheck und freunden uns mit unseren neuen Rollen als Fahrer und Beifahrer an. Der Autovermieter lässt uns fahren, obwohl wir keinen internationalen Führerschein haben - an so eine Entwicklung hatten wir bei der Reiseplanung schlichtweg nie gedacht. Statt eines Kleinwagens haben wir für den gleichen Preis ein Upgrade bekommen. Das ist auch gut so, wie wir bald feststellen werden. Obwohl wir zwei Taschen bei Cathy und Phil gelassen haben, bekommen wir nur mit Mühe alles Gepäck unter. Ich staune: Können zwei Fahrräder mehr transportieren als ein Auto?
Durch die neue Beweglichkeit und den größeren Aktionsradius hoffen wir, wenigstens billiger zu leben. Unterwegs an der Küste in Richtung Thames bekomme ich jedoch wieder Zweifel an unserer Entscheidung. Das Wetter ist wunderschön, war es ein Fehler, so schnell auf das Radfahren zu verzichten? Mit Wehmut denken wir an die Düfte, das Vogelgezwitscher und die vielen Details am Straßenrand, die wir so nicht mitbekommen. Aber es gibt auch

einen Vorteil: Die Kinder können während der Fahrt englische Kinderlieder hören. Oder wir stellen den Sender „Radio Hauraki" ein, der uns mit Rockmusik aus den Siebzigern in die Vergangenheit versetzt.

Es ist ungewohnt, mit der linken Hand zu schalten. Statt des Blinkers schalte ich immer wieder den Scheibenwischer ein, der Blick zum Rückspiegel landet öfters in den Wolken. An das Links- und Rechtsabbiegen bin ich nach den Monaten in Malaysia und Thailand schon gewöhnt. Die Strecke ist zunächst flach, dann kommen einige Steigungen. Die hätten wir auch mit den Rädern locker geschafft, denke ich. Die neue Perspektive aus dem Autofenster ist sehr ungewohnt. Wir fahren ziemlich langsam – mehr als 100 km/h sind in Neuseeland sowieso nicht erlaubt –, trotzdem kommt es uns vor, als würden wir rasen. Die Landschaft zischt an uns vorbei, bevor wir einzelne Eindrücke näher wahrnehmen oder einordnen können; Geräusche und Gerüche fehlen komplett. Wir fühlen uns wie Fische in einem Aquarium. Die Kinder empfinden die Autofahrt als willkommene Abwechslung: Sie hören Kassetten, schauen aus dem Fenster oder streiten. Titus schläft von dem beruhigenden Geräusch des Motors ständig ein.

Nach einem Fotostopp mit Picknick am „Firth of Thames", einer seichten Bucht, merken wir, wie gut es tut, wieder ins Warme zu können. Die Entscheidung für das Auto wird noch bekräftigt, als es wieder anfängt, Fäden zu regnen. Dann fahren wir eben einfach noch 30 Kilometer weiter nach Thames und finden einen günstigeren Campingplatz! In einer kurzen Regenpause bauen wir auf einer vollgesogenen Wiese hastig das Zelt auf. Unser Abendessen kochen und essen wir heute in der Campingplatzküche. Sie ist nicht sehr groß und eher spartanisch eingerichtet, aber gut ausgestattet mit Herd und Spüle, Koch- und Essgeschirr. Es gibt Curry mit Möhrensoße, Kartoffeln und Tee. Der asiatische Einfluss auf unsere Küche ergibt sich aus den Gegebenheiten des neuseeländischen Lebensmittelangebots – und dem Ruf der Natur. Bei der Kälte haben wir viel mehr Hunger und brauchen

auch mehr Energie, wie es scheint. Die Kinder und Nina essen jedenfalls immer brav auf. Wir sind allein, die meisten anderen Reisenden kochen und essen in ihren Wohnmobilen und kommen nur zum Spülen des Geschirrs herein. Bald regnet es wieder ohne Unterlass. Als zwei völlig durchnässte und durchgefrorene Radfahrer ankommen, möchte ich nicht tauschen. Auf einen Austausch mit uns scheinen sie keine Lust zu haben, nach einer heißen Dusche verschwinden sie in ihrem Zelt.
Die Nacht in Thames ist kalt, windig und regnerisch. Bei jedem Windstoß bange ich um das Zelt, aber es hält. Auch der Regen macht ihm nicht viel aus. Nur an ein paar Schwachstellen im Vorzelt sickert das Wasser durch. Als ich am Morgen durch den Regen zum Waschraum eile, versinke ich fast bis zu den Knöcheln in dem Matsch, der sich gestern noch Wiese nannte. Bei so viel Wasser haben wir gar keine Lust zu duschen. In einer Regenpause knülle ich hastig das Außenzelt zusammen und schiebe es in den Kofferraum. Alles ist matschig - so macht Camping keinen Spaß.

Wir fahren jetzt auf die Coromandel-Halbinsel, die südöstlich von Auckland liegt. Die East Coast Road führt direkt am Meer bzw. dem Firth of Thames entlang. Inzwischen scheint die Sonne wieder, als wäre nie schlechtes Wetter gewesen. Als wir anhalten und aussteigen, frieren wir jedoch fürchterlich. Bald wird es bergiger, die Aussichten auf die vielen kleinen Buchten werden immer großartiger. Das Wasser schimmert silbrig, weiße Wolken hängen darüber und darunter ziehen sich sanft die grünen Berge mit den weißen Schafen. Wir passieren ein Örtchen nach dem anderen, Kurve um Kurve, ohne dass viele Eindrücke hängen bleiben. Es ist wie Fernsehen - viele schöne Eindrücke, aber schnell wieder vergessen.
Kurz nach Coromandel Town im Norden der Coromandel-Halbinsel steuern wir einen Campingplatz in der McGregor-Bucht an, um die Halbinsel in Ruhe ein wenig näher kennenzulernen. Wenn wir in diesem Tempo weiterfahren, haben wir sie sonst in einem Tag „erledigt"! Der Platzwart hat Mitleid mit uns und feuert extra im „dining room" den Holzofen an. Am Strand ist gerade Ebbe, wir sehen nur eine große, wasserlose Fläche aus schwarzem Matsch. Als ich durch einen Wasserlauf waten will, versinke ich im feinen Sand und komme kaum wieder heraus! Anika rettet meine Kamera, die leichter ist und nicht einsinkt. Bevor ich bis zum Knie versunken bin, kann ich mich wieder befreien, aber der Treibsand behält meine Flipflops. Nun ist der letzte Rest von Malaysia weg.
Lange halten wir es am Strand nicht aus, der Wind pfeift uns schmerzhaft um die Ohren. Bei Sonnenschein ist es hier bestimmt wunderschön. Am Ufer steht ein Baum mit einer Seilschaukel, einige riesige Baumstümpfe laden als Bänke zum Sitzen ein. Das Licht der untergehenden Sonne glänzt in den vielen Pfützen und die Wolken sind von einer goldenen Kante um-

säumt. Waiheke Island und die vielen kleineren Inseln vor Aucklands Ostküste leuchten blau am Horizont. Wenn es nur nicht so kalt wäre! Meine Finger sind steif gefroren.

Katja

Es ist Zeit, etwas Warmes zu kochen und dann im „dining room" den restlichen Abend gemütlich vor dem Feuer zu verbringen. Kurz vorm Dunkelwerden hören wir Unmengen von Vögeln rufen. Auch tagsüber halten sich viele auf dem Gelände auf. Enten und „blaue Hühner", wie Anika die lustigen Pukekos nennt, laufen ganz selbstverständlich über den Platz und rufen sich gegenseitig laut krächzend zu. Sogar Eisvögel sehen wir, die hier „Kingfisher" heißen und auch einige andere Vögel, die wir trotz unseres eigens gekauften Bestimmungsbuchs nicht erkennen.

Der Highway führt uns jetzt quer auf die andere Seite der Coromandel-Halbinsel. Die Steigungen sind nicht unerheblich, ich denke aber, sie wären mit den Fahrrädern gerade noch zu schaffen gewesen. Überraschung! Auf der anderen Seite der Halbinsel regnet und stürmt es. Die berühmte „Cathedral Cove", eine Felsenklippe mit einem natürlichen Torbogen, durch den man am Strand hindurchgehen kann, sehen wir daher nur von Weitem hinter einem Wasserschleier. Weil gerade Flut ist, sieht man sowieso nicht viel davon und die Wanderung dorthin über die Küstenfelsen würde sich nicht lohnen. Auch für die „Hot Pools" einige Kilometer weiter in Hahei kommen wir zu spät - oder zu früh. Bei Ebbe könnten wir ein Loch in den Strand graben, das sich dann mit heißem, schwefeligem Wasser füllen würde. Vorstellen können wir uns ein Bad bei Dauerregen und Sturm momentan nicht und fahren weiter.
In Waihi Beach haben wir eine Verabredung: Schon in Malaysia ist unser Optimus-Kocher undicht geworden, weil der Schlauch gebrochen war. Seitdem konnten wir nur mit Spiritus kochen, was erstaunlicherweise nie ein Problem war - von wegen, außerhalb Europas bekommt man keinen Spiritus! Das fehlende Ersatzteil für den Benzin-Kocher, das wir telefonisch nachbestellt haben, wartet jetzt hier auf uns. Mit zwei Kochern lässt sich einfach mehr machen. Da wir uns nicht auf Dosenaufwärmen beschränken, sondern „richtiges Essen" kochen, lässt sich mit zwei Flammen einfach mehr machen. Und ist der eine Brennstoff gerade nicht verfügbar, gibt es ja noch den anderen. Benzin ist jetzt, da wir mit dem Auto unterwegs sind, immer da.

Katja

Waihi Beach soll einer der sichersten Strände Neuseelands sein, aber baden wollen wir ja bei der Kälte sowieso nicht. Die Sonne scheint endlich mal wieder und der Himmel ist blau und fast wolkenlos. Titus kann hier endlich

nach Herzenslust im Sand buddeln, auch wenn er im Gegensatz zu Malaysia dabei wind- und regenfest eingepackt ist. Anika und ich sammeln schöne Muscheln und begutachten unsere Funde, Waldemar genießt einfach die Sonne und schaut den Joggern, Gassigehern und Familien zu, die den herrlichen Frühlingstag genießen. Die Wellen sind hier ziemlich hoch, das nutzen viele Surfer – brrr, bei der Kälte würde mich niemand ins Wasser bekommen! An die Frühlingstemperaturen können wir uns nach den Monaten in Asien einfach nicht so schnell gewöhnen. Keiner hier ist so dick angezogen wie wir, die meisten laufen in kurzen Hosen und T-Shirts herum. Das würden wir vermutlich auch tun, wenn wir hier immer leben würden!

Der „Top 10 Holiday Park" im Ort ist zwar top ausgestattet mit beheiztem Swimmingpool, Sauna und Fitnesscenter, aber auch ziemlich teuer: Kinder sollen den vollen Preis zahlen! Einige Kilometer weiter in Bowentown finden wir einen günstigeren Campingplatz, der auf einer Landzunge direkt an einem herrlich breiten Strand liegt. Die Besitzer sind nett und geben uns Rabatt für die Kinder. Sie erzählen, dass sie schon seit Langem nicht mehr so einen nassen und kalten Frühling erlebt haben. Die Atmosphäre ist hier familiärer als auf dem supermodernen Platz in Waihi, die Küche ist aber trotzdem geräumig und gut ausgestattet. Das ist ein wichtiger Punkt, zum einen, weil wir dann im Warmen kochen und evtl. auch mal Essen können, zum anderen, weil wir unseren eigenen Kocher nicht zu benutzen brauchen und auf diese Art ein wenig Geld sparen – Alex aus George Town lässt grüßen.

Die Coromandel-Halbinsel haben wir nun verlassen und sind schon in der Bay of Plenty. Hier soll das Wetter besser sein als überall sonst in Neuseeland. Tatsächlich verlässt uns die Sonne den ganzen Tag nicht und sorgt sogar für ein wenig Wärme. Eigentlich wollen wir nur einen Ort für eine Pause finden, aber als wir einen Rastplatz finden, der auch als Zeltplatz genutzt werden kann, beschließen wir kurzerhand zu bleiben. Es ist ein einfacher, „unbemannter" Campingplatz in Matata, den der Staat bzw. das Department of Conservation verwaltet – für wenige Dollar haben wir hier richtige Toiletten und fließendes Wasser, sogar warme Duschen gibt es, wenn man ein Geldstück einwirft. Das Geld und die Anmeldung für die Übernachtung sollen wir in einem Umschlag in eine Box werfen. So viel Vertrauen ist hier wohl üblich.

Wir laufen ein wenig am Strand entlang, bauen dann hinter der Düne das Zelt auf und kochen Abendessen: Kartoffeln auf dem Spiritus-Trangia und Hackfleisch mit Möhrensoße auf dem Benzin-Optimus. Sobald die Sonne untergegangen ist, nimmt der Wind zu und es wird immer kälter. Ein herrenloser schwarzer Hund, der sich schon die ganze Zeit bei uns herumdrückt, wartet geduldig auf die Reste unseres Essens, das in der Pfanne brät. Da wird er kaum eine Chance haben, auch wir sind sehr hungrig. Die hingeworfene Kartoffelschale mag er nicht, das Fleisch wäre ihm sicherlich lieber. Viel-

leicht fällt von den Kindertellern etwas ab? Doch auch daraus wird nichts. Titus gibt keinen Bissen ab, auch wenn er schon lange satt ist und wir schon lange fertig sind. Enttäuscht zieht der Hund schließlich ab. Geschirr spülen mit eisigem Spülwasser ist eine Qual, das Spülmittel aus Asien ist zu Gel geworden und mit meinen steifen Fingern kann ich die Teller kaum halten. Obwohl wir zum Schlafen Socken und Hosen anlassen, frieren wir ganz schön. Zum ersten Mal benutze ich den Wärmegurt meines Schlafsacks und ziehe mir die Kapuze über den Kopf, aber es ist trotzdem noch kalt. Titus trägt alle seine Sachen übereinander, denn er mag nicht im Schlafsack schlafen und schon gar nicht bei geschlossenem Reißverschluss. Als sich morgens die Luft im Zelt langsam erwärmt, haben wir überhaupt keine Lust, aus den Schlafsäcken herauszukriechen. Die kondensierten Wassertropfen an der Zeltdecke sind gefroren, von außen ist das Zelt mit Raureif bedeckt. Die Sonne lockt uns irgendwann doch heraus und ich habe die Idee, die Kinder bei dem schönen Morgenlicht in ihren Schlafsäcken am Strand zu fotografieren. Anika kuschelt sich in Katjas Daunenschlafsack ein, bis nur noch die Nase herausschaut. Im Sonnenlicht sieht es sehr gemütlich aus, für die kälteste Nacht auf unserer Reise hat es nicht ganz gereicht. Unseren freigebigen Sponsoren Deuter und Yeti sind wir trotzdem dankbar. Nach dem Shooting frühstücken wir im Sonnenschein und fahren weiter.

An einem Aussichtspunkt in einer Kurve steht ein Motorrad mit gelben Kennzeichen und Alu-Koffern auf dem Gepäckträger. „Das muss Steve sein, den wir im Hostel in Auckland getroffen haben!“ rufe ich und bremse. Tatsächlich, er ist es. Er hat für einige Tage bei netten Leuten auf der Coromandel-Halbinsel verbracht. Mit dem Motorrad fällt er auf und macht viele neue Bekanntschaften. Etwas neidisch bin ich schon, wenn ich an meine Solo-Motorradtouren durch Schottland denke, die kurvigen Straßen hier sind ideal für Biker. Mit dem Auto sehen wir aus wie eine ganz „normale“ Familie. So sind Kontakte mit anderen Reisenden seltener, aber auch die Neuseeländer sprechen uns kaum an. Im Gegensatz zu allem, was man uns vorher erzählt hat, wirken die „Kiwis“ sehr reserviert und nicht an Gesprächen interessiert. Niemand fragt uns etwas, die Antworten auf unsere Fragen sind auch nur kurz. Reisende gibt es um diese Zeit kaum, außer einigen Einheimischen, die aber jeder für sich in ihren Wohnmobilen sitzen und abends in die Fernsehkiste schauen. Das ist nicht meine Art des Reisens und mir fehlt die Freiheit des Fahrens auf zwei Rädern, deshalb schaue ich ein wenig neidisch auf Steve.

Einige Kilometer später sind wir in Maori-Land: 88 Prozent der hier Ansässigen sind Maori, fast die Hälfte der Einwohner spricht auch die Sprache der neuseeländischen Ureinwohner (im restlichen Neuseeland sind es nur vier

Prozent!). Die Gegend an der East Coast ist heute nur noch dünn besiedelt, die Küste sieht unbewohnt, rau und menschenfeindlich aus. Von der langen und bewegten Geschichte dieses Landesteils sieht man nur noch vereinzelte Ruinen von viktorianischen Häusern oder verwaiste Häfen. Die Besiedlung Neuseelands durch die Europäer begann hier, und auch die immer noch hier ansässigen Maori-Stämme blicken auf eine stolze Vergangenheit zurück. Inzwischen ist die Region wirtschaftlich unbedeutend geworden und wird gleichgesetzt mit Armut und Arbeitslosigkeit. Viele Maori leben unter sehr ärmlichen Bedingungen hier, sind aber stolz darauf, auf dem Land ihrer Urahnen zu sein. Wegen der Abgeschiedenheit der East Coast verirren sich kaum Touristen hierher – eine Gegend ganz nach unserem Geschmack also. Das einzige, was wir hier öfters sehen, sind Reiter.
Auf einem einsamen Campingplatz treffen wir ausgerechnet das englische Pärchen, das wir schon in Kuala Terengganu und Kota Bharu getroffen haben. Sie waren inzwischen in Singapur, Australien und auf der Südinsel, da haben wir natürlich viele Fragen. Außer uns ist niemand auf dem Platz, trotzdem sind die beiden nicht allzu gesprächig und ziehen sich bald in den Fernsehraum zurück. Wir bleiben verwirrt zurück – was ist das Problem? In Asien kamen wir mit jedem ins Gespräch, den wir auch nur kurz getroffen haben, hier will keiner reden. Liegt es an Neuseeland oder an uns?

Der State Highway 35 schlängelt sich immer nach Osten, auf und ab an der bergigen Küstenlinie entlang. Ab und zu eröffnen sich einsame smaragdgrüne und azurblaue Buchten zwischen den zerklüfteten Felsen, sie kontrastieren mit den fast schon grellen, saftig grün bewachsenen Hügeln. Dass man möglichst noch in der Bay of Plenty volltanken soll, haben wir vergessen – zum Glück findet sich eine Tankstelle. Ich staune: Die berechneten 23 NZ-Dollar werden großzügig auf 20 abgerundet. An einem „viewpoint“ treffen wir Steve zum dritten Mal und verabreden ein ausführlicheres Treffen am East Cape. Die einspurige und vorwiegend geschotterte East Coast Road, die in dem Örtchen Te Araroa vom Highway abzweigt, verläuft dicht an steilen Klippen, die unzugänglichen Strände sind mit Treibholz übersät, das vom tosenden Pazifik ausgespien wurde. Terrassenförmige Felsen ragen aus dem Wasser heraus. Es ist vollkommen einsam, nur hin und wieder sehen wir eine Kuh. Nach 21 anstrengenden Kilometern endet die Straße mitten im Nichts an einem Besucherparkplatz mit, wie sollte es in Neuseeland anders sein, einem Toilettenhäuschen. Wozu man hier in der Einöde eine Toilette braucht, ist mir unklar – und Katja übrigens auch.
Vor uns im endlosen Pazifik liegt East Island oder Whanga-o-kena, wie die Insel von den Maori genannt wird. Nach einer Legende wollten die Götter diese Insel, die damals weit entfernt vom Festland lag, im Schutz der Nacht nach White Island (Whakataari) in der Bay of Plenty bringen, da sie meinten,

die beiden würden gut zusammenpassen. Leider ging es nicht schnell genug und als der Morgen dämmerte, kam East Island dort zum Liegen, wo sie heute liegt. Seitdem spuckt der Vulkan auf White Island aus Ärger darüber endlos Rauch und Feuer. Auch East Island ist zu einer sehr unfreundlichen Insel geworden, um sie peitschen ständig hohe Wellen.
Wegen der viele Schiffbrüche vor der Küste hat man gegen Ende des 19. Jahrhunderts einen Leuchtturm auf East Island errichtet. 22 Jahre lang lebten dort unter harten Bedingungen und in absoluter Einsamkeit drei Leuchtturmwärter mit ihren Familien. Drei Kinder dieser Familien und einige Seeleute sind dort begraben, denn trotz der Leuchtanlage ereigneten sich weitere Schiffsunfälle. Das Unglück der Leuchtturmwärter auf East Island führen Maori auf eine weitere Legende zurück: Die Insel sei mit einem „tapu" belegt, dessen Einhaltung von dem mystischen Hund Mohorangi bewacht würde. Wer die Insel betritt, muss sich die Augen verbinden, sonst wird er sofort in einen Hund verwandelt.
Nach einem Erdrutsch in den 1920er-Jahren verlegte man den Leuchtturm an seine jetzige Position auf das Festland. Er hat keinen Leuchtturmwächter mehr, alles läuft automatisch. Mit Anika steige ich die 700 hölzernen Treppenstufen zum Leuchtturm hinauf - und komme ihr kaum hinterher. Sie hüpft behände von einer Stufe zur nächsten, obwohl die teilweise sehr hoch sind. Schnaufend oben angekommen, genießen wir die Rundum-Aussicht. Wäre der Wind nicht so stark hier oben, würden wir ewig bleiben und einfach nur in die Weite schauen.

Unten sind wir noch schneller als oben. Ich halte Ausschau nach Steve. Vielleicht zeltet er irgendwo hinter einem Felsen? Ein kleines Zelt und ein Motorrad sind leicht zu übersehen. Wild zelten oder „freedom camping“ ist im Outdoor- und Wanderparadies Neuseeland bei Einheimischen und Touristen sehr beliebt, aber nicht überall erlaubt. Kurve für Kurve lassen wir auf der staubigen Piste das East Cape hinter uns. Der Leuchtturm wird im Rückspiegel immer kleiner. Aus unserem Date wird wohl nichts.
In Te Araroa finden wir einen einfachen Campingplatz, wo wir romantisch unter Weiden zelten. Außer einem alten Mann, der nebenan in einem Wohnmobilaufbau wie ein Einsiedler lebt, ist niemand da. Die kleine Küche wird für uns zu einer Wohnhütte, wir fühlen uns wie zu Hause und bleiben daher noch einen Tag. Unsere Wäsche wandert nach vielen Monaten Handwäsche mal wieder in eine Waschmaschine. Der kräftige Wind trocknet sie in kurzer Zeit und zum Glück vor dem nächsten Regenschauer.

Zum breiten Strand sind es nur ein paar hundert Meter. Wie ein Halbmond liegt er vor uns. Die blauen Wellen tragen weiße Schaumkronen auf den dunklen Sand, in dem sich kleine und große Steine mit dem angeschwemmten Strandgut mischen. Anika und Titus erklimmen die fast weiß ausgeblichenen Stämme, die in trockenen Sandkuhlen liegen. Bei jedem Schritt finden wir etwas Interessantes. Das Meer und der Sand haben die Wurzeln

und Äste zu bizarren Formen verarbeitet und meterhoch aufgetürmt. Aus den interessantesten Stöcken bastele ich Mobiles für Cathy und Phil in Clevedon. Wir wollen ihnen wenigstens ein bisschen von ihrer Freundlichkeit zurückgeben; angesichts der Erfahrungen in den letzten Tagen wissen wir ihre Großzügigkeit nun noch mehr zu schätzen. Titus sammelt derweil Steine und schichtet sie aufeinander, Anika versucht sich im Schnitzen und bemalt dann Steine und Stöcke mit Wasserfarben, Katja erkundet das Strandgut auf der Suche nach weiteren Muscheln und findet einen kleinen toten Pinguin, den die Vögel schon angenagt haben. „All rubbish", kommentiert unser eremitischer Nachbar grimmig, als wir unsere Schätze auf der Veranda der Küche auslegen.

Katja

Es tut gut, einen solchen Platz gefunden zu haben. Leider ist unsere Zeit hier durch den Abgabetermin des Mietautos begrenzt. Heute ist schon der achte Tag, die Hälfte unserer Zeit ist um. War das einfach, als wir mit dem Fahrrad unterwegs waren und bleiben konnten, wo wir wollten! Irgendwie ist uns nicht mehr nach Weiterfahren, lieber würden wir eine Woche oder zwei hier bleiben.

Immer wieder kommt die Frage auf, was wir tun, wenn wir das Auto abgegeben haben: Starten wir dann mit den Fahrrädern neu? Die Entfernungen hier sind enorm, das haben wir bemerkt. Mit unseren begrenzten Tageskilometern brauchen wir eine Ewigkeit, bis wir per Fahrrad die Südinsel erreichen. Wir können außerdem nicht viel transportieren und die kleinen Läden außerhalb der Großstädte sind echt teuer. Schöner wäre es schon, morgens die feuchte Erde und den Wind zu spüren und das Salz in der Luft zu riechen, beim Fahren die Vögel zu hören und alle Eindrücke dieses schönen Landes von Nahem zu erleben, so wie in den ersten Tagen. Die Ostküste erscheint uns ideal zum Radfahren, aber die Temperaturen sind immer noch extrem: Wenn die Sonne scheint, kann man barfuß laufen, bei Wind ist eine dicke Jacke nötig. Die Nächte sind auch sehr unterschiedlich, mal frieren wir, mal ist es recht mild.

Am Morgen ist der Himmel schon wieder bedeckt, wir brechen also schnell in Richtung Gisborne auf, bevor wir es uns anders überlegen. Sobald wir im Auto sitzen, fängt es an zu nieseln. Die Strecke führt uns nach Süden durch die bergigen Raukumara Ranges, die das fast unbewohnte „Innere" der East Coast bilden. Die Straße führt durch viele kleine Dörfer, sie ist an vielen Stellen unterspült und nur grob mit Schotter ausgebessert. Selten begegnen wir einem anderen Auto. Die Farben wechseln zwischen zartem Grün von gerade sprießenden Blättern und dem dunklen Immergrün der Nadelbäume. Fünfzig Kilometer vor Gisborne werden die Berge von Weideflächen abgelöst. Auf den saftigen, eingezäunten Wiesen grasen Schafe,

Kühe, Pferde und manchmal auch Schweine. Hin und wieder ist der grüne Pazifik zu sehen und am Wegrand entdecken wir einige verlockende „freedom camping spots". Die Kinder spielen derweil auf dem Rücksitz das übliche Spiel: „Du darfst nicht aus meinem Fenster schauen", das meist mit Geschrei endet. Titus ist schon so darauf fixiert, dass er manchmal nachts im Traum „Anika nicht gucken!" schreit.

Der lang ersehnte Frühling

Gisborne, das Tor zum Weinanbau-Paradies der Hawke's Bay, sieht aus wie viele andere Orte, durch die wir schon gekommen sind: eine breite Hauptstraße, links und rechts bebaut, nur eben etwas größer als die anderen Städtchen in dieser dünn besiedelten Gegend. Nach der Einsamkeit des Eastland kommt uns die 30.000-Einwohner-Stadt wie eine Metropole vor. Wir entdecken sogar einige Seitenstraßen und Vororte mit einem „Pak 'n Save"-Supermarkt. Das Wetter ändert sich auch: Hier ist Frühling! In der Nacht frieren wir kein bisschen im Zelt, Titus kann endlich wieder ganz ohne seinen verhassten Schlafsack schlafen.

Von Gisborne fahren wir gleich weiter, weil uns der Abgabetermin für das Mietauto im Nacken sitzt. Es geht wieder über Berge, umzäunte grüne Weiden wechseln sich mit Wäldern ab. Die Straße windet sich bergauf und bergab, diese Steigungen wären mit unseren Fahrrad-„Lastwagen" kaum zu bewältigen. Wehmütig sind wir trotzdem. Autofahren ist wie Fernsehen: Wir sehen eine Menge, bekommen aber nichts „wirklich" mit. Für die Kinder gilt das auch: Wie vom echten Fernsehen macht das Autofahren sie unruhig, streitsüchtig und quengelig. Das „Rasen" kommt uns völlig sinnlos vor, wir sitzen nur im Auto, um die riesigen Entfernungen zu überwinden. Vom vielen Sitzen tun uns die Beine mehr weh als vom Strampeln und uns ist langweilig! Die vielen kleinen Details am Straßenrand, die wir in Malaysia und Thailand überall entdeckt haben, fehlen uns. Hier flitzen die vielen „possum pizzas" an uns vorbei, ohne dass wir ein einziges Mal ein lebendes Possum gesehen hätten – geschweige denn einen Kiwi, den man mit viel Glück in der Nacht rufen hören kann. Nur in den kleinen Pausen zwischendurch wird das Land für uns lebendig. Nach 40 Kilometern machen wir einen Abstecher vom Highway auf die kleine Halbinsel Mahia. Abseits der Hauptstraße gäbe es sicher viel zu entdecken: Vor den Fenstern ziehen endlose windgepeitschte Strände und beschauliche kleine Dörfer vorbei. An einer Hauswand erspäht Anika aus Draht und Treibholz gebastelte Fische mit blaugrün schimmernden Paua-Muscheln als Augen, wie sie die Maori in ihren Holzschnitzereien verwenden. Eine schöne Idee, das könnten wir doch mal ausprobieren... Aber es hilft nichts, wir müssen weiterrasen.
Weit und breit sehen wir nur noch baumlose, sattgrüne Berge: Weide ne-

ben Weide, jedes Stück säuberlich eingezäunt. Manche Zäune ziehen sich an steilen Hängen hinauf oder verlaufen gerade über Bergrücken. Jedes noch so kleine Grundstück gehört jemandem. Ich stelle mir den Kampf um das wertvolle fruchtbare Land in der Siedlungszeit vor 150 Jahren vor, als die New Zealand Company fast zehntausend Siedler aus England auf die Nordinsel brachte, um das Land zu kolonisieren und diese dann in den Neuseelandkriegen „ihr" Land gegen die ansässigen Maori „verteidigten". Das Ergebnis sind Millionen Kilometer Zaunpfähle und der berühmte „Number 8"-Draht. Alles wirkt hier sehr, sehr ordentlich. Das Grün in den unterschiedlichsten Schattierungen sollte mich eigentlich beruhigen, mir wird allerdings kotzübel davon. Ich kann das viele Grün nicht mehr sehen! Okay, vielleicht ist es auch nur die Schaukelei des Autos.

Katja

Ich bin so froh, dass wir uns für das Auto entschieden haben! Wir nehmen damit ungefähr die gleiche Route, die wir ursprünglich mit dem Fahrrad fahren wollten, so dass wir vergleichen können, wie es uns auf dem Fahrrad wohl ergangen wäre. Der Highway in Richtung Napier wird zunehmend bergiger. Die Straße windet sich serpentinenartig über viele Kilometer bergan. Sie ist so schmal, dass die vielen schweren Trucks, die schnaufend die Kehren hinaufklettern, kaum Platz haben. Alle paar Kilometer kommt eine „passing bay", wo die langsameren Lkw die schnelleren Autos freundlicherweise vorbeilassen. Ich weiß nicht, wie wir so manchen von diesen Bergen hochgekommen wären, vor allem nicht mit den schweren Anhängern. Ein Fahrrad wäre hier mindestens ein ärgerliches Verkehrshindernis. Nicht umsonst sehen wir während der ganzen Fahrt keinen einzigen Radfahrer auf den Highways. Waldemar trauert dem Ganzen etwas nach, er hätte die Strecke trotzdem gern per Rad versucht. Manchmal kommt es mir vor, als wäre dieses Auto für ihn das Eingeständnis, verloren zu haben. Mit verkniffenem Gesicht sitzt er hinterm Steuer und behauptet, es wäre ihm zu grün.

Immer wenn wir einen der schnaufenden „lorries" überholt haben, kommt garantiert ein schöner Aussichtspunkt, an dem wir unbedingt kurz anhalten müssen. Die Aussichtspunkte sind in Neuseeland wirklich toll: Jede „scenic view", die man von der Straße aus haben kann, ist garantiert mit einem Schild, einem Parkplatz und in der Regel auch gleich noch einer Picknickbank versehen, damit man auch ja in Ruhe die Aussicht genießen kann. Wenn wir mit Schauen, Staunen und Fotografieren fertig sind und uns alle wieder ins Auto gequetscht haben, fährt der langsame Lkw natürlich wieder vor uns. Wir verlassen jetzt einfach den Highway und biegen nach Waipatiki Beach ab, um einen Platz zum Übernachten zu suchen. Zwischen uns und dem Meer liegen hunderte von sanften grünen Hügeln. Dazwischen

erstreckt sich ein Irrgarten von miteinander verbundenen Tälern. Das wäre mal eine Aufgabe: sich mit einem Kompass bis zum Meer durchzuschlagen! Die geschotterte Straße führt zum Glück nur oben auf den Bergrücken entlang, die sich um die Täler schlängeln. Links und rechts vom Straßenrand fällt das Gelände steil ab. Wollige Schafe schauen uns neugierig zu, die Lämmer flüchten sich scheu unter ihre Mütter.
In Waipatiki Beach, einem kleinen Küstendorf, sollen nur 43 Menschen leben, die einen „alternativen Lifestyle" pflegen. Das klingt ganz nach unserem Geschmack. Zum Strand und dem gleichnamigen Campingplatz führt nur eine einsame, 13 Kilometer lange Schotterstraße. Per Luftlinie wären es höchstens fünf Kilometer! Anfangs ist der „gravel" relativ festgefahren, aber auf den letzten Kilometern wird es schwieriger: Große Schottersteine spritzen unter den Rädern weg, das ist nicht gut! Viele Leihwagen dürfen auf „gravel roads" wegen der Gefahr von Lackschäden gar nicht gefahren werden. Die Einheimischen fahren auf diesen Strecken ganz anders als wir: mit Vollgas. Bei ihren Autos kann man aber auch nicht mehr von einer Lackierung sprechen. Leider finden wir Strand und Campingplatz menschenleer vor. Weder an der Rezeption noch im Haus ist jemand zu finden, alles ist abgeschlossen. Missgestimmt kämpfen wir uns wieder die 13 Kilometer über den spritzenden Schotter zurück, sind uns aber einig, dass die aufregende Fahrt und die einmaligen Aussichten von den Bergrücken den Abstecher wert waren. Auf dem nun schnurgeraden Highway 2 sausen wir nach Napier, wo wir im winzigen Gärtchen eines Gasthauses unterkommen, in das unser Zelt zwischen einer Mauer und dem Küchenfenster gerade so hineinpasst. Wir sind uns schon nach wenigen Minuten einig: Das ist ein Platz zum länger Bleiben. Hier ist es einfach gemütlich, die Menschen sind nett und wir können im eigenen Zelt günstig übernachten, ohne auf die Vorzüge der gemütlichen Küche mit dem runden Holztisch zu verzichten. Und das ist schon wieder frustrierend, denn wir müssen ja bald zurück nach Auckland fahren!

Die Stadt oder besser das Zentrum von Napier macht einen sehr übersichtlichen Eindruck. An der Strandpromenade reihen sich viele kleine Holzhäuser, im Zentrum dominiert der Art-déco-Stil. Es wirkt auf uns wie ein Freilichtmuseum, aber dieser Ort sah nicht immer so aus. Im Jahr 1931 zerstörten ein großes Erdbeben und ein Brand die gesamte Stadt, die bis dahin eine ganz normale gewesen war. Durch das Beben hob sich gleichzeitig der Meeresboden vor der Stadt um zwei Meter, so dass 4.000 Hektar neues Land entstanden. Man entschloss sich, darauf ein ganz neues Stadtzentrum zu errichten und schickte Architekturstudenten und Arbeitslose zum Wiederaufbau nach Napier. Dass die Stadt fast komplett im damals aktuellen Art-déco-Stil wiederaufgebaut wurde, war eine Botschaft an die Welt: Eine neue Epoche begann für Napier. Natürlich gab es auch einen praktischen Grund: Die moderne Bauweise war recht günstig, weil man Betonplatten verwenden konnte und die Art-déco-Ornamente relativ einfach waren.

Katja

Endlich finden wir ein wenig Ruhe, es geht uns allen viel besser. Kurz entschlossen verlängern wir unseren Aufenthalt und den Mietvertrag für das Auto um zwei Tage. Ein weiterer Regentag macht uns gar nichts aus, wir nutzen ihn und schauen uns die Art-déco-Häuser an. Die sind echt interessant: Jedes sieht anders aus, aber alle haben die Gemeinsamkeit, dass sie sehr fantasievoll gestaltet sind. Über dem Eingang eines Tandoori-Restaurants entdecke ich ein Ornament mit einer neuseeländischen und einer deutschen Flagge. Dazwischen ziehen sich über die ganze Häuserfront Wellen, wie das Meer, das die beiden Länder voneinander trennt.

Autofahren ist nichts für uns, das wissen wir jetzt: Es stresst und befriedigt nicht unsere Bedürfnisse. Der Wunsch nach einem festen Ort taucht wieder auf. Vielleicht sollten wir uns hier einfach eine Wohnung nehmen, noch einen Monat bleiben und etwas Kreatives tun? Oder endlich darüber nachdenken, wie es zu Hause weitergehen soll? Auf unseren Vorschlag, die Küche des Gasthauses zu renovieren und dafür eine Zeitlang umsonst wohnen zu können, lässt sich unser Vermieter leider nicht ein. Also beschließen wir, zurück nach Auckland und von dort aus in den Norden zu fahren, um auf einer WWOOF-Farm zu arbeiten. Als die Unentschiedenheit besiegt ist, fühle ich mich richtig leicht. Nur Waldemars Schienbein, das er sich in Penang verletzt hat, geht es immer noch nicht gut, die Wunde eitert immer wieder von neuem.

Die Fahrt von Napier ins Landesinnere nach Lake Taupo ist sehr eintönig: Wir fahren durch endlose Monokulturen aus dunkelgrünen Pinien, manchmal flitzen Brand- und Rodungsflächen an uns vorbei. Eine hässliche Erinnerung daran, was Neuseeland im letzten Jahrhundert seinen Wäldern angetan hat, die ursprünglich fast das ganze Land bedeckten. Die Wiederaufforstung mit Rata-Pinien dient einzig dem Holzabbau, eine echte Rekultivierung lohnt sich wohl nicht. Über fast 100 Kilometer passieren wir keine einzige Siedlung.
Lake Taupo, der größte See Neuseelands, ist eigentlich ein riesiger Krater, der Überrest eines explodierten Supervulkans. Heute hängen dicke graue Wolken über seiner endlosen, stillen Wasserfläche, aber vor 22.000 Jahren muss es hier gewaltig gekracht haben. Dass der Vulkanismus in dieser Gegend immer noch sehr aktiv ist, kann man überall spüren. Gleich neben dem See finden wir eine heiße Quelle, in der sich schwarze Gänse ihre breiten Füße wärmen. Der nahe gelegene Mount Ruapehu, den wir am Horizont sehen können, bricht auch regelmäßig aus, was die Kiwis nicht daran hindert, im Winter auf seinen schneebedeckten Hängen Ski zu fahren.
In den nahe gelegenen „Craters of the Moon" sieht es spektakulär aus: Dieses Gebiet voller Krater, dampfender Löcher und blubbernder Matschquellen entstand erst in den Fünfzigerjahren, als das Geothermalkraftwerk in Wairakei den Grundwasserspiegel senkte. Aus vielen kleinen Öffnungen im Boden steigt unablässig weißer Dampf empor, dazwischen liegen graue „mud pools", in denen große graue Schlammblasen spritzend zerplatzen oder klatschend in sich zusammenfallen. Über dem gesamten Gelände hängt ein Geruch von faulen Eiern und Schlimmerem, der in der Nase beißt. Titus ist begeistert – er ist ein „Sulfur-Kind" und vom Schwefelgeruch und den „Blubberlöchern" fasziniert. Noch Monate später beschäftigt ihn die Erinnerung daran, zum Geburtstag der Uroma wünscht er ihr „ein Blubberloch". Ich finde ja nicht, dass es hier wie eine Mondlandschaft aussieht: Er ist viel zu grün, ja geradezu überwuchert mit interessanter Vegetation. Überall wachsen Moose, Flechten, Gräser und kleine Büsche, denen die Wärme des Bodens und die vielen ausgeschwemmten Mineralien nichts ausmachen. Einige „blowholes" sehen aus wie grüne Mini-Vulkankegel. Von einem Hügel aus kann man direkt in die Schlammhölle des „mud crater" blicken, in dessen Innerem ein großer „mud pool" mit vielen dumpf blubbernden Stellen liegt. Begeistert und vor Aufregung hüpfend laufen die Kinder von Blubberloch zu Blubberloch, von Wolke zu Wolke. Wir müssen aufpassen, dass sie nicht vor lauter Neugier hineinstürzen. Vorbei an weiteren dampfenden, blubbernden und zischenden Plätzen führt der Rundweg zu zwei Kratern, die gerade mal vor einem Jahr, im September 2002, entstanden sind. Die umliegenden Wege und die Pflanzen sollen damals mit einer fünf Zentimeter dicken Schicht aus Asche, Schlamm und Bimsstein bedeckt gewesen sein.

Auf dem Parkplatz vor dem Gelände sehen wir noch einmal Steve bzw. leider nur sein Motorrad. Das war wohl das letzte Mal, denn wir fahren jetzt in die entgegengesetzte Richtung. Steve und die Schwierigkeiten, ihn zu treffen, bringen das Problem, das wir in Neuseeland haben, auf den Punkt: Zwar laufen wir uns ständig über den Weg, aber mehr ergibt sich nicht. Neuseeland bleibt für uns das Land ohne Menschen.
Einige Kilometer vor dem geothermalen Zentrum Neuseelands, der Stadt Rotorua, stoßen wir in Waikite Valley auf einen Campingplatz mit „hot water pools". Das fast kochende Wasser der Te-Manaroa-Quelle wird hier in mehrere Becken umgeleitet, in deren 40 °C heißem Wasser wir so lange baden können, wie wir wollen. In der kühlen Frühlingsluft dampft das Wasser gewaltig. Aber egal, wie kalt es draußen ist, im warmen Wasser finden wir es sehr angenehm. Nur unsere Nasen schauen noch heraus. Als wir uns am nächsten Morgen gleich nach dem Frühstück noch einmal in den Pool setzen, ist das Wasser schon viel kühler geworden. Das heiße Quellwasser wird nur abends in die Pools geleitet. Immerhin ist der Morgen nach einer regnerischen Nacht wieder recht freundlich.

Rotorua liegt unter einer permanenten Wolke von fauligem Schwefelgeruch. Statt einer „richtigen" Stadt finden wir die in Neuseeland übliche breite Hauptstraße mit anliegenden Geschäften. Nur die Bäder und das Museum wirken großstädtisch und könnten auch in England stehen. Fast alles Sehenswerte, das heißt, die geothermalen Gebiete mit heißen Quellen, Sinterterrassen und Geysiren in der Nähe der Stadt, kostet hier eine Menge Eintrittsgeld, so dass wir wohl oder übel auf „Waiotapu Thermal Wonderland", „Whakarewarewa The Living Thermal Village" und wie sie nicht alle heißen verzichten. Das ursprüngliche Dorf mit einer alten Kirche und einem Maori-Versammlungshaus ist dagegen frei zugänglich. Im Park bestaunen wir ein langes, kunstvoll geschnitztes Kriegskanu, ein „waka". Die Vorfahren der Maori, die sehr gut im Navigieren waren, sind damit vor 3.500 Jahren aus dem südostasiatischen Raum hergekommen. Weil der Platz auf den pazifischen Inseln knapp wurde, brachen immer wieder Gruppen oder Familien in hochseetauglichen Kanus auf ins Unbekannte, um neue Lebensräume zu finden. Auf den Booten hatten sie alles dabei, was für eine Neuansiedlung notwendig war: Haustiere, Pflanzen, Kinder und Hausrat. Die Vorfahren der Maori überwanden die riesigen Entfernungen zwischen den Inseln des Pazifiks allein mit der Antriebskraft des Windes. Eine Rückkehr war so nicht mehr möglich, da die Winde über dem Ozean nicht in beide Richtungen wehen. So breiteten sich die Menschen Insel für Insel über den gesamten pazifischen Raum aus und erreichten vor ungefähr 1.000 Jahren das heutige Neuseeland. Eine Geschichte erzählt, wie Häuptling Kupe aus dem geheimnisvollen Land Hawaiiki – wahrscheinlich die Insel Raiatea bei

Tahiti – bei der Jagd auf einen Riesenkraken eine große Landmasse entdeckte. Eine lange Wolke hatte ihm den Weg nach Neuseeland gewiesen, und so nannte Kupe die Doppelinsel „Aotearoa": das Land der langen weißen Wolke. Eine zweite Siedlungswelle erreichte Aotearoa um 1300 mit der Ankunft der „heke", der Großen Flotte. Jeder Maori-Stamm sieht seinen Ursprung in einem der sieben Kanus der „heke". Viele Maori können ihren Stammbaum lückenlos über fast 30 Generationen bis zur Ankunft dieser Flotte zurückführen.

Anika und Titus erzähle ich abends im Zelt die Geschichte der Entstehung der Welt, wie sie sich die Maori vorstellen: Rangi und Papa, die Begründer der Welt, liebten sich so sehr, dass sie immer eng beieinander lagen. Ihre vielen Söhnen waren zwischen ihnen geklemmt und mussten in der Dunkelheit leben. Um Platz zum Leben für sich zu gewinnen, sprengten sie mit einer gewaltigen Kraftanstrengung die Umarmung ihrer Eltern auf und trennten damit auch den Himmel von der Erde. Die Mutter Papa, die als Erde zurückbleibt, ernährt ihre Kinder und sehnt sich doch immer nach ihrem Geliebten Rangi, der als Himmel für immer von ihr getrennt ist. Regnet es, deuten die Maori dies darum als „Tränen von Rangi". Der jüngste Göttersohn, Ruamoko, ist der Gott der Vulkane. Von seiner Wut über die Tat seiner Brüder zeugen die Vulkane, Geysire und Thermalquellen um Rotorua noch heute. Es dampft und zischt hier überall, sogar in den Vorgärten, im Stadtpark und auch zwischen den Pflastersteinen.

Tiki, der an der Trennung der Eltern beteiligt gewesen war, brachte den Menschen später das Feuer und fischte schließlich mit einem Angelhaken aus Großmutters Kiefer die Nordinsel Neuseelands aus dem Meer. Die Südinsel ist sein versteinertes Kanu. Hei-Tiki findet man als kleine Menschenfigur in Anhänger-Form überall in Neuseeland. Entweder wird er männlich dargestellt, mit zum Körper hin gewandten Armen und Beinen, oder in weiblicher Ausführung mit den Armen im umgekehrten „V" auf der Brust. In jeder Ausführung verkörpert diese Figur Kraft und Glück. Als wir in Napier unsere Krise hatten, habe ich mir selbst einen Hei-Tiki aus einem Stück Treibholz geschnitzt. Ob er hilft? Zumindest hat er mir aus der Krise geholfen.

Als die englischen Siedler (von den Maori heute noch „pakeha" genannt) ab 1800 nach Neuseeland kamen, wurden die Maori von ihnen wie viele andere Völker in der ganzen Welt zum Christentum missioniert. Ihren eigenen Glauben haben sie sich jedoch bewahrt und zum Teil auch in die aufgezwungene neue Religion integriert. Himmel und Erde, Wald, Wind und Meer sind nur die materiellen Formen göttlicher Wesen: Rangi und Papa, Tane Mahuta, der Gott des Waldes, oder der Meeresgott Tangaroa. Das alles wird in der kleinen Kirche sichtbar, die wir uns anschauen.
Hier sind wir ganz allein, die Touristen interessieren sich nur für die zischenden, stinkenden Thermalgebiete inklusive Maori-Tanzaufführung. Die Kirche ist hell und hat nichts von der Schwere der europäischen Kirchen. Wir bewegen uns frei, ich habe nicht das Gefühl, dass wir flüstern müssen. Neben Jesus, der an einem Fenster mit Blick zum See so angebracht ist, dass die Illusion entsteht, er gehe über Wasser, sind hier auch viele traditionelle Maori-Schnitzereien und Verzierungen zu sehen. Nach dem Glauben der Maori besitzt jeder Mensch, jeder Baum und jeder Stein „mana", eine spirituelle Kraft. Je stärker und einflussreicher ein Mensch ist, desto mehr besitzt er davon. Gegenstände gewinnen „mana" durch ihre Wichtigkeit und die Energie, die man ihnen opfert oder die man bei ihrer Herstellung auf sie überträgt. Bearbeitet ein Mensch einen Gegenstand, verleiht er diesem sein „mana". Diese Kirche hat viel Maori-„mana". Das Christliche nehme ich kaum wahr, auch wenn da irgendwo auch Jesus am Kreuz hängt.

Mit weiteren spirituellen Kunstwerken ist das in der Nähe liegende Maori-Versammlungshaus verziert. Ein solcher „marae" ist ein Ort der Spiritualität und der Lebenskraft, wo Leben und Tod sich verbinden, wo die lange verbotene Maori-Sprache gepflegt wird. Jedes Stammesmitglied hat hier drinnen das Recht, angehört zu werden, hier werden traditionelles Wissen und Überlieferungen von den Alten an die Jugend weitergegeben. Die Versammlungshäuser sind „tapu" und dürfen von Fremden nicht betreten werden, es sei denn, sie werden eingeladen. Häusern wie das hier, in dem wir herumlaufen dürfen, sind für Touristen bestimmt und nicht „echt". Normalerweise meiden wir solche „Attraktionen", aber sonst hätten wir in Neuseeland kaum die Gelegenheit, etwas davon mitzubekommen.

Abschied mit Hindernissen

Katja

In der Gegend um Auckland dominiert nicht mehr das Grün auf den Wiesen, sie haben sich zu bunten Blütenteppichen verwandelt. Endlich ist hier der Frühling angekommen. Unter blauem Himmel quartieren wir uns im Vorort Remuera auf einem Campingplatz ein. Außer unserem Zelt steht hier noch das kleine Iglu-Zelt von Keron, der mir beim Wäsche aufhängen zuschaut. In Jeans und Turnschuhen und mit kurzen Haaren sieht er ganz unauffällig aus. Er sagt, er wäre seit einem halben Jahr in Auckland, die letzten paar Tage hat er hier in Remuera verbracht. Als ich frage, wie er diese lange Reise mit seinem Job vereinbaren kann, antwortet er schlicht: „Ich habe keinen." Ich suche nach den richtigen englischen Wörtern: „Bist du ein Lebenskünstler?" Er stutzt erst und überlegt: „Ja, so etwas Ähnliches bin ich."

Am Abend erfahren wir mehr über Keron. Während wir in dem kleinen Gemeinschaftsraum des Campingplatzes kochen und essen, sitzt Keron an einem kleinen Tisch im „Wohnzimmer" und liest. Er ist an vielem sehr interessiert und wir unterhalten uns lange – über Hieroglyphen, französische Lyrik, die Pflanzen- und Tierwelt von Neuseeland und noch viel mehr. Ein großer, von ihm selbst gepflückter Blumenstrauß duftet auf dem Tisch der Gemeinschaftsküche und macht den hässlichen, mit Holzimitat verkleideten Container mit Leuchtstoffröhren an der Decke ein wenig wohnlicher.

Vor 20 Jahren ging der gebürtige Kiwi nach England, lebte mal in London und mal in der schottischen Hauptstadt Edinburgh. Dort wohnte er in einem Zelt – im Winter! Nach einiger Zeit in den USA kam Keron zurück und lebt seitdem an verschiedenen Stränden Neuseelands. Wenn ich an die Kälte der letzten Wochen denke, mag ich mir gar nicht vorstellen, wie es sein muss, den Winter am Strand zu verbringen. Auch diese Nacht wird noch einmal sehr kalt. Kerons Schlafsäcke sind zu dünn, sogar in zwei ineinander gesteckten friert er. Weil er einen britischen Pass hat und sein Visum abgelaufen ist, wartet Keron eigentlich auf seine Ausweisung. Mit dem wenigen Geld, das er hat, kann er aber nicht nach England zurückfliegen und die neuseeländische Regierung weist ihn nicht aus, weil er hier geboren wurde. Für Neuseeland hat Keron überraschenderweise nicht viel übrig, vielleicht sind das schlechte Erinnerungen aus seiner Kindheit?

Der Abend vergeht viel zu schnell, irgendwann müssen wir die Kinder ins Bett bringen, auch wenn sie noch so brav spielen. Auch am nächsten Morgen reden wir wieder lange mit Keron, so dass die Zeit zum Frühstücken knapp wird. Wir müssen ja heute noch das Mietauto zurückgeben. Auch Keron verpasst die Check-out-Zeit, eigentlich wollte er heute aufbrechen und einen billigeren Zeltplatz suchen.

Auckland zeigt sich heute von seiner schönsten Seite. Die Sonne scheint, es ist windstill und frühlingshaft warm. Während Katja im Internetcafé die Korrespondenz erledigt, waschen Anika, Titus und ich in einer Waschanlage das Auto und saugen es aus. Da wir eine Autoversicherung mit 700 NZ-Dollar Selbstbeteiligung abgeschlossen haben, fürchte ich, dass die kleinen, unumgänglichen Kratzer von den „gravel roads" beanstandet werden, aber die Abgabe geht schnell und problemlos. Puh, das wäre das Todesurteil für unser Budget gewesen! Genauso schnell sitzen wir mit unseren Taschen im Zug nach Papakura, wo uns Phil abholt und uns mit dem Auto nach Clevedon bringt. Dort lässt er uns allein, denn Cathy ist zur Arbeit und auch Phil muss wieder ins Büro zurück, obwohl wir uns doch noch viel ausführlicher bei ihm und Cathy bedanken wollten. Wenn ich darüber nachdenke, dann waren das die einzigen Menschen hier in Neuseeland, die uns wirklich geholfen haben. Ein Jammer, dass wir das gebastelte Mobile für sie im Zelt gelassen haben!

Die Autoreise liegt hinter uns, aber irgendwie hat sie nicht zu uns gepasst. Jetzt stehen wir wieder da, wo wir vor drei Wochen angefangen haben. Es ist, als ob dieser Teil irgendwie aus unserer großen Reise herausgerissen war, jetzt wächst alles langsam wieder zusammen. Es ist eine Riesenfreude, unsere Fahrräder wiederzusehen. Genauso muss sich Anika gefühlt haben, als sie Nina aus dem Übersee-Paket geholt hat. Wir fahren langsam los und staunen, als wir wieder die Blumen am Straßenrand erkennen, ihren Duft riechen und den Fahrtwind spüren. Die wenigen Hügel bewältigen wir ohne Anstrengung. Die Sonne scheint, es ist Frühling. Endlich! Auf die Minute pünktlich kommen wir zurück nach Papakura und steigen direkt in den Zug ein, der sofort losfährt. Wir fahren erst einmal zurück nach Remuera, dort steht ja unser Zelt. Es ist trotz der Freude über die neue Freiheit etwas ungewohnt, kein Auto mehr zu haben und nicht aus dem Kofferraum zu leben. Alle unsere Sachen sind jetzt im Zelt verstreut, sofort breitet sich Chaos aus. Den Abend verquatschen wir wieder mit Keron. Weil er mit dem Rauchen aufhören will, hat er Unmengen von Süßigkeiten dabei. Das muss seine ganze Wochenration sein, und damit füttert er uns! Es tut unheimlich gut, sich wieder einmal mit jemandem intensiver zu unterhalten und mehr auszutauschen als: „Woher kommst du und wo willst du hin?" Unsere zwischenmenschlichen Kontakte waren in den letzten Wochen mehr als spärlich, wir sind richtig ausgehungert. An diesem Abend kochen wir nichts, wir sind eh schon satt von den vielen „chockletts". Die Kinder finden das auch nicht schlimm, ganz im Gegenteil. Lieber reden wir. Kerons Kiwi-Englisch ist erstaunlich gut zu verstehen und das Sprechen fällt mir immer leichter. Keron war auch schon einmal in Deutschland und spricht ein wenig Deutsch. Wir veranstalten also einen bilingualen Sprachunterricht.

Auch unsere Pläne sind durch das Treffen mit Keron auf ein Nebengleis geraten. Obwohl wir eigentlich noch den Norden Neuseelands anschauen und nach einem Bio-Hof zum Arbeiten suchen wollten, verquatschen wir uns am Morgen schon wieder. Erst am dritten Morgen tut Keron das, was er schon vor zwei Tagen tun wollte: Er baut sein Zelt ab. Bevor wir uns trennen, sitzen wir noch alle zusammen am Frühstückstisch. Ich gebe ihm unsere Adresse, falls er mal wieder nach Deutschland kommen sollte. Nach seiner E-Mail-Adresse zu fragen, verpasse ich irgendwie. Dann ist er weg. Ein eigenartiges Gefühl. Wir haben uns gegenseitig an Aktionen gehindert, aber das war in Ordnung. Offenbar hatten wir alle das Bedürfnis, nicht weiterzufahren, sondern zusammen zu sein. Vorher hatten wir kaum Zeit, etwas zu erledigen, plötzlich fehlt da etwas. Wir haben Zeit mehr als genug, der Platz ist leer, nur die Blumen im Fernsehraum duften noch.
Inzwischen ist uns klar, dass wir in Neuseeland keinen Fuß fassen werden. Es ist einfach zu teuer. Die Bio-Höfe, auf denen wir nach Arbeit fragten, wollten keine Familien aufnehmen – verständlich, denn mit Kindern kann man weniger arbeiten, braucht aber mehr Platz und Essen. Einen familienfreundlichen Hof haben wir nicht finden können. Auch das Radfahren macht hier nicht so richtigen Spaß. Entweder schwitzen wir unter den vielen Sachen und dem Helm oder uns ist kalt. Wir haben daher beschlossen, weiter nach Sri Lanka zu reisen und verspüren bis dahin keinen Antrieb mehr, uns von hier wegzubewegen. Anika spielt mit zwei neuseeländischen Jungs, sie klettern auf Bäume oder machen aus der Wäschespinne ein Karussell. Das tut ihr richtig gut, mal wieder mit anderen Kindern zu spielen. Der Abend ist kalt und ziemlich einsam. Keron fehlt uns, wir hatten uns an ihn gewöhnt. Was ist das nur? Waren wir in den letzten Monaten so einsam?

Katja
Am nächsten Morgen machen wir uns endlich auf den Weg, um unseren Flug umzubuchen. Da das Büro der Fluggesellschaft weit außerhalb der Stadt liegen soll, fahren wir zuerst mit dem Bus, dann mit der Bahn. Als wir ankommen, stellen wir fest, dass das Büro nicht in der Swanson Road, sondern in der Swanson Street ist. Und die ist nicht hier draußen, sondern in der Innenstadt. Also müssen wir den ganzen Weg wieder zurück. Das ist ärgerlich, aber wenigstens haben wir so etwas von Aucklands U-Bahn und den Randgebieten im Norden der Stadt gesehen.
Die Umbuchung klappt problemlos, in ein paar Tagen können wir schon fliegen. Wir nutzen die restliche Zeit zum Ausmisten und ich gönne mir noch einmal den Luxus einer Waschmaschine. In den nächsten Monaten wird es wieder nur Handwäsche geben. Auch Titus bekommt eine gründliche Wäsche. Da er nicht duschen mag, nimmt er sein letztes Bad in einem großen alten Wäschebecken. Es ist so groß, dass Titus problemlos hineinpasst.

Eine norwegische Familie mit zwei Mädchen kommt in einem blauen Bus auf den Campingplatz. Sie waren vorher in der Südsee und wollen nach Neuseeland noch Australien, Malaysia und Thailand anschauen. Ihr kleines Häuschen in Norwegen haben sie vermietet und reisen nun in ihrem winzigen Bus. Am Tag darauf kommt ein zweiter Wohnmobil, ein umgebauter Lkw, bemalt mit neuseeländischen Farnen und Maori-Symbolen. Eine englische Familie mit drei Kindern hat ihn gestern für 7.000 NZ-Dollar gekauft. Kleine Wohnmobile und Autos werden von den Reisenden für wenige hundert Dollar an andere Reisende weiterverkauft, in Auckland gibt es sogar eine Börse dafür. Nicht selten sind die Kisten schon sehr alt und abgenutzt, da sie alle paar Monate den Besitzer wechseln. Dieser Lkw scheint aber gut in Schuss zu sein. Die Familie will damit ein Jahr durch Neuseeland reisen und sich danach irgendwo niederlassen. Sie sind beide Ärzte mit Auswanderungsplänen. Die Oma fährt auch mit - wie praktisch!
Auf einmal sind hier sieben und manchmal sogar neun Kinder da. Aus einem ruhigen Ort ist ein lärmender Rummelplatz geworden. Anika zeigt den Neuankömmlingen das Wäscheleinenkarussell und die Kletterbäume, dann spielt sie aber lieber wieder mit den beiden neuseeländischen Jungs, denn mit denen lässt sich mehr Unsinn anstellen. Unseren Plan, für die letzten Tage auf einen günstigeren Campingplatz im „Ambury Regional Park" in der Nähe des Flughafens zu ziehen, lassen wir nun auch noch fallen. Hier haben wir endlich ein paar freundliche, aufgeschlossene Gesprächspartner mit ähnlichen Interessen und die Kinder sind glücklich.
Eines der norwegischen Mädchen feiert seinen achten Geburtstag, es gibt eine Geburtstagstorte mit Erdbeeren. Die Mädchen der englischen Familie, Lisa und Claire, verbringen die meiste Zeit im Fernsehraum. Vor allem die Große, sie mag zwölf sein, langweilt sich und vermisst ihre Freunde. Die Eltern dagegen sind gestresst. Mit dem großen Bus haben sie sich ein wenig übernommen: Die Lichtmaschine arbeitet nicht einwandfrei, ein zusätzlicher Sitz mit Gurt muss noch angebracht werden. Bei der Haushaltsausstattung für den Bus muss sich Mutter Lissy auch etwas übernommen haben, denn die Mengen, die sie nach dem Shopping-Ausflug auspackt, sind eher für ein Einfamilienhaus als für ein Wohnmobil geeignet. Tagelang liegen Plastikschüsseln im Gras, die im Bus keinen Platz mehr gefunden haben.
Während um uns herum alle Nachschub kaufen und immer mehr auspacken, sind unsere Tage in Neuseeland gezählt; wir müssen zusammenpacken. Diesmal ist es mehr als sonst, denn die Pakete von zu Hause, die wir im „Georgia Parkside Backpackers" gelassen hatten, sind ja auch noch da. Die vielen schönen Muscheln und Stöckchen von den vielen schönen Stränden können wir leider nicht alle mitnehmen. Das ist wirklich schade, denn Katja und Anika haben inzwischen eine sehr imposante Sammlung. Auch Spielzeuge, Malstifte, Spiritus für unseren Kocher oder ein Pullover

von mir müssen hierbleiben und werden verschenkt. Die Muscheln finden sehr schnell Abnehmer, die Gummistiefel der Kinder bekommt die englische Familie.

Am Morgen der Abfahrt sind wir früh wach. Während wir frühstücken, versuche ich, das Zelt zu trocknen. Die Sonne ist jedoch noch zu schwach und verschwindet außerdem immer wieder hinter den Wolken. Warum sollte es ausgerechnet heute auch anders sein als sonst? Wir packen es wohl oder übel noch feucht in seinen Sack. Die Fahrräder sind heute wirklich sehr schwer beladen, es kostet uns viel Mühe, Schweiß und Puste, um aus der Senke, in der das „Remuera Motorcamp" liegt, herauszukommen. Als wir endlich oben sind, haben wir den Zug in Richtung Flughafen verpasst. Dafür hilft uns die Schaffnerin, in den nächsten Zug alles einzuladen. Sogar der Zugführer steigt aus und schiebt mit uns die Anhänger in den Wagen.
Am Flughafen geht alles recht schnell, das Flughafengebäude ist nicht sehr groß. Um alles auseinanderzubauen, brauchen wir allerdings über eine Stunde. Nachdem uns das Gepäck abgenommen wurde, müssen wir nur noch die Fahrräder und Anhänger zum Sperrgepäckschalter bringen. Hier hilft uns niemand, dafür dürfen wir als Familie mit Kindern direkt durch die Kontrolle beim Check-in gehen. Das Flugzeug ist gut gefüllt, aber wir haben je drei Sitze in zwei hintereinander liegenden Reihen reserviert. Titus hat seinen Mittagsschlaf um einige Stunden verschoben, so dass er jetzt auf Mittag malaysischer Zeit fällt – perfekt. Anika versucht sich derweil mit einfachen

Computerspielen und ist erstaunlich schnell erstaunlich gut darin. Der Abschied von Neuseeland fällt ihr offenbar gar nicht schwer. Uns auch nicht.

Katja
Ich schaue mit einem lachenden und einem weinenden Auge auf die vergangenen Monate zurück. Unser eigentliches Reiseziel – laut Flugticket – hieß Neuseeland! Nach den Monaten in Asien fiel uns die Umstellung auf den eher europäischen Lebensstil in Neuseeland schwerer, als wir uns anfangs eingestehen wollten. Wir waren ja auf einer Reise fernab der deutschen Zwänge und Pflichten unterwegs, da passte es einfach nicht hinein. Die eingezäunte Landschaft, Verbots- und Hinweisschilder allüberall und natürlich auch die plötzliche Stille – im Gegensatz zu Asien, wo wir uns oftmals nur Ruhe gewünscht haben!
Doch all die Erfahrungen haben uns auch etwas über uns und das, was wir von dieser Reise wollen, gezeigt. Hätten wir dieses Kontrastprogramm nicht durchlebt, wäre uns vielleicht auch die Erkenntnis nicht gekommen, was wir von den weiteren wertvollen Monaten unserer Reise noch erwarten. So hat auch jede schwierige Erfahrung etwas Bereicherndes.
Schade, dass wir keine E-Mail-Adresse von Keron haben. Ich habe in den letzten Tagen immer wieder an ihn denken müssen. Was er wohl macht, wo er wohl untergekommen ist? Ich hoff, dass der Zufall uns vielleicht noch einmal zusammenführt. Jetzt, wo uns die Sonne ein paar warme Tage im plötzlich so lebendigen Auckland beschert hat, würde ich doch gern noch etwas vom neuseeländischen Frühling mitbekommen. Überhaupt würde ich gern noch einmal nach Neuseeland zurückkehren. Es ist ein reizvolles Land, das es verdient, mit mehr Offenheit erkundet zu werden.
Wir sind alle erleichtert, wieder nach Asien zu fliegen. Ohne den großen finanziellen Druck, den wir hier immer wieder gespürt haben, wird es hoffentlich wieder leichter. Der Flug nach Sri Lanka war als Option von Anfang an mitgebucht, nur die Tickets wollten wir uns in Asien besorgen, wo die Preise günstiger sind. Sri Lanka war von Anfang an mein Wunsch und nun sind wir auf dem Weg...

Kurzer Zwischenstopp in Malaysia

Den KLIA-Flughafen (die Malaysier lieben Abkürzungen) kennen wir nun schon recht gut und durch die Passkontrolle kommen wir auch schnell: Dank schreiendem Titus in der Rückentrage darf ich an der Schlange vorbeigehen. Die Fahrräder können wir heute nicht mehr für den Flug nach Sri Lanka einchecken, sie müssen in der Gepäckaufbewahrung bleiben. Mit dem hoteleigenen Bus fahren wir zum „Concord Inn", wo wir bereits unsere ersten Nächte in Malaysia verbracht haben, breiten das noch feuchte Zelt und die dünnen Schlafsäcke aus und schlafen sofort ein. Die Nacht ist kurz, schon um fünf Uhr morgens sind wir hellwach. Zum Frühstück gibt es vertrautes „mee goreng“ und andere bekannte Leckereien, die Kinder planschen wie junge Fische im herrlich warmen Swimmingpool. Gegen ein Uhr mittags sind wir wieder am Flughafen, aber wir haben noch einige Stunden Zeit. Unser Flug nach Colombo auf Sri Lanka geht erst um acht Uhr abends. Das (inzwischen getrocknete) Zelt, die dicken Schlafsäcke, Isomatten und einiges mehr, was wir nicht mehr brauchen, schicken wir wieder mit der Post nach Deutschland. Um einige Kilogramm erleichtert, geben wir unser sonstiges Gepäck auch noch ab und lassen uns in einer der vielen ruhigen Ecken entspannt nieder, während die Kinder das Rutsch-Flugzeug auf dem Indoor-Spielplatz benutzen.

Der Flug nach Sri Lanka geht über die Malediven, die einsam und verlassen inmitten des riesigen blauen Ozeans liegen. Beide Kinder schlafen fast die ganzen sechs Stunden durch. Vor der Landung wieder mal was Neues: Das Flugzeug und die Passagiere werden mit Insektiziden aus- bzw. eingesprüht. Manche Fluggäste, darunter wir, halten sich Decken vor den Mund, andere zucken nicht einmal mit der Wimper, als das Gift aus der Spraydose ihnen fast direkt ins Gesicht gesprüht wird.

Sri Lanka

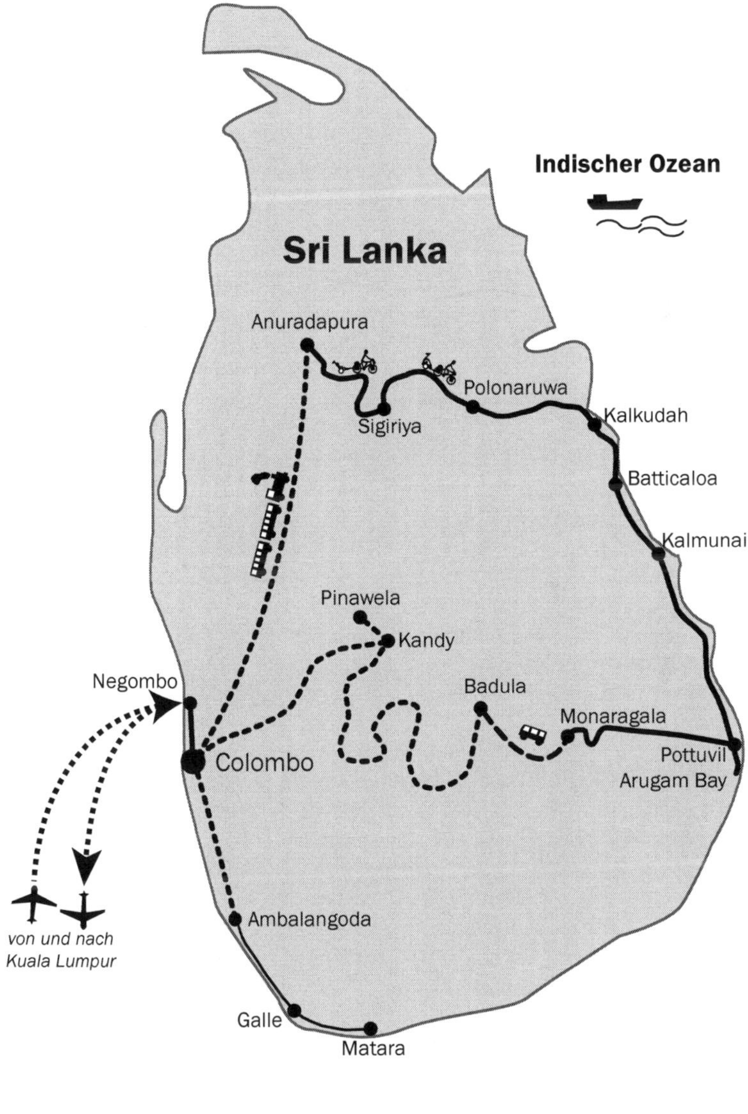
Indischer Ozean
Sri Lanka
Anuradapura
Sigiriya
Polonaruwa
Kalkudah
Batticaloa
Kalmunai
Pinawela
Kandy
Negombo
Badula
Monaragala
Colombo
Pottuvil
Arugam Bay
von und nach
Kuala Lumpur
Ambalangoda
Galle
Matara

Zurück in der Fremde? Alles ist anders

Um drei Uhr morgens erwartet uns auf Sri Lanka eine andere Welt. Die Ankunftshalle des Flughafens Bandaranaike wirkt lange nicht so luxuriös wie KLIA oder auch nur der Flughafen in Auckland. Ich bin so müde, dass ich wie durch einen Schleier schaue: Alles sieht grau aus, wie mit einer Patina überzogen. Vielleicht macht das auch nur das grelle Licht der Leuchtstoffröhren oder es ist eine Folge der Insektizid-Kur im Flugzeug. Mit dem Gepäck und den Fahrrädern auf Trolleys schieben wir uns langsam bis zur Eingangshalle durch. Einige Träger stürzen sich auf uns und nehmen Katja ungebeten den Wagen aus der Hand, wofür sie natürlich Geld haben wollen. Wir lehnen dankend ab.

Das „Wind Mill Hotel" in Negombo, der am nächsten liegenden Stadt, haben wir per E-Mail reserviert und um Abholservice gebeten. Das hat offenbar nicht funktioniert, niemand wartet auf uns. Aber das ist kein Problem, vor dem Flughafen stehen auch um diese Zeit genügend Kleinbusse. Jetzt heißt es nur noch den Preis herunterhandeln und das Gepäck und die Fahrräder im Bus unterbringen. Der Fahrer eines alten Mitsubishi, der nur wenige Worte Englisch spricht, chauffiert uns durch die schwarze Nacht. Die Autos und die „Threewheelers", die in Thailand „Tuktuks" genannt werden, fahren in der Mitte der Straße und weichen nur dann nach links aus, wenn ihnen etwas entgegenkommt. Die Stadt ist stockdunkel, keine Straßenbeleuchtung, nichts erhellt die nächtliche Finsternis. Auch die Häuser sind unbeleuchtet, so dass unser Fahrer Probleme hat, das Hotel zu finden. Niemand macht uns auf, auch nicht nach mehreren Versuchen. Eine andere Unterkunft finden wir auch nicht, die Adressen aus dem Lonely Planet scheinen nicht zu stimmen. Schließlich bringt uns der Fahrer in ein Hotel, das er kennt.

Trotz tiefem, traumlosem Schlaf sind wir am nächsten Tag immer noch hundemüde. Nach dem Frühstück baue ich gähnend die Anhänger und Fahrräder zusammen. Ein Angestellter des Hotels hilft wortlos mit. Mit einem schüchternen Fingerzeig auf den geschnitzten Anhänger an meinem Hals bringt er nur eine staunende Frage heraus: „Is this Buddha? You are buddhist?" – „No, this is Tiki from New Zealand." Ich versuche es ihm zu erklären, aber er bleibt beim Buddha.

Die Bevölkerung von Sri Lanka ist vorwiegend buddhistisch, aber nicht in Negombo, einer Hafenstadt mit über 100.000 Einwohnern, die vor allem vom Tourismus lebt. Ich sehe erstaunlich viele Kirchen, als ich trotz meiner Müdigkeit in die Stadt fahre, um für uns etwas Wasser und Essbares zu besorgen. Das liegt daran, dass Negombo als einer der ersten Orte von den Portugiesen im 16. Jahrhundert kolonialisiert wurde. Die Menschen hier wurden zum Christentum „bekehrt", so dass heute die Mehrheit der Einwohner katholisch ist. An jeder Ecke steht eine Jesus- oder Maria-Statue, aber auch zwei Hindutempel und eine Moschee sehe ich nahe daneben. Auf dem Fahrrad bin ich nicht allein. Neben den Threewheelers sind Fahrräder die häufigsten Transportmittel: meist einfache schwarze Herrenräder, Nachbauten alter englischer Marken, die schon viele Jahre auf dem Buckel haben. Die Felgenbremsen werden mit Gestänge bedient. Auf Beleuchtung wird verzichtet, wichtiger sind stabile Gepäckträger, auf denen Menschen und Waren transportiert werden. Die Stadt wirkt mit ihren niedrigen, einfachen Bauten eher wie ein riesiges Dorf. Alles kommt mir sehr viel ursprünglicher und ärmlicher vor als in Thailand oder gar in Malaysia. Die Geschäfte sind klein, die Warenauslagen bescheiden.

Wir fühlen uns im Hotel ein wenig beobachtet: Da wir momentan die einzigen Gäste sind, wird jeder unserer Schritte verfolgt. Das ist nicht unbedingt negativ gemeint, alle sind wirklich sehr hilfsbereit, aber es fehlt uns an Privatsphäre und wir fühlen uns unter Druck gesetzt, doch bitte im hoteleigenen Restaurant zu essen. Deshalb wollen wir lieber ein anderes Hotel suchen. In Negombo werden wir noch einige Tage bleiben, denn fit zum Fahrradfahren fühlen wir uns noch nicht. Den Linksverkehr beherrschen wir zwar inzwischen aus dem Effeff, aber an die tropische Hitze müssen wir uns erst wieder gewöhnen.

Als die Fahrräder am nächsten Morgen abfahrbereit auf dem Hof stehen, kommt das Fernsehen, um ein Interview mit uns zu machen. Es geht sehr schnell: Der Journalist filmt uns und stellt gleichzeitig seine Fragen, unser Gastgeber hält das Mikrofon. Hauptsächlich will der Journalist hören, dass wir nun, da der Bürgerkrieg in Sri Lanka vorbei ist, auch in den Osten und den Norden reisen wollen. Das wollen wir auch.

Erst vor Kurzem wurde in dem Bürgerkrieg, bei dem mehrere tausend Menschen vor allem aus der Zivilbevölkerung getötet wurden, ein Waffenstillstand beschlossen. Der zugrunde liegende Konflikt zwischen den Singhalesen und den Tamilen ist schon Jahrtausende alt. Schon vor Beginn unserer Zeitrechnung kämpften die beiden Königreiche gegeneinander. Die Tamilen siedeln vor allem im Norden und Osten der Insel, die Singhalesen im Süden und im Inland. Die ersten Kolonialherren, die Portugiesen, und später auch die Holländer betrachteten die beiden Gruppen als eigenständige Einheiten. Erst die Briten fassten die Völker als Kronkolonie zusammen und betrauten dann vor allem die gebildeteren Tamilen, obwohl sie in der Minderheit waren, mit Verwaltungsposten. Das sahen die Singhalesen natürlich nicht gern. Nach der vollständigen Unabhängigkeit Sri Lankas im Jahr 1972 verweigerte die singhalesisch dominierte Regierung den Tamilen die Mitarbeit in der Regierung, dem Militär und der Polizei, verbot Englisch und Tamil als Amtssprachen und entzog den in der Kolonialzeit als Plantagenarbeiter auf die Insel gekommenen indischen Tamilen das Wahlrecht. Es kam zu Ausschreitungen und im Gegenzug zu noch stärkeren Sanktionen, worauf sich in den 1960er-Jahren die Tamilen zu organisieren begannen, um gegen die Unterdrückung zu kämpfen. Die militante Gruppierung „Tamil Tigers“ (LTTE) nahm dann in den 1980er-Jahren den bewaffneten Kampf gegen die Regierung auf, wobei sie auch gemäßigte Tamilen-Politiker ermorden ließ. Ihr Ziel ist ein unabhängiger Staat der Tamilen auf Sri Lanka. Die LTTE gilt inzwischen als terroristische Vereinigung, die mit Sprengstoffanschlägen unter anderem den indischen Ministerpräsidenten Rajiv Gandhi ermordet hat. Von den Anschlägen in den 1980-ern war in Deutschland viel zu hören. Ich erinnere mich auch, dass in der Zeit viele Flüchtlinge nach Deutschland kamen. Die Tamilengebiete waren lange Zeit für Touristen gesperrt bzw. wurden als zu gefährlich für Reisen eingestuft. Jetzt bietet sich die erste Gelegenheit, dahin zu reisen. Den Wunsch der Tamilen nach Unabhängigkeit kann ich nachvollziehen und empfinde auch Sympathie für sie. Bei so viel Unterdrückung ist es verständlich, dass sich Widerstand gebildet hat. Aber wie so oft in solchen Konflikten, leidet die tamilische Bevölkerung nicht nur unter dem singhalesischen Militär, sondern auch durch die „Tamil Tigers“. Es sind eben immer die „kleinen“ Leute. Jetzt scheint ein Durchbruch erreicht, die Menschen haben endlich Hoffnung auf Frieden.

Katja
Wie wir auf die Idee gekommen sind, nach Sri Lanka zu reisen, will der Journalist wissen. Ich erzähle ihm, dass ich in der Schweiz in einer Klinik für Querschnittsgelähmte gearbeitet habe. Über ein Jahr habe ich dort einen querschnittsgelähmten Tamilen betreut, der mir viel über seine Kultur erzählte, die ich auch bei seiner Familie zu Hause erleben konnte. Das hat mich neugierig gemacht und ich wollte dieses Land selbst kennenlernen. Mein Patient kam aus dem Norden Sri Lankas. Dort und an der Ostküste leben auch die meisten Tamilen. Wir wollen aber die ganze Insel mit all den verschiedenen Menschen erkunden und haben unsere Route noch nicht festgelegt.

Unsere nächste Unterkunft in Negombo finden wir direkt am Strand. Das „Dephanys" hat ein schönes, im Kolonialstil eingerichtetes gemütliches Zimmer mit gebatikten Gardinen und einem kleinen Balkon, der über dem Hof hängt. Unten sind eine Terrasse und ein Garten, der fast am Meer liegt. Die Moskitonetze sind zwar nicht ganz dicht, aber wir haben ja unsere eigenen dabei. Wir fühlen uns gleich wohl und bleiben gern noch ein paar Tage.
Der Strand ist nicht der schönste, aber nach Neuseeland ist das der erste Ort, an dem wir uns wieder etwas „Luxus" gönnen können: Wir müssen nicht selbst kochen und werden trotzdem satt. Obgleich wir Neuseeland viel früher als geplant verlassen haben, vermissen wir es überhaupt nicht. Die Kinder fühlen sich wohl, sie können endlich wieder halbnackt im warmen Sand spielen. Titus hat hier wieder seine „Popo-Dusche": einen auf seiner Höhe angebrachten Wasserhahn mit Schlauch, den er zum Duschen nutzen kann. Toilettenpapier wird in Sri Lanka genauso wenig verwendet wie in Malaysia oder Thailand. Auch Windeln braucht Titus hier nicht, seine nassen Hosen trocknen in der Sonne schnell. Tagsüber kommt er ohne Windeln aus und wenn etwas „daneben" geht, ist das nicht schlimm. In Neuseeland war das nicht so einfach, die vielen Sachen konnten wir nie schnell genug ausziehen, wenn es „dringend" war, und die Wäsche brauchte dort manchmal Tage zum Trocknen.
Auch unsere Mahlzeiten stehen nicht mehr so im Vordergrund wie im kalten Neuseeland. Dort war das Bedürfnis, etwas Warmes und Gehaltvolles zu uns zu nehmen, stärker. Selbst zu kochen, war die einzige Möglichkeit, satt zu werden, Essen gehen war für uns viel zu teuer. Wahrscheinlich haben wir auf andere Reisende gewirkt wie Alex auf uns, dessen Weltsicht hauptsächlich aus „cheap" und „expensive" besteht. Unser Budget ist zwar nicht gewachsen und wir können nicht prassen, doch das tägliche Leben ist in Asien wieder viel entspannter.

Katja
Manchmal wäre die Stille, von der wir in Neuseeland fast schon zu viel hatten, schön. Am Strand bleiben wir meist nicht lange allein. Dass wir hier immer von Menschen umgeben sind, daran müssen wir uns erst wieder gewöhnen. Ist schon verrückt. Da die Touristensaison Ende Oktober noch nicht begonnen hat, streunen unzählige nicht ausgelastete Souvenir-Verkäufer herum. Für die sind wir gefundene Opfer. Sie lassen sich nicht abschütteln, bevor sie nicht ihre ganze Ware vor uns ausgebreitet haben. Mit dem Kopf zu schütteln oder uninteressiert wegzuschauen, hilft nicht. Reden ist besser als ignorieren: Ich versuche zu erklären, dass wir mit Fahrrädern unterwegs sind und jegliches Gewicht zu viel ist. Diese Ausrede verstehen die meisten, aber davonkommen lassen sie uns deswegen nicht: Wir müssen versprechen, in drei Monaten wiederzukommen. Damit kann ich leben.
Einmal, als die Händler gerade das Weite gesucht haben, entdeckt ein Fotograf, der eigentlich ein Hochzeitspaar fotografieren soll, unsere Kinder als Motive. Ein zweites Paar möchte ebenfalls mit Anika und Titus fotografiert werden, es bildet sich eine kleine Warteschlange. Einige Sri Lanker kommen herbei, stellen sich mit ihrem Namen vor und gehen wieder weiter. Manche gehen auf die Kinder zu und scherzen mit ihnen. Andere stehen einfach nur wort- und bewegungslos um uns herum und beobachten, was wir machen. Sie haben mehr Feingefühl als die Menschen, die wir in Thailand erlebt haben.

Am nächsten Morgen stehen zwei große Fahrradkartons aus Deutschland im Hof des Hotels. Babsi und Hans aus Friedrichshafen starten hier ihre dreiwöchige Fahrradtour durch Sri Lanka. Hans ist gestresst, seine Hinterradnabe hat Spiel und außerdem quält ihn eine kleine Erkältung. Das kann ich nachvollziehen: Da freut man sich das ganze Jahr auf die wenigen Wochen Urlaub und dann droht eine banale Krankheit, alles zunichte zu machen. Zeit ist eben kostbar. Ich erinnere mich an den Druck, den ich selbst vor dieser Reise hatte. Die Erinnerung ist blass, sie liegt so weit zurück. Die Reisemonate haben viel in uns verändert. Wir sind langsam geworden. So langsam, dass ich mir beim besten Willen nicht vorstellen kann, in drei Wochen über die gesamte Insel zu fahren. Hier in Negombo halten wir uns schon bald eine Woche auf, aus europäischer Sicht reine Zeitverschwendung. Wir könnten doch so viel erleben! Aber die Langsamkeit hat ihre Qualitäten. So rauscht nicht alles so schnell an uns vorbei. In Asien bekommt Zeit eine ganz andere Bedeutung. Ich habe den Eindruck, dass die Menschen mehr im „Jetzt" leben. Apropos Krankheiten: Meine Wunde am Schienbein ist immer noch nicht verheilt. Das lange Sitzen im Flugzeug und die feuchte Wärme in Sri Lanka bewirkten, dass sie wieder mehr eitert. Katja hat inzwischen ein passendes homöopathisches Mittel gefunden, die Wunde verändert sich positiv. Doch ich habe keine Geduld mehr. Nach fast drei

Monaten Herumkurieren, Auswaschen und Desinfizieren will ich nur noch, dass es weggeht. Wie aufs Stichwort fällt Babsi die Wunde auf, sie bietet mir ein Antibiotikum an. Ich zögere, wir verzichten ja normalerweise lieber auf Chemie, denn die kann nur Symptome unterdrücken, aber nicht von innen heilen. Andererseits ist schon so viel Zeit vergangen ... Ich nehme das Angebot an, die Wunde hört fast sofort auf zu eitern. Dafür fühle ich mich wie erschlagen und bin kaum noch fähig, etwas zu tun. Zwei Tage verbringe ich fast nur liegend. Aber Hauptsache, die Wunde schließt sich. Wir müssen ja nicht sofort weiterfahren - wir haben Zeit!

Colombo

Der Weg ins 40 Kilometer entfernte Colombo führt durch viele Dörfer mit kleinen und großen Kirchen. Manche könnte man schon als Kathedralen bezeichnen. Am Sonntag nach Allerheiligen sind viele Menschen auf den Friedhöfen zugange. Die christlichen Heiligenstatuen an jeder Ecke sind fröhlich bunt und wirken nicht ganz so streng wie bei uns in Deutschland. Ein Dorf reiht sich an das andere, Menschen winken und rufen uns vom Straßenrand freundlich zu. Der Asphalt ist löchrig und der gestrige Monsunregen hat große braune Pfützen hinterlassen, die wir umfahren müssen. Wenn uns die großen Lkw oder Busse entgegenkommen, müssen wir ausweichen oder anhalten, denn sie rasen mit ungeheurer Geschwindigkeit an uns vorbei. Mit allen anderen Verkehrsteilnehmern kommen wir gut klar. Sie fahren langsam und schauen neugierig in die Anhänger hinein.

Die Hitze ist erträglich, denn die Straße wird von Palmen beschattet. So fahren wir fröhlich Kilometer für Kilometer auf einer schmalen Landzunge zwischen dem Meer und einer riesigen Lagune nach Süden, bis Anika bemerkt, dass ihr Stoffaffe aus Malaysia, den sie beim Losfahren noch in der Hand hielt, nicht mehr da ist. Das ist ärgerlich! Ich habe ihr von Anfang an gesagt, sie soll entweder die Puppe Nina oder den Affen nehmen, beide auf einmal sind schwer festzuhalten. Wie schon so oft, wende ich und fahre eilig noch einmal zurück. Doch weit komme ich nicht: Nach wenigen hundert Metern ist mein Hinterradreifen platt. Das ärgert mich noch mehr, obwohl es ja erst der zweite Platten in sechs Monaten ist.

Anika weint derweil um ihren kleinen Affen. Katja, die unser Fehlen bemerkt hat, wendet ebenfalls und sucht das Kuscheltier, aber ohne Erfolg. Anders als in Malaysia laufen hier sehr viele Menschen auf der Straße herum, irgendjemand hat den Affen bestimmt gefunden und mitgenommen. Ich tröste Anika damit, dass der Affe bestimmt auf der Suche nach Titus' Affe gegangen sei, der schon irgendwo in Neuseeland verloren gegangen ist. Beide Plüschtiere hatten wir in Penang gekauft. Anika lässt sich zwar von Katja und Titus trösten und beruhigt sich, ist aber immer noch sehr traurig.

Jetzt ist der Reifen dran. Kaum habe ich das Hinterrad ausgebaut, sind auch schon willige Helfer zur Stelle. Eine Hand drückt den Reifen zusammen, eine andere hält die Felge. Den neuen Schlauch habe ich schnell eingebaut, doch ein Mann, der unbedingt helfen will, macht mich nervös. Seine Finger sind überall. So rutscht der Faltreifen beim Aufpumpen von der Felge ab und der Schlauch platzt mit einem lauten Knall. Bevor ich einen weiteren Schlauch einbaue, wische ich noch einmal die Felge ab, die in der nassen Erde feucht geworden ist. Meinen übereifrigen Helfer muss ich dabei sehr zurückhalten, er reißt mir die Arbeit regelrecht aus der Hand. Unversehens nimmt er mir das Rad aus der Hand und zieht den Reifen auf, mitsamt der kleinen Steinchen aus dem Straßendreck! Ich muss ihn schon wieder bremsen, denn bevor der Reifen aufgepumpt werden kann, sollte er gleichmäßig auf der Felge liegen. Nachdem ich etwas Luft eingepumpt und den Reifen zurechtgezogen habe, lasse ich den Mann weiterpumpen. Einige andere Neugierige stehen derweil um uns herum und schauen interessiert zu. Als alles fertig ist, bedanke ich mich höflich und wir fahren schnell weiter. Doch nur wenige hundert Meter weiter verliert Titus einen Schuh! Zu allem Überfluss stelle ich fest, dass die Malaysia- und die Thailand-Flagge von den Anhängern verschwunden sind. Das ist ein Tag der Verluste.

Katja
Unsere Straßenkarte ist nicht sehr genau, aber als wir entlang eines Kanals fahren, weiß ich, dass wir richtig sein müssen. Während der Kolonialzeit haben die Holländer hier viele Kanäle gezogen, um den Zimt transportieren zu können. Wie es hier damals wohl aussah? Hat man Ruderboote benutzt oder wurden die Boote über Leinen von Pferden oder Ochsen gezogen? Vor einer Brücke mit einer halb fertigen oder schon wieder zerstörten Straße bleiben wir stehen und schauen zu, wie ein alter Mann liebevoll seinen Ochsen im Kanal wäscht. Beide stehen bis zum Bauch im trüben Wasser, der Ochsenkarren wartet am Ufer.
Hinter der Brücke, die von einem Militärposten mit Gewehr bewacht wird, führt der Weg durch eine Siedlung mit einfachen Hütten. Braunes Wasser steht in Pfützen, vor uns quält sich ein Kleinbus über die schmale Lehmstraße und stößt dunkle Dieselwolken aus dem Auspuff. Die Hütten sind fest verschlossen, ihren Bewohnern sieht man ihre Armut an. Mir wird etwas mulmig im Bauch: Was, wenn uns jetzt jemand den Weg versperren würde? An dem Bus kommen wir nicht vorbei. Ich möchte hier so schnell wie möglich raus! Als der Kleinbus auf einem aus der Straße ragenden Kanalrohr hängen bleibt, nutzen wir die Chance zum Überholen. Mit kräftigen Pedaltritten erreichen wir bald eine befestigte Straße. Puh! Wir sind erleichtert.

Die Straßen werden breiter, der Verkehr wird dichter. Vorbei an Kirchen, Moscheen, buddhistischen Tempeln und altehrwürdigen Kolonialbauten nähern wir uns der Innenstadt von Colombo, dem Fort. Wo man hinschaut, knien Wachposten mit Gewehren hinter Barrieren aus Sandsäcken. Seit 2002 herrscht auf Sri Lanka zwar Waffenstillstand, aber so stabil kann der Frieden hier noch nicht sein, wenn alles derart streng bewacht werden muss. Mit dem hupenden, tuckernden und stinkenden Verkehr schieben wir uns durch die Straßen auf der Suche nach einer Unterkunft. Nach langer Suche landen wir in einer Sackgasse, die von der Hauptschlagader Colombos, der Galle Road, abgeht. Das Hotel „KSP" liegt direkt am Meer; na ja, nicht ganz, davor verläuft noch eine Bahnlinie. Das Haus ist ziemlich neu und sauber, riecht allerdings etwas muffig. Irgendwie wurde beim Bau der Monsun nicht berücksichtigt! Das Regenwasser kann durch eine Dachluke ungehindert in das Haus fließen. Unser Zimmer mit Meer- bzw. Bahnblick ist aber luftig, hell und schimmelfrei.
Hier fühlen wir uns wie in einem Elfenbeinturm, abgeschirmt vom Rest der Welt und vor allem von der lauten Galle Road. Vom Meer weht kühl eine frische Brise hinein. Aus dem Fenster schauen wir direkt auf die Bahnlinie. Zu sehen gibt es allerhand, vor allem die Wagen der dritten Klasse sind völlig überfüllt. Die Menschen stehen in den offenen Türen und springen auf oder ab, sobald der Zug langsamer wird. Von der nahe gelegenen Bahnstation wandern die Menschen über die Schienen und abends, nach dem Regen, spazieren verliebte Pärchen unter Regenschirmen ebenfalls auf den Gleisen wie auf einer Promenade. Deshalb ertönt jedes Mal, wenn ein Zug vorbeikommt, ein Warnsignal, woraufhin unsere Kinder jedes Mal ans Fenster stürzen. Titus steht auf dem Stuhl und schreit laut: „Zug kommt, Zug kommt!"
Bis zum Abend, wenn gegen acht Uhr der letzte Zug kommt, steht er mit Anika am Fenster, um ja nichts zu verpassen. Nachts ist zum Glück Ruhe, erst im Morgengrauen geht der Zugverkehr wieder los. Beim ersten Signal springen beide Kinder sofort wieder aufgeregt ans Fenster.

Immigration Office

Katja

Das Touristen-Visum für Sri Lanka gilt nur für einen Monat, wir wollen aber drei Monate bleiben. Das für die Verlängerung zuständige „Immigration Office" ist nicht weit weg. Es ist ein wunderschöner Morgen. Der Puls der Stadt schlägt noch langsam, obwohl sich auf der Galle Road die Mopeds, Threewheelers, Autos, Fahrräder und Ochsenkarren schon laut brummend, quietschend und hupend voranschieben. Vor dem Office warten bereits sehr viele Menschen. Vor der Abteilung, die wir brauchen, sind es zum Glück nicht ganz so viele. Trotz der kühlen Brise draußen ist es drinnen unheimlich heiß. An einem langen Tresen schreiben und stempeln einige schwer beschäftigte Beamte, davor stehen Bittsteller verschiedenster Nationen. Die Angestellten an den Schreibtischen in der zweiten und dritten Reihe sehen nicht ganz so diensteifrig aus. Manche halten einen gesunden Büroschlaf, das sind wahrscheinlich die höheren Bediensteten.

Wir stehen etwas ratlos da, doch schon winkt uns ein Beamter heran, dem Schweißperlen auf der Stirn stehen. Die Formulare, die er uns reicht, sind schnell ausgefüllt. Nachdem wir noch unsere Kreditkarte vorgezeigt haben, um zu beweisen, dass wir reich genug zum Bleiben sind, signiert er die Papiere und knallt einige Stempel drauf. Dann notiert er etwas in ein wichtiges Buch und schickt uns zu seinem Vorgesetzten in einen anderen Raum. Hier herrscht eisige Kälte, die Klimaanlage läuft auf Hochtouren. Auf dem Tisch des kahlen Herrn steht eine Flasche „Teachers Whisky" (gefüllt mit Wasser!), er schaut flüchtig auf die Papiere, unterschreibt mit einer schwungvollen Bewegung und besiegelt das Ganze mit einem kräftigen Stempelknall.

Das ist aber noch nicht alles, die Prozedur geht weiter: Wir müssen an den ersten Schalter zurück. Der schweißtropfende Mensch notiert noch etwas in sein Buch, schreibt noch etwas auf ein Formular, das in Singhala geschrieben ist, und schickt uns drei Tische weiter. Die Frau schnalzt ein paarmal mit der Zunge, als sie unsere Kinder sieht, und verlangt Geld. Obwohl wir eine Menge Rupien lassen müssen, ist dies der angenehmste Platz, denn hier stehen wir unter dem Ventilator. Je nach Herkunftsland fallen die Gebühren sehr unterschiedlich aus, sie sind wohl nach der Sympathie und dem geschätzten Reichtum des jeweiligen Landes bemessen. Die günstigsten Gebühren liegen bei 2 Euro, wir zahlen 24 Euro. Die höchsten Gebühren sind für die US-Amerikaner vorgesehen: 140 Euro!

Mit der Quittung gehen wir wieder zu Schalter Nummer eins. Der Mann notiert erneut etwas in sein Buch, behält unsere Pässe und gibt uns ein Schild mit einer Nummer. Nun müssen wir warten, bis wir aufgerufen werden. Außer wenigen Weißen sind hier eine Menge Inder, die werden etwas schneller abgefertigt als wir. Nach etwa einer Stunde haben aber auch wir unsere Visa und dürfen nun drei Monate hierbleiben.

Wir sind an einem Sonntag in die Stadt gekommen; an Wochentagen ist der Verkehr wesentlich dichter, wie wir schnell bemerken. Unzählige Threewheelers, Lkw und Busse drängeln durch die verstopfte Galle Road in das Zentrum der Stadt. In den dichten Abgaswolken suchen Fahrräder, Handkarren und sogar Ochsenkarren nach Lücken im Verkehr. Jeder Zentimeter wird genutzt, um vorwärtszukommen. Trotzdem oder gerade deshalb passiert wenig, keiner will den anderen anfahren. Niemand pocht auf sein Recht, nur weil die Vorschriften es so sagen. Ständig wird gehupt: Die Großen warnen die Kleinen, die Kleinen hupen einfach mit. Sogar die Radfahrer klingeln ständig, obwohl sie niemand hören kann. Alles sieht sehr chaotisch und unüberwindbar aus, das ist es aber nicht. Es gilt die Grundregel: „nur nach vorn schauen". Um mit dem Verkehr zu fließen, müssen wir uns nur von dem Strom einsaugen lassen. Wir bremsen, auch wenn wir vielleicht Vorfahrt haben, und treten in die Pedale, wenn sich gerade eine Lücke öffnet. Das Gefühl, dass wir hier stören, wie ich es in Neuseeland hatte, empfinde ich nicht. Ganz im Gegenteil, wir haben freie Fahrt, denn alle sind neugierig und wollen sehen, was in unseren Anhängern ist.
Wir kommen ganz gut voran, nur die Busse, die auf Handzeichen der Fahrgäste überall anhalten, bremsen uns aus. Wenn wir einen haltenden Bus links oder rechts passiert haben, müssen wir ganz schön in die Pedale treten, damit wir von ihm nicht wieder überholt werden und die schwarzen Dieselwolken des Ungetüms inhalieren müssen. Das ist anstrengend, schon nach wenigen hundert Metern bin ich außer Atem, mir fehlt Sauerstoff! Meine Lunge weigert sich, mit den Abgasen zu arbeiten.

Bevor wir Colombo verlassen, wollen wir uns nach einem neu eröffneten Nationalpark im Osten der Insel erkundigen und eine gute Straßenkarte besorgen. Bis ich mich mit Anika durch das Straßengewirr gearbeitet habe, vergeht mehr als eine Stunde. Dabei sah der Weg auf der Karte ganz einfach aus! Nach etlichen Kreisverkehren finden wir in einem schicken Villenviertel hinter einer bewachten Schranke endlich das „Wildlife Department". An der Rezeption kann ich ein Buch kaufen, in dem alles über die Nationalparks drinstehen soll, aber nicht wirklich alles drinsteht. Der neu eröffnete Park zum Beispiel nicht. Der ist so neu, dass es noch nicht einmal ein Informationsblatt dazu gibt. Nur ein internes Blättchen auf Sinhala ist vorhanden. Davon kann ich gern eine Kopie erhalten. Wie nur die Autoren unseres Reiseführers an diese exklusive Information gekommen sind?
Mit den Landkarten habe ich auch nicht mehr Glück. Der Stadtplan, den wir im Tourist Office bekommen haben, ist nicht sehr genau. Die beste Orientierung in dieser Millionenstadt haben sicher wie in jeder Stadt die Fahrer der Threewheelers, mit deren Hilfe wir das „Survey Department" auch endlich finden. Dieses Amt ist nicht nur noch besser versteckt, es ist auch

noch besser bewacht als das „Wildlife Department". Bewaffnete Soldaten lassen uns freundlich durch die Schranke, nehmen mir meinen Rucksack ab und zeigen mir einen schattigen Parkplatz für mein Fahrrad. Bei dieser Bewachung brauche ich es wohl nicht anzuschließen. In den Großraumbüros haben einige Angestellte die Köpfe auf die Arme gelegt und halten ihren Lunch-Schlaf auf den Schreibtischen. Die detaillierten Karten im Maßstab 1:50.000 mit Höhenlinien, die der Lonely Planet empfiehlt, gibt es leider zurzeit nicht.
Draußen wird mir schon mein Rucksack entgegengetragen und ich werde gefragt, ob wir denn auch ganz nach Norden, auf die Halbinsel Jaffna reisen wollen. Ich kann diese Frage schwer einschätzen: Bisher haben uns fast alle von Reisen in den Norden und Osten Sri Lankas abgeraten, es sei zu gefährlich. Von einem Soldaten, der wahrscheinlich bereits gegen die rebellischen Tamilen gekämpft hat, erwarte ich da keine Reiseempfehlung. Vielleicht täusche ich mich aber und der Soldat stammt aus dem Norden? Zwar sind die Singhalesen im Allgemeinen etwas hellhäutiger als die Tamilen und sprechen auch anders, aber für mich sehen die Sri Lanker noch alle gleich aus.
Jetzt aber schnell zurück zum Hotel, Katja und Titus haben bestimmt auch schon Hunger! Für ein Lunchpaket mit gebratenem Reis soll ich am Straßenrand 70 Rupien bezahlen. Als ein Einheimischer für das gleiche Paket 40 Rupien hinlegt, frage ich noch einmal nach dem Preis, aber als Antwort starrt mich der Verkäufer nur wortlos an. Hier versucht jeder, von Touristen einen höheren Preis zu bekommen, auch der Staat: Der Eintritt in einen Nationalpark kostet für Sri Lanker 20 Rupien (also ca. 20 Cent), für einen Ausländer aber 1.200 Rupien (das sind dann schon 12 Euro).

Mit dem Chicken Train nach Anuradhapura

Die Fahrräder und Anhänger können wir nicht so einfach mit in den Zug nehmen, sie müssen in ein eigenes Gepäckabteil. Das ist prinzipiell nichts Ungewöhnliches, nur müssen wir hier eine andere Prozedur durchlaufen. Zuerst brauchen wir Fahrkarten. Für Anika bezahlen wir nur den halben Preis, also bekommt sie auch nur eine halbe, in der Mitte durchgerissene Fahrkarte. Titus ist noch nicht drei und fährt umsonst. Danach müssen wir zum Paketschalter, der einige hundert Meter weiter in einer Lagerhalle untergebracht ist. Hier stehen schon ein paar Paletten mit lebenden Passagieren: Küken stecken ihre Schnäbelchen aus Kartons heraus. Das bleibt von den Kindern nicht unbemerkt, sie stecken ihre Finger durch die Löcher und streicheln die winzigen Vögel.
Währenddessen begutachten die Angestellten unsere Anhänger. Aus einem Blatt Papier wird ein Dreieck gefaltet, mit unserem Namen und dem Zielbahnhof versehen und mit einer Schnur ans Fahrrad gehängt. Das ist die Fahrrad-Fahrkarte. Auf einer Quittung wird alles genau eingetragen, nur

über die Bezeichnung der Anhänger wird lautstark auf Sinhala gestritten. Schließlich werden sie als „side car" deklariert. Der Preis für die Fahrräder und Anhänger ist um ein Vielfaches höher als für uns. Pro Person kosten die 205 Kilometer bis Anuradhapura umgerechnet etwa einen Euro, für die Fahrräder und Anhänger müssen wir etwa 9 Euro bezahlen. Dafür können wir die Taschen auf den Gepäckträgern lassen, ein Angestellter zieht sogar Anikas Anhänger bis zum Bahnsteig.
Die meisten Züge auf dem Bahnhof wirken sehr alt. Aus den zerschlissenen Kunstleder-Sitzpolstern quillt die Füllung, die Fensterscheiben sind vom herunterfließenden rostigen Regenwasser dunkelbraun und gleichen den Außenwänden der Waggons. Die wenigen Ventilatoren stehen still, aber das macht nichts, die Fenster sind sowieso geöffnet. Die zweite Klasse unterscheidet sich von der dritten nur durch etwas besser gepolsterte Sitze und Armlehnen, riecht aber genauso muffig und schimmlig. Nur ein Panoramazug erstrahlt frisch. Durch seine großen Scheiben können die Fahrgäste, meist gut gekleidete europäische Touristen, die Aussicht auf die Landschaft bestens genießen.

Katja
Auf dem Bahnhof von Colombo fühle ich mich wie in eine andere Zeit zurückversetzt, wie in einem alten Film aus den 1930er-Jahren. Dem Aussehen nach wäre unser Zug in Europa schon vor vierzig Jahren verschrottet worden. Nachdem wir losfahren, bestätigt sich diese Vermutung: Auch technisch ist der Zug nicht auf dem besten Stand. Es rappelt, wir werden hin und her geschüttelt und die Geräusche wiegen mich auch nicht gerade in Sicherheit. Nachdem wir Colombo hinter uns gelassen haben, wird es etwas ruhiger. Die Landschaft verändert sich, wir sehen Reisfelder, Dschungel, Reisfelder und wieder Dschungel. Hin und wieder stehen Lehmhäuser an der Bahnstrecke, Bauern bestellen mit Wasserbüffeln ihre Reisfelder oder waschen in einem der vielen Seen ihre Wäsche oder sich selbst.
Die Gleistrasse wird immer schlechter und schüttelt den Waggon hin und her. Manchmal springt er einen halben Meter hoch. Die Kinder haben ihren Spaß, das ist besser als eine Achterbahn. Waldemar schaut skeptisch aus dem Fenster, wo er sieht, wie der hinter uns folgende Dritte-Klasse-Waggon noch höher springt. Im Gegentakt zu unserem Wagen ist das schon fast ein Meter! Wenn ich die vielen Trümmer am Bahndamm liegen sehe, kann ich mir leicht vorstellen, wie sie dahin gekommen sind. Kein Wunder, dass der Waggon so springt: aus dem Fenster sehe ich einen Stoßdämpfer ohne Aufhängung.
Irgendwann wird es wieder ruhiger. Nur das ständige Schütteln, Knirschen und Schlagen ist noch da. Jetzt sind wir fast allein im Wagen. Ich schaue aus dem offenen Fenster. Zu den knirschenden und schlagenden Geräuschen kommt das beruhigende „Tuktuk, tuktuk, ..." der Schienenlücken. Der Wind

weht mir um die Nase, die Landschaft zieht gemächlich vorbei. Auch die Kinder stecken die Köpfe aus dem Fenster und lassen sich durchpusten. Ein Mitreisender gesellt sich zu uns und staunt, dass wir nicht mit dem Panoramazug fahren. Der sei doch viel bequemer und mit einer Klimaanlage ausgestattet. „Das wird er sicher sein, aber solche Begegnungen wie unsere wird es dort kaum geben", entgegnen wir, worauf er zustimmend nickt. Kurz vor der Endstation, nach über fünf Stunden Fahrzeit, kommt der Schaffner vorbei. Und ich dachte schon, wir könnten hier schwarz fahren. Die Passagiere, die während der Fahrt auf- und abgesprungen sind und im Türrahmen hingen, wie es hier üblich ist, hatten sicherlich keine Tickets.

Anuradhapura liegt ziemlich weit im Norden der Insel im Inland. Die Bahnstrecke hört hier auf; früher führte sie weiter bis auf die Halbinsel Jaffna ganz im Norden, wurde aber 1990 wegen der vielen Überfälle der „Tamil Tigers" stillgelegt. Der nördliche Zipfel Sri Lankas lässt sich nur noch über eine vom Militär kontrollierte Straße erreichen.
Ordnung muss sein, und so bekommen wir unsere Fahrräder nur gegen das Vorzeigen der Quittung wieder. Den Bahnsteig können wir nur durch eine Unterführung oder über die Bahngleise verlassen, aber kein Problem: Sofort sind Helfer da, die unsere Anhänger über die Schienen tragen. Auf diese Weise binden wir uns gleichzeitig einen „Guide" ans Bein, der uns die Hotels zeigen will. Mit seiner Hilfe landen wir etwas abseits in einem Gasthaus mit dem befremdlich klingenden Namen „Milano". Das Zimmer ist in Ordnung und der Preis dafür, dass wir in einem touristischen Zentrum sind, auch. Nur essen wollen wir hier nicht, das ist sündhaft teuer. Am ersten Abend belassen wir es bei eher mäßigen Bananenpfannkuchen und zwei Suppen und hätten allein dafür in Colombo eine Woche lang „chapati" mit verschiedenen leckeren Soßen essen können.

Das heutige Anuradhapura liegt einige Kilometer von der jahrtausendealten Hauptstadt Sri Lankas entfernt und ist klein, grau und unscheinbar. Das alte Anuradhapura wurde schon ca. 500 Jahre vor unserer Zeitrechnung besiedelt, als die Singhalesen oder „Löwenmenschen" („sinha" bedeutet Löwe) aus dem Nordwesten Indiens herkamen. Etwa zur gleichen Zeit siedelten sich die drawidischen Tamilen aus dem Süden Indiens im Norden Sri Lankas an. Eine Legende erzählt von einer Königstochter, die von einem Löwen geraubt wurde und ihm ein Zwillingspaar mit Löwenpranken gebar. Der Junge tötete später seinen Löwenvater, heiratete seine Schwester und gründete das Königreich Sinha. Der älteste Sohn, Vijaya, war aufsässig und gewalttätig und wurde von seinem Vater des Landes verwiesen. Auf Sri Lanka kämpfte er mit dem dämonischen Urvolk, den Yaksha, und wurde von deren Anführerin Kuveni gefangen genommen. Sie ließ ihn frei und heiratete ihn, aber die Ehe hielt nicht lange. Vijaya heiratete statt ihrer eine Königstochter aus Südindien und gründete ein neues Königreich mit der Hauptstadt Anuradhapura. Kuveni floh mit ihren Kindern in den Dschungel. Die Geschwister heirateten und gründeten das Volk der Veddas, die heute als Ureinwohner Sri Lankas gelten, aber inzwischen fast ausgestorben sind. Anuradhapura war nicht nur lange Zeit Hauptstadt Sri Lankas, sondern ist auch ein Zentrum des Theravada-Buddhismus. Vor ca. 2.200 Jahren brachte die Schwester des Missionars Mahinda einen Ableger des Bodhi-Baums aus Indien hierher, unter dem Siddhartha Gautama, der Buddha, seine Erleuchtung erlangt haben soll. Diese uralte Pappelfeige symbolisiert das Überleben des Buddhismus auf Sri Lanka. Tamilische Eroberer zerstörten zwar die Stadt vollständig, verschonten aber diesen Baum, der auch für sie heilig war. Nachdem Anuradhapura fast 1.000 Jahre lang vom Dschungel überwuchert wurde, entdeckte man die sagenhafte Ruinenstadt gegen 1820 wieder. Der Bodhi-Baum wurde die gesamte Zeit über gehegt und gepflegt, der letzte König von Kandy hat sogar zum Schutz vor Elefanten eine Mauer um ihn errichten lassen. Die Zufahrt zu diesem heiligen Baum verwehrt uns allerdings ein Militärposten: „Durchfahrt für Fahrzeuge verboten!" Auf die Frage, warum, gibt er keine Antwort und zeigt stumm auf einen Autoparkplatz. Da am Straßenrand ebenfalls Autos stehen, wollen wir unsere Fahrräder an einen Baum anschließen. Doch auch das ist verboten, erfahren wir. Derweil fährt ein Einheimischer mit dem Fahrrad durch die Absperrung, was die beiden Soldaten geflissentlich übersehen. Als ich sie frage, warum wir das nicht dürfen, heißt es, das sei ein „Officer" in Zivil gewesen. Seine zerrissene Kleidung sah gar nicht danach aus ... Verärgert kehren wir um. Nach dem Nachmittagsregen fahre ich noch einmal allein hin, biege vor dem Militärposten rechts ab und fahre auf einem lehmigen Weg den Einheimischen hinterher. Kein Mensch hält mich hier an. Vorbei an einem weiteren Militärposten umkreise ich die große weiße Ruwanvelisaya Stupa, mit einem Umfang von 290 Metern eines der größten Bauwerke der Welt, und schaue zu, wie Mönche ein hunderte Meter langes orangefarbenes Band um den glockenförmigen Turm spannen. Morgen ist Vollmond, da wird gefeiert. Von hier aus fahre ich gleich weiter zur ältesten Dagoba in Anuradhapura, die gleichzeitig die wohl älteste der Welt ist: Thuparamaya Dagoba, in der ein Knochen des Buddha liegen soll. Zahlreiche schlanke Säulen umringen das glockenförmige, strahlendweiße Bauwerk.

Zwar kann ich ungestört überall hinfahren, aber ich habe auf dem riesigen Gelände die Orientierung verloren. Dabei ist noch lange nicht alles ausgegraben und restauriert! Auf einem Gerüst, das sich um eine Dagoba spannt, klettern Affen herum. Schließlich gelange ich in ein Dorf innerhalb der Ruinenstadt und finde die mir bekannte Straße wieder. Na, wenn das so einfach ist, dann können wir es morgen noch einmal versuchen!

Aber das klappt leider nicht so gut. An dem Posten, an dem ich gestern einfach vorbeigefahren bin, werden wir am nächsten Morgen angehalten. Touristen dürfen nicht mit den Rädern durchfahren, die Einheimischen fahren natürlich, wo sie wollen. Im Archäologischen Museum sollen wir Eintrittskarten kaufen. Für Ausländer kostet ein Ticket, das für die drei UNESCO-Weltkulturerbe-Stätten hier, in Polonnaruwa und in Kandy gilt, 2.600 Rupien, für Einheimische sind es nur 10 Rupien. Die meisten Sri Lanker scheinen das Gelände einfach so zu betreten oder zu befahren, ohne überhaupt etwas bezahlen zu müssen. Als wir zähneknirschend die Tickets gekauft haben, stellen wir auch noch fest, dass sie nicht zwei Monate gelten, wie es im Reiseführer steht, sondern nur zwei Wochen. Hätten wir die gleichen Eintrittskarten im Hauptbüro in Colombo gekauft, wäre sie tatsächlich zwei Monate gültig. Der Verkäufer sichert uns zwar zu, dass es bei Zeitüberschreitung keine Probleme geben wird, aber ich bin mir da nicht so sicher und fühle mich vor allem ordentlich ausgenommen. Sicher wird diese Stätte auch durch den finanziellen Beitrag der Touristen erhalten und wieder aufgebaut, nur hier bekomme ich das Gefühl, dass man einzig an unserem Geld interessiert ist und nicht daran, uns etwas von der Kultur zu zeigen.

Katja

Diese Unterschiede drücken uns aufs Gemüt. Klar, dass Touristen mehr bezahlen müssen und können als Einheimische, aber dies hier ist schon krass. Wir kommen uns vor wie die goldene Weihnachtsgans, die ausgenommen wird. Gestern stellten wir zudem fest, dass der Buddha-Anhänger aus dem thailändischen Kloster, der an meinem Lenker hing, verschwunden ist. Er war so befestigt, dass er sich nicht allein lösen konnte. Mein Vertrauen in die Menschen hier ist nun etwas angekratzt. Als wir in Sri Lanka ankamen, waren schon bald unsere Ganesha-Aufkleber von den Rahmen verschwunden. Ich frage mich, warum? Hängt das mit den Konflikten zwischen Hindus und Buddhisten hier zusammen oder geht es darum, die Touristen zu schädigen? Ich gehe eher von ersterem aus, aber ein dumpfes Gefühl bleibt vorerst.

Grummelnd stellen wir unsere Fahrräder an der ältesten Dagoba ab. Noch bevor sie angeschlossen sind, umringen uns schon bettelnde Kinder: „Bonbon, pen, money?" Sie sind recht gut gekleidet und wirken nicht arm. Sie verdienen ja auch gut: Die Touristen, die in vollklimatisierten Bussen hier ankommen, werfen mit Euros und Dollars nur so um sich. Welche Konsequenzen dieses Um-sich-Werfen mit Geld hat, darüber machen sich die meisten Touristen leider keine Gedanken. Für uns ist es „nur" ein Euro, für die Menschen hier sind 100 Rupien fast ein kleines Vermögen. Auch als Touristen tragen wir dazu bei, wie sich die Haltung zu Fremden entwickelt und was aus den „locals" wird. Wozu sollen die Kinder dann noch in die Schule gehen und etwas lernen, wo doch so gutes Geld zu verdienen ist und die Familie auch sicher das Geld gebrauchen kann? Aber was ist das für eine Perspektive? Was, wenn plötzlich keine Touristen mehr kommen?

Links und rechts des Eingangs zur Dagoba stehen hüfthohe Wächtersteine, die diesen Ort schützen sollen. Vor der Treppe liegt wie ein kleiner Teppich ein „Mondstein", eine steinerne, halbkreisförmige Platte mit konzentrisch angeordneten Mustern. Außen symbolisieren Flammen die Schwierigkeiten des Lebens, weiter innen stehen verschiedene Tiere und Blumen für die vielen Wiedergeburten. Die Lotusblüten im Inneren symbolisieren das Nichts und stehen für das Nirvana, das Ziel jedes Buddhisten: den ewigen Kreislauf der Wiedergeburt zu beenden. Die Wächtersteine und der Mondstein schützen die Dagoba und sorgen dafür, dass die negative Energie der Besucher draußen bleibt. Die Schuhe müssen wir ausziehen, aber niemand lässt sie einfach so liegen, wie in Malaysia oder Thailand. Manchmal verschwinden sie und dann findet sie jemand gegen ein wenig Geld wieder. Dieses Land ist nicht wohlhabend und so kommen manche auf nicht ganz legale Ideen, um ihre Rupien zu verdienen. Trotz der vielen kleinen Ärgernisse dieses Tages finde ich langsam meine innere Ruhe wieder – vielleicht liegt es an der Kraft des Mondsteins? Vor der großen Buddha-Statue in der Mitte des kreisrunden Tempels bleibe ich stehen und frage die freundlich schauende Figur in Gedanken etwas vorwurfsvoll: „Handeln diese Menschen noch nach deinen Lehren?"

Diese Fläche voller Ruinen war vor 2.500 Jahren die riesige, reiche Hauptstadt des Königreichs der Singhalesen und eine der größten Städte der damaligen Welt. Hier lebten eine halbe Million Menschen, die Ausdehnung entsprach dem heutigen Paris. Die Ruinenstadt zu Fuß zu erkunden, ist fast unmöglich. Mit den Fahrrädern sind wir da gut dran. Außerhalb der Tempel und Ausgrabungen dürfen wir sie sogar benutzen. Wir schauen uns die aus Millionen Ziegelsteinen gemauerte „Jetavanaramaya Dagoba" an, die fast vollständig von Dschungel überwuchert ist. So muss die ganze Stadt ausgesehen haben, bevor man sie wieder ausgegraben hat: für Jahrhunderte vergessen und unter dichtem Grün begraben. Ein Mann auf einem Moped zeigt uns den Weg zum „Elefantenbad", einem riesigen steinernen Schwimmbecken, wo Elefanten gebadet wurden, und will uns darüber hinaus gern ein „antikes", auf Palmblättern geschriebenes Buch verkaufen. Wir lassen aber uns die heute schon einmal verdorbene Laune nicht noch einmal trüben und lehnen dankend ab.
Der Platz ist wirklich schön. Es ist ruhig und wir sind weit weg vom Pilgerrummel. Während ich fotografiere, kommt ein Geländewagen an. Der Singhalese, der sich als Archäologe vorstellt, macht mit seiner Familie einen Sonntagsausflug und lädt uns zu einer privaten Führung ein. Wir fahren hin-

ter dem Auto her von einer interessanten Stelle zur anderen und erfahren viele Dinge, die nicht in unserem Reiseführer stehen: In diesem Teil der Stadt, Abhayagiri Vihara, lebten zum Beispiel über 6.000 Mönche. Der Reis für sie wurde in hundert Meter langen Steintrögen aufbewahrt. Da Mönche nur zwischen 11 und 12 Uhr mittags essen durften, zeigte eine Sonnenuhr mit einer Kugel im Wasser, die das Licht reflektierte, immer die richtige Essenszeit an. Von hier aus geht es weiter zur Krönungsstelle eines Mönchsprinzen und einer Ausgrabung, die unser Guide im Jahr 1978 selbst durchgeführt hat. Hier soll Buddhas Fußabdruck aufbewahrt sein. Zwei große Steintafeln enthalten Anweisungen, welches Dorf die Mönche mit welchen Lebensmitteln zu versorgen hatte.
An den Ruinen des „Lovamahapaya" oder Bronzenen Palastes, dessen Dach aus bronzenen Ziegeln nur noch in meiner Fantasie zu sehen ist, erklärt uns der Archäologe mehr über die hüfthohen Wächtersteine, die hier vor fast jedem Haus stehen: Zuerst hatte man nur Blumenmuster hineingemeißelt, die den Kelch des Überflusses symbolisieren. Später wurden „jinys", kleine Hausgeister, zum Schutz dazugestellt, noch später kam Naga, der Kobra-Gott der Unterwelt und des Wassers dazu. Erst alle Symbole zusammen erwiesen sich als wirksam, erzählt der Archäologe. Wasser war und ist hier sehr wichtig. In der Trockenzeit kann ohne das in der Regenzeit aufgefangene Wasser nichts wachsen. Zur Wasserversorgung dieses Stadtteils dienten mehr als 50 große und tiefe Zisternen. Von dem Palast, der ursprünglich neun Stockwerke und mehr als 1.000 Räume hatte, sind nur die Füße von 1.600 steinernen Säulen übriggeblieben, die das Fundament gehalten haben.

Als Titus unfreiwillig auf dem Hintern einen Hügel herunterrutscht, ist das Gelächter der Familie des Archäologen groß. Zum Glück schlägt Titus' Weinen in Lachen um, als Anika es ihm nachmacht. Beide Kinder rutschen nun kichernd den Hügel hinab. Von der Familie des Archäologen bekommen sie kirschgroße grüne Früchte geschenkt. Die sind erfrischend, aber auch sehr sauer. Jetzt erst fällt uns auf, dass wir seit heute morgen nichts mehr getrunken und gegessen haben. Die Zeit verging wie im Flug. Als sich unser Guide und seine Familie verabschieden, schaut er mir in die Augen und sagt etwas, das ich nicht ganz verstehe, mich aber sehr berührt: Er sehe etwas in meinen Augen, das Wort „angry" fällt ein paar Mal. Sicher hat er meinen anfänglichen Ärger bemerkt. Dann sind er und seine Leute so schnell verschwunden, wie sie aufgetaucht sind.
Etwas ungläubig über das, was gerade passiert ist, setzen wir uns auf die jahrtausendealten Steine. Das war also Buddhas Antwort auf meine Frage. Ich habe nicht nur gelernt, dass nicht alle Menschen in Sri Lanka nur auf unser Geld aus sind, sondern auch viel über den Buddhismus und seine Lehren gelernt. Meine in den letzten Tagen angesammelte negative Energie hat sich

durch dieses Treffen mit einem Mal entladen. Das war ein richtiggehend spirituelles Erlebnis, an das ich später, als ich selbst meditieren gelernt habe, oft zurückdenke. Noch bevor wir uns über unsere Eindrücke klar werden können, steht schon ein Vater mit seinem Sohn vor uns und fragt etwas schüchtern nach unseren Namen. Ein anderer Mann und eine Frau laden uns zum Lunch ein. Wir bekommen Reis mit Curry und Wasser. Das ist wirklich ein großartiger Ausgleich für den morgendlichen Ärger! Zuerst die hervorragende Führung und dann das Mittagessen, an das wir gar nicht mehr gedacht haben. Nach dem leckeren Curry hole ich die Fahrräder, doch es beginnt zu regnen. Die Leute stürzen hastig in ihren Bus, schnell sind sie weg und wir stehen allein unter einem Baum mit langen herabhängenden Wurzeln im strömenden Regen. Ein Postkartenverkäufer, der uns mit seinem Regenschirm Schutz anbietet, gesellt sich zu uns. Die Kinder stellen sich darunter, werden aber nicht weniger nass. Ist auch egal – der Regen dauert nicht sehr lange und die Kleidung trocknet schnell wieder.
Der Weg zurück führt durch braune Pfützen an großen Seen vorbei. Von diesen uralten Reservoirs gibt es in Sri Lanka mehr als 30.000, sie sollten in der Regenzeit das Wasser für die Trinkwasserversorgung und den Reisanbau in der Trockenzeit sammeln. Vor mehr als 2.000 Jahren war das ganze Land von solchen „wewas" und Wasserkanälen durchzogen, ausgeklügelte Schleusensysteme regelten den Wasserstand. Das alte Wissen ist verloren gegangen, heute baden die Menschen darin. An einer Kaserne ist Waschtag, einige eingeseifte Soldaten spülen gerade den Schaum von ihren Körpern ab, während in dem benachbarten Reservoir die Wassertropfen des letzten Regengusses wie Perlen auf den Seerosenblättern glänzen.
Zuletzt wollen wir heute den Bodhi-Baum anschauen, den ältesten Baum Asiens. Die Anweisung der Soldaten, unsere Räder auf dem Parkplatz zu lassen, befolge ich jetzt widerstandslos. Zum Bodhi-Baum sind es noch einige hundert Meter, wir machen uns zu Fuß auf den Weg. Schon bald kommen uns Kinder mit Lotusblumen entgegen. Zu unserem Erstaunen schenken sie sie unseren Kindern und wollen kein Geld dafür haben. Das ist eine ganz neue Erfahrung, heute hat sich wirklich alles gewandelt!
Nach einem viertelstündigen Fußmarsch passieren wir eine weitere Kontrolle, bei der Katja durch ein Wachhäuschen gehen muss. Hier muss sie sich ein Tuch über ihre unbedeckten Schultern legen, das gebietet die religiöse Ehrfurcht vor dem Kernstück des Buddhismus. Kurz vor dem Baum kommt dann eine dritte Kontrolle. Links stehen Frauen, rechts Männer, wie am Flughafen vor dem Durchgang, wo man mit Metallsuchgeräten gescannt wird. Trotz eines Warntons darf ich durchgehen und sehe endlich die Baumkrone. Den berühmten Bodhi-Baum habe ich mir ganz anders vorgestellt, ich dachte an einen riesigen alten Baum, der in der Mitte eines weiten Platzes

steht. Stattdessen sehe ich nur Mauern, hinter denen weit verzweigte Äste mit kleinen Blättern herausschauen. Über eine Treppe gelangen wir zu einer Buddha-Statue, dahinter streckt schließlich der Baum seine Krone in den Himmel streckt. Sicher muss er vor den Menschenmengen der Pilger geschützt werden, aber irgendwie tut er mir leid, so wie er eingesperrt ist. Der Tag war anstrengend, vor allem für mich, der sich immer gegen jegliche Reglementierung wehrt; und hier gab es viele davon. Anfangs gingen mir die Menschen so auf die Nerven! Anweisungen ohne Erklärungen und vor allem die Art, Touristen wie eine große, zu melkende Kuh anzusehen ... Aber wenn ich es mir ehrlich eingestehe, läuft das in Europa nicht anders ab, nur etwas subtiler.

Wir verlassen Anuradhapura. Die Weiterfahrt mit dem Rad will nicht so richtig vorangehen. Nach dem letzten Platten saß der Reifen nicht rund auf der Felge und so hat sich die oberste Schicht schnell durchgescheuert. Das ist wirklich ärgerlich, ich hatte gehofft, mit dem Marathon XR noch viele Kilometer machen zu können. Jetzt muss ich ihn durch einen einfachen Reifen „made in Sri Lanka" ersetzen. Davon gibt es hier zwar genug, aber leider nur mit sehr groben MTB-Profilen, die einen hohen Fahrwiderstand leisten. Auf einer früheren Reise habe ich einen aufgeschlitzten Reifen einmal provisorisch mit einem Stück Kunststoff repariert, der hielt noch wochenlang. Die Beule ist groß und scheuert an der Bremse. Ich reduziere notgedrungen den Luftdruck, obwohl das Fahren dadurch anstrengender wird, und versuche, mit dem alten Reifen wenigstens noch bis zum nächsten Ort zu kommen, wo ich hoffentlich einen neuen finde.
Auch Anikas Anhänger lässt sich immer schlechter ziehen, die Gelenkgummis der Anhängerkupplung sind zerschlissen und bei jedem Bremsen und jedem Schlagloch - und davon gibt es viele hier - knallt Metall auf Metall und mein Rad bekommt einen Stoß versetzt. Auch die dünnen Aluminiumzeltstangen des Verdecks sind zwischenzeitlich gebrochen, die sie die Spannung und die Rüttelei nicht ausgehalten haben. Das Verdeck hängt jetzt schief über Anikas Kopf. Mit einem abgeschnittenen Zweig kann ich die Stange provisorisch stabilisieren. Als Ersatz bräuchte ich einen Bambusstab, den ich über das gebrochene Rohr schieben könnte. So habe ich in Neuseeland auch einen der Seitenständer repariert, die gleich am Anfang unserer Reise gebrochen waren. Es ist kurios, aber dort fanden wir mehr Bambus als hier in den Tropen. Bevor wir weiterfahren, frage ich in einem Laden nach einer Sri-Lanka-Flagge für den Anhänger. Der Verkäufer ist stolz auf sein Land und schenkt sie uns. Bis auf die Neuseeland-Flagge haben wir bis jetzt alle Fahnen geschenkt bekommen.

Die Straße nach Süden ist holprig und sperrt sich gegen unsere Reifen, erst auf der glatten und wenig befahrenen Hauptstraße geht es besser. Das Land ist von leichten Hügeln durchzogen, die immer höher werden, so dass wir langsam, aber stetig bergauf fahren. Am Straßenrand stehen kleine Ganesha-Tempel und hin und wieder auch ein Buddha. Von Kirchen und Jesus-Figuren ist nichts mehr zu sehen. Die Reisfelder sind um diese Zeit des Jahres ausgetrocknet, große weiße Vögel picken darin gemächlich nach Nahrung. Ein Pfau, der langsam über die Straße spaziert, wird von einem Kleinbus angehupt. Über die Straße huschen ab und zu kleine Streifenhörnchen und größere Säuger, die wir noch nie gesehen haben. Vom Straßenrand schauen uns manchmal Eidechsen an, die blitzschnell wieder weg sind, wenn wir sie genauer inspizieren wollen. Die bunten Schmetterlinge sind zahlreicher als im Schmetterlingspark in Kuala Lumpur.
In Marankadawala, einem kleinen Ort ungefähr 40 Kilometer südlich von Anuradhapura, machen wir Pause in einem „Hotel“. Draußen werden wir wie Außerirdische bestaunt, Frauen und Kinder stehen stumm um uns herum und schauen. In dem kleinen, dunklen Gastraum reicht uns der Kellner, der kaum Englisch spricht, Tee und ein Tablett mit frittierten Teilchen. Als Geschirr dienen rechteckig zurechtgerissene Zeitungsstückchen. Die Leckereien verputzen wir sofort, den Kindern schmecken die „wadis“, Getreidebällchen mit Chili und Linsen, am besten. Die Ringe mit Curry-Blättern und die scharfen dreieckigen „samosas“ (Teigtaschen mit Lauch und Ei) sind auch nicht schlecht. Kaum haben wir einige verschlungen, wird das Tablett schon wieder weggenommen und die Rechnung gereicht. Hm! Wir hätten gern noch mehr gegessen. Vielleicht waren wir zu gierig? Auch als wir mit den gekauften Bananen weiterfahren, sehen uns die Menschen stumm hinterher.

Die Bodenwellen sind inzwischen zu beachtlichen Hügeln geworden. Richtige Berge sind es noch nicht, aber es kostet immer mehr Kraft, sie zu überwinden. Auch die Straße wird wieder schlechter, was das Fahren nicht erleichtert. Einheimische Kinder laufen unermüdlich hinter uns her oder fahren mit ihren Fahrrädern neben uns und betteln penetrant um Bonbons oder Geld. Eine Pause machen, ohne dass gleich jemand neben uns steht, ist unmöglich. Die Kinder betteln, die Erwachsenen sind einfach nur neugierig. Die letzten 24 Kilometer sind die anstrengendsten. Von Süden ziehen dunkle Wolken auf und regnen sich links von uns im Naturschutzgebiet um den Ritigala-Berg ab. Auch wir werden nass, Einheimische winken uns zum Unterstellen heran. Hier spricht niemand auch nur einen Brocken Englisch und unser Sinhala ist noch sehr spärlich. Es bleibt beim Bestaunen und Durchgehen der verschiedenen Fahnen an den Anhängern. Der Regen hört bald wieder auf und ist außerdem sowieso ein Klacks im Vergleich zu dem Mark und

Knochen durchdringenden Nass in Neuseeland. Es dauert ewig, bis wir eine Stelle finden, an der wir einmal ohne neugierige Zuschauer etwas essen können. Wir genießen die Stille - und denken wieder kurz an Neuseeland.

Katja

Am späten Nachmittag ist in den Flüssen und Wasserbecken entlang der Straße offenbar Badezeit angesagt. Mit Saris bekleidete Frauen stehen knietief im Wasser und lüften nur kurz zum Einseifen und Abspülen ihre Wickelkleider. Es geht ganz schnell, so dass kein fremder Blick etwas erhaschen kann. Eine Frau eilt zähneputzend über die Straße, gefolgt von drei Kindern. In den Dörfern gibt es keine Wasserleitungen, Trinkwasser kommt aus Eimern vom Brunnen oder wird mit Handpumpen an die Erdoberfläche geholt. Also nutzt man zum Baden und Waschen wie schon seit Jahrhunderten die künstlich angelegten „wewas“.

Habarana hat nur eine kurze Geschäftsstraße. Die kleine Stadt wird von einigen Luxusresorts dominiert und ist Startpunkt für (Foto-) Safaris in den benachbarten Dschungel oder den Minneriya-Nationalpark. Dort sollen noch Leoparden und wilde Elefanten leben, die das Wasserreservoir von Minneriya in der Trockenzeit als Tränke nutzen. Vor dem Guesthouse wird gerade ein Elefant gewaschen, der sich trotz seiner Größe sehr graziös bewegt. Für 20 US-Dollar pro Person könnten wir eine Runde auf ihm um das Wasserreservoir reiten. Das ist ein stolzer Preis, wenn man bedenkt, dass manche Menschen hier gerade einmal 40 Cent pro Woche zur Verfügung haben. Die Versuchung hält sich in Grenzen: So ein Ritt wäre an sich schon eine tolle Sache, aber nicht zu diesem Preis und auch nicht an einem Ort, der Touristen so ausnimmt. Die Kinder finden es toll, diese großen Tieren „in echt“ zu sehen und zu beobachten, aber nahe heran trauen sie sich nicht so richtig. Es macht Spaß zuzusehen, wie sich dieser aus Kinderperspektive riesige Dickhäuter im Wasser suhlt.

Wir brauchen lange, um gutes Wasser zu finden. Zu kaufen gibt es nur Tafelwasser, das arm an Mineralstoffen ist, aber das bittere, braune Trinkwasser aus der Leitung ist fast ungenießbar. Ein Ladenbesitzer behauptet, er habe „normale“ Preise, aber wir wissen aus Erfahrung, dass sie doppelt so hoch sind wie auf dem Land. Wenigstens einen Reifen bekomme ich zum „normalen“ Preis, so etwas wird von Touristen nämlich nicht gekauft und der Verkäufer ist nicht darauf vorbereitet. Die Übernachtung in einem der schicken Hotels handeln wir ein wenig herunter, aber am nächsten Morgen kann sich der Angestellte an der Rezeption nicht an unsere Übereinkunft erinnern. Vielleicht liegt es daran, dass wir hier nicht zu Abend gegessen haben? Das ist nämlich hier üblich.

Auf der Straße nach Sigiriya ist der Verkehr viel gefährlicher als bisher. Zahlreiche Busse, die Touristen zu den „ancient cities“ transportieren, rasen rücksichtslos über die schmale, unebene Straße. Als uns ein Bus entgegenkommt, höre ich weit hinter mir Hupen. Die Straße ist so schmal, dass zwei Busse nur knapp nebeneinander passen. Mit einer Geste gebe ich dem Bus hinter mir zu verstehen, dass er langsamer fahren soll, aber er rast rücksichtslos rechts an mir und Katja vorbei und lenkt mit einer heftigen, fast kippenden Bewegung auf seine Spur zurück. Das war knapp! Nur ein paar Meter haben zu dem entgegenkommenden Bus und einem Frontalzusammenstoß gefehlt. Ich zeige dem Fahrer einen Vogel, obwohl er das im Davonrasen gar nicht mehr sehen kann. Der entgegenkommende Busfahrer nickt zustimmend und zeigt ebenfalls einen Vogel. Das scheint ein internationales Zeichen zu sein.

Der berühmte Löwenfelsen von Sigiriya ragt hoch über der bewaldeten Ebene auf und ist schon von Weitem zu sehen. Nach 22 Kilometern ist unsere Tagesetappe schon beendet, wir erreichen ein kleines Guesthouse. Vor dem winzigen Fenster in unserem Zimmer, das auf den grünen Garten schaut, sind Betonsockel angebaut, die sich wunderbar als Sitzbank für die Kinder eignen. Auch die Matratzen liegen auf Betonsockeln. Die Wände sind grob, uneben verputzt und gelb angestrichen, die Zimmerdecke ist aus Wellblech. Ein langer, niedriger Holztisch passt genau zwischen die Betonsockel und so entsteht ein riesiges Bett, wenn man eine Matratze darauf legt. Da hat sich jemand wirklich Gedanken gemacht! Nur die Mottenkugeln riechen unangenehm, aber die sind schnell entfernt.

Der Sitz eines paranoiden Königs

Sigiriya ist nur ein kleines Dorf. Seinen großen Namen – „Siha Giri" bedeutet Löwenfelsen – verdankt es dem nahe gelegenen, ca. 200 Meter hohen Monolithen vulkanischen Ursprungs, auf dem die Ruine einer uneinnehmbaren Festung steht. Dieser Felsen, der ähnlich wie der Ayers Rock in Australien ganz unvermittelt senkrecht aus der brettebenen Landschaft emporragt, wurde im Jahr 473 von Kassapa, dem Sohn des Königs Dhatusena aus Anuradhapura, zu seinem vorläufigen Herrschersitz gemacht. Er hatte zusammen mit seiner Mutter, einer Nebenfrau des Königs, seinen Vater umgebracht und floh dann aus Angst vor dem rechtmäßigen Thronfolger, seinem Halbbruder Moggallana, hierher. In der Festung lebte er wahrscheinlich in ständiger Angst, bis achtzehn Jahre später der rechtmäßige und immer noch erzürnte König mit einer Armee aus dem südindischen Exil zurückkehrte, Kassapa besiegte und die Herrschaft in Anuradhapura wieder übernahm. Davon zeugen heute nur noch einige Ruinen, aber der Ort ist trotzdem eine Attraktion, die wir uns gern näher ansehen wollen.

So früh wie möglich brechen wir auf, um den Touristenbussen zuvorzukommen. Zwei Hunde laufen uns voraus, als wollten sie uns den Weg zeigen. Ob diese „Guides" nachher auch Geld von uns verlangen werden? Die von einem breiten (und immer noch gefüllten) Wassergraben umgebene Stadt zog sich früher einmal weit um den gesamten Löwenfelsen herum. Die Reste der ehemaligen Lustgärten und einer Klosteranlage kann man noch erkennen. Über viele kleine Treppen und Stufen nähern wir uns langsam dem Felsen, wobei uns die zahllosen Souvenirverkäufer am Wegrand wider Erwarten in Ruhe lassen. Wahrscheinlich warten sie auf die Bus-Touristen und wissen gar nicht, was sie mit uns anfangen sollen.

Titus läuft heute selbst, die Rückentrage bleibt bis jetzt unbesetzt. Über endlose steinerne Treppen und durch schmale Gänge erreichen wir schließlich eine Plattform ungefähr auf halber Höhe der Felswand, von der aus wir über eine enge eiserne und vergitterte Wendeltreppe zur „Galerie der Wolkenmädchen" hinaufsteigen. Die Treppe führt senkrecht an der Felswand nach oben, wir können weit über das flache Land schauen. Früher soll die gesamte Seite des Felsens mit Zeichnungen und „Graffiti" bemalt gewesen sein, darunter mit 500 – meist barbusigen – Mädchen. Als der Palast des Usurpators später in ein Kloster umgewandelt wurde, wischten die Mönche die meisten der erstaunlich realistischen Bilder ab, um nicht beim Meditieren gestört zu werden. Von dem einstmals riesigen Felsenbild sind heute nur noch etwa 20 Mädchen in eleganten Posen zu sehen. Um die Bilder vor dem Sonnenlicht zu schützen, ist die Wand mit Tüchern abgehängt; so sehen wir wenigstens nicht, wie hoch oben wir an der Felswand kleben. Es ist sehr eng hier oben, ständig quetschen sich Menschen die enge Treppe hinauf, werfen einen kurzen Blick auf die singhalesischen Schönheiten und

steigen schnell wieder hinunter. Wir schauen uns die farbenfrohen Fresken näher an und ich mache viele Fotos. Faszinierend, wie realistisch diese Mädchen gemalt sind; auch wenn das Schönheitsideal die Darstellung deutlich beeinflusst hat. Die Damen haben so perfekte Brüste, wie es im Original niemals möglich wäre. Ein Wächter, der mein Interesse bemerkt hat, führt mich hinter eine Absperrung und zeigt mir noch einige weitere Malereien. Es sollen die einzigen nicht religiösen Gemälde in Sri Lanka sein, aber weder über die Herkunft noch über die Bedeutung dieser Fresken ist heute noch etwas bekannt.

Am Fuß der Wendeltreppe, immer noch in schwindelerregender Höhe, aber auf einem breiteren Weg, geht es weiter am Felsen entlang zur „Spiegelgalerie". Zu Lebzeiten des unrechtmäßigen Königs soll ein Teil der Felswand auf Hochglanz poliert gewesen sein, so dass Kassapa sich darin spiegeln konnte. Deshalb der Name. Spiegelglatt ist die Wand heute nicht mehr, denn zwischen dem 7. und 11. Jahrhundert haben unzählige „Touristen" Graffiti und Gedichte über die Schönheit der 500 gemalten Mädchen hinterlassen, die ältesten Zeugnisse singhalesischer Dichtkunst.
Hilfsbereite Träger bieten uns an, Titus den Rest der fast 2.000 Treppen bis nach oben zu tragen – für nur 300 Rupien! Doch Titus läuft und steigt lieber selbst, das ist viel spannender für ihn. Einige ältere und auch jüngere Besucher nehmen allerdings das Angebot gern an und lassen sich beim Hinaufklettern stützen oder direkt tragen. Nach einigen hundert Metern über Galerien und Treppenaufgänge betreten wir das Zwischenplateau von der nördlichen Seite. Hier sind wir aber noch nicht ganz oben. Das Schwierigste kommt noch, der Aufstieg zur eigentlichen Festung. Vor uns erstrecken sich senkrechte Wände, an denen eiserne Gänge und Leitern am Felsen kleben. An eingemeißelten Rillen kann man erkennen, wo sich früher hölzerne

Gänge befanden. Hier stand einmal das „Löwentor", durch dessen Maul man hindurchgehen musste, wenn man die Festung betrat. Heute sind nur noch die Pranken des Tieres übrig, die allein schon viel, viel größer als ich sind; der steile Aufstieg bleibt natürlich. Auf schmalen eisernen Leitern beginnt die Kletterei. Es ist nicht schwierig, aber wer nicht schwindelfrei ist, dürfte hier Probleme bekommen. Titus will immer noch „selber", aber ab hier nehme ich ihn lieber auf den Arm. So sind wir schnell oben und genießen die herrliche Rundumsicht auf die Gegend. Von dem hölzernen Palast des Königs Kassapa sind nur noch die Grundmauern zu sehen, wir finden auch einen Wassertank und viele in den Fels gehauene Stufen.

Die meisten Touristen schauen nur kurz über die Palastruinen und steigen schnell wieder hinunter, ansonsten ist es ruhig hier oben. Meine Gedanken schweifen, ich denke an den König, der die Rache seines Halbbruders fürchtete – dass er sich hier sicher fühlte, kann ich gut nachvollziehen. Hier hinauf kommt niemand so schnell. Aber wie viel Schweiß und Blut müssen geflossen sein, bis der Palast auf diesem uneinnehmbaren Felsen entstanden war? Ich sehe sonnenverbrannte Arbeiter mit blutigen Händen, die große Steinblöcke und Ziegel in Holzgestellen auf ihren Rücken nach oben schleppten. Riesige Holzbalken wurden heraufgezogen, unzählige Körbe mit Lebensmitteln und dergleichen folgten. Wie viel Angst muss Kassapa gehabt haben, dass er sich einen so abgeschiedenen Ort aussuchte? Am Ende starb er, weil ihn seine eigene Streitmacht verließ: Er wollte sich seinem Stiefbruder nicht ergeben und stürzte sich in sein Schwert.

Die Stille und die unglaubliche Fernsicht Sicht halten uns hier eine gute Stunde fest. Im Grün des Dschungels sehen die menschlichen Siedlungen wie winzige Flecken aus. Die Kinder spielen zusammen in den Ruinen, Katja sitzt zufrieden unter einem einsamen Baum und ich schaue mir fasziniert die Spuren all der Arbeit an, die hier geleistet wurde. Wenn nicht dunkle Regenwolken heranzögen, würden wir noch länger bleiben. Für den Abstieg muss Titus nun doch in die Rückentrage, auch wenn es ihm nicht gefällt. Über die schmalen eisernen Stufen geht es Schritt für Schritt wieder hinab. Es ist, als würden wir erst über dem Felsen schweben und dann Meter für Meter hinabtauchen.
Auf der Zwischenebene am Löwentor machen wir eine Pause, um Luft zu holen. Anika versucht, die Worte „Buddha und Neapel" in den Sand zu schreiben. Was für eine merkwürdige Kombination. Titus malt derweil Kreise. Als sich die beiden in die Quere kommen, gibt es Streit, Titus schmeißt mit Steinchen nach seiner Schwester. Er ist offensichtlich müde, es ist Zeit für uns zu gehen. Schade, es macht Spaß, hier zu sitzen und zuzuschauen, wie die Menschen den Felsen hinauf- und hinabklettern – wie winzige Ameisen.
Nach unten nehmen wir von der Spiegelgalerie aus einen anderen Weg, er führt zwischen Felsen und Meditationshöhlen buddhistischer Mönche hindurch. In einen der Steine wurde oben ein Wassertank hineingemeißelt, darunter liegt ein stiller Meditationsplatz. Hier bleiben wir eine Weile, es ist so schön ruhig und still. Hinter der nächsten Ecke ragt der „Kobra-Felsen" empor, der tatsächlich wie eine aufgerichtete Kobra aussieht. Auch darunter liegt ein Meditationsplatz. Der Gang führt weiter zu einem großen, weiten Platz, in dessen Mitte ein großer Stein liegt. Hinter einem Holzzaun erkennen wir Reste eines Freskos.
Mit Dawn, einer rothaarigen Amerikanerin, unterhalten wir uns hier bestimmt eine Stunde. Titus ist inzwischen in der Rückentrage eingeschlafen. Anika entdeckt, dass in die Steine Vertiefungen eingemeißelt sind, die sie zum Klettern nutzen kann. Mit Leichtigkeit gelangt sie hinauf und wieder hinab. Weil sie meint, dass Affen deshalb so gut klettern können, weil sie keine Schuhe tragen, zieht Anika ebenfalls ihre Sandalen aus. Mehrere Streifenhörnchen huschen über die Bäume und schimpfen aufgeregt, als Anika versucht, ihnen zu folgen. Dann taucht noch ein größeres Hörnchen auf – ein Riesenhörnchen?
Währenddessen lernen wir ein ganzes Stück der Lebensgeschichte dieser schmalen, energiegeladenen Frau kennen, die fünfzig sein soll, aber nicht

einmal wie vierzig aussieht. Sie arbeitet als Krankenschwester und Hebamme für eine Hilfsorganisation in Afghanistan und macht in Sri Lanka zwei Wochen Urlaub. Der Fahrer von Dawn taucht schließlich auf, er wartet schon lange auf sie. Genau wie wir hat sie die Zeit in dieser zauberhaften Ruinenstadt vergessen. Passend dazu beendet Titus jetzt seinen Mittagsschlaf und klettert, wieder gut gelaunt, mit etwas Unterstützung hinter Anika auf den Felsen herum. Es ist erstaunlich, wie selbstverständlich solche Dinge für die beiden geworden sind. Sie spielen mit Zweigen, Blättern, Kokosnussschalen und Steinen. Spielzeug brauchen sie nicht. Eine Weile sitze ich mit den beiden oben auf dem Felsen und wir lassen andächtig die Stille auf uns wirken.

Katja
Das war eine Begegnung der besonderen Art! Wie immer sind solche Zusammentreffen zu kurz, um wirklich etwas über den anderen zu erfahren, doch ein Eindruck sagt oft schon viel. Dawn ist eine Frau mit enormer Ausstrahlung und Energie, die in Afghanistan ein wirklich hartes Leben zu führen scheint. Sie ist eine der wenigen ausländischen Frauen dort, kann sich aber genauso wenig frei bewegen wie die Afghaninnen. Sie vermisst ihren Sohn, der in den USA bei seinem Vater geblieben ist. Trotzdem will sie nicht nach Hause zurück, obwohl ihr Vertrag bei der Hilfsorganisation bald ausläuft. Wie es danach weitergehen soll, weißt sie noch nicht. Wir würden uns gern weiter mit ihr unterhalten, aber auch hier kann sie sich nicht richtig frei bewegen. Ihr Fahrer erwartet sie ungeduldig. Wir geben Dawn unsere Adresse in Deutschland, aber leider hören wir nie wieder etwas von ihr.

Die Tage in unserem Guesthouse mit Familienanschluss vergehen schnell. Im Dorf kennen und grüßen uns alle, wir sind keine Außerirdischen mehr. Die Preise in den Läden sinken auf ein normales Maß, je öfter wir einkaufen. Trotzdem ist die Versorgung nicht einfach: Bis auf Gemüse und Obst gibt es nicht viel, die Menschen scheinen Selbstversorger zu sein. Ohne Benzin für den Kocher können wir aber nicht selbst kochen, der Spiritus für den anderen Kocher ist auch schon lange aufgebraucht. Das Essen im Guesthouse ist zwar sehr lecker, wiederholt sich aber irgendwann: Wir können zwischen Bananen, Ananas, „roti", „hoppers" und einigen scharfen und süßen Teilchen wählen. „Hoppers" sind uns neu: aus Reismehl in einem tassenähnlichen Gefäß gebackene Pfannküchlein. Zu den „roti" gibt es anders als in Malaysia kein „dal" oder Curry. Durch die vielen Teilchen müssen wir uns noch durchessen. Am besten schmecken uns bis jetzt „wadi", in Fett gebackene Linsen , Chili- und Curry-Bratlinge. Unser Gastgeber Lionel erzählt uns etwas von einem weiteren, nahe gelegenen Felsentempel, aber wir schaffen es irgendwie nicht hin: Beim ersten Versuch sind wir zu träge, die Beine sind

schwer, wir haben keine Lust, uns zu bewegen. Das zweite Mal werden wir vom Regen überrascht und suchen Zuflucht im Touristen-Informationszentrum. Bei dieser Gelegenheit versuchen wir gleich, unsere Tickets für die „ancient cities", die wir in Anuradhapura gekauft haben, zu verlängern. Sie waren 14 Tage gültig, aber man hat uns ja versichert, dass wir sie in Sigiriya problemlos verlängern können. Das ist natürlich, wie ich befürchtet hatte, nicht der Fall. Nur die Tickets aus dem Hauptbüro in Colombo gelten für 60 Tage. Warum und weshalb, weiß niemand. Jeder schiebt die Schuld einem anderen in die Schuhe. Wir wollen den „Project Manager" sprechen, werden aber von Sicherheitskräften abgefangen, die unsere Tickets angeblich für 2.000 Rupien sogar auf ein Jahr verlängern würden! Ich vermute, dass dieses Geld einfach in ihre eigenen Taschen wandern würde. Das ist so typisch für dieses Land: immer die Hand aufhalten.
Statt weiter zum Felsentempel zu fahren, kehren wir also um, denn es regnet in Strömen. Das ist eigentlich sehr angenehm und erinnert uns an die erste tropische Dusche, die wir in Port Dickson in Malaysia genommen haben. Auch den ganzen nächsten Tag regnet es, offenbar beginnt jetzt ernsthaft die Regenzeit. Wir verbringen den Tag „zu Hause"; die Kinder fühlen sich hier jedenfalls so. Abends bekommen wir unfreiwillig sogar ein romantisches „candlelight dinner", der Strom fällt nämlich aus. Das ist hier keine Seltenheit. Die Leitungen verlaufen über Putz vor den Häusern, sind nur einfach verdrillt und mit Isolierband umwickelt. Bei der enormen Luftfeuchtigkeit kommt es da schnell zu Kurzschlüssen. Lionel hat aber eine bessere Erklärung: Ein Elefant sei gegen einen Mast gelaufen, deshalb der Stromausfall.

Nach einer durchregneten Nacht können wir nicht recht abschätzen, ob und wann heute weitere Güsse folgen werden. Wir bleiben lieber noch hier und schauen uns derweil ein Video von der Hochzeit einer der Töchter unseres Gastgebers an. So etwas hat in Sri Lanka große Bedeutung, über 200 Gäste waren eingeladen, sie feierten drei Tage lang. Ungewöhnlich ist, dass sich das Ehepaar selbst gefunden hat und nicht wie üblich von den Eltern unter Berücksichtigung gesellschaftlicher, finanzieller und astrologischer Kriterien ausgesucht wurde. Weder Eltern noch Schwiegereltern waren denn auch ganz zufrieden mit der Verbindung: Die Brauteltern fanden es nicht gut, dass der Bräutigam acht Jahre älter ist als die Braut, die Bräutigameltern aus Kandy waren nicht damit einverstanden, dass ihr Sohn eine Frau aus einer anderen Kaste und aus dem Flachland heiraten wollte. Kandy ist schließlich ehemalige Königsstadt, ihre Einwohner haben in Sri Lanka eine höhere gesellschaftliche Stellung. Schließlich willigten aber beide Eltern ein. Weil die Brauteltern in Sri Lanka für die Kosten der Hochzeit und die Mitgift der Braut sorgen müssen, hat unser Gastgeber Lionel 500.000 Rupien aus-

gegeben. Das sind immerhin 5.000 Euro! Alle Verwandten mussten verköstigt und untergebracht werden, wofür ein ganzes Hotel für mehrere Tage gemietet wurde. Der arme Mann – neben zwei Söhnen hat er noch zwei weitere Töchter, die sicherlich auch noch heiraten werden. Nicht selten werden für solche Zwecke hohe Kredite aufgenommen, denn der gesellschaftliche Druck ist enorm.

Währenddessen nutzen Anika und Titus unsere Unaufmerksamkeit und spielen draußen im Regen. Danach sind sie selbst und die Anhänger vollständig mit Matsch bedeckt, von den ursprünglichen Farben ist nichts mehr zu sehen. Bevor wir irgendwohin fahren können, müssen wir jetzt erst einmal die Anhänger und die Kinder schrubben. Das übernehmen die Kinder mit einem Wasserschlauch, mit dem wir sie nach getaner Arbeit auch noch abduschen. Titus' blau-gelber Chariot wird seine lehmig-braune Patina allerdings bis zum Ende seiner Tage behalten.

Polonnaruwa: Ruinen im Dschungel

Der sechste Morgen in Sigiriya ist klar und wolkenlos, es kann also weitergehen. Lionel erlässt uns eine Übernachtung und ein Abendessen. Wir staunen, denn der Reichste ist er nicht und schon gar nicht mehr nach der Hochzeit seiner Tochter. Das „Guesthouse Nilmini" bräuchte dringend eine Renovierung, das Auto hat Löcher im Boden. Aber Lionel scheint ein genügsamer Mensch zu sein und lebt nicht nach dem Prinzip des „Touristen-

Melkens". Bestimmt hat er mitbekommen, dass wir versuchen, günstig zu leben: im Zimmer frühstücken, mittags mit „wadi" auskommen und so oft wie möglich selbst kochen. Trotz der Enge fühlten wir uns hier sehr wohl, sogar ein wenig zu Hause. Zum Abschied, der uns ziemlich schwer fällt, gibt Lionel uns noch Tipps für die kürzeste Route und eine gute Übernachtungsmöglichkeit in Polonnaruwa.

Der Weg führt mitten durch den Urwald, zunächst an dem Felsentempel vorbei, den wir leider immer noch nicht angesehen haben. Die mit Schlaglöchern übersäte Lehmpiste ist voller braun-orangefarbener Pfützen, am Rand stehen ab und zu einfache kleine Lehmhütten, danach schließt uns dichtes Grün ein, das an manchen Stellen sogar über unseren Köpfen zusammenwächst. Die Vögel geben ein mächtig lautes Konzert und erneut sehen wir eines der ominösen Riesenhörnchen mit einem langen, graumelierten Schwanz, weißen Pfoten mit schwarzen Handschuhen und grauschwarzem Köpfchen. In unserem Tierbestimmungsbuch finde ich das Tier nicht, die Einheimischen nennen es einfach „squirrel", aber das ist nur der allgemeine Name für Hörnchen. Auch Schmetterlinge begleiten uns hin und wieder oder kreuzen unsere Bahn. Bei einer kurzen Pause sind wir von Affen umringt. Die gibt es hier überall: kleine braune mit spitzen Ohren

wie Mr. Spock, der Vulkanier vom Raumschiff Enterprise, oder auch größere, schwarz-graue Tiere, die in Sigiriya manchmal über das Blechdach unserer Unterkunft huschten und uns giftig anfauchten, wenn wir ihnen zu nahe kamen. Nach 15 Kilometern, als wir gerade den Wald verlassen und die Hauptstraße erreichen, sehen wir – ein Stachelschwein! Sein Besitzer springt auf und winkt uns heran, indem er seine rechte Hand zu einem imaginären Fotoapparat ansetzt. „Thank you!" Wir fahren weiter.
Die Hauptstraße nach Polonnaruwa ist recht ruhig, nur hin und wieder überholen uns Busse rasant und gefährlich, gern an unübersichtlichen Stellen und auch bei Gegenverkehr. Durch die heftigen Lenkmanöver drohen manche von ihnen fast umzukippen. Lautes Hupen genügt, die anderen sollen einfach Platz machen. In Asien gehören Busfahrer zu den Mächtigen, sie halten an, wann sie wollen und nehmen jemanden mit oder auch nicht, wenn sie nicht wollen. Mehrmals beobachten wir, wie Menschen vergeblich versuchen, den Bus anzuhalten. Er hält einfach nicht an oder fährt ihnen vor der Nase weg.
Nach 30 Kilometern beginnt der Mittagsregen. Wir stellen uns unter einem Baum, doch bald gießt es wie aus Eimern und wir wechseln unter das Palmendach eines Verkaufsstands auf der anderen Straßenseite. Die Menschen, die auch Zuflucht hier suchen, schauen neugierig und rücken zusammen. Nach einiger Zeit bringt sogar jemand zwei Stühle für uns. Es regnet und regnet und es sieht nicht so aus, als ob es bald aufhören würde. Die Wassermassen fließen auf der Straße entlang und bilden große braune Pfützen, die von den vorbeirasenden Bussen meterweit verspritzt werden. Manche Autofahrer fahren langsamer und schauen neugierig auf unsere Vehikel. Einer bietet uns sogar an, uns mitzunehmen, obwohl er gar nicht genug Platz hat. Nach einer Stunde ist es endlich soweit, es nieselt nur noch und wir können weiterfahren. Zuerst fühlt sich die durchnässte Kleidung etwas kühl an, später wird es richtig angenehm. Es ist nicht mehr so heiß, die Sonne versteckt sich hinter den Regenwolken. Nach weiteren 15 Kilometern platzt der Himmel erneut, aber diesmal warten wir nur kurz unter dem Vordach eines verschlossenen Ladens und fahren dann einfach im Regen weiter. Das ist durchaus angenehm, auch wenn es bald wieder richtig gießt. Wenigstens werden die Anhänger jetzt gründlich sauber.
Nach einer Tagesetappe von 58 Kilometern erreichen wir Polonnaruwa. Im Guesthouse „Gajabe" erwartet man uns schon, Lionel hat angerufen und uns angekündigt. Die Zimmer haben keine Klimaanlage und sind nicht mehr sehr frisch: feuchte Wände, alte Matratzen und Bettlaken aus purem Synthetik, die uns im Schlaf schwitzen lassen. Hm – normalerweise würden wir weiterfahren, aber die Gastfreundschaft von Lionels Freund können wir schlecht ausschlagen. Immerhin sind wir allein, können die Betten zusammenschieben und unsere eigenen Moskitonetze darüberspannen. Mit

Gepäckgurten und -gummis haben wir schon die unmöglichsten Konstruktionen zustande gebracht. Anikas Schlafplatz wird eine Wandnische, die eigentlich für Gepäck gedacht ist. Mit einer Isomatte ausgelegt, ist sie richtig gemütlich. Anika ist stolz darauf, dass sie ein eigenes Bett hat, fast wie ihr Hochbett zu Hause.
Das Hühnchen-Curry im Restaurant schmeckt mittelmäßig und besteht fast nur aus Knochen. Außerdem kostet es mehr als die Übernachtung! Das, was Lionel uns mit seinem Rabatt geschenkt hat, geben wir hier wieder aus. Tja, so ist das Leben. Am Morgen nach dem Frühstück finden wir ein anderes Guesthouse, das heller, freundlicher und vor allem billiger ist. Als wir auschecken wollen, bietet man uns im „Gajabe" überraschend ein Dreibettzimmer für nur noch 500 Rupien an, aber wir wollen trotzdem umziehen und flunkern dem Besitzer eine Geschichte vor, dass wir Freunde getroffen hätten und mit ihnen zusammen wohnen wollen. Ob er es glaubt? Auf jeden Fall dürfen wir bei Bedarf wiederkommen und uns seine genauen Landkarten ansehen.

Polonnaruwa ist keine große Stadt, berühmt sind aber die altertümlichen Ruinen der UNESCO-Weltkulturerbestätte, die von den meisten Touristen (und auch von uns) zusammen mit den Ruinen von Anuradhapura besichtigt werden. Auf der Suche nach einem Supermarkt in der „New Town" passieren wir Reisfelder, kleine Siedlungen und Kanäle, in denen die Menschen ihre Wäsche und abends auch sich selbst waschen. Nach dem Mittagsregen ist es wieder ziemlich heiß geworden. Wir finden zwar keinen Supermarkt, dafür aber einen Kramladen, in dem es alles gibt; alles außer Spiritus, den wir zum Kochen brauchen. Auf dem Rückweg am Ufer des „Parakrama-Meers" entlang, eines riesigen antiken Stausees, rettet Anika einen bunten Schmetterling, der nicht mehr fliegen kann. Sie setzt ihn fürsorglich auf eine Hibiskus-Blüte und tatsächlich trinkt er etwas von dem Nektar und bewegt Beine und Fühler. Gut, dass Anika vorbeigekommen ist.
Auf der anderen Seite des Sees weiden in aller Ruhe zwei wilde Elefanten. Auf diesen Anblick haben wir lange gewartet, weder in Malaysia noch in Thailand haben wir wilde Elefanten gesehen. Doch viel Zeit bleibt nicht, um die Tiere in ihrer natürlichen Umgebung und ohne schwere Touristen-Sättel oder Beinketten zu bewundern. Wieder ziehen dicke Wolken auf, der Himmel verdunkelt sich. Wir eilen zurück, bevor wir wieder klitschnass werden. Im Guesthouse repariere ich die Steckdose, um mit dem Tauchsieder Wasser kochen zu können. Unsere Wirtin schaut neugierig ins Zimmer: Wir dürfen nicht mit Strom kochen, Strom sei teuer! An ihrem Gesichtsausdruck erkenne ich, dass ihr das überhaupt nicht gefällt. Bestimmt ist ihr aufgefallen, dass wir keine Mahlzeiten in ihrem Restaurant bestellen und vielleicht hat sie im Mülleimer Gemüsereste gefunden und zwei und zwei zusammenge-

zählt. Zur Verteidigung zeige ich ihr den Benzinkocher, aber so etwas hat sie noch nie gesehen. Stattdessen teilt sie uns mit, dass unser Zimmer ab morgen reserviert sei, wir müssten ein anderes nehmen. Na – das ist auf jeden Fall nicht die feine Art. Wahrscheinlich verdient sie nicht genug an uns, ihr Hauptgeschäft sind nicht die Zimmer, sondern das Essen.

Wir nutzen die regenfreie Zeit draußen am See, wo wir Kormorane und Pelikane beobachten, wie sie langsam über den glatten Wasserspiegel fliegen und einfach auf das Wasser platschen, um Fische zu fangen. Am anderen Ufer weidet wieder ein Elefant. Die Atmosphäre im Guesthouse ist kühl geworden, niemand spricht mit uns. Im neuen, billigeren Zimmer bekommen wir erst auf Anfrage frische Bettwäsche. Die letzten Gäste blieben nur eine Nacht, da schien ein Wechsel der Bettwäsche wohl nicht nötig. Das Zimmer ist etwas dunkler als das andere, dafür haben wir jetzt ein drittes Bett.
Mit dem Fahrrad erkunden wir heute die Ruinenstadt von Polonnaruwa. Auch hier versperren Schranken die Durchfahrt, Uniformierte kontrollieren den Besucherstrom. Doch diese hier sind freundlich und hilfsbereit, nicht wie in Anuradhapura. Die Stadt selbst ist viel besser erhalten, da sie ca. 1.000 Jahre jünger ist als ihre antike Schwester. Anuradhapura wurde nach seiner Zerstörung im Jahr 993 nicht mehr aufgebaut, stattdessen ließ König Vijayabhu I. das heutige Polonnaruwa zur neuen Hauptstadt seines Königreichs ausbauen. Während seiner Blütezeit zwischen 1153 und 1186 beherbergte Polonnaruwa die berühmte Zahn-Reliquie Buddhas, die für die Legitimität aller singhalesischen Herrscher entscheidend war und immer in der jeweiligen Hauptstadt verwahrt wurde. Heute kann man sie (oder vielmehr den vergoldeten Behälter, in dem der Zahn liegen soll) im Zahntempel von Kandy sehen.
Von der einstigen Pracht sind fast nur Ruinen geblieben, doch die haben es in sich. In meiner Fantasie lasse ich das Königreich wieder auferstehen. Am Shiva-Tempel, dem ältesten Gebäude in Polonnaruwa, zeigt sich der Einfluss der indischen Herrscher. Gleich daneben stehen buddhistische Überreste. Jeder singhalesische König ließ einen neuen Tempel errichten, um den Backenzahn Buddhas aufzubewahren. Von dem Glanz des einst siebenstöckigen Königspalasts mit seinen 1.000 Zimmern sind nur noch die meterhohen Ziegelgemäuer, die Grundmauern der Galerien und die große Audienzhalle im Erdgeschoss übriggeblieben. Auf deren Plattform stehen 33 reich verzierte und fast vollständig erhaltene Pfeiler. Am eindrucksvollsten finden wir die beiden Mondsteine am Aufgang und die großartigen Friese mit den Elefantendarstellungen. Wo heute eine Handvoll schweißgebadeter Touristen, verfolgt von Souvenirverkäufern, die alten Steine erklimmt, muss früher ein buntes Treiben geherrscht haben.

Über eine steinerne Treppe laufen Anika und Titus voraus zu dem morastigen Becken der königlichen Badeanlagen. Das Wasser floss früher durch unterirdische Kanäle in ein mehrstufiges Bassin. Ich stelle mir vor, wie das Wasser rauschte, und sehe in bunte Stoffe gewickelte Schönheiten unter den Fontänen baden. Ob das so war, ist ungeklärt. Die Experten streiten noch darüber, ob dieses Becken rein rituellen oder hygienischen Zwecken diente. Versunken in eine andere Zeit, werden wir vom Mittagsregen überrascht und flüchten in einen Kuppeltempel. Der heftige Regen stört Anika und Titus gar nicht, sie laufen durch das warme Nass und springen kichernd von Pfütze zu Pfütze. Nach zwanzig Minuten ist alles vorbei, aber die Kinder sind so nass, dass wir lieber im Guesthouse trockene Sachen holen wollen. Weit kommen wir nicht, schon ergießt sich der nächste Regenschauer über uns. Wir warten unter der Überdachung des Kontrollhäuschens am Eingang des Parks und holen Bananen heraus. Schon sind wir von einer Affenhorde umringt, die etwas abbekommen möchte.
Am Nachmittag ist es sehr ruhig in der Ruinenstadt, vielleicht wegen des bedeckten Himmels? Bis auf die Souvenirverkäufer, die uns umlagern, ist kein Mensch zu sehen. Mit Anika schaue mir die 54 Meter hohe Dagoba „Rankot Vihara“ an, die wie eine riesige Pickelhaube aussieht. Katja bleibt bei den Fahrrädern, denn wir wurden vor Dieben gewarnt. Es komme manchmal auch vor, dass Touristen überfallen werden. Bis jetzt haben wir die Menschen hier sehr friedlich erlebt, aber wo viele Touristen sind, gibt es auch viel zu holen. Etwas mulmig ist mir schon, das Gelände ist groß und unübersichtlich.

Unsere letzte Station soll ein Felsentempel sein, von dessen Mauern heute nichts mehr zu sehen ist. Nur die aus dem Felsen herausgehauenen Skulpturen haben die Zeit überdauert. Besonders beeindruckend ist der 14 Meter lange sterbende Buddha, der, sanft auf einem Kissen ruhend, ins Nirwana hinübergleitet. Die Kinder klettern emsig über die Felsen und stellen sich dann mit zusammengelegten Händen vor einer der Statuen. Sie wünschen sich etwas. „Wieso kann ein Stein mir Wünsche erfüllen?", fragt Anika hinterher. Passend dazu müssen wir uns heute noch mit sehr weltlichen Dingen beschäftigen: Wir senden Anikas Schulanmeldung per Fax nach Deutschland. Die Schulpflicht ruft und damit das Ende unserer Reise.

Katja
Eine Freundin hat mir eine E-Mail geschickt und mich daran erinnert, dass wir Anika für die Schule anmelden müssen. Ein lustiges Gefühl: Wir stehen in einem kleinen Laden irgendwo in Südostasien und schreiben einen offiziellen Brief an das Schulamt in Düsseldorf. Das alles ist uns so fern, aber die Bürokratie lässt uns auch hier nicht los.

Etwas hält uns zurück

Heute wollen wir eigentlich weiter an die Ostküste Sri Lankas fahren, aber der Tag ist nicht der beste dafür. Wir starten im Nieselregen und sind gerade einige Meter unterwegs, als es heftig zu regnen beginnt. Während wir warten, decken wir uns mit Brot, „wadi" und „roti" für den Weg ein. Die nächste Unterkunft ist erst in Kalkudah, bis dahin müssen wir 65 Kilometer fahren und die Einheimischen sagen, dass die zweite Hälfte des Weges durch menschenleere Gebiete führt. Der dichte Regenwald ist allerdings bis auf den letzten Baum abgeholzt worden, um sich vor Überfällen der „Tamil Tigers" zu schützen. Wegen des Wetterberichts kaufen wir noch einen großen Regenschirm. Unterstellen können wir uns unterwegs ohne Bäume wohl kaum. Der Himmel ist bleiern, kein Sonnenstrahl durchdringt die dicken Wolken. Und es regnet. Nach drei Kilometern stellen wir uns für eine Weile unter, nach fünf weiteren Kilometern ist beim besten Willen kein Vorankommen mehr. Es gießt wie aus Eimern; nein, das ist zu milde ausgedrückt, der ganze Himmel ist aufgebrochen und schüttet alle Wasservorräte auf einmal aus! Weit und breit ist kein Unterstand zu sehen, aber wir haben ja unseren neuen Regenschirm. Wie Sardinen in einer Büchse, quetschen wir uns zu dritt unter den Schirm und werden vom Spritzwasser trotzdem nass. Titus sitzt bequem im trockenen Anhänger, was ihm aber überhaupt nicht gefällt, denn er ist allein und wir sind zu dritt. Ihn herauszuholen, ist aber unmöglich, binnen einer Sekunde wäre er völlig durchnässt. Der Regen prasselt wie ein Wasserfall an den Rändern des einen Quadratmeters herunter. Unter den Füßen fließt das Wasser ab, über uns schüttet der Himmel neues nach. So halten wir fast eine Stunde aus, bis der Regen endlich etwas nachlässt. Sofort rücken wir einige hundert Meter weiter zu einem Bushäuschen vor. Am Straßenrand pumpt eine Frau mit über der Brust zusammengebundenem Sarong mit einer Handpumpe Wasser zum Waschen herauf. Als ob nicht gerade genug davon herunterkam, um ihr ganzes Dorf zu duschen!

Der Himmel bleibt schwarz, der nächste Wolkenbruch ist nur eine Frage der Zeit. Wir kehren lieber um und beschließen, im „Midlands Resthouse" am Ortseingang von Polonnaruwa zu übernachten. Völlig durchnässt ziehen wir eine lange Wasserspur durch den Flur. Auch unser Zimmer nimmt das feuchte Klima schnell an, denn die nassen Sachen müssen unter dem Ventilator trocknen. Für das tropische Klima sind diese einfachen Häuser komplett ungeeignet. Die Luftfeuchtigkeit ist enorm hoch, die Wände sind richtig nass. Der Schimmel lässt da nicht lange auf sich warten. In der Trockenzeit wird er einfach überstrichen, um in der nächsten Regenzeit wieder aufzublühen. Auch unsere Ledersättel leiden darunter. Sie in der Regenzeit trocken zu halten, ist unmöglich, so dass auch hier Pilze sprießen. Hoffentlich schaffen wir es auf die trockene Südseite Sri Lankas, bevor unsere Sitze ganz verschimmelt sind. Weil kein Lederfett zu bekommen ist, muss schwarze Schuhcreme für die Pflege herhalten. Dazu kommt, dass Titus gerade mehr oder weniger freiwillig lernt, die Toilette zu benutzen. Wie auch in Malaysia und Thailand wird hier kein Toilettenpapier benutzt. Dafür ist auf der Höhe der Toilette ein Wasserhahn angebracht, manchmal auch ein Schlauch mit Duschkopf und Ventil. Das ist die „Popodusche", die Titus so liebt. Er kann selbst auf die Toilette gehen, hinterher sein Pipi wegspülen und sich selbst sauberduschen. Das macht ihm Spaß, anders als die „große Dusche". Unter dem Vorwand, Pipi zu müssen, spielt er oft so lange mit der „Popodusche", dass er von seinen Bedürfnissen überrascht wird. Zwar ist es kein Problem, Windeln zu bekommen, auch nicht in kleineren Orten, aber diese „Luxusartikel" gibt es nur einzeln oder in kleinen Packungen, so dass wir sie gut einteilen müssen. Und so hängt eben eine Menge Wäsche unter dem Ventilator und verwandelt den Raum in eine Sauna.

Anika hat sich fest vorgenommen, von der Sonne zu träumen. Als wir aufstehen, ist es aber leider bedeckt. Nur Anika hat von der Sonne geträumt, wir anderen nicht. Wenn es heute wieder den ganzen Tag regnet, macht Weiterfahren nicht viel Sinn. Vielleicht könnten wir am Nachmittag mit dem Zug nach Batticaloa fahren, das liegt ja auch an der Ostküste? Da klopft es an der Tür: Wer kann uns nur so früh wecken wollen? „Morning tea, sir!" – es ist der Kellner, der uns zum Aufwachen einen Tee serviert. Was für ein Luxus! Um den Mann hereinzulassen, müssen wir erst das kleine Moskitozelt teilweise abbauen, denn es füllt den ganzen Raum aus. Der Kellner wundert sich, sagt aber nichts.

Als wir vor den Fahrrädern stehen, sehen wir, dass das Gestänge des Regenverdecks von Anikas Anhänger jetzt völlig zerbrochen ist. Irgendjemand muss gestern Abend draufgefallen sein. Bei dem feuchtfröhlichen Gesangsabend waren viele einheimische Gäste da, die viel Arrak getrunken haben, einen aus Palmzuckermelasse und Reismaische gegorenen Schnaps. Menake, der junge Manager des Guesthouse, fühlt sich verantwortlich für den Schaden und schleppt mich in zwei nahe gelegene Werkstätten, doch hier hat niemand eine Lösung. Um das gebrochene Gestänge zu reparieren, brauche ich einfach nur ein Rohr, das ich über die Bruchstelle stülpen kann. Ein Stück Bambus reicht, das ist sowieso stabiler als die dünnen Aluminium-Zeltstangen. Aber Bambus kann ich nirgendwo finden. Menake hat eine neue Idee: Auf dem Sozius seines Mopeds nimmt er mich zur Werkstatt seines Freundes mit, die zwischen grünen Bananenstauden steht.
Die Angestellten arbeiten an einem großen alten Bus, den sie völlig zerlegt haben. Sämtliche Bleche wurden entfernt, nur ein Skelett mit Dach ist übrig. Mit gezielten Hammerschlägen wird das zerbeulte Dachblech geglättet, neue Aluminiumbleche werden an die Seiten genietet und schon sieht der Bus wie neu aus. Auch einige Tuktuks befinden sich in verschiedenen Stadien der Zerlegung, daneben wird ein Auto repariert. Die Tuktuks haben winzige, luftgekühlte Zweitaktmotoren mit 150 ccm und 8 PS. Der indische Hersteller Bajaj produziert auch Viertakt- und Dieselmotoren für diese beliebten Fahrzeuge, aber die sind teurer.

Menake setzt sich erneut auf sein Moped und braust davon, um seinen Freund zu holen. Ich habe Zeit, die Geschicklichkeit der Mechaniker zu bewundern: Bis Menake zurückkommt, haben sie einen Bajaj-Motor auf der bloßen Erde komplett zerlegt und wieder zusammengebaut. Der Freund kommt, schaut sich den Schaden an und debattiert mit einem seiner Angestellten laut über die Reparatur. Nach einer Weile fahren sie auf Menakes Moped los, um Material zu holen. Eine weitere halbe Stunde vergeht, dann sind sie mit einem Rohr zurück, das exakt die gleiche Stärke wie das gebrochene Rohr hat. Jetzt verstehe ich: Die Sache wird professionell angegangen, man will ein neues Gestänge herstellen! Tatsächlich: Das Rohr wird auf die richtige Länge zurechtgesägt, passend gebogen und um es zusammensteckbar wie eine Zeltstange zu machen, werden noch Hülsen eingesetzt und vernietet. Das Ergebnis ist ein komplett neues Rohr, keine Improvisation. Bezahlen muss ich nichts. „Das ist Ehrensache und geht auf Kosten des Hauses“, meint Menake, während 50 Rupien den Besitzer wechseln. Ich habe keine Chance, ihm das Geld zu geben. Das ist wirklich nett und vor allem wieder mal ein toller Ausgleich. Im letzten Guesthouse wurde nur aufs Geld geachtet, aber das Bild von den geldhungrigen Singhalesen wird hier wieder korrigiert. Im Guesthouse von Menake übernachten meist einheimi-

sche Geschäftsleute, es wird ständig instandgehalten, alles funktioniert. Er versucht es seinen Gästen möglichst angenehm zu machen. In der Regel ist es anders: Einmal gebaut, bleibt alles so, solange Geld fließt.
Wir unterhalten uns noch lange darüber und auch über das Leben in Deutschland. Ich erzähle Menake und seinem Freund, dass das Einkommen in Deutschland um ein Vielfaches höher liege, die Preise aber auch. Als sie hören, wie viel ein Brot bei uns kostet, staunen sie: „Dafür könnten hier hundert Brote gebacken werden!" Ich erzähle ihnen auch von der Staatsverschuldung, der Arbeitslosigkeit und den gekürzten Sozialleistungen. Dabei merkt man, wie gut es uns in Europa geht: Hier gibt es gar keine Sozialleistungen, die Menschen müssen selbst für sich sorgen. Es leuchtet ihnen aber immerhin ein, dass wir Europäer nur hier in Asien reich sind und nicht generell.

„New Town" ist völlig anders als der antike Teil von Polonnaruwa. Zwar werden wir auch hier ständig angesprochen, aber nicht, weil man etwas von uns will, sondern aus Neugier. Touristen verirren sich äußerst selten hierher. Einkaufen ist allerdings anstrengend, denn einen Supermarkt haben wir seit Anuradhapura nicht mehr gesehen. In den kleinen Läden muss man wissen, was man will und auch, wo man es bekommt. Nach einer Schuhcreme für unsere Sättel suche ich fast so lange wie nach Spiritus für unseren Kocher. Der ist zwar nicht unbekannt in Sri Lanka, nur kann mit dem englischen Wort „spirit" keiner etwas anfangen. Frage ich nach „ethyl alcohol", bietet man mir Arrak an. Heute habe ich aber Glück. Das Etikett mit der singhalesischen Schrift werde ich wohl besser behalten.
Das Verdeck für den Hase-Anhänger sitzt perfekt und zu allem Überfluss brauchen wir es gar nicht, denn es regnet nicht. Vorsichtshalber montiere ich noch einen Schirm an den Anhänger. Allerdings ist es jetzt schon nach elf Uhr, zu spät für eine sechsstündige Fahrt. Menake will uns stattdessen wilde Elefanten zeigen. Die großen Tiere legen pro Tag ungefähr 80 Kilometer zurück und sind jeden Tag um die gleiche Uhrzeit an derselben Stelle zu finden. Nach Menakes Schilderung finden wir die richtige Stelle einige Kilometer östlich des Ortes. Hier stehen viele Menschen und blockieren die Straße, aber nicht wegen der Elefanten, sondern weil ihr Bus eine Panne hat. Gleich daneben weiden auf einer wilden Müllkippe friedlich drei Elefanten, zwei Kühe und ein Junges – im Müll.
Ich glaube es nicht: ausgerechnet auf einer Müllkippe? Hier finden wir alles, was wir in den letzten Tagen weggeworfen haben. In Sri Lanka macht sich niemand Gedanken um Mülltrennung oder Umweltschutz. Neben den grauen Riesen picken Krähen, ein Pfau und ein paar weiße Vögel im Müll herum. Darüber kreisen Milane, die von den vielen Kleintieren profitieren, die wiederum vom Müll leben. Auch Kühe, verwilderte Hunde und Affen

wollen von dem Kuchen etwas abbekommen. Nach einer Weile gesellt sich ein vierter Elefant zu der Gruppe, begrüßt die anderen mit dem Rüssel und spielt mit ihnen. Danach ziehen sie gemeinsam ab. All die Tiere, die man in den Reservaten Sri Lankas vergeblich sucht, sind hier problemlos zu beobachten. Vielleicht sollte man die Müllkippen als Touristenmagneten fördern?

Kalkudah liegt hinter Stacheldraht

Heute ist ein guter Tag, um an die Ostküste weiterzufahren: Sonnenstrahlen schauen freundlich hinter den Bananenstauden hervor und erhellen unser Zimmer, aus dem Flur dringt der dezente Duft von Räucherwerk in den Raum. Anika hat heute Nacht von der Sonne geträumt, aber auch ein wenig vom Regen. Na, mal sehen.

Katja

Wir wollten die Strecke an die Ostküste Sri Lankas unbedingt mit den Fahrrädern schaffen. Viele haben uns geraten, einfach alles in den Bus zu packen und die 70 Kilometer „Niemandsland" zwischen Polonnaruwa und Kalkudah einfacher zu überwinden. Doch wir wollten die Gegend „fühlen", obwohl mir bei dem Gedanken, dass wir ab der Hälfte der Strecke nicht mehr anhalten dürfen, schon etwas mulmig war. Die Regenzeit macht das Radfahren nicht gerade einfach, unterwegs gibt es nichts zum Unterstellen und auch sonst keinen Schutz vor Regen oder Sonne. Hoffentlich halten wir das mit den Kindern durch ...

Mit jedem Kilometer nach Osten wird der Verkehr dünner, nur noch ein paar Lkw sind auf der holprigen Piste unterwegs. Die Brücke über den Mahaweli-Fluss, eine der wenigen Verbindungen in den Osten, wird von einigen Soldaten bewacht. Noch immer ist die Angst der Regierung vor Anschlägen der „Tamil Tigers" groß. Nach 30 Kilometern machen wir in Welikanda neben dem erstaunlich großen Busbahnhof eine kleine Pause und essen mitgebrachte „wadi" und Teilchen. Die wenigen Wartenden schauen uns neugierig zu, halten aber Distanz. Die Flaschen, die ich in einem Restaurant kaufe, werden sofort geöffnet, die Kronkorken landen scheppernd in einem Eimer. Titus und Anika stürzen sich begeistert darauf, sie dürfen einige davon mitnehmen. Immer wieder gehen sie still und leise in das winzige Restaurant und holen immer mehr Kronkorken aus dem Mülleimer, bis sie schließlich eine ganze Tüte voll haben. Als sie die leeren Flaschen zurückbringen, bekommt Anika noch einen Flummi-Ball geschenkt. Auch Titus will einen und sagt einfach so lange hartnäckig „Ball, Ball!", bis er auch einen bekommt.
Von Norden ziehen dunkle Wolken genau auf uns zu, aber wenn wir uns beeilen, können wir ihnen bestimmt entkommen! Wir treten kräftig in die Pedale, eine Wettfahrt mit dem Regen beginnt. Die Erinnerung an die heftigen Güsse der letzten Tage motiviert uns zu Höchstleistungen. Doch schon nach einigen Kilometern reißt die Kette von Anikas Trets-Anhänger. Wieso

denn das? Diese Kette wird längst nicht so stark belastet wie die an unseren Fahrrädern, Anika tritt ja nur hin und wieder mit. Wohl oder übel fahre ich erst einmal ohne „Heckantrieb" weiter.
Eine Militärbasis, die einfach auf die Mitte der Straße gesetzt wurde, unterbricht unsere Fahrt schon wieder. Ein löchriger Lehmweg führt um das mit Erdwällen und Stacheldraht gesicherte Camp herum. Ab hier fahren wir nicht mehr unbeobachtet, alle paar Kilometer treffen wir auf gut verschanzte Soldaten. Von Weitem ist von den Stellungen nicht viel zu sehen, aber aus der Nähe fallen die kleinen Erhebungen auf, hinter denen sich hin und wieder ein Stahlhelm oder ein Fernglas zeigt.
Menschen leben hier keine, nur ein paar Rinderherden oder ein verlassener Ganesha-Schrein sind zu sehen. Die Landschaft hat sich seit Welikanda extrem verändert. Außer niedrigen Büschen wächst hier nur noch wenig, der Wald wurde für den Krieg abgeholzt. Kaum zu glauben, dass in dieser Gegend früher unzählige Leoparden gelebt haben! Ende des 19. Jahrhunderts wurden offiziell über 8.000 Tiere erlegt. Traurige Berühmtheit erlangte ein Tier, das 1924 zwölf Menschen getötet hat. Um 1900, als noch die Hälfte des Landes hier mit Wald bedeckt war, lebten nur noch schätzungsweise 1.600 Leoparden, heute verstecken sich nur noch wenige hundert in den abgelegenen Gebieten der Nationalparks. Der Rückgang der Waldgebiete, die illegale Jagd und die Verseuchung der Natur durch die Pestizide der Landwirtschaft tun das Ihre, um die Leoparden in Sri Lanka endgültig auszurotten.

Katja
Seit einigen Tagen trägt Titus tagsüber keine Windel mehr, also müssen wir alle paar Kilometer anhalten, weil Titus „A-A" muss. Eine solche Pause muss ausgerechnet neben einem Warnschild für ein Minenfeld sein, stellt sich dann aber als falscher Alarm heraus. Beim Anblick der harmlos aussehenden Grasfläche, unter der sich eine tödliche Gefahr verbirgt, wird mir recht unbehaglich zumute, wir fahren schnell weiter. Genau zwischen zwei Kontrollposten ist es kurze Zeit später schon wieder dringend. Plötzlich ist ein Soldat mit einem Funkgerät zur Stelle. Als er sieht, dass Titus keine terroristischen Absichten hegt, grinst er und verschwindet genauso schnell, wie er aufgetaucht ist, ins Nichts. Titus erledigt in Ruhe sein „Geschäft" und putzt sich wie in der Geschichte von dem Bären, die ich ihm erzählt habe, mit pelzigen Blättern ab. Danach ist er stolz und zufrieden.

Wir fühlen uns doppelt gehetzt: nicht nur von den Soldaten, auch von den schwarzen Wolken hinter uns, die sich schnell nähern und sich hinter unseren Rücken gnadenlos entleeren. Damit sie uns nicht erwischen, müssen wir pausenlos in die Pedale treten. Noch zweimal fahren wir um größere Militärbasen herum, die einfachen Kontrollposten zählen wir schon gar nicht mehr. Nach einigen letzten Sperren fahren wir noch durch einen langen Korridor aus Stacheldrahtzaun. Ein Schild sagt, dass diese Straße nur zwischen sechs Uhr morgens und sechs Uhr abends geöffnet ist. Zum Glück ist unser Ziel nicht mehr weit.

Nach über 30 Kilometern durch „Niemandsland" passieren wir endlich den letzten Kontrollposten und sind im Tamilengebiet angekommen. Hier sieht alles friedlich und beruhigend ungefährlich aus. Die tiefstehende Sonne färbt den vor uns liegenden See rot. Zur Abwechslung kommt der Wind jetzt von vorn. So vertreibt er zwar die Wolken, dafür sorgt er zusammen mit der hügeligen Strecke für viel Schweiß bei uns. Wir überholen einen Radfahrer, der mit einer Fuhre Brennholz hoffnungslos überladen ist und bergauf schiebt. Ein Lkw steht knietief oder besser gesagt bis zur Achse im Wasser und wird auf die gleiche Art wie die Elefanten im See gewaschen.

Der Wind dreht erneut, jetzt haben wir Rückenwind. Den können wir brauchen, wir sind schon ziemlich ausgelaugt. Über eine bewachte Brücke gelangen wir auf die andere Seite des Sees, der eigentlich eine Lagune ist, in eine kleine, aber sehr geschäftige Stadt. Die Menschen in Valaichenai sind nicht nur neugierig, sondern richtig überschwänglich. Immerhin sind wir mit hoher Wahrscheinlichkeit in dieser Gegend die ersten Radreisenden, wenn nicht überhaupt die ersten Touristen seit zwanzig Jahren. Als wir anhalten, stehen nach wenigen Sekunden so viele Menschen um uns herum, dass wir uns kaum zum Eingang eines kleinen Restaurants durchschlagen können. In dem dunklen Raum surren Fliegen, Abfall liegt auf dem Boden, aber wir bekommen süße Würfel mit Datteln und Kokos, süße Teilchen und dazu gezuckerten schwarzen Tee mit Milch. Das war auch höchste Zeit, viel weiter wären wir nicht gekommen.

Eigentlich haben wir inzwischen genug, aber einige Kilometer müssen wir noch fahren. Wir verlassen Valaichenai wieder über einen Korridor aus Stacheldraht, auch die dazugehörige Polizeistation ist komplett und meterhoch in Stacheldraht gehüllt. Die Straße ist löchriger als je zuvor, die braunen Pfützen sind gefährlich tief. In Kalkudah stoßen wir mitten im Dorf auf ein Militärcamp in einer Sackgasse und wissen erst mal nicht weiter. Die Radfahrer, die uns begleitet haben, sprechen so gut wie gar kein Englisch, aber dann kommen zwei Jungs auf uns zu. „Hotel?", fragen sie. „Yes", bejahen wir. Sie lotsen uns über eine sandige, ausgewaschene Piste, die letzten hundert Meter müssen wir durch Sand schieben. Durch das schwere Gepäck graben sich die Reifen tief in den weichen Sand ein. Schweißgebadet und am Ende unserer Kräfte kommen wir an einem einsamen Strand an. Außer ein paar Fischerbooten und einem Polizisten ist nichts zu sehen. Katja ist wütend, auch sie ist fix und fertig. „Where is the guesthouse?", schreit sie die Jungs an. Doch die stehen nur wortlos da, der eine zeigt auf die Ruinen in den bewachsenen Dünen. Das war wohl mal ein Hotel. „Was soll das? Die Idioten haben uns ins Nichts geführt!" Ich frage den Polizisten nach Unterkünften, der schüttelt den Kopf. Es gibt keine? Während des Bürgerkrieges wurden fast alle Hotels und Ferienanlagen an der Ostküste Sri Lankas aufgegeben, das stimmt. Das letzte offizielle Guesthouse wurde schon in den 80er-Jahren aufgegeben. Doch als ich das „Simla Inn" erwähne, von dem ich gelesen habe, verzieht sich sein ablehnendes Gesicht zu einem Lächeln und er schickt uns zurück durch den Sand und die Schlaglöcher. Wegen des Militärcamps müssen wir einen Umweg machen, aber bald finden wir das Eisentor mit Wellblech, auf dem in großen, gepinselten Buchstaben steht: „Simla Inn". Endlich!

Ein Betelnuss kauender, nuschelnder alter Mann lässt uns in den Garten hineinfahren und zeigt uns die sehr einfachen Zimmer: ein Bett und ein kleiner Tisch, der mit Verpackungsfolie bespannt ist, das ist alles. Das Zimmer ist so winzig, dass das Moskitozelt gerade so neben das Bett passt. Die Wände sind durch Feuchtigkeit verfärbt, das Trinkwasser kommt vom Brunnen, die Plumpsklos stehen hinten im Garten. Die Kinder freuen sich über ein zweites Bettlaken und zwei Kopfkissen für sie, sonst schlafen sie meist auf den blanken Isomatten oder liegen auf ihren Sarongs. Auf Kopfkissen müssen wir in der Regel verzichten.
Victoria, die Hausherrin, ist Hebamme und im Moment unterwegs zu einer Geburt. Gerade ist wieder einmal der Strom ausgefallen, wir sitzen also im Halbdunklen und hören dem etwas verwirrten Thomas zu, der uns derweil von seinen Kindern und dem Guesthouse erzählt, das schon seit über 20 Jahren existiert, einen Zyklon und einen Krieg überlebt hat. Die zu vermietenden Zimmer bewohnen Victoria und Thomas eigentlich selbst. Wenn Gäste kommen, zieht Victoria in die Küche und Thomas in den Schuppen. Ihre Tochter wohnt mit der Enkelin Gloria gleich nebenan, die beiden Söhne leben als Gastarbeiter in Saudi-Arabien. Auch Thomas hat dort viele Jahre als Lkw-Fahrer gearbeitet, bis seine Gesundheit es nicht mehr zuließ.
Das Gästebuch erzählt von der Geschichte des Ortes: Besucher, die vor dem Krieg schon einmal hier waren, beschreiben den Wechsel von einem blühenden Badeort mit vielen kleinen Strandhütten und Cafés zu einem vom Krieg ruinierten Dorf, das langsam wieder auf dem Weg ins Leben sei. Die ausgeplünderten Trümmer der Hotels haben wir schon gesehen. Besonders staune ich über Einträge von Gästen aus der DDR, die mir bewusst machen, dass Sri Lanka sich „Demokratische Sozialistische Republik" nennt und einst zu den sozialistischen „Bruderländern" gehörte.

Katja
Noch bevor es draußen ganz dunkel wird, kommt Victoria nach Hause. Sie bezieht schnell unser Bett frisch und kocht ein einfaches Curry-Gericht. Der Herd ist eine simple Feuerstelle unter einem Rauchabzug, die Töpfe stehen auf Ziegeln, aber das Essen ist köstlich. Am Morgen verschwinden Anika und Titus gleich nach dem Aufwachen im Garten, wo sie spielen und mit Wasser matschen. Es gibt auch allerhand zu entdecken. Aufgeregt berichten die Kinder von einer Henne, die ein Ei gelegt hat, und von einer kleinen Schlange, die vor ihnen auf einen Baum geflüchtet sei. Einen besseren Platz für sie kann es gar nicht geben, sie haben sich schon lange wieder Sand und Meer gewünscht. Das letzte Mal waren wir an der Westküste Sri Lankas in Negombo am Strand; das liegt mehr als drei Wochen und einen langen Weg zurück.
Hier fühlen wir uns wieder einmal „angekommen": Victoria, die vielleicht Mitte 50 ist und deren dunkles Gesicht von schon ein wenig ergrauten Haaren umrahmt wird, kocht und sorgt für uns, wir brauchen nichts selbst zu tun. Sie schlägt mir sogar vor, sie als meine eigene Mutter anzusehen! Für die Kinder möchte sie die Großmutter sein. Wenn Titus am Tisch schlechte Laune verbreitet, geht sie jedes Mal gefühlvoll darauf ein und bügelt seinen Missmut notfalls mit Süßigkeiten aus. Victorias Enkelin Gloria ist etwa so alt wie Anika, Langeweile gibt es also nicht. Am Sonntag nimmt Victoria die Mädchen mit zur Kirche. Als sie zurückkommen, erzählt Anika begeistert, wie die Frauen dort auf Matten auf dem Fußboden sitzen und singen, während die Kinder in einem anderen Raum spielen können. Aus meiner Kindheit kenne ich das anders, da war eher langes Sitzen auf harten Bänken angesagt. Schön, dass Anika hier ihre eigenen Erfahrungen machen kann.

Am Nachmittag wollen wir dann endlich das Meer sehen. Die Strände an der Bucht von Kalkudah sollen zu den schönsten in Sri Lanka gehören, obwohl wir solche Beschreibungen inzwischen gelassen nehmen: Nach so langer Zeit in Südostasien sind tropische Paradiese für uns Normalität geworden. Nachdem wir den streikenden Titus überzeugt haben, der plötzlich nicht mehr im Anhänger fahren will, geht es endlich los. Von der Straße biegt ein sandiger Pfad ins Gebüsch ab. Aus dem Palmendickicht ragen die dunklen Ruinen aufgegebener und geplünderter Strandhäuser. Nach 500 Metern gelangen wir zum Strand, wo ein paar verfallene Palmhütten stehen. Am Meeresufer dümpeln Fischerboote. Die Palmhütten sehen zwar unbewohnt aus, aber das täuscht wohl: Kurze Zeit später tauchen aus allen Richtungen Kinder aus dem Grün des Waldes auf. Sie sehen sehr arm aus, ihre Kleider sind zerschlissen und manche haben aufgeblähte Bäuche.
Sie belagern uns regelrecht und wollen von mir fotografiert werden. Einen der größeren Jungen kann ich gerade noch davon abhalten, sich mein Messer zu schnappen, mit dem ich gerade eine Ananas aufschneiden wollte.

Jetzt kommen ein paar Frauen in einfachen, verblassten Saris dazu, schauen uns stumm an und gehen wieder. Dann sind die Männer an der Reihe. Uns wird etwas unbehaglich, denn einige von ihnen sehen sehr zerzaust und irgendwie wild aus. Wer weiß, was der Krieg aus ihnen gemacht hat? Aber es sind wohl nur Fischer, sie stehen einfach da und schauen. Inzwischen sind die Kinder zu unseren Fahrrädern gelaufen, sie klingeln, spielen an den Schaltungen und setzen sich in die Anhänger. Das wird mir etwas zu viel. Als ich auf sie zugehe, stieben sie auseinander. Mit dem Fuß ziehe ich zum Schutz einen Kreis um die Fahrräder in den Sand, danach ist Ruhe. Kein Kind wagt sich über die Linie. Auch die Erwachsenen, die sich noch vor ein paar Minuten um die Räder geschart haben, gehen jetzt einfach vorbei und lassen uns in Ruhe. Ob dieser Trick auch in Thailand funktioniert hätte? Nur ein dunkelhäutiges Mädchen in einem schlichten hellblauen Kleid und Badelatschen und ihr kleiner Bruder, der nur ein graues Shirt trägt und der ständig die Zunge herausstreckt, sind hiergeblieben und spielen friedlich mit Anika und Titus im Sand. Jeder der beiden hat einen weißen Punkt auf der Stirn, sie sind also Hindus. Am wieder leeren und ruhigen Strand waten nur noch wenige Fischer durch das Wasser und werfen ihre kleinen Netze aus. Der Strand auf der anderen Seite des Forts soll noch schöner sein. Er ist aber gar nicht so einfach zu finden, die Wege enden entweder in Sümpfen oder in engen Sackgassen. Auf einigen sehr aufgeräumten und sauber eingezäunten Grundstücken sehen wir Frauen mit Werkzeugen arbeiten, die wir nur aus Filmen oder Museen kennen: Steinmühlen und schmale, hohe Gefäße, in denen mit langen Stangen gestampft wird. Die Menschen wirken arm, es gibt nicht viel zu kaufen – wozu auch, keiner hat Geld, die meisten wohnen in löchrigen Palmhütten und versorgen sich selbst. Diese verlassene Gegend wird in nur wenigen Jahren einen schrecklichen Tsunami erleben – und einen unglaublichen Tourismus-Boom. So abgeschieden, wie wir Kalkudah jetzt sehen, wird es nie wieder sein.

In jeder der einfachen, engen Palmhütten am Strand leben sehr viele Menschen zusammen; ohne fließendes Wasser, ohne Toilette, aber sie wirken zufrieden. Einige Fischer stehen herum, ihr Englisch reicht gerade, um zu fragen, ob wir einen Jungen und ein Mädchen haben. Heute reicht es nicht aus, einen Kreis um die Fahrräder und die Kinder zu ziehen. Es gibt Menschen, die überschreiten einfach jede Grenze. Das ist aber nicht schlimm, denn sie sind trotzdem sehr freundlich, einer grinst ständig.
Über dem Meer hängen dunkle Wolken, das trübe Wetter hat schon die halbe Bucht überzogen. Wir schaffen es gerade noch, uns unter einen Baum zu stellen, schon öffnet der Himmel alle Wasserhähne. Warmer Regen ergießt sich über unsere Köpfe, die T-Shirts kleben in Sekunden am Rücken. Aus einer der ärmlichen Palmhütten kommt der grinsende Fischer gelaufen und drückt Anika einen Regenschirm in die Hand. Dann läuft er wieder weg und bringt uns eine gelbe Plastikplane. Das ist wirklich sehr nett!

In der Stadt, durch die wir bei unserer Ankunft schon gefahren sind, wird heute „Heroes Day" („Maveerar Naal") gefeiert, der Geburtstag von Velupillai Prabhakaran. Der Begründer der „Tamil Tigers" regiert den Norden und Osten Sri Lankas. Zur Feier des Tages sind alle Geschäfte geschlossen, überall hängen Flaggen mit dem Bild eines im Boden steckenden Maschinengewehrs. Mir ist nicht ganz klar, ob das den Waffenstillstand symbolisieren soll - zwei ähnliche Gewehre, gekreuzt und mit einem Tigerkopf, bilden das Emblem der LTTE. Um den „Helden" Velupillai Prabhakaran, dessen Bildnis nirgendwo zu sehen ist, hat sich ein regelrechter Kult entwickelt. Mich wundert es, dass die Regierungstruppen das Treiben dulden. Feierstimmung herrscht nicht, die Menschen sind zwar überall auf den Straßen, aber niemand jubelt. Ich denke, dass sie den Krieg leid sind. Die meisten stehen sicherlich irgendwo zwischen der Regierung und der militanten Tiger-Organisation.
Abends bekommen wir von Victoria im Kerzenschein „stringhoppers" serviert, die im Dampf gegarten Küchlein aus Reismehl schmecken mit „dal" besonders gut. Das Licht ist immer noch aus, irgendwo bei Polonnaruwa soll ein Elefant einen Mast umgestoßen haben, meint Thomas. Ist das ein Märchen für die Touristen? Victoria erzählt uns von ihrem Leben und vor allem vom Glauben an Jesus, der sie durch das Leben führt und beschützt. Im Unterschied zu den anderen Orten an der Ostküste leben hier in Kalkudah kaum Moslems, die meisten sind Christen oder Hindus.
Über viele Jahre, während Thomas in Saudi-Arabien war, musste Victoria allein für ihre Kinder sorgen. Sie baute das „Simla Inn" auf und war nebenbei als Hebamme und Sterbebegleiterin unterwegs. Thomas bekam nur selten Urlaub, aber das Geld, das er verdiente, war dringend notwendig. Bei alldem half ihr Jesus, erzählt Victoria: Er beschützte sie, als vor einem Bus eine Bombe explodierte und als nachts eine giftige Schlange in ihr Bett kroch. Jesus ist Victorias ständiger Begleiter, sie steht morgens um vier Uhr auf und betet bis zum Frühstück. Auch ihr zweitjüngster Sohn will auf der arabischen Halbinsel arbeiten. Für das Flugticket fehlen noch 10.000 Rupien, aber Jesus wird ihnen helfen, da ist sich Victoria sicher.

Katja

Seit einigen Tagen läuft ein kleiner Mischlingshund in Victorias Garten herum. Von dieser Sorte haben wir schon so viele am Straßenrand gesehen. Die meisten waren überfahren, halb verhungert oder sahen krank aus, mit kahlem Fell und von Hautekzemen übersät. Dieser Hund ist noch ganz gut in Form, aber bis auf die Knochen abgemagert. Irgendwie muss er hier freundliche Menschen vermutet haben und ist einfach hängengeblieben. Nachdem wir ihn gefüttert haben, fasst er Vertrauen zu uns.
Anfangs dachte ich, er gehöre zum Haus, bemerke aber dann, dass er ständig

getreten wird. Als ich Victorias Sohn frage, warum er das Tier immer trete, bekomme ich keine Antwort. Ich ärgere mich, der Hund tut doch keinem etwas. Victoria beruft sich so oft auf Jesus: Ob er so ein grausames Verhalten gegenüber wehrlosen Tieren gepredigt hat? Anika weint, als sie sieht, dass man den kleinen Hund an einem Strick wegbringen will. Auch mit gekochten Fischaugen, extra für die Kinder zubereitet, lässt sie sich nicht trösten; im Gegenteil, die muss Waldemar essen. Nach so vielen Tränen darf der Hund vorerst bleiben. Am nächsten Tag nimmt Victoria Fische aus. Die Kinder schauen fasziniert zu, auch der kleine Hund hofft auf Fressen. Irgendetwas hat sich geändert: Er wird nicht mehr weggejagt, im Gegenteil, er bekommt sogar die Fischabfälle. Sogar die Hühner und die Krähen dürfen sich laben. Es ist ein Festtag für die Tiere. Alles scheint nun in Ordnung zu sein; nur, wenn wir nicht hinsehen, jault der Hund wieder.

Nach einigen Tagen finden wir es an der Zeit, weiterzufahren. Victorias Essen ist zwar immer noch lecker, aber oft sind es aufgewärmte Reste. Wir bekommen nicht das Essen, das sie uns angekündigt hat und seitdem der Strom wieder da ist, läuft den ganzen Tag der Fernseher, was jegliche Kommunikation erstickt. Thomas wirkt zwar durch Alkohol und Betelnuss-Kauen immer etwas benebelt, aber er will lieber sein Gehirn benutzen, als vor dem Fernseher abzustumpfen –sagt er, und zieht sich in seinen Schuppen zurück. Hier helfe ich ihm, die uralte elektrische Anlage zu reparieren. Die Kontakte im Lichtschalter sind ausgebrannt, das Licht flackert. Die Schalter würden eher in eine Puppenstube passen und die Leitungen bestehen aus

Klingeldraht. Alles ist sehr brüchig und kann schnell überhitzen. Da braucht es keinen Elefanten.
Der Morgen sieht tiefgrau aus, wieder kein guter Tag zum Weiterfahren. Wir haben kaum geschlafen, denn die Frösche in einem nahe gelegenen Teich haben ein wahnsinnig lautes Konzert abgehalten. Es müssen hunderte sein. Selbst um sieben Uhr morgens quaken noch einige um die Wette. Dazu kommt, dass mir die Feuchtigkeit in den Knochen sitzt. Nicht nur die Wände des kleinen Raumes sind mit Feuchtigkeit vollgesogen, auch meine Gelenke schmerzen und der Kopf brummt. Wenn ich nachts irgendwann eingeschlafen bin, während das Bettlaken feucht an meiner Haut klebt, krähen spätestens um vier Uhr die ersten Gockel, kurz danach ertönt irgendwo laute Musik. An Schlaf ist dann nicht mehr zu denken.
Wir wollen trotzdem fahren. Als uns Victoria die Rechnung für die sechs Tage präsentiert, erst recht: 10.000 Rupien, das sind etwa 100 Euro. Okay, 100 Euro sind in Deutschland nicht allzu viel Geld, schon gar nicht für sechs Übernachtungen mit Halbpension. Geschockt bin ich trotzdem, weil das gerade hier an der Ostküste, wo die Menschen wirklich sehr arm sind, ein sehr hoher Betrag ist. Wie der zustande kommt, ist mir ein Rätsel. In den letzten Tagen habe ich immer wieder nachgefragt, wie viel wir bezahlen müssen. Victorias ausweichende Antwort war immer: „Es wird nicht viel sein." Das sind sicher die 10.000 fehlenden Rupien für den Flug ihres Sohnes. Nur sollte Jesus dieses Geld bringen, nicht wir! Aber wir fragen nicht nach einer detaillierten Aufstellung, wir wollen nur schnell weg. Ich bin sauer!

Katja
Die Abfahrt fällt mir schwer, auch wenn es in den letzten Tagen viel Stress gab und uns die Enge zu schaffen gemacht hat. Trotz des bitteren Nachgeschmacks liegt doch insgesamt eine schöne Zeit hinter uns. Ich habe viel von Victoria gelernt. Ihr Garten hatte so viele Pflanzen! Sie zeigte mir, welche davon Heilpflanzen sind und welche Wirkung sie haben, welche giftig sind und welche zum Kochen verwendet werden. In der Küche hat sie mich dann in die Zubereitung der Speisen eingeweiht. Ich habe mich hier wohl gefühlt, es war fast ein Zuhause für mich.

In meinem Kopf kreisen die letzten Tage. Ich erinnere mich an Victorias Worte: „Jesus sagt mir, was ich auf die Rechnung schreiben soll." Vielleicht war es falsch, ohne klärende Worte abzufahren, aber ich weiß auch gar nicht, was ein fairer Preis für die sechs Übernachtungen gewesen wäre. Darüber wurde einfach nie gesprochen. Victoria war sehr herzlich, sie hat uns viel gegeben und uns fast wie Familienmitglieder aufgenommen. Es ist unmöglich, nun die Höhe der Rechnung zu beanstanden, denn das wäre so, als würden wir sagen: „Victoria, deine Gastfreundschaft war uns nicht so viel wert." Diese nette Großmutter, die Katja so liebevoll umsorgte und den Kindern Leckereien zusteckte, entpuppte sich leider als ebenso geldgierig wie so viele andere.

Der Himmel ist grau, die Landschaft hat ihre sonst so kräftigen Farben verloren. Warmer Regen fließt an meinem Gesicht herab und in den Nacken. Mein Hemd ist bald durchnässt, am besten wäre es, ganz nackt zu fahren. Die atmungsaktiven Regenjacken machen hier keinen Sinn; die Membranen sind durch die Wärme blockiert und wir schwitzen innen genauso, wie wir außen nassgeregnet werden. Aber das ist mir alles egal! Schon nach wenigen Pedaltritten auf der schmalen, ruhigen Straße fühle ich mich wieder frei. Endlich geht es vorwärts. Um uns herum ist alles überschwemmt, manche Hütten stehen tief im Wasser. Auch die Straße, die ein wenig höher liegt, taucht manchmal in tiefe Pfützen ein. Das Wasser spritzt unter den Rädern. Das ist also die Regenzeit. So viel Wasser habe ich schon lange nicht mehr gesehen. In Malaysia und Thailand sah das anders aus: Es regnete hin und wieder, aber nicht die ganze Zeit. Hier ist der Regen für niemanden ein Grund, zu Hause zu bleiben. Kommen wir durch Dörfer, folgen uns neugierige Radfahrer mit bunten Regenschirmen. Manche überholen uns, um dann wieder vor uns her zu schleichen. Nach 15 Kilometern macht es keinen Spaß mehr, den warmen Regen empfinden wir inzwischen als kalt. Vor uns liegt aber noch mehr als die Hälfte des Weges, also treten wir kräftig in die Pedale. Die Feuchtigkeit kriecht immer mehr in meine Knochen, aber so lange ich nicht anhalte, geht es. Die Kette knirscht, das Öl ist vollkommen abgewaschen und die Zahnräder zermalmen den Sand, der überall die Straßen bedeckt. Auch zwischen meinen Zähnen knirscht es, denn das Wasser vom Vorderrad spritzt mir direkt ins Gesicht. Fahrräder und Anhänger sind komplett mit Sand bedeckt. Zwischen meinen Füßen und den Sandalen hat sich ein ganzer Sandkasten angesammelt, der wie Schmirgelpapier zwischen meinen Zehen schleift.
Batticaloa wirkt klein und grau. Von der zweitgrößten Stadt an der Ostküste habe ich irgendwie etwas anderes erwartet. Immer wieder merke ich, dass ich mir unter dem Begriff „Stadt" etwas viel zu europäisches vorstelle,

was mit dem Aussehen der Städte hier nicht viel gemein hat. Völlig durchnässt kommen wir ins Guesthouse, nehmen tropfend in der Lobby Platz, bekommen Handtücher und einen Tee. Victoria sollte uns hier telefonisch ein Dreibettzimmer bestellen, doch es sind nur zwei Doppelzimmer frei. Wir entscheiden uns für das im Erdgeschoss, es ist sauberer, aber ohne Fenster. Nach der Enge in Kalkudah hatte ich mir eigentlich etwas mehr Platz gewünscht und einen Platz, wo ich mich auskurieren kann. Nach dem Duschen friere ich und will nur noch liegen, am besten eingekuschelt in einen warmen Schlafsack. Aber der ist unterwegs nach Deutschland. Mein Baumwollschlafsack ist wie alle anderen Sachen feucht und das Zimmer nach kurzer Zeit auch: Mit unseren Radtaschen haben wir eine Menge Wasser und feuchten Sand hereingebracht.

Auf der Suche nach Brot und Lebensmitteln schleppe ich mich durch die Stadt. Auf meinen wackeligen Beinen kann ich kaum stehen, mein Nacken schmerzt. In der Nacht schlafe ich genauso schlecht wie in Kalkudah, träume vom „Simla Inn" und werde immer wieder wach. Der Morgen sieht nicht viel besser aus. Ich mag immer noch nicht unter Menschen gehen und fühle mich schlapp und fiebrig. Mit dem Rad zum Markt zu fahren, fällt mir leichter, als zu Fuß zu gehen, aber ein Vergnügen ist es nicht. Nur Titus freut sich, denn er bekommt seine ersten Unterhosen. Er ist ganz stolz darauf und will sie sofort anziehen. „Tiger drauf", sagt er und grinst von Ohr zu Ohr. An diesem Mittag schläft er ohne Windel und alles geht gut! Trotzdem ist unsere Stimmung auf einem Tiefpunkt. Der hässliche, graue Ort und vor allem der Dauerregen sind frustrierend. Wir haben keine Lust mehr, Rad zu fahren und irgendwie auch gar keine Lust, überhaupt weiter zu reisen.
Unsere Gedanken sind so schwarz wie der Himmel oder wie die Krähe, die auf dem Markt einer toten Ratte die Augen auspickte. Sollen wir aufgeben, die Reise abbrechen und nach Hause fliegen? Aber in Deutschland ist gerade Winter, was sollen wir dort? Unsere freie Zeit absitzen, bis mein Job wieder beginnt? Nein, das macht auch keinen Sinn. Vielleicht sollten wir mit dem Bus an die Südküste fahren, wo gerade Trockenzeit ist? Das wäre aber wirklich eine schlechte Alternative, denn die unberührte und abgeschiedene Ostküste interessiert uns mehr. Sehr vertrauenerweckend sehen die Busse am Busbahnhof nicht aus, für die 300-Kilometer-Strecke brauchen sie acht Stunden. Die meisten sind außerdem so überladen, dass gar kein Platz für unsere Fahrräder wäre. Verzweiflung macht sich breit, Hoffnungslosigkeit folgt und etwas Heimweh kommt hinzu. Sind wir wieder reisemüde? Was fehlt uns? Eigentlich suchen wir immer noch nach dem Platz, wo wir eine Weile bleiben können. Dieser Ort ist alles andere als das, aber wir sitzen hier fest, denn es kann noch tagelang so regnen. Hier sind wir wieder an eine Grenze gekommen.

Wenigstens bin ich die Verstopfung los, die mich in den letzten Tagen geplagt hat. Dafür ist jetzt die Toilette verstopft. Die Abflüsse sind nicht für Toilettenpapier ausgelegt und wegen Appetitmangels habe ich auch noch meine „stringhoppers“ ins Klo geschüttet. Jetzt haben wir den Salat! Die Angestellten versuchen erfolglos, die Verstopfung mit einem Stacheldraht zu beheben. Davon gibt es hier an der Ostküste reichlich. Mit einem Schlauch geht es auch nicht besser, und so wird schließlich die braune Suppe mit einer Tasse, die ich heute Morgen noch auf dem Frühstückstisch gesehen habe, ausgeschöpft. Als die „stringhoppers“ erscheinen, ist mir das etwas peinlich, aber nach einer halben Stunde ist die Toilette wieder frei. Ich hoffe nur, dass auch unsere blockierte Energie bald wieder frei fließen kann.

Im Badezimmer kochen wir Kartoffelpüree, denn nur hier kann die Feuchtigkeit durch das einzige Fenster abziehen. Seit langer Zeit haben wie wieder einmal Spiritus. Der leise und geruchlose Spirituskocher ist fast genauso schnell wie der fauchende, benzinfressende Optimus und in dem kleinen Raum sind die Benzinabgase besonders unangenehm. Nach dem Kartoffelbrei, der uns an zu Hause erinnern soll, geht es mir tatsächlich ein wenig besser und unsere Stimmung steigt. Das Zimmer ist etwas trockener als gestern und wir schlafen recht gut.
Am Morgen scheint endlich wieder die Sonne und die Hoffnungslosigkeit ist gewichen. Nur hat jetzt Katja die gleichen Symptome wie ich gestern. Trotzdem scheint die Blockade überwunden. Wir finden einen Supermarkt und sogar eine Bank mit einem Geldautomaten, was hier keine Selbstverständlichkeit ist. An den Bus denken wir überhaupt nicht mehr. Die Sonne scheint auch in uns wieder. Seit unserem letzten Internetzugang sind fast zwei Wochen vergangen: Das Postfach ist voll mit Nachrichten von Menschen, von denen wir schon lange nichts mehr gehört haben. Noch vor zwei Tagen hätte mir das keine Freude bereitet, aber jetzt hat sich alles gelöst. Den Nachmittag verbringen wir draußen oder auf der Dachterrasse des Hotels, von wo wir eine wunderbare Aussicht auf die Lagune haben. Das war mir gestern gar nicht aufgefallen.
Am Abend fahre ich mit den Kindern zum Spielplatz, aber die Menschen nerven Titus und wollen ihn ständig anfassen. Ich habe das Gefühl, dass die Singhalesen etwas zurückhaltender waren als die Tamilen; vielleicht sind sie aber nur mehr an ausländische Touristen gewöhnt. Schon beim Abendessen schläft Titus völlig erschöpft ein. Heute wollen wir alle von der Sonne träumen, damit wir morgen weiterfahren können. Unser größter Wunsch ist es, einen Platz zu finden, wo wir genug Raum, gute Versorgungsmöglichkeiten und interessante Menschen haben, endlich Ruhe zum Nachdenken und für die täglichen Arbeiten finden und uns alle wohl fühlen.

Die Mädchen von Kalmunai

Der Morgen ist bedeckt, aber immerhin trocken. Schon um halb neun sind wir auf der Straße. Ein arabisch beschriftetes Tor zeigt, dass in diesem Teil von Batticaloa vorwiegend Moslems leben. In der morgendlichen „rush hour" sind viele Menschen mit Fahrrädern, auf Mopeds und zu Fuß unterwegs. Ein Mann transportiert auf einem kleinen Karren eine tote Kuh, deren Kopf bleiern herunterhängt. Völlig überladene Busse kommen uns entgegen, einer davon neigt sich so stark zur Seite, dass er zu kippen droht. Seine Federn sind sicher gebrochen.
Es dauert lange, bis wir die Stadt hinter uns lassen. Die Sonne scheint inzwischen kräftig. Hinter einem Hindu-Tempel stochern im überschwemmten Ackerland unzählige Vögel herum. Wir erkennen Kormorane, die „blauen Hühner" sehen den Pukekos aus Neuseeland sehr ähnlich, nur haben sie im Gegensatz zu ihnen einen roten Kopf. Einen Buddha haben wir schon lange nicht mehr gesehen, dafür einige Moscheen und Kirchen. In den Dörfern häufen sich auch die Ganesha-Schreine und Hindu-Tempel. Anika freut sich über jede Elefantengott-Skulptur. Zu den Tempeln, die wir kennen, kommen neue Gebäude mit Ananas-ähnlichen Kuppeln. Über den Hauseingängen hängen menschenähnliche Bildnisse mit Hörnern und einer Kobra, so etwas habe ich noch nie gesehen. Hoffentlich treffen wir jemanden, der uns das erklären kann.
In den vielen kleinen Dörfern, die wir passieren, sehen wir viel weniger Militärs als auf der Strecke nach Kalkudah, aber vielleicht haben wir uns nur an den Anblick gewöhnt und es fällt uns nicht mehr so auf. Auf jeden Fall gibt es weniger Ruinen, die Wohnhäuser sind sehr gepflegt. Halten wir an, sammeln sich auch hier sofort viele Menschen um uns. Die Fragen sind allerdings spärlich, kaum jemand spricht hier mehr Englisch als „Where are you going?" Die schmale Straße ist recht gut ausgebaut, zumindest nicht schlechter als die Straßen an der Westküste oder in Colombo.

Was hat man uns nur für schlimme Dinge über den Osten erzählt? Es ist immer die gleiche Geschichte, egal in welchem Land wir sind: Die Singhalesen erzählen Schauergeschichten über die Tamilen, die Türken warnen vor Reisen zu den Kurden, für die Norditaliener gehören alle südlich der Toskana zur Mafia, die Preußen spotten über die Bayern, oder war es umgekehrt? Bisher haben sich alle Warnungen als unwahre Geschichten herausgestellt. Überall gibt es nette und weniger nette Menschen.
Kurz nach dem Mittag kommen wir in Kalmunai an und fragen uns zur Methodisten-Kirche durch. Das dazugehörige Mädchenwohnheim soll nach Auskunft unserer letzten Gastgeber seit Kriegsbeginn die einzige Übernachtungsmöglichkeit sein, das eigentliche Guesthouse wurde vom Militär besetzt. Einige Kinder laufen uns schon entgegen, andere verschwinden im

Haus und holen den Pastor. Der zeigt uns ein großes Zimmer mit sechs Betten, einem großen Bad mit Dusche und einem gemauerten Badebecken. Mit drei Mahlzeiten pro Tag kostet es für uns Erwachsene je 400 Rupien, für die Kinder ist es frei. Das ist mehr als fair. Unser Zimmer hat einen zweiten Ausgang, durch den wir über den Hof in den Garten gelangen. Hier sitzen ein paar Affen und Pfauen in Käfigen. Vor allem der für das Affenpärchen ist viel zu klein. Das Männchen läuft ständig im Kreis herum und schlägt Rückwärtssaltos, dann wirft es mit einer Wasserschale nach uns. ich kann es ihm nicht verübeln, sicher ist es noch nicht lange in Gefangenschaft.

Einige neugierige Mädchen besuchen uns, Anikas Spielzeugrucksack zieht sie magisch an. Währenddessen mache ich mich mit Anika auf den Weg in die Stadt, um Wasser zu holen und die Gegend zu erkunden. Alle Geschäfte liegen an der Durchgangsstraße, wo das Leben viel mehr pulsiert als in Batticaloa. Zum Strand sind es nur wenige hundert Meter, es ist herrlich ruhig und das Wasser ist klar und blau. Anika genießt es, dass Titus einmal nicht dabei ist und sammelt vor sich hin singend in aller Ruhe Muscheln. Ich blicke auf die endlose, fast spiegelglatte blaue Meeresoberfläche und lasse den Stress der letzten Tage von mir abgleiten.
In meine Muße bricht ein etwas seltsamer Mensch ein. Der sehr weiblich wirkende Mann setzt sich zu mir, glotzt mich mit offenem Mund an und scheint mich mit den Augen auffressen zu wollen. Sein Englisch verstehe ich kaum. Er zeigt mir einen indischen Geldschein und möchte von mir ein paar deutsche Münzen haben. Meine Kamera entdeckt er sofort und auch meinen Ring am Finger, den er berühren will. Als er sich unbeobachtet fühlt, schnüffelt er heimlich an Anikas Sandale, die im Sand liegt. Dann berührt er blitzschnell meine Stirn und schnüffelt wie ein Hund an seinem Finger. Ich fühle mich in seiner Gegenwart unwohl und mache mich zum Gehen bereit. Als er mir meine Sandale reicht, habe ich das Gefühl, dass er sie mir am liebsten anziehen würde, um mich berühren zu können. Schon gesellt sich ein zweiter Mann dazu und lädt mich in sein Haus ein. Doch ich gehe lieber, mir ist heute nicht nach Kontakten. In dieser Stadt, in die sich schon lange kein Reisender mehr verirrt hat, sind wir eine echte Kuriosität. Bewusst habe ich den Anhänger im Heim gelassen und Anika auf dem Gepäckträger mitgenommen. Schon so fallen wir genug auf. In einem Laden lädt mich ein junger Tamile in sein Haus ein, der sonst in England lebt. Er ist sehr nett, aber ich bin froh, dass er 25 Kilometer von hier entfernt wohnt. So fällt es mir leichter, seine Einladung abzuschlagen.

Ins Mädchenwohnheim kommen wir gerade rechtzeitig zu Tee und Keksen zurück. Während Anika mit den anderen Kindern zum Gottesdienst geht, nutzt Titus ihre Abwesenheit und isst die Kekse auf: „Alles meins", sagt er glücklich. Nach der Kirche versammeln sich die Mädchen wieder vor unserer Tür. Nachdem sie entdeckt haben, dass die Fotos auf dem Display der Kamera sofort sichtbar werden, stellen sie sich nacheinander hin und wollen fotografiert werden. Nacheinander lichte ich bestimmt zwanzig von ihnen ab, aber am liebsten wollen sie sich mit Anika und Titus zusammen aufnehmen lassen. Die Abzüge werden wir ihnen später schicken, leider erreichen sie sie nie. Nach dem Tsunami kommen alle Briefe zurück.

Inzwischen hat sich der Pastor zu uns gesetzt und erzählt uns mehr vom Leben einiger Mädchen. Eine hat ihre Eltern im Krieg verloren und wurde mit einer Schusswunde im Bein hier aufgenommen. Andere sind hier, weil ihre Eltern sie nicht ernähren konnten. Viele Menschen mussten ohne ihre Kinder nach Saudi-Arabien gehen, um Geld zu verdienen. Das Leiden begann 1990, als zwei Massaker stattfanden, die in die Geschichte des Bürgerkriegs eingegangen sind: Im Juni versuchte die LTTE, Kalmunai und mehrere andere Städte an der Ostküste unter ihre Kontrolle zu bringen und ließ mehr als hundert singhalesische Offiziere hinrichten. Der Gegenschlag ließ nicht lange auf sich warten, die Regierungstruppen bezogen unter starkem Beschuss hier im staatlichen Resthouse Stellung und töteten dabei unzählige Zivilisten. Die Regierung sprach von 160 Toten, neutrale Organisationen nennen 250 Tote und über 1.000 Vermisste. Viele verbrannte und enthauptete Leichen sollen an den Strand von Kalmunai gespült worden sein. Insgesamt haben im Juni 1990 etwa 7.000 Menschen ihr Leben verloren, und

das war erst der Anfang! Kein Wunder, dass das Waisenhaus bis auf den letzten Platz gefüllt ist.

Auch wenn das Heim keine Familie ersetzen kann, haben die Mädchen hier wenigstens einen Zufluchtsort, wo sie beschützt leben und lernen können. Die Kirche sorgt für ihre Bildung und eine christliche Erziehung. Manche Mädchen vergöttern den Pastor geradezu, sie haben niemanden außer ihm und Jesus. Der kurzhaarige, auffallend hellhäutige Mann macht auf mich einen offenen und toleranten Eindruck. Mit Jesus hat er keine Ähnlichkeit – aber ich sehe mit meinen inzwischen recht langen Haaren angeblich so aus, wie mir die Mädchen kichernd mitteilen. Mit der Frage nach unserer Religion habe ich schon bei der Ankunft gerechnet. Ich staune, mit welchem Verständnis der Pastor auf meine Antwort reagiert. Für mich hat jeder Baum und jeder Berg einen Geist, manche nennen das eben Gott. Im Grunde ähneln sich die meisten Religionen, es ist eine Sache des Charakters, zu welcher Religion man sich zugehörig fühlt. Auch Katja versucht zu erklären, dass sie an etwas glaubt, was sie führt. Auch Ganesha hat sie in ihren Glauben integriert. Das deckt sich mit den Vorstellungen des Pastors. Er meint, dass Glauben eben auch Erfahrungssache sei.

Wir unterhalten uns über Europa und Sri Lanka. Weil das Heim mit einem SOS-Kinderdorf in Deutschland zusammenarbeitet, war der Pastor schon in den Niederlanden und in Deutschland. Er wundert sich ein wenig, dass wir in den Osten gereist sind, ein anderes deutsches Paar habe aufgrund von Warnungen des Auswärtigen Amtes seine Reise abgesagt. Wenn man mit den Menschen vor Ort spricht, bekommt man oft ein ganz anderes Bild von einem Land, als man es sich aus der Ferne vorgestellt hat, erkläre ich. Die Menschen, die uns vor der Ostküste gewarnt haben, waren nie hier! Was wir über unsere Reise erzählen, übersetzt der Pastor für die Mädchen. Sie sind sehr neugierig, denn hier war vor uns noch nie eine weiße Familie.

Katja

Morgens um halb sieben ist Waldemar kaum wach zu bekommen, ich spüre die Wärme auf seiner Stirn. Er fühlt sich matt, auch wenn die Temperatur erst bei 37,4° C ist. Zwei Mädchen klopfen an und stehen mit Tee vor der Tür. „Good morning, aunty, tea!“ Ich bin so überrascht, dass ich gar nichts sagen kann. Erst, als die Mädchen mich erneut mit „Good morning, tea!“ auffordern und ich „Good morning“ murmele, überreicht mir eine der beiden das Tablett und die Kanne. Waldemar quält sich derweil aus dem Bett, sein Kopf schmerzt und ihm ist schwindlig. Weiterfahren können wir so nicht, das ist auch ihm klar. Während wir den Tee trinken, fällt der Strom aus und gleichzeitig auch das Wasser, denn die Pumpe, die es aus dem Brunnen fördert, arbeitet mit Strom. Anika und Titus stürzen sich auf die „hoppers“, die kleinen runden Pfannkuchen aus Reismehl und Kokosmilch, die mit Zucker bestreut

gegessen werden. Wer mag, kann auch eine Banane einrollen. Waldemar probiert lustlos davon, dann legt er sich wieder hin, er fühlt sich schlapp. Besonders die Kopfschmerzen machen ihm zu schaffen.
Ich gebe dem Reverend Bescheid, dass wir noch bleiben. Auch der Finanzverwalter, dem ich begegne, fragt nach Waldemar und möchte wissen, ob unsere Kinder Englisch sprechen. Er hat selbst drei Kinder zwischen fünf und neun Jahren. Den Kindern fällt es viel leichter, eine neue Sprache zu lernen, als uns. Sie sind umringt von jungen Mädchen, die Titus tragen wollen. Er interessiert sich aber mehr für die Raupen auf dem Boden. Unsere Kinder sind wie immer barfuß unterwegs. Die Mädchen fragen mich, wo Titus' „batas" seien und wollen ihm die Flipflops eines anderen Kindes anziehen. Bald verschwinden sie in einen anderen großen, schattigen Hof mit großen Bäumen, wo ihre Zimmer liegen. Titus sitzt bei einem der Mädchen auf dem Arm, Anika flitzt durch die Gegend.
Waldemars Fieber steigt, bis er kaum noch ansprechbar ist. Er mag weder trinken noch essen. Zum Mittagessen müssen wir ohne Waldemar gehen. Auch die Frauen aus der Küche machen sich Sorgen und schicken eine Englisch sprechende Köchin vor, um nach Waldemars Wünschen zu fragen. Sie würden ihm gerne Kaffee und Kekse bringen. Ich winke ab, Kaffee verträgt sich nicht mit Homöopathie und er will nichts essen. Über Mittag herrscht erholsame Stille auf dem ganzen Gelände. All die Mädchen, die sonst kreischend und quiekend um unsere Kinder herumschwirren, scheinen Pause zu machen. Im Laufe des Nachmittags steigt das Fieber weiter, Waldemars Kopfschmerzen werden immer schlimmer. Jeder Ton verursacht ihm Schmerzen.
Anika und Titus sammeln derweil Blumen und legen sie an Papas Bett. Auf dem Tisch bereite ich einen Platz für unseren Ganesha, eine kleine Figur, die wir seit Malaysia dabei haben. Anika dekoriert ihn mit Blumen und ich zünde ein Räucherstäbchen an. Wir wünschen uns, dass es Waldemar besser geht. Er hat jetzt Angst und fragt sich, ob er eine schlimme Krankheit hat oder sogar sterben wird. Ich versuche, ihn souverän zu beruhigen, doch ich habe dabei einen dicken Kloß im Hals. Im Kopf spiele ich durch, wie es wäre, zurückfliegen zu müssen. Es bedrückt mich, aber irgendwie erscheint es mir auch als Erleichterung. Auch ich selbst habe wieder eiternde Wunden an den Füßen. Ich versorge sie morgens und trage den ganzen Tag Socken. Mit Hepar sulfuris und Arnica im Wechsel verschwinden die Schmerzen und die Wunden heilen aus. Aber es ist nicht sehr spaßig, bei diesen Temperaturen in Socken herumzulaufen!

Es ist 16 Uhr: „Tea time". Der Tee wird uns wieder aufs Zimmer gebracht. Vor der Tür herrscht reges Treiben, aber Anika und Titus sind ganz vertieft in ihr Spiel, sie sammeln Blüten und bereiten ihren Puppen daraus Essen. Die Mäd-

chen geben nicht nach und versuchen, die beiden durch Türen und Fenster nach draußen zu locken. Das macht viel Unruhe und Lärm, was Waldemar ziemlich nervt. Da die meisten von ihnen kaum Englisch sprechen, kann ich ihnen nicht verständlich machen, dass sie ruhig sein sollen. Zwischendurch schauen immer wieder Frauen herein und fragen, ob Waldemar etwas gegessen hat oder etwas essen möchte. Die Chefin gibt uns zwei große Pakete Schokoladenkekse und abends noch eine Packung Cracker. Als ich mit den Kindern beim Abendessen sitze, gesellt sie sich zu uns und erklärt mir, dass sie bei Fieber Panadol (das ist das Schmerzmittel Paracetamol) nehmen und wenn sie schon nichts essen, dann wenigstens Tee mit Zucker wegen der Glucose trinken und einige Cracker dazu essen. Bei Erkältungen trinken sie einen Aufguss aus Korianderblättern.
An den Nachbartisch setzen sich zwei Polizisten und packen mitgebrachtes Essen aus. „Was machen sie hier?", wundert sich Anika. Die Chefin erklärt, dass es in der letzten Zeit Probleme mit Eindringlingen gab. Der Reverend habe deshalb Polizeischutz angefordert. Die Mauer sei zu niedrig und es ist kein Geld für den Bau einer neuen vorhanden. Als sie später noch einmal ins Zimmer kommt, um sich Waldemars Zustand anzuschauen, erzählt sie, dass die Polizisten zwei Mädchen hergebracht hätten, die vor der LTTE geflohen seien. Sie hätten es gerade so geschafft, ihnen zu entkommen. Die LTTE würde die Mädchen armer Familien entführen und versuchen, aus ihnen Soldatinnen zu machen. Als erstes werden ihnen dabei die Haare abgeschnitten. Die Nacht werden die beiden hier im Mädchenwohnheim verbringen, am nächsten Morgen können sie zurück zu ihren Familien.

An viel aus den letzten Tagen kann ich mich nicht erinnern, nur an die Angst, dass ich eine schlimme tropische Krankheit haben könnte. Fieber zu Hause ist überhaupt kein Problem, da brauche ich auch keinen Arzt. Ich werde von selbst gesund. Aber hier ... Ständig brachte jemand Kekse, weil ich nicht zu den Mahlzeiten erschienen war. Ich müsse schließlich etwas im Magen haben. Ob Kekse so nahrhaft sind? Wenn ich keinen Hunger habe, ist das ein Signal, dass ich nichts oder nur wenig essen soll. Kranke Tiere essen schließlich auch nichts, solange sie krank sind.
Am nächsten Morgen ist das Fieber gesunken, trotzdem fühle ich mich noch fiebrig und völlig erschöpft. Der Pastor fährt mit uns in einem Tuktuk zum Hospital. Zu fünft plus Fahrer quetschen wir uns in den winzigen Threewheeler. Ich staune, dass das überhaupt geht. Zum Krankenhaus ist es nicht weit, nur ein paar hundert Meter. Das lange, ebenerdige Gebäude ist eher mit einer Ambulanz vergleichbar. Sehr viele kranke Menschen sitzen und stehen in der Eingangshalle. Am Anmeldungstresen werden mein Name und mein Alter in tamilischer Schrift aufgeschrieben, dann bekomme ich einen kleinen Papierschnipsel mit einer Nummer und einen etwas größeren

mit der gleichen Nummer darauf. Jetzt soll ich ins Ärztezimmer gehen. Viele Menschen wollen da hinein, aber wegen des besonderen Status des Priesters bin ich sofort dran.
In einem kleinen Zimmer sitzen mehrere Ärzte um einen Tisch herum. Das erinnert mich eher an eine Frühstückspause auf irgendeiner Baustelle in Deutschland als an ein Sprechzimmer. Ich setze mich auf einen Plastikhocker und soll von meinen Symptome erzählen. Weil ich noch ziemlich benommen bin, hilft mir Katja. Ohne Blut- und Urinuntersuchung lässt sich kaum etwas sagen und so gehe ich ein paar Türen weiter zum Labor. Nach einigen Worten des Pastors bin ich auch hier sofort dran. Bis die Ergebnisse da sind, haben wir Gelegenheit, eine halbe Stunde lang die vielen kranken Menschen zu beobachten, die hier geduldig warten. Die Krankenstation ist gut ausgelastet, die Ärzte wirken professionell. Als erstes wollten sie feststellen, ob ich an Malaria oder Dengue erkrankt bin. In dem viel moderner ausgestatteten Krankenhaus in Thailand wollten sie bei Titus nicht einmal einen Bluttest machen. Trotzdem möchte ich hier nicht ernsthaft krank werden und schulmedizinisch behandelt werden müssen.
Die Ergebnisse sind da. Mit dem Zettel, den ich am Anfang bekommen habe, gehe ich wieder ins Ärztezimmer. Draußen warten Patienten, drinnen wird diskutiert. Erleichterung: Dengue ist es nicht, Malaria auch nicht. Aber ganz ausschließen kann man es nicht, ich muss abwarten, ob das Fieber zurückkehrt. Jetzt müssen wir nur noch zur Medikamentenausgabe. Hier darf Katja wieder durch einen Seiteneingang hinein und bekommt ein Antibiotikum und Paracetamol, lose verpackt in der üblichen Zeitung. Das ist praktiziertes Recycling in Sri Lanka. Wir hatten auch schon „wadi", die in einen Kreditantrag der Bank of Ceylon eingepackt waren!
Richtig gesund fühle ich mich noch nicht. Zudem plagen mich Gedanken, was wird, wenn wir wieder in Deutschland sind. Zurück zu meiner alten Firma möchte ich nicht mehr, mir bleibt aber vorerst nichts anderes übrig. Den Job habe ich ja noch und das eine Jahr Elternzeit ist bald vorüber. Nachts träume ich, dass ich zurückgekehrt bin und nur noch wenige Kollegen vorfinde, die meisten wurden entlassen.

Es ist eine intensive, aber auch gleichzeitig entspannte Zeit im Mädchenwohnheim. Wir brauchen uns um fast nichts zu kümmern. Nach den ersten Tagen ist die Wäsche gewaschen und in der Sonne getrocknet, so dass sie endlich wieder frisch riecht. Über Einkaufen brauchen wir uns ebenso wenige Gedanken zu machen, man kocht ja für uns. Was bleibt, ist lediglich der Gang zum Dorfladen, um hin und wieder eine große Flasche Wasser zu holen. Unsere Kinder sind die meiste Zeit unterwegs. Sie sammeln Blüten, gehen zu den Affen und Pfauen oder spielen einfach vor der Tür mit Stöcken und bunten Steinen. Es findet sich immer etwas. Und sobald unsere Türen offen stehen, ist auch schon mindestens ein Mädchen da und ruft nach Titus und Anika. Nach einigen Tagen werden das Rufen und die ständige Belagerung jedoch anstrengend, die Kinder wollen ihre Ruhe. Titus ruft „No!" und rennt kreischend davon. Sollten das die Mädchen nicht irgendwann einmal verstanden haben? Nur eines ist besonders ruhig und einfühlsam. Sie sitzt meistens nur in der Nähe und schaut zu. Mit einer ganz besonders lieben Art nähert sie sich unseren Kindern äußerst gefühlvoll. Für Anika bastelt sie aus Palmblättern einen Kettenanhänger, Titus lässt sich sogar von ihr auf den Arm nehmen und herumtragen. Wer weiß, was sie erlebt hat. Vielleicht wurde sie von ihren Geschwistern getrennt? Sie hat so traurige Augen ...

Am Ortseingang habe ich ein Internetcafé entdeckt, das sich als das billigste und schnellste des ganzen bisherigen Sri-Lanka-Aufenthalts entpuppt. Bereits nach 15 Minuten bin ich mit allem fertig. Ich staune und kann endlich in Ruhe den „Schreibtisch" aufräumen, E-Mail-Adressen im Verteiler überprüfen und alte E-Mails löschen. All das war bei einem langsamen Zugang das Geld nicht wert. Mit der Uhr im Nacken lässt es sich auch nicht sehr entspannt arbeiten. Dabei haben wir es da schon gut: Alle E-Mails werden auf eine Diskette gespeichert, in aller Ruhe auf dem kleinen Notebook beantwortet und beim nächsten Mal im Internetcafé hochgeladen und abgeschickt.

Nach fünf Tagen zieht es langsam uns weiter, aber heute Nachmittag wird hier eine Hochzeit gefeiert. Das lassen wir uns natürlich nicht entgehen. Die Trauung fand in einem Hindu-Tempel statt, im Wohnheim wird gegessen und gefeiert. In der Mitte des großen Raums, in dem wir normalerweise essen, steht eine bunt geschmückte Bank, für den Bräutigam gibt es noch eine Sitzerhöhung. Eine reich geschmückte Tafel soll die mehr als 200 Personen sättigen. Nach der Ankunft des Brautpaars füllt sich der Raum schnell, die Gäste holen sich ihr Essen vom Büfett, laute und schnelle Musik läuft vom CD-Spieler. Das Brautpaar stellt sich mit den nächsten Verwandten und Freunden vor die Bank, viele Fotos und Videos werden gemacht und vor laufenden Kameras übergeben die Gäste ihre Geschenke. Die nächste Gruppe kommt, die Prozedur wiederholt sich, bis auch die letzten ihre Geschenke übergeben haben. Dann ist die Feier beendet. Eine Hindu-Hochzeit hatte ich mir ganz anders vorgestellt. Normalerweise besteht sie aus aufwendigen Ritualen, die viele Stunden und Tage dauern. Das hier war wohl nur das Ende einer Hochzeit, oder es fehlte einfach an Geld.

Am nächsten Tag ist es trocken, um halb neun sind wir abreisefertig. Doch ich habe etwas vergessen! Es ist Sonntag und alle sind in der Kirche, natürlich auch der Pastor, bei dem wir unsere Rechnung begleichen wollen.

Um die Wartezeit zu überbrücken, machen wir Fotos von uns mit dem Selbstauslöser. Es kommt selten vor, dass wir mal alle zusammen auf einem Foto zu sehen sind. Nach einer Stunde kommen einige Mädchen vom Gottesdienst zurück und verabschieden uns winkend. Wir warten vor der Kirche, der Pastor kann ja nicht weit sein. Nach einer halben Stunde kommt er endlich. Der Abschied ist kurz, aber nicht leicht. Katja verrechnet sich bei den Übernachtungskosten und gibt unfreiwillig eine großzügige Spende. Na ja – wenigstens wissen wir, dass das Geld den Mädchen zugute kommt und nicht in der Brieftasche eines Geschäftsmannes landet.

In diesem Teil von Sri Lanka gibt es auffällig viele Moscheen. Und nicht nur das: An einem Tuktuk lese ich die Aufschrift „The power of Allah", ein Bild auf der Heckscheibe zeigt ein Flugzeug und ein Hochhaus. Das ist eindeutig! Die Stadt scheint nicht enden zu wollen. Nach fünf Kilometern sind wir immer noch mitten drin. An einer Tankstelle will ich meinen schon oft geflickten Schlauch ein wenig aufpumpen, aber das Gerät funktioniert nicht. Mein Reifen ist leider inzwischen ganz platt. Ist es ein Platten oder habe ich die Luft unabsichtlich herausgelassen? Hundert Meter zurück soll es eine funktionstüchtige Pumpe geben. Ich schiebe mein Rad hin und beschließe, den Schlauch vorsichtshalber zu wechseln. Innerhalb von Minuten zieht sich ein Ring von Neugierigen um uns zusammen. Um das Rad auszubauen, muss ich einige davon regelrecht wegschieben. Jeder schaut mir auf die Finger, jeder fasst den Reifen an, so dass es mir kaum gelingt, ihn von

der Felge zu bekommen. Ich versuche, ruhig zu bleiben und denke an den geplatzten Schlauch in Negombo. Hier stehen noch mehr Menschen um uns herum und ich muss mir immer wieder Platz schaffen und sie zurückdrängen. Der Ring um uns ist so eng, dass ich unsere Sachen kaum im Blick behalten kann, ich habe aber keine Bedenken. Die meisten Leute stehen nur bewegungslos da und schauen uns zu. Katja versucht, die Szenerie zu fotografieren, nur hat sie kaum Platz. Endlich ist der neue Schlauch drin, jetzt muss ich ihn nur noch aufpumpen. Das Rad wird mir regelrecht aus den Händen genommen, aber ich lasse nicht los und pumpe den Schlauch auf pralle fünf Bar auf. Jetzt nichts wie weg hier!
Nach weiteren fünf Kilometern ist die Stadt zu Ende und es wird etwas ruhiger. Ich hoffe, dass die Startschwierigkeiten jetzt vorbei sind. Manchmal ist es, als wollte ein Ort uns zurückhalten, dann passieren Dinge wie heute, die uns hindern, voranzukommen. Es ist jedes Mal ein Kraftakt, das zu überwinden. Doch jetzt rollen wir, es ist schon spät und wir versuchen, die Zeit aufzuholen. In einem großen Dorf, das noch geschäftiger als Kalmunai scheint, gibt es die letzte Übernachtungsmöglichkeit vor Arugam Bay, was noch über 60 Kilometer entfernt ist. Aber wir fahren weiter.
Die Straße führt immer wieder zwischen dem Strand und Lagunen entlang. Nach 33 Kilometern machen wir Pause auf einer Brücke. Morgen ist ein buddhistischer Feiertag, deshalb sind einige Gläubige unterwegs. Sie gesellen sich zu uns und schenken den Kindern Süßigkeiten. In ihrer Festtagskleidung unterscheiden sie sich deutlich von den hier lebenden Menschen. Nach 40 Kilometern wird die Straße schlagartig sehr schlecht, der Asphalt ist an den Kanten gebrochen und die schmale Fahrbahn ist löchrig. Nur hin und wieder kommt uns ein Kleinlaster oder ein Bus entgegen, sonst herrscht Stille. Kaum vorstellbar, dass dies die Hauptverbindungsstraße der gesamten Ostküste ist! Die 15 Kilometer Holperstrecke sind anstrengender als die 40 Kilometer vorher. Es ist kaum möglich, die Löcher zu umfahren, mindestens ein Rad des Anhängers landet immer darin. Titus protestiert lautstark gegen das Holpern, lässt sich aber mit einem süßen Teilchen besänftigen. Besser als die Autos sind wir trotzdem dran: Denen bleibt nichts übrig, als voll durch die Schlaglöcher zu fahren. Hin und wieder haben wir sogar etwas Rückenwind, gestern Nacht von Anika herbeigeträumt. Als die ersten Tropfen Regen vom Himmel fallen, suchen wir Schutz unter einem Baum, aber nass werden wir nicht, die Wolken ziehen schnell vorbei. Anika hat gut geträumt!
Die Landschaft verändert sich wieder. Statt Lagunen und Reisfelder dominieren weite Grasflächen, auf denen kleine Büsche und große, runde Felsen verstreut sind. Am Horizont sind Berge zu sehen. Es ist sehr schön hier und sehr still, ein paar Pfauen picken im Gras. Von den Elefanten sehen wir leider nur ihre Hinterlassenschaften: einen Stapel Elefantenäpfel am Stra-

ßenrand. Das ist die schönste Strecke, die wir in den letzten acht Monaten gefahren sind. So könnte ich stundenlang weiterfahren! Weit und breit ist keine Menschenseele zu erblicken, erst viel weiter südlich an der Küste leben wieder Menschen. Dort übernehmen Reisfelder links und rechts das Panorama, zwischen denen Buntstörche oder weiß-schwarze Nimmersatt-Störche auf Pirsch sind.

Puja in Arugam Bay: der neunte Vollmond

An der Abzweigung der Straße ins Inselinnere stehen mehr als 70 Kilometer auf meinem Tacho. Die Küstenstraße endet in einer Sackgasse in Potuvill. In dem kleinen Städtchen wenige Kilometer vor Arugam Bay treffen sich Surfer aus aller Welt. Auch wenn sich in den Kriegsjahren nur wenige Reisende an die Ostküste gewagt haben, Arugam Bay war immer gut besucht. Hier merkte man so gut wie nichts von den Kämpfen. Im Dorf spüren wir gleich die Auswirkungen des Tourismus: Ich soll für ein paar Bananen 90 Rupien bezahlen, das Dreifache des normalen Preises. Immer wieder bekommen wir den gleichen Spruch zu hören: „Ja, in Colombo liegen die Preise bei 30 Rupien. Hier aber ..." Jeder nimmt an, dass wir wie die anderen Touristen direkt von Colombo hergekommen sind. Sobald wir die Orte an der Ostküste aufzählen, in denen es überall billiger war, geben die Händler nach. Trotzdem nervt das ständige Verhandeln.
Einen „Vermittler", der uns unbedingt eine Unterkunft schmackhaft machen will, schütteln wir in Arugam Bay auf der Straße ab. Ich bleibe mit Titus am Strand und tue so, als suche ich gar nichts, während sich Katja und Anika heimlich, still und leise die Hütten anschauen. Im „Beach Hut" scheint die beste Stimmung zu herrschen, die Hütten stehen in einem hübschen, schattigen Garten unter jungen Kasuarinen-Bäumen. In unserer Hütte können wir uns zwar gerade so umdrehen, hoffen aber, am nächsten Tag einen Platz im Baumhaus zu bekommen. Einige Gäste feiern gerade Geburtstag, aber wir verabschieden uns schnell von der Feier. Nach den 76 Kilometern mögen wir heute keine Unterhaltung mehr und wollen nur noch schlafen.
Der Vollmond scheint hell über unseren Köpfen, aus der Ferne hören wir buddhistische Gesänge. Auch hier, wo die Mehrheit der Menschen Moslems sind, feiern die Buddhisten „Puja", denn in einer Vollmondnacht sollen Buddha seine Erleuchtung erlangt haben. Der Gesang vermischt sich mit dem Rauschen der Wellen und umhüllt die palmblattgedeckte Hütte mit einem monotonen Schlaflied. Wir schlafen sofort ein.

Am nächsten Tag können wir ins Baumhaus umziehen. Das ist zwar nicht größer, aber luftiger und toll: Wir wohnen auf der Höhe der Baumkronen und können das Meer sehen. Die Wellen im Surferparadies sind sehr hoch, ein Kind könnten sie mit Leichtigkeit hineinziehen. Anika ist auch sehr vor-

sichtig und bleibt immer am Rand, Titus hat noch größeren Respekt und geht gar nicht ins Wasser. Zurzeit ist es recht leer hier, außer uns sind nur noch zwei Holländer, ein Deutscher und ein Engländer hier. Die jungen Männer rauchen von morgens bis abends Gras und verbringen die meiste Zeit in der Horizontalen, unterbrochen von Essens- und Bierpausen. Sie wollen zwei Monate hier bleiben. Der Deutsche macht nur hin und wieder mit, er liegt meist im Fenster seiner Hütte und liest.
Reisen ist kein Urlaub – wir schreiben jeden Tag unsere Erlebnisse auf, sortieren und bearbeiten die Fotos, bereiten Berichte für unsere Sponsoren vor usw. Schnell pendelt sich ein neuer Alltagsrhythmus ein, wir genießen die Ruhe. Morgens nach dem Aufwachen gehe ich meist mit Titus zum Strand, wo nur wenige Menschen sind. Einmal treffen wir dort einen vollbärtigen Moslem. „Bist du Christ?", fragt er mit einem harten englischen Akzent. Als ich verneine, blitzen seine Augen: „Du glaubst an gar nichts?" Lachend verneine ich auch das. Daraufhin will er wissen, woran ich glaube, wer mein Führer sei und welche Regeln ich hätte. Ich erkläre ihm, dass ich keinen Führer und keine Regeln habe und sie auch nicht brauche. Ich selbst entscheide, was für mich richtig ist und was nicht.
Damit kann er nicht viel anfangen und erzählt mir von den beiden Propheten Buddha und Jesus, die eigentlich nichts anderes als Moslems gewesen wären, weil es ja nur einen Gott gebe. Mohammed sei der letzte der Propheten, also sei der Islam die richtige Religion, nämlich die „aktuellste". Der Bärtige glaubt, in mir den Richtigen für seine Missionierungsversuche gefunden zu haben und empfiehlt mir, den Koran zu lesen. Ich lächle in mich hinein, denn ich habe mich nicht deshalb vom Katholizismus getrennt, um mich einer anderen dogmatischen Religion anzuschließen. Das wird dieser strenggläubige Mann aber nicht verstehen. Für ihn gibt es nur diesen einzigen Weg.

Nach etwas mehr als einer Woche in Arugam Bay fühle ich mich schon wieder ziemlich schlapp, das Radfahren fällt mir schwer, auch die wenigen Kilometer nach Pottuvil. Die Menschen strengen mich an, ich mag keine Fragen mehr beantworten, nicht mehr Hallo sagen oder auch nur nach dem Preis fragen. Ich mag nicht mehr nur als Geldquelle gesehen werden, ich will einfach nur unauffällig meine Besorgungen machen! Aber das geht hier nicht. Ich sehne mich nach Europa, wo ich nicht auffalle und tun kann, was ich will. Auch nachdem ich mir viel Ruhe gegönnt habe, wird es nicht besser, ich bekomme wieder Fieber.
Wieder quälen mich die Angst vor Malaria und die Gedanken an die Rückkehr nach Deutschland. Die Vorstellung, an meinen alten Arbeitsplatz zurückzukehren, bereitet mir körperliches Unbehagen. Wenn ich nur eine Idee hätte, was ich sonst machen könnte! Katja schreibt alles auf, was ich im

Fieberwahn erzähle und fragt, was ich will und brauche. Nachts schlafe ich schlecht und wälze mich mit schmerzendem Rücken von einer Seite auf die andere, ohne dass mein Körper die richtige Position zum Schlafen findet. Am nächsten Tag verlasse ich die Hütte kaum, erst am Abend gehe ich mit zum Essen. Mama Ranga, der Guesthouse-Besitzer, hat Spaghetti gekocht: „Spaghetti Bolognese" auf Tamil, also mit Gemüse statt Hackfleisch und Ketchup als Grundlage. Titus isst die Spaghetti mit beiden Händen, als hätte er eine Hühnerkeule in der Hand. Mit uns am Tisch sitzt Thomas, ein Schweizer; er vermietet hier einige Hütten an Surfer. Sein tamilischer Verwalter Johnson, der auf der anderen Seite des Tisches sitzt, lacht über Titus' Essmanieren. Daraufhin erzählt Thomas eine Geschichte: Als Johnson das erste Mal zu Besuch bei Thomas in der Schweiz war, wunderte er sich über die merkwürdige europäische Sitte, das benutzte Geschirr zurück in den Schrank zu stellen. Woher sollte Johnson auch wissen, was ein Geschirrspüler ist? So etwas gibt es hier nicht. Manchmal, aber ganz, ganz selten, hat jemand eine Waschmaschine, alles andere ist Handarbeit. Das bringt große Heiterkeit am Tisch, aber so lustig die Anekdoten auch sind, ich kann mich kaum noch auf den Beinen halten. Im Bett dämmere ich tagelang vor mich hin. Die Krise macht mir eines deutlich: Ich kann nicht mehr zurück und damit weitermachen, wo ich aufgehört habe. Schon viel zu lange lebe ich, wie ich es nie wollte. Meine Arbeit hatte ich innerlich längst gekündigt. Die Firma war von einem amerikanischen Konzern übernommen worden und büßte immer mehr an Eigenständigkeit ein. Die Amerikaner ignorierten das spezielle Know-how der europäischen Mitarbeiter. Für mich hieß das: Meine Fähigkeiten als technischer Radakteur wurden immer weniger gebraucht. Übersetzungen amerikanischer Bedienungsanleitungen in die wichtigsten europäischen Sprachen wurden zu meiner Hauptbeschäftigung, was nicht weiter schlimm gewesen wäre, wenn nicht das dilettantische Layout mit den katastrophalen Inhalten mehr Arbeit gemacht hätte als eine komplette Neuerstellung. Die Arroganz, mit der die Weltmacht USA politisch agiert, wurde hier im Kleinen spürbar: mit einem aufgemotzten Selbstbewusstsein protzen, um den leeren Raum dahinter zu verbergen. Kollegen, die in die Konzernzentrale gereist waren, erzählten, wie wenige Fachkenntnisse dort vorhanden waren. Für mich war es höchste Zeit, diese Bühne zu verlassen, doch das fiel mir schwer. Unsere Reise war der Lichtblick, für mich bedeutete sie einen Ausstieg und einen Neuanfang. Anders hätte ich den Ausstieg vielleicht nicht geschafft. Viele verschiedene Ausreden hatte ich mir aufgebaut: Es geht nicht, weil die Familie da ist, weil der Job da ist, weil ich keine neue Arbeit finden könnte. Meine Umgebung unterstützte diese Glaubenssätze, sogar in einem Weltreiseforum empfahl man mir, den Kindern besser einen Gameboy zu kaufen als eine solche „gefährliche Reise" zu unternehmen. So werden die Ängste der meisten Menschen genährt.

Man kann sich aber nicht gegen alles versichern, auch wenn die Versicherungen uns das weismachen wollen. Das haben wir bereits auf unseren ersten Fahrradreisen mit Anika als Baby gehört: „Mit dem Radfahren ist es jetzt vorbei, ihr braucht eine Ferienwohnung!" Dem haben wir uns widersetzt, wobei Unmengen von Ängsten und Unsicherheiten ans Tageslicht gekommen sind, die wir jetzt Stück für Stück hinter uns gelassen haben. Wenn ich diesen Schritt geschafft habe, werde ich auch den nächsten tun müssen, sonst bleibt nur Resignation: verbittern, auf den Chef schimpfen, mich über andere ärgern, ein Haus kaufen, Versicherungen abschließen und auf die Rente warten. Das Leben in die eigenen Hände zu nehmen, macht Angst, deshalb bin ich auch krank geworden: damit mir diese Angst bewusst wird. Eigentlich war mir von Anfang an klar, dass ich nicht zurück will und kann, aber jetzt prallt es mir direkt ins Gesicht. Es nützt nichts, seine Ängste zu verdrängen. Nach einigen Tagen klingt das Fieber ab, aber die Halsschmerzen bleiben noch eine Weile. Langsam kehren auch meine Lebensgeister zurück und ich fühle mich wieder so gut, dass mir die aufdringlichen Menschen nichts mehr anhaben können.

Eines Morgens findet Anika ein kleines Hundebaby zwischen den Hütten. Es ist erst wenige Wochen alt und so verfloht, dass es sich ständig kratzt. Nach der Wäsche mit Shampoo und etwas Lavendelöl sind die meisten Flöhe schon weg. Hinterher reibe ich das Fell mit etwas Zedan ein. Das Kratzen lässt tatsächlich nach. Anika baut unter der Treppe einen Schlafplatz für den Hund und stellt eine abgeschnittene Flasche mit Kokosmilch hin. Die kleine Hündin tapst hinter Anika her wie hinter ihrer Mutter. Einen Namen hat sie auch schon: Nabila. Am Nachmittag sind wir bei Thomas und Johnson eingeladen, die Anika und Titus Katzenbabys zeigen wollen. Wir gehen am Strand entlang bis zur Mitte der Bucht, wo Thomas' Surfer-Guesthouse steht. Nabila kommt auf Anikas Arm mit. Thomas hat eine Menge Geld und Arbeit in dieses Land gesteckt. „Es ist kein Tropenparadies", erzählt er, sondern alles andere als das. Wer meint, sich hier niederlassen zu können, um das ganze Jahr Urlaub zu machen, der irrt. Von den Einheimischen wird Thomas als reicher Europäer angesehen, viele wollen von diesem „Kuchen" etwas abhaben. Von manchen Einheimischen wird er akzeptiert, vor allem wenn er großzügige Spenden an die Gemeinde verteilt. Das hat nur einen Haken: Gibt er dem einen etwas, halten die anderen auch die Hand auf. Aber für alle reicht es nun mal nicht. Im Gegensatz zu den meisten Einheimischen investiert Thomas das in den Wintermonaten in der Schweiz erarbeitete Geld in sein Projekt und kümmert sich auch selbst darum. Er baut immer wieder neue Gebäude und bessert die bestehenden aus. Seine Anlage ist gepflegt und gut in Schuss. So sieht die Wirklichkeit aus – ganz anders als der Traum vom Auswandern in ein Paradies. Wenigstens für die

Kinder ist es das aber. Während wir uns lange unterhalten, pflücken sie Blüten im Garten und spielen mit den kleinen Katzen, während Nabila zu unseren Füßen schläft.

Morgens werde ich früh von Katja geweckt, sie hat Tränen in den Augen: „Nabila ist weg, Ranga hat sie weggebracht!" Nabila hat nachts bei Antoine, unserem holländischen Nachbarn, nach Geborgenheit gesucht. In der Frühe fand Ranga den kleinen Hund und steckte ihn in einen Plastiksack, um ihn wegzubringen. Wir eilen, so schnell wir können, zu Ranga. Nabila frisst sich gerade durch das Plastik hindurch. Ranga entschuldigt sich, aber er kann keinen dritten Hund halten. Die beiden glattfelligen Mischlinge, die den Strandabschnitt vor dem „Beach Hut"-Guesthouse „bewachen", reichen ihm. Er will Nabila zu Freunden bringen, die auch Kinder haben. Ob das stimmt oder ob er das nur sagt, um uns weichherzige Europäer zu beruhigen? Hunde gibt es hier wie Sand am Meer, ein einzelner bedeutet da nicht viel.
Vorerst lässt Ranga die kleine Nabila wieder aus dem Sack heraus, so können wir uns wenigstens von ihr verabschieden. In kurzer Zeit ist sie uns so ans Herz gewachsen, dass wir uns sogar schon überlegt haben, sie mit nach Malaysia und nach Deutschland zu nehmen. Nun bleibt uns nur die Erinnerung und das Gefühl, wie es ist, einen kleinen Hund als Familienmitglied zu haben. Uns ist deutlich geworden, wie wichtig es für die Kinder ist, mit Tieren aufzuwachsen. Sie lernen Verantwortung und den Umgang mit anderen Lebewesen. Katja ist aufgefallen, wie sehr sie selbst diese Erfahrung in ihrer Kindheit vermisst hat. Ein Wellensittich ist etwas anderes als ein Hund oder eine Katze. Als Anika aufwacht und Nabila sucht, erzählt Katja ihr, dass der Hund in ein neues Zuhause gebracht wurde. Den ganzen Tag über sagt Anika kein Wort darüber, sie vermeidet das Thema. Wir merken ihr aber an, dass sie sehr traurig ist. Erst vor dem Schlafengehen, als ich ihr eine kleine Geschichte von Nabila erzähle, bricht sie in Tränen aus. All die Traurigkeit kommt heraus. Nabila war Anikas kleiner Hund!

Katja
Wie die Zeit vergeht! Nun sind wir schon zwei Wochen hier und insgesamt über acht Monate unterwegs. Das Meer hat inzwischen seine Farbe gewechselt. Es ist blau-grün und nicht mehr grau. Die Wellen sind immer noch groß, so dass Baden für die Kinder gefährlich ist. Aber immerhin sind wir mitten in der Regenzeit und es hat seit zwei Wochen nicht geregnet. Unsere Aktivitäten beschränken sich auf das Notwendigste: aufstehen, frühstücken, ans Meer gehen, im Liegestuhl liegen, etwas lesen oder schreiben, Brot und „wadi" kaufen und abends kochen. Wobei auch das nachgelassen hat, denn Ranga kocht sehr gut und diese Zeit am Esstisch ist die einzige, wo sich alle versammeln. So gibt es auch etwas Unterhaltung und vor allem Abwechslung. Thomas und Johnson kommen vorbei, die beiden Holländer, Antoine und sein Freund sind fast immer bekifft oder betrunken.
Je näher Weihnachten rückt, desto mehr Gäste kommen. Eine Holländerin zieht in die andere Hütte im Baumhaus ein. Sie kifft fast genau so viel wie ihre Landsleute, scheint aber mit der Droge anders umzugehen, denn sie bleibt relativ wach. In die hinteren Hütten ziehen kahlgeschorene Sannyasin-Mönche in langen Gewändern aus der Schweiz ein. Zwei Tage lang duftet es nach Räucherstäbchen und leise, meditative Klänge schweben über den Platz. Morgens meditieren sie am Strand, machen Yoga und fegen dann ihre Hütten aus.

Um der Trägheit entgegenzuwirken, fahren wir zum „Crocodile Rock", einem markanten Felsen einige Kilometer von hier. Dort soll man Sumpfkrokodile sehen können und mit etwas Glück auch wilde Elefanten. Auf dem Weg dahin finden wir – einen Heilpraktiker! Das ist sehr unerwartet, kommt aber genau richtig, denn in unserer Taschenapotheke fehlt ein Mittel. Die homöopathische Praxis sieht völlig anders aus als in Deutschland. In einem kleinen, dunklen Raum stehen eine Liege und ein Schreibtisch, auf dem unzählige kleine Fläschchen stehen. Der Heilpraktiker muss ein fotografisches Gedächtnis haben, wenn er hier das richtige Mittel finden will. Der ältere Mann mit einem moslemischen Gebetskäppchen auf dem Hinterkopf spricht nicht gut Englisch und versteht auch nicht viel, das benötigte Mittel findet er jedoch sofort. Er hat klassische Homöopathie in Indien gelernt, wo diese Heilkunst sehr populär ist. Einer ihrer großen Befürworter war Mahatma Gandhi, der 1936 ihre Vorzüge lobte: „Homöopathie ist die modernste und durchdachteste Methode, um Kranke ökonomisch und gewaltlos zu behandeln. Die Regierung muss sie in unserem Land fördern und unterstützen. Genauso wie mein Prinzip der Gewaltlosigkeit niemals scheitern wird, enttäuscht auch die Homöopathie nie. Aber die Anhänger der Homöopathie könnten infolge falscher Anwendung der homöopathischen Prinzipien versagen. Dr. Hahnemann besaß einen genialen Geist und entwickelte eine Methode, in der es keine Begrenzung gibt, um das menschliche Leben zu retten. Ich verneige mich in Ehrfurcht vor seinem Können und dem großen humanitären Werk, welches er schuf."

In Sri Lanka gibt es nur ungefähr 500 Homöopathen, obwohl Indien so nahe ist. Auch die alte sri-lankische Heilkunst Ayurveda wird inzwischen fast nur noch als Wellness-Programm an Touristen angewendet. Welch ein Widerspruch: Im Westen werden alternative Methoden immer beliebter, hier geraten Jahrtausend alte und bewährte Methoden in Vergessenheit. Die einfachen Menschen bekommen die Erzeugnisse der westlichen Pharmaindustrie und verlieren damit die Fähigkeit, sich selbst zu helfen. Irgendwo muss die Pharmaindustrie ja Profit machen. Auch in Europa wird versucht, die Naturmedizin einzudämmen. Etliche Produkte mussten vom Markt genommen werden und kleine Firmen mussten aufgeben.

Der Weg zum Krokodilfelsen führt über eine schmale, sandige Dorfstraße zum Strand. Titus und Anika helfen uns, die Anhänger durch den Sand zu schieben, allein schaffen wir das nicht. Der Strand ist traumhaft. Wohin man blickt, strahlt heller, sauberer Sand, blaue Wellen schlagen kräftig ans Ufer. Lange bleiben wir nicht allein, schon bald sammelt sich eine Schar Kinder um uns. Ihre Eltern, gut angezogene Sonntagsausflügler, gehen am Strand spazieren. Die Kinder kennen nur zwei Worte Englisch: „school pen" und „money". Wie lästige Fliegen piesacken sie Titus und sind nicht abzuschütteln. Einige hundert Meter begleiten sie uns, bis ein Fluss den Weg versperrt. Auf der anderen Seite sehen wir den Krokodilfelsen, können ihn aber nicht erreichen. So schnell sie uns umringt haben, so schnell sind die Kinder wieder verschwunden.

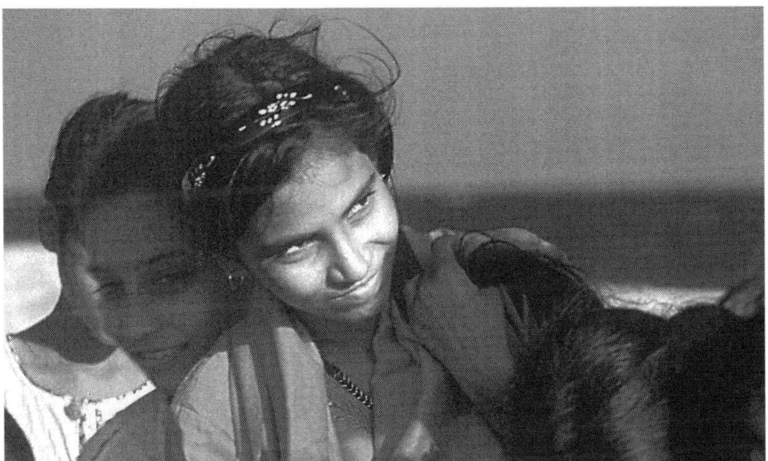

Für eine Weile sind wir allein. Aber nur für eine Weile, denn in der Nähe schlagen ein paar Frauen Holz – einige magere, vertrocknete dünne Baumstämme am Rand des Strandes. Deren Kinder umlagern uns nun. Sie sehen nicht so reich wie die anderen Kinder aus. Ein Mädchen hat ziemlich verfilzte Haare, aber auch sie trägt ihre besten Sonntagskleider. Penetrant rufen sie „school pen" und „money". Wahrscheinlich ist ihnen gar nicht klar, was sie da sagen. Mich nerven sie auf jeden Fall. Ich versuche, das Ganze umzukehren, und halte meine Hand auf. Als ein besonders penetranter Junge Sand in meine Hände wirft, halte ich ihn fest und ziehe ihn zum Flussufer. Er rutscht mit mir ins Wasser, seine braune Sonntagshose wird an den Knöcheln nass. Nun lasse ich ihn los und tue so, als suchte ich in seinen Taschen nach Geld und rufe „money, money". Als ich merke, dass der Junge Angst bekommt, lasse ich ihn gehen. Inzwischen eilt eine der Mütter heran und jagt die Kinder mit einem Beil weg. Katja weist mich ruhig darauf hin, dass ich etwas übertrieben habe. Ups! Das habe ich gar nicht gemerkt. Ich wollte die Kinder nicht erschrecken, sondern ihnen zeigen, wie es ist, wenn jemand immer nur Geld will. Ob das was genützt hat? Wahrscheinlich nicht.

Heute ist der 21. Dezember, Wintersonnenwende. Davon ist hier nicht viel zu spüren. Die längste Nacht des Jahres und die Wiederkehr des Lichts spielen hier keine Rolle. Früh dunkel wird es sowieso immer. Heute weht der Nordwind, passend zum Element Erde, die der Wintersonnenwende zugeteilt ist. Zu essen gibt es heute Erdfrüchte: Kartoffeln und Rote Beete, die passen auch dazu. Im Dunkeln gehen wir zum Strand. Der Mond ist nicht zu sehen, die Nacht ist schwarz und auch unsere Laune. Die Kinder streiten mal wieder darum, wer was trägt. Am Strand ziehe ich einen großen Kreis in den Sand. Jeder buddelt ein Loch, um seinen Ärger dort zu lassen. In eine Kartoffel stecken wir ein Räucherstäbchen. Wir verabschieden uns von Dingen, die wir im nächsten Jahr nicht mehr wollen, und wünschen uns neue. Ruhig und bedächtig ist es nur für kurze Zeit, bald beginnt der Redefluss der Kinder von neuem.

Katja
Die Sannyasins sind abgereist, dafür kommen nach und nach Weihnachtsgäste direkt aus Europa. Man erkennt sie an der blassen Haut und den leuchtenden Farben ihrer Kleidung. Bei Menschen, die länger unterwegs sind, verblassen die Kleider in der brennenden Sonne. Auch Handyklingeln unterbricht jetzt manchmal schrill die tropische Lethargie, unter den Palmblattdächern dröhnt Musik. Irgendjemand hat Weihnachtsschmuck gekauft, Papierkugeln, chinesische Lampions und bunte Lichterketten hängen an den Bäumen. Bei 30° C kommt aber keine Weihnachtsstimmung auf.
Fernab des westlichen Konsumterrors hätten wir Weihnachten fast verpasst,

wenn wir nicht E-Mails von zu Hause bekommen hätten. Geschenke für die Kinder haben wir keine gekauft, aber irgendwie ist das hier auch nicht wichtig. Aus den Astgabeln eines Jasminbusches und Kronkorken basteln wir zwei Rasseln. Zum Kaufen gibt es sowieso nicht viel, zwei kleine Gummibälle aus dem Laden in der Nähe kommen noch dazu. Das alles wird in Zeitungspapier gepackt, die Freude der Kinder ist auch so groß.
Mama Ranga ist Christ und hat für seine Gäste einen Weihnachtsmann organisiert. Eine Gruppe von Frauen in lilafarbenen Saris singt tamilische Weihnachtslieder und trommelt, während der Weihnachtsmann in Turnschuhen tanzt. Danach werden Getränke und kleine Snacks verteilt. In seinem roten Anzug, der Zipfelmütze und der Plastikmaske mit dem langen weißen Bart hätte er auch von Coca Cola kommen können, doch die Klänge verraten seine Herkunft. Nach und nach fordert der Weihnachtsmann die Gäste zum Tanzen auf. Rangas Angestellter bereitet den Grill vor: Eine Kuhle im Sand wird mit Kokosnussschalen gefüllt und angezündet. Als sie richtig abgebrannt sind, glühen sie, ähnlich wie Holzkohle, noch lange nach. Auf ein Metallgitter wird nun ein elf Kilogramm schwerer Fisch gelegt. Die Gäste nehmen an Tischen direkt am Strand Platz, Thomas und Johnson und einige andere Gäste aus den umliegenden Hotels kommen noch dazu.
So ein Weihnachtsfest habe ich noch nie erlebt. Die Sonne geht langsam unter, unter meinen nackten Füßen knirscht der Sand, in alten Blechkannen, die als Lampen dienen, brennt Petroleum und der Fisch wird mit Curry serviert. An unserem Tisch sitzen auch Angie, ihr Mann und ihre drei Kinder. Die beiden sind Journalisten und kommen aus Frankreich. Er ist beim Fernsehen für Wirtschaft zuständig, sie schreibt Kritiken über Kinderbücher. Zusammen machen sie in Arugam Bay drei Wochen Urlaub, danach bleiben Angie und die Kinder noch sechs Wochen hier, obwohl zwei der Kinder im Schulalter sind. In Frankreich gibt es keine Schulpflicht, daher ist es kein Problem, für längere Zeit zu verreisen. Angie unterrichtet die Kinder sowieso selbst, auch zu Hause in Frankreich. Auch hier üben die beiden täglich drei Stunden Mathe und Französisch am Strand – sofern dies möglich ist, denn sie quälen sich gerade mit einer Magenverstimmung. Vor allem der Kleinste leidet sehr unter „running shit“, wie Angie den Durchfall bezeichnet. Sie hat schon alle Plastikwindeln im Ort aufgekauft, und das waren nicht viele. Das haben wir bemerkt!
Zum Abschluss des Dinners schießt Johnson eine Rakete in den Himmel: „Jesus have birthday today.“ Er ist Christ und gehört dem internationalen Verband christlicher Surfer an. Was es nicht alles gibt!

Der 25. Dezember fängt sehr müde an, die Gäste haben fast die ganze Nacht gefeiert. Nur Anika ist früh wach und trommelt auf einer Handtrommel, die irgendjemand in der Nacht liegen gelassen hat. Überall liegen leere Bierflaschen, in keiner Hütte regt sich etwas. Das Gelände wirkt wie ausgestorben, da hilft auch Anikas Trommeln nicht. Für uns wird es Zeit, Johnsons Einladung zum Weihnachtsessen wahrzunehmen. Seine Schwester lebt 20 Kilometer nördlich von hier an der Küste. Thomas hat einen Kleinbus mit verdächtig abgefahrenen Reifen gemietet, da können wir bequem mitfahren. Johnsons Schwester lebt mit ihrem Mann in einem Lehmhaus mit Palmblattdach, das ihr Vater vor 20 Jahren gebaut hat. Sie kommt uns mit einem Baby auf dem Arm entgegen. Ihr Mann wirkt unsicher und noch viel jünger als sie, er ist sicher noch keine zwanzig. Sie wurden verheiratet, erzählt Johnson, und sind es auch noch nicht lange. Man spürt, dass sie noch eine große Kluft voneinander trennt. Der Garten füllt sich: Johnsons Vater, ein älterer Mann mit ungewöhnlich langen Haaren, und Kinder unterschiedlichen Alters kommen. Ein Mädchen mit strahlenden Augen in einem violetten Kleid lädt Titus und Anika in eine Hängematte ein. Einige ältere Jungen setzen sich zu ihnen. Auf der Festtafel im Garten wird üppig aufgetischt. Johnsons Schwester hat den ganzen Vormittag in der Küche verbracht, aber die Gastgeber essen nicht mit. Das Essen sei nur für uns, übersetzt Johnson. Ähnlich wie seine Schwester wurden auch die Eltern verheiratet, aber es funktionierte nie richtig. Die Eltern blieben zwar verheiratet, trennten sich aber räumlich. Seine Mutter ging nach Saudi-Arabien, sein Vater blieb hier. Johnson und seine Schwester haben ihre Mutter selten gesehen.

Jahreswechsel in Kandy

Nach fast drei Wochen wird es Zeit, weiterzufahren. Die anderen Dauergäste haben in der ganzen Zeit nichts getan, als zu kiffen und sich zu betrinken. Hartmut, der Deutsche, verbrachte seine Zeit im Liegestuhl oder in der Hütte. Auf Dauer waren das ziemlich langweilige Nachbarn. Nur ein deutsch-irisches Pärchen, das seit zweieinhalb Jahren unterwegs ist, hat etwas frischen Wind mitgebracht. Wären da nicht Thomas und Johnson gewesen, hätten wir es sicher nicht so lange hier ausgehalten. Als die Räder schon abfahrbereit sind, lädt Ranga uns überraschend zum Tee ein. Auch er hat zuvor fast nie den Mund aufbekommen. Irgendjemand aus seiner Familie hat uns vor zwei Tagen im Fernsehen gesehen, auf einmal sind wir „Ehrengäste". Schade, aber jetzt ist es zu spät.

Katja
Es fällt mir schwer, Arugam Bay zu verlassen und weiterzufahren. In diesen Wochen haben wir viele Höhen und Tiefen durchlebt. Die Frage, wie es weitergehen wird in Anbetracht der Tatsache, dass unsere Reise in wenigen Monaten zu Ende ist, quälte uns. Wir haben viel gestritten, darüber nachgedacht, getrennt weiterzufahren, jeder mit einem Kind, und uns dann doch wieder zusammengerauft. Es waren sehr intensive Wochen mit großen Gefühlsschwankungen und -verirrungen. Dieser Platz war wunderbar dafür geeignet.
Wir schauen zum Abschied noch einmal bei Thomas und Johnson vorbei. Mir sitzt ein Kloß im Hals, ich mag keine Abschiede, und besonders diesen nicht: Wenn ich Schweizerdeutsch höre, bekomme ich immer Heimweh. Das konnte ich jetzt drei Wochen lang genießen. Thomas macht noch ein Foto von uns allen bei der Abfahrt, dann rollen wir davon. Die Tränen finden ihren Weg über die Wangen ...

Endlich wieder auf der Straße! Arugam Bay war eine Oase zum Ausruhen und Entspannen, aber jetzt tut es gut, sich wieder zu bewegen. Nachdem wir Pottuvil verlassen haben und an einigen unauffälligen Militärposten vorbei ins Inland fahren, wird die Straße etwas besser. Sie ist immer noch sehr schmal und holprig, aber weniger zerlöchert. Kein Auto ist zu sehen, am Straßenrand spazieren Pfauen. Die scheuen Vögel verschwinden jedesmal sofort im Gebüsch, wenn ich die Kamera in die Hand nehme. Ich habe sie noch nie aus der Nähe fotografieren können. Tiere zu fotografieren ist schwierig, das geht nicht im Vorbeifahren. An der Ostküste sind mir auch viele menschliche Fotomotive entgangen, ich fand es oft respektlos, meine Kamera auf die Menschen zu richten.
Wir streifen den Lahugala Nationalpark. Ein rot und weiß gepunkteter Hirsch oder Rehbock mit einem großen Geweih läuft über die Straße. Mit jedem Kilometer wird das Buschwerk dichter und wächst zu einem Wald

zusammen. Dichtes Laub schließt sich über unseren Köpfen, betörender Blütenduft liegt in der Luft. Titus findet einen kleinen vertrockneten Frosch und zeigt ihn voller Stolz. Dann legt er ihn in eine Pfütze, damit er dort weiter „leben" kann. Auf einer feuchten Lichtung grasen Elefanten und begießen sich mit Wasser aus einem Tümpel. Wir schleichen uns vorsichtig an sie heran, doch sie sind immer noch einige hundert Meter entfernt. Singhalesische Ausflügler, die in einem Polizeigeländewagen mit einem Polizisten als Fahrer unterwegs sind, machen es uns nach, nur stellen sie sich lärmend vor die Elefanten und lassen sich fotografieren.
Hinter dem Nationalpark wird die Straße wieder schlechter. Große, sandige Löcher, mal links, mal rechts, bremsen uns. Manchmal lassen sie sich kaum umfahren. Immer häufiger hängen reife Mangos an den Bäumen. Auch die Häuser sehen wohlhabender aus. Nach 40 Kilometern essen wir in Siyambalanduwa ein scharfes und leckeres Curry, füllen unsere Wasser- und Bananenvorräte auf und fahren gleich weiter. Die Hügel hören nicht auf, im Gegenteil, es werden immer mehr. Ich habe das Gefühl, dass wir kaum noch von der Stelle kommen. Katja glaubt, dass ihr Tacho nicht mehr funktioniert, denn wir fahren schon wieder seit Ewigkeiten und haben erst fünf Kilometer zurückgelegt. Die meiste Arbeit haben wir jedoch noch vor uns: Vor Monaragala ragt ein großer Berg aus der Ebene, dessen Gipfel von Wolken verhüllt ist. Die Straße führt zwar um ihn herum, ist aber keinesfalls flach.
Wir sind schon den ganzen Tag unterwegs, die Sonne ist hinter dem Berg verschwunden. Der Verkehr wird stärker, Lastwagen und Busse verpesten mit ihren Abgasen die Luft. Ein Moped überholt uns immer wieder, um dann auf uns zu warten. Der Fahrer verkauft Lose und macht dafür lautstark Werbung. Auf den Gepäckträger hat er eine große Autobatterie geschnallt, die ihm den Strom liefert, um über ein Megaphon den halben Urwald aufzuscheuchen. Auch Ochsenkarren sind unterwegs. Die „modernen" haben Gummireifen, andere rollen knirschend auf eisenbeschlagenen Holzrädern. Hinter den Rädern hängen Holzklötze; sollte der Ochse die Steigung nicht schaffen, verhindern diese Klötze, die automatisch unter die Räder rutschen, dass der Wagen zurückrollt.

Nach fast 80 Kilometern erreichen wir endlich Monaragala. Das war wirklich anstrengend, und wir sind noch nicht da. Die Stadt ist gar nicht so klein wie erwartet, wir treten noch sechs weitere Kilometer, bis wir am Ziel sind. Nach der Ostküste wirkt dieser Ort sehr wohlhabend. Die Häuser sind groß und die Gärten reich an Früchten. Wir schlafen in einem frisch renovierten blauen Zimmer mit dunklen Holzmöbeln und einem „Alpenbild" mit einem röhrenden Hirsch über dem übergroßen Doppelbett. Diesmal liegen wir alle zusammen in einem Bett und brauchen kein Moskitonetz, denn die Klimaanlage läuft leise. Es ist so kalt, dass sich keine Mücke hineintraut.

Von hier bis Badulla, das im Bergland liegt, sind es ca. 70 Kilometer, und zwar bergauf. Das schaffen wir nicht an einem Tag, also suchen wir einen Kleinbus. Nach Vergleichen und Verhandlungen am Busbahnhof laden wir unsere Sachen ein und fahren auf einer schmalen und kurvigen Straße in die Berge. Der Fahrer fährt schnell und überholt oft, ist jedoch sehr aufmerksam. Wir sind froh, diese Strecke nicht treten zu müssen. Es wäre sicher interessant, hier zu fahren, doch das würde viel Kraft kosten, zu viel! Schon die letzte Etappe hat uns ganz schön zugesetzt.
Hier sind wir wieder in singhalesischem Gebiet: Wir sehen buddhistische Tempel und eine Menge Teeplantagen und Teefabriken. Noch eine Talfahrt vorbei am wunderschönen Dunhinda-Wasserfall, und schon sind wir in Badulla, dem Hauptort dieser Region. In der Nähe des Bahnhofs steht ein großer buddhistischer Tempel zwischen vielen kleinen und größeren Geschäfte und einem Markt. Insgesamt wirkt die Stadt freundlich und spannend. Durch die hügeligen Straßen öffnen sich schöne Aussichten auf die Berge, die die Stadt von allen Seiten umschließen. Wir schauen uns den Tempel an, essen etwas und versuchen, uns zu erholen. Unsere Beine sind immer noch etwas weich. Auf dem Tempelgelände stehen zwei Elefanten, die mit großem Geschick große Baumstämme zerbrechen und das weiche Holz mit dem Rüssel zum Maul führen. Anika und Titus sind diese großen Tiere etwas unheimlich, sie halten lieber Abstand.
Nach der kargen Ostküste gibt es wieder eine Menge Früchte zu kaufen. Das Klima in den Bergen ist wesentlich feuchter, aber auch ein wenig kühler. Zum ersten Mal sehe ich auf Sri Lanka Mützen und Kleidung aus Fleece. Auf dem Markt kaufe ich mir für nur 40 Rupien neue „batas". Nachdem ich in Neuseeland meine Flipflops im Schlamm verloren habe, hatte ich ihre Vorzüge gegenüber Sandalen schon vergessen. Von einem Deutschen habe ich gehört, dass Schlappen oder Flipflops, wie sie in Deutschland jetzt heißen, inzwischen „in" sind. Er wollte hier gleich eine größere Menge einkaufen und in Deutschland ein tolles Geschäft damit machen.
Wasser ist hier dagegen völlig überteuert. Wir müssen lange suchen, bis wir welches zu annehmbaren Preisen finden. Aus frischer Pfefferminze, die hier oben auch wächst, kochen wir Tee auf Vorrat für die morgige Zugfahrt nach Kandy. Titus findet auf dem Flur einen Frosch und hüpft lachend hinterher. Ein anderer Gast tritt den Frosch grob zurück. Titus protestiert lautstark. Wir lassen den Frosch in einen Papierkorb hüpfen und bringen ihn in den Garten. Gerettet.

Die Nacht ist unruhig, in den drei zusammengeschobenen Betten ist es sehr eng. So müssen sich die Kinder etwas mehr als ein Bett teilen. Anika tritt nachts Titus in die Seite. „Damit er weint", erklärt sie. Danach weint sie selbst und am Morgen ist ihr Bett nass. Der Portier weckt uns um sechs Uhr

und will 50 Rupien dafür haben. Ätsch, ich bin aber schon lange wach. Über die Streitereien der Kinder habe ich mich sehr aufgeregt. Wir packen schnell zusammen, als Frühstück besorgen wir auf dem Weg „roti". Für die Zugfahrt nehmen wir lieber ein paar Windeln mit, denn in letzter Zeit hat Titus oft vergessen, auf die Toilette zu gehen.
Der Bahnhof ist fast leer, wir können also in aller Ruhe die Fahrräder zum Gepäckwagen bringen und, anders als beim letzten Mal, alles mit Gummis und Gurten festschnallen. Die meisten Viererplätze sind schon mit auf den Sitzen liegenden Taschentüchern besetzt. Ein freier Platz ist eigentlich für Mönche reserviert, aber ich denke nicht, dass es damit Probleme geben wird. Wir frühstücken im Zug, der von einer alten deutschen Diesellok gezogen wird, und schauen zu, wie sich dieser langsam füllt.
Der Zug rattert mit vielleicht 30 oder 40 km/h gemächlich durch grünen Dschungel, an der Bahnstrecke stehen viele kleine Häuser. Bananen, Mangos, Jackfrüchte, hier wächst alles. An den folgenden Stationen steigen immer mehr Menschen zu. Die Strecke ist in einem besseren Zustand als die nach Anuradhapura, trotzdem wurde an den Zügen und Schienen seit dem Ende der Kolonialzeit sicher nicht viel getan, deshalb auch die geringe Geschwindigkeit. Die Waggons der zweiten und dritten Klasse waren dem Aussehen nach schon in den 50er-Jahren unterwegs, als von Dampflokomotiven auf Diesel umgestellt wurde. Die Anfänge des Eisenbahnzeitalters auf Sri Lanka liegen in der Mitte des 19. Jahrhunderts, als die Güter vom Hochland noch sehr mühsam nach Colombo transportiert wurden. Ein Och-

senwagen brauchte damals für die knapp 100 Kilometer von Kandy nach Colombo etwa zwölf Tage. Einfach war der Bau der Strecke nicht: Unzählige Felsen mussten gesprengt werden, viele Tunnel wurden gebohrt, viele Arbeiter starben bei Unglücken und an Malaria.

Katja

Wenn wir durch einen der vielen Tunnel fahren, fühle ich mich wie in einer Geisterbahn. Es ist stockdunkel, alle Kinder rufen oder kreischen laut aus den geöffneten Fenstern. Der Zug ist inzwischen so voll, dass manche Passagiere außen auf den Eingangsstufen stehen müssen. Sie tun das zwar auch bei leeren Zügen, anscheinend lieben sie es, im Fahrtwind zu stehen, aber hier gibt es gar keine andere Möglichkeit. An jeder Station steigen noch mehr dazu. Neben uns steht eine singhalesische Familie mit einem etwa zwölfjährigen Jungen, der immer wieder auf mich kippt und sich an mich lehnt. Ich nehme Titus auf den Schoß und überlasse ihm den Platz. Sein Vater erzählt, dass sie Fahrkarten für die erste Klasse gekauft haben, doch als sie eingestiegen sind, war dort kein Platz mehr. „Ihr könnt mich in Colombo besuchen und Tee kaufen", sagt er. Er ist Geschäftsmann und mit seiner Familie unterwegs von einer der vielen Teeplantagen nach Hause.

Schon nach vier Stunden haben wir genug, es liegen aber noch drei vor uns. Dabei sind es nach Kandy nur 130 Kilometer! An den offenen Fenstern ziehen Berge mit Teeplantagen in den verschiedensten Grüntönen vorbei. Im 19. Jahrhundert wurde der Urwald abgeholzt, an seiner Stelle pflanzte man Kaffee an. Als diese Plantagen großflächig dem Mehltau zum Opfer fielen, stieg man auf Tee um, der heute noch Sri Lankas Exportartikel Nummer eins ist. Fast sieben Stunden sehen wir nur Teepflanzungen, so weit das Auge reicht. Die Bahn klettert derweil immer höher. Der höchste Punkt der Strecke liegt auf 1.898 Metern. Als der Zug hält, weht ein eisiger Wind durch die Fenster hinein. Wir sind froh, langärmelige T-Shirts zu tragen, und warten sehnlich auf die Weiterfahrt.

Die Aussichten aus dem Fenster sind grandios. Adam's Peak oder Sri Pada, ein Pilgerberg, zu dem es Hindus, Buddhisten, Christen und Moslems gleichermaßen hinzieht, ist lange Zeit zu sehen. Hier hat Samana, ein Gott oder Schutzgeist der Insel für die vorbuddhistischen Ureinwohner, die Veddas, seinen Wohnsitz. Auf seinem Gipfel soll auch Buddha einen überdimensionalen Fußabdruck hinterlassen haben. Ein ähnlicher Abdruck des anderen Fußes befindet sich in Thailand. Beide Länder gelten heute als sehr buddhistisch. Für die Moslems war es Adam, der den Abdruck hinterlassen hat. Nach der Vertreibung aus dem Paradies verbrachte er hier 1.000 Jahre Buße, auf einem Bein stehend. Die Hindus glauben, dass es Shiva oder Samana war, der den Abdruck prägte. Sie nennen den Berg auch „Shiva

Adi Patham": Schöpfungstanz Shivas. Die südindischen und singhalesischen Christen sehen in dem Stein schließlich den Fußabdruck des heiligen Thomas, der auch auf der Insel gepredigt und missioniert haben soll. So zieht es Nacht für Nacht Tausende von Pilgern den heiligen Berg hinauf, die morgens von hier aus den Sonnenaufgang sehen wollen. Und das mit Beleuchtung, die ein Minister dem Gott Samana 1950 für ein gelungenes politisches Vorhaben spendierte.

Katja
Das Gedränge im Zug ist enorm. In die Sitze gequetscht, teilen wir Schweiß und Gerüche mit den Nachbarn. Ein Gang zur Toilette ist fast unmöglich, gut, dass wenigstens Titus nicht dorthin muss. Trotz der Enge ziehen, oder besser gesagt quetschen sich immer wieder Sänger und Trommler durch den Zug. Essensverkäufer tun das Gleiche. Nach einigen Stunden wird es unerträglich. Es ist wesentlich wärmer und noch enger geworden. Auf Titus Platz' sitzen jetzt zwei Kinder, auch Anika hat ihren Platz freigegeben und steht lieber am Fenster. In Kandy will sich ein Mönch unseren Platz sichern, indem er durch das offene Fenster seine Tasche auf den Sitz oder besser auf die Kinder wirft. Doch so einfach hat er es nicht: Die Tasche wandert wieder zurück nach draußen, den Platz beansprucht die Familie aus Colombo. Sie stehen schon viele Stunden und ihre Fahrt geht noch weiter.

Als wir nach sieben Stunden Zugfahrt in Kandy aussteigen, sind wir schweißverklebt und die Kinder haben schwarze Gesichter von dem Dieselruß, der durch die Zugfenster hereinwehte. Glücklich, dass wir uns wieder bewegen können, radeln wir durch den dichten Nachmittagsverkehr zum Kandy Lake. Von der rechten Seite der Uferstraße führen steile Sackgassen bergauf. In einer davon liegt das von uns ausgesuchte Haus, in dessen Erdgeschoss sich ein Kindergarten befinden soll. Es ist schön, aber belegt, weil im Lonely Planet verzeichnet. Die meisten Reisenden benutzen diesen Reiseführer, dessen Tipps nicht immer gut, aber „in" und häufig überteuert sind. Das gilt auch für die Restaurants. Steht dort „good local food", bedeutet das oft, dass die einzigen Einheimischen die Angestellten sind und die Preise den Touristen angepasst. Aber wer oft die gleichen Leute treffen will, reist damit gut. Der freundliche Besitzer führt uns durch seinen Garten auf die Parallelstraße, wo seine Nachbarin auch Zimmer vermietet. „Madam" ist gerade nicht zu Hause, aber das Zimmer in der zweiten Etage können wir uns trotzdem anschauen. Außer uns sind keine Gäste hier, wir hätten eine ganze Etage für uns, einen Balkon zum Garten und einen Vorraum mit Sitzgelegenheiten. Okay, wir nehmen es. Katja ist skeptisch wegen der Einsamkeit hier oben und dem steilen Berg, den wir nun jedes Mal hinauffahren müssen. Titus ist im Anhänger eingeschlafen und mein Hinterrad hat einen

Platten. Schieben muss ich auf dieser steilen Auffahrt sowieso.
Kandy liegt auf 500 Metern Höhe, das Klima ist wesentlich kühler als an der Küste. Nachts können wir sogar ohne Ventilator schlafen. Die ehemalige Hauptstadt war bis 1815 das Zentrum des letzten singhalesischen Königreichs. Der Name Kandy oder auf Singhalesisch „Kanda uda rata" bedeutet Königreich auf dem Berg. Gebräuchlich ist auch der Name „Maha Nuwara", was einfach nur große Stadt bedeutet. Sie wirkt zwar nicht wie eine Großstadt, aber mit über 100.000 Einwohnern steht sie an neunter Stelle der größten Städte Sri Lankas, entsprechend dicht sind der Verkehr und die Abgas- und Staubwolken. Recht unangenehm, wäre da nicht der See, dessen Ufer eine Oase der Stille bilden, sofern man die vielen Souvenirverkäufer ausblendet. Die Straße am Kopf des Sees ist gesperrt, also der beste Platz für abendliche Spaziergänge.
Unser Haus ist eine Oase und eine Festung am Hang. Das schwere Eisentor ist immer fest verschlossen, nur auf lautes Klopfen wird es einen Spalt geöffnet. Neugierig schaut dann die Angestellte von „Madam" und lässt uns herein. Hier sind wir für uns allein und genießen es. Zum Frühstück setzen wir uns alle in einer Reihe auf den schmalen Balkon, beäugt von den Affen, die über einen Baum zu uns heraufklettern, aber Abstand halten. Das Bedürfnis, hinauszugehen, beschränkt sich auf das Einkaufen von Lebensmitteln, die wir mittags auf dem Balkon verkochen, und auf abendliche Spaziergänge am See. Schnell stellt sich ein Rhythmus ein: frühstücken, einkaufen, langer Mittagsschlaf... erst gegen Abend überwinden wir uns, hinauszufahren. Der Weg in die Stadt ist zwar nicht weit, aber die Rückkehr ist jedes Mal beschwerlich. Die Auffahrt zur „Festung" fordert unsere letzten Kräfte, danach hilft nur eine kalte Dusche. Das Badezimmer hat einen rot gewachsten Betonboden, der bei Berührung mit nassen Füßen abfärbt. Es ist ein Kunststück, die Kinder mit sauberen Füßen ins Bett zu bekommen.

In wenigen Tagen geht das Jahr 2003 zu Ende. Wichtiger ist für uns, dass Anika am 3. Januar Geburtstag hat. Deshalb sind wir auch so schnell hierhergefahren, wir wollen nämlich den Geburtstag in einem Elefanten-Waisenhaus feiern. Doch davon weiß Anika noch nichts, es soll eine Überraschung werden. Jetzt durchstreifen wir die Bekleidungsgeschäfte und suchen ein Kleid für Anika. Für die Feiertage werden die singhalesischen Mädchen wie kleine Prinzessinnen angezogen, die Auswahl ist also groß. Anika probiert viele Kleider an, der Verkäufer bringt immer neue Modelle, eins bunter als das andere. Weil Anika ziemlich groß ist, sind ihr die meisten Kleider etwas zu schmal. Vor einem roten Kleid mit geknoteten Spaghettiträgern und viel Tüll bleibt Anika entschlossen stehen. Es passt! Umso enttäuschter ist sie, als wir es doch nicht kaufen und zum nächsten Geschäft gehen. In der Zeit kehre ich heimlich um, kaufe das rote Kleid und lasse es gut verpacken, damit Anika nichts merkt. Danach fahre ich mit den Kindern zurück in unsere „Festung". Katja schaut sich derweil um, wo sie noch einen Geburtstagskuchen herbekommt.

Heute ist Silvester. Genau wie bei uns zu Hause knallen hier Feuerwerkskörper, wenn auch nicht so viele, denn dieser Tag hat in Sri Lanka keine große Bedeutung. Das buddhistische Neujahr, das am 14. April gefeiert wird, ist der eigentliche Feiertag. Bei der Wärme will sich auch bei uns keine rechte Silvesterstimmung einstellen, buddhistische Gesänge vermischen sich mit dem Klang der „Rolling Stones" aus irgendeiner Touristenherberge. Von dort schießen auch die meisten Feuerwerkskörper in die Luft.
Den letzten Tag des Jahres haben wir damit verbracht, Geschenke für Anika zu besorgen. Jetzt sitzen wir zu zweit auf dem Sofa vor unserem großen Panoramafenster und haben statt Sekt eine Flasche Bier in einem Kanister mit Wasser kühlgestellt. Die Zeit vergeht nur langsam und irgendwie passt das Warten auf Mitternacht nicht hierher: Der Tag ist wie jeder andere. Endlich kündigt sich das neue Jahr mit einigen Raketen an. Das Feuerwerk ist schnell zu Ende und wir können schlafen gehen. Das war also Silvester weit weg von zu Hause ...

Am Neujahrstag besuchen wir den Zahntempel. Die Gesänge der Mönche drangen schon in den letzten Tagen unaufhörlich herüber. Im „Sri Dalada Maligawa" wird Buddhas oberer linker Eckzahn aufbewahrt, eine wichtige Reliquie für die singhalesischen Könige. Sie wurde immer in der Residenzstadt aufbewahrt und machte diese Stadt reich, weil sie so zur jeweils wichtigsten Pilgerstätte des Buddhismus wurde. Jedes Jahr Mitte August, wenn Elefanten die Reliquie bei Prozessionen durch die Stadt tragen, wird Kandy von vielen Pilgern besucht. Nachdem es am 25. Januar 1998 vor dem Zahntempel einen Selbstmordanschlag der „Tamil Tigers" gab, bei dem acht Menschen getötet und 25 verletzt wurden, richtete man Sicherheitsschleusen vor dem Eingang zum Tempelbezirk ein. Die müssen wir passieren, danach geht es zur Kasse. Viele Einheimische gehen links an dem Häuschen vorbei, Touristen gehen rechts und bezahlen 250 Rupien. Die Pilger gehen praktisch den umgekehrten Weg, nämlich durch den Ausgang, und zahlen gar nichts.
Der Tempel, obwohl sehr schön, dient nur dem Schutz des Zahnes, der – angeblich – in einem verschlossenen goldenen Schrein aufbewahrt wird. Nach Buddhas Einäscherung gab eine seiner Anhängerinnen den Zahn, der Regen herbeirufen kann, an einen König weiter, wonach es zu langen Streitigkeiten zwischen den indischen Herrschern kam. Nach etwa acht Jahrhunderten gab der König von Kalinga in Ostindien den Zahn seinem Schwiegersohn Prinz Dantha. Verkleidet als Pilger, floh der Prinz nach Sri Lanka,

zusammen mit der Prinzessin Hemamala, die den Zahn in ihrer Haarspange versteckte. Von da an wurde der Zahn vom dortigen König beschützt. Wer ihn besaß, hatte die Legitimierung, als König über Sri Lanka zu herrschen.
Die Kolonialmächte versuchten natürlich, den Kult um die Reliquie zu zerstören, um den Machtanspruch des singhalesischen Königs zu schwächen. Im 16. Jahrhundert wurde der Zahn von den Portugiesen nach Goa gebracht und zerstört. Die Singhalesen behaupten jedoch, dass es sich dabei nur um eine Kopie der Reliquie gehandelt habe. Auch während der britischen Kolonialzeit, die bis 1948 dauerte, wurde versucht, die Verehrung des Zahnes zu unterdrücken. Die Briten verboten sogar die „Esala Perahera"-Prozession im August. Nach Unruhen in der Bevölkerung wurde die Huldigung der Reliquie schließlich geduldet. Der Tempelbezirk und die gesamte Altstadt von Kandy gehören heute zum Weltkulturerbe der UNESCO.

Darf ich den Elefanten füttern?

An ihrem Geburtstag ist Anika ganz früh wach und drückt neugierig ihre Nase durch das Moskitonetz, um zu sehen, ob Geschenke auf sie warten. Im Vorraum decken wir den Tisch, Katja holt aus „Madams" Kühlschrank die gestern gekaufte Torte. Als erstes entdeckt Anika den kleinen, bunt bemalten Holzelefanten und danach das rote Kleid. Sie strahlt und lacht: „Ich dachte, dass ihr es nicht kaufen wolltet? Das sollte eine Überraschung sein!" Kurz danach kommt auch „Madam" zu uns und schenkt Anika eine Perlenkette und ein kleines hölzernes Stachelschwein. In dem roten Kleid und der weißen Perlenkette sieht Anika wie eine Prinzessin aus.
Sie strahlt noch mehr, als sie erfährt, wohin wir heute fahren werden. Nach dem Frühstück eilen wir zum Taxiplatz, ketten die Räder und den Anhänger an eine Laterne und machen uns auf die Suche nach unserem Fahrer, mit dem wir gestern unsere Fahrt vereinbart haben. Er ist nicht zu finden, aber andere Fahrer bieten uns die gleichen Dienste an und sogar noch etwas günstiger.
Im Elefanten-Waisenhaus in Pinnawela werden verlassene oder verletzt aufgefundene Elefanten gepflegt und betreut. Ein Elefant ist durch Schüsse erblindet, einer hat seinen rechten Vorderfuß durch eine Mine verloren. Die 60 Tiere laufen frei auf dem großen Gelände umher, jedes wird von einem Mahout betreut. Im Park weiden sie friedlich, aber sobald einer von ihnen an die Bananenbäume geht, gibt es Ärger. Keiner der Besucher traut sich näher, alle bleiben an einer Böschung stehen. Ich wage mich mit Anika etwas näher heran, schließlich sind die Elefanten an Menschen gewohnt, täglich kommen hunderte hierher. Nach und nach kommen die Touristen doch näher und stellen sich für Fotos in Pose: Motiv Großwildjäger, breitbeinig postiert mit der Hand am Tier. Fehlt nur noch, dass der Elefant sich tot stellen muss ... Nach jedem Foto halten die Mahouts ihre Hände auf, dann

wechseln 100 Rupien ihren Besitzer. Das ist zwar umgerechnet „nur" ein Euro, aber immerhin eine reichliche Mahlzeit für zwei Personen in einem einfachen Restaurant wert.
Zum Baden werden die Elefanten über die Straße zum Fluss getrieben. Die Dickhäuter haben es eilig, in das kühle Wasser zu kommen. Ohne die Mahouts würden sie bestimmt galoppieren. Auch wenn die Tiere sehr vorsichtig sind, die drängelnden Touristen sind es nicht. Jeder will vor dem anderen am Fluss sein. Das Bad ist ein Vergnügen. Vorsichtig schreiten die Elefanten über die flachen Steine ins kühle Nass, legen sich hin und bespritzen sich mit Wasser. Ein sehr junges Tier startet immer wieder Fluchtversuche: Sobald die Wärter nicht hinschauen, überquert es den Fluss und versucht, das steile Ufer hinaufzuklettern. Dort wachsen viele schmackhafte Bäume, eine gute Abwechslung zum täglichen Futter. Es wird ihm nicht gegönnt, sein Mahout watet ihm hinterher und treibt den Ausreißer mit einer Stange mit Spitzhaken zurück. Doch der Aufpasser muss sich noch um andere Tiere kümmern, was dem kleinen Ausreißer eine neue Chance bietet. Jetzt schließen sich ihm zwei weitere Elefanten an. Der Mahout hat jetzt allerhand zu tun. Diese Geschichte wiederholt sich noch zweimal, der Wärter lässt die Kleinen schließlich nicht mehr aus den Augen. Andere Baby-Elefanten spielen wie Menschenkinder: Sie bespritzen sich mit Wasser, schubsen sich gegenseitig oder spielen Fangen. Ein etwas älteres Tier hat einen großen, wackeligen Stein gefunden, stellt sich mit allen vier Beinen drauf und wippt

wie auf einem Spielgerät. Die „Erwachsenen" gehen derweil gemessen im Wasser umher oder genießen die Kühle liegend. Einige wirken sehr unsicher, planschen nicht und stehen nur herum. Vielleicht sind sie noch nicht lange hier oder sie sind krank. Einer ist so abgemagert, dass seine Knochen sichtbar sind, und das muss bei einem Elefanten schon etwas heißen.
Die Hauptattraktion des Tages sind natürlich die Baby-Elefanten. Eine Menge Leute versammeln sich um deren überdachtes Gehege. Anika mogelt sich zwischen den vielen Beinen nach vorn und hat Glück: Sie darf einen der Kleinen mit der Flasche füttern. Die ist entsprechend groß, es passen zwei oder drei Liter Milch hinein. Egal, dass sie nach kurzem Halten die Flasche an das nächste wartende Kind weitergeben muss: „Das ist mein schönstes Geburtstagsgeschenk!", strahlt Anika.
Unser Fahrer drängt, es ist schon früher Abend. Anika möchte sowieso noch in einen Hindu-Tempel gehen, also machen wir uns auf den Rückweg nach Kandy und lassen uns am Tempel absetzen. Besonders schön sind hier die Deckenmalereien. Die Spiralen wirken so plastisch, als könnte ich sie anfassen. Eine Zeremonie scheint bald zu beginnen, in den einzelnen Schreinen werden gerade die Statuen gereinigt und neu bekleidet. Die Abflüsse, durch die sonst Milch fließt, werden ebenfalls gesäubert. Begleitet wird das Ganze vom monotonen Klingeln einer mechanischen Glocke. Anika verbeugt sich vor jeder Götterstatue, angefangen bei Ganesha, und geht dreimal um den Schrein, so wie sie es bei den Hindus gesehen hat. In ihrem roten Kleid wirkt sie genauso bunt wie die Frauen in ihren Saris. Zum Abschluss dieses für Anika so besonderen Tages gehen wir exotisch essen: zu „Pizza Hut"!

Anika
In einem Dorf habe ich ein Mädchen in einem lila Kleid gesehen, das mit ganz vielen bunten Fäden durchzogen war. Ich fand das Kleid so schön, dass ich mir so eins zum Geburtstag gewünscht habe. Das Kleid, was ich dann bekommen habe, war zwar nicht lila, sondern rot und hatte bunte Schleifen, aber ich habe mich trotzdem sehr gefreut. Ich habe es den ganzen Tag angehabt und danach auch drin geschlafen. Auch danach habe ich es so oft wie möglich getragen, bis es schon ganz durchlöchert war und nicht mehr gepasst hat.

Katja
In den letzten Tagen in Kandy kommen wir auf eine Geschäftsidee. Oben auf dem Berg lernt Waldemar einen Holzschnitzer kennen, der uns alles über sein Geschäft erzählt. Er ist sehr nett und wirkt überhaupt nicht, als wolle er uns etwas verkaufen. Er lädt uns in sein Haus ein, bietet mir einen ayurvedischen Tee gegen meine Erkältung an und zeigt uns die Schnitzereien, die er verkauft. Den Kindern schenkt er zwei bunt bemalte Holzelefanten. Als Titus seinen Elefanten fallen lässt und der Rüssel abbricht, weint er bitterlich, aber

der Mann schenkt ihm einfach einen neuen. Mit dem Schnitzen hat er ganz klein angefangen, traute sich dann immer mehr zu und beschäftigt heute einige Leute. Einige Schnitzereien schenkt er uns, damit wir sie in Deutschland verkaufen können.

Der Tod gehört zum Leben

Lange haben wir überlegt, was wir mit unseren letzten drei Wochen in Sri Lanka anstellen sollen. Eine Fahrradfahrt durch die Berge an die Südküste würde zu lange dauern und wäre zu anstrengend. Wir müssten auf fast 2.000 Meter hinauf! Mit dem Zug nach Nuwara Eliya und den restlichen Weg zurück an die Ostküste die Berge hinunterzurollen, wäre eine andere Möglichkeit. Doch wir entscheiden uns, mit dem Zug nach Colombo und dann in den Süden zu fahren.
Morgens um halb fünf stehen wir auf. Die Nacht ist noch schwarz, wir packen schnell alles auf die Fahrräder und fahren zum Bahnhof. Unsere Augen fallen vor Müdigkeit zu, als wir in der Dämmerung die Fahrräder für den Transport aufgeben. Überraschung: Die Fahrräder kosten hier das Doppelte, denn die Fahrt mit dem Intercity ist viel schneller, obwohl der Zug nicht viel anders aussieht. Die gleichen alten Waggons, die gleichen zerschlissenen Sitze, nur die Plätze sind nummeriert und reserviert. Der Zug wird vorwiegend von Geschäftsleuten benutzt, dementsprechend ruhig ist es. Niemand ruft „Hallo Baby" oder fragt: „Which your country?" Die Geschäftsleute sind wie auch bei uns etwas steifer, sie tragen nicht unbedingt alle graue Anzüge, aber ein weißes Hemd und eine Krawatte sind Pflicht.

Durch die offene Waggontür sehen wir den „Bible Rock", einen Tafelberg, der auch im amerikanischen Death Valley stehen könnte, nur dass der hier von dichtem Dschungel umgeben ist. Wenn ich mich hinauslehne, kommt mir modrig und blumig riechende kühle Luft entgegen. So ähnlich roch es, als wir von Pottuvil nach Monaragala geradelt sind. Das ist der Duft des Dschungels. Wenn ich mir vorstelle, wie es hier vor einigen hundert Jahren ausgesehen hat, als es noch keine Bahnstrecke und keine Straße gab, dann verstehe ich, warum weder die Portugiesen noch die Holländer Kandy einnehmen konnten. Erst die Engländer schafften es und verlegten flugs die Hauptstadt nach Colombo, was strategisch besser lag und außerdem die Macht der singhalesischen Könige schwächte.

Überall an der Bahnstrecke stehen kleine Häuser, mal aus Lehm, mal aus Stein. Die Menschen waschen sich vor den Türen, putzen die Zähne oder bereiten das Frühstück vor. Der Zug hält nicht wie der langsame an jeder Station, er fährt wirklich schnell. An Schlafen ist nicht zu denken, wir werden so durchgerüttelt, dass unsere Köpfe hin und her fliegen. Bald sind die Berge

nur noch Hügel und der Dschungel geht in Reisfelder über. Wir sehen Kinder in Schuluniformen auf dem Weg zur Schule, Menschen warten auf den Bahnhöfen, die schnell an uns vorbeiflitzen. Schlimmer Gestank steigt auf, wenn wir Flüsse überqueren. Colombo ist nicht mehr weit.
Die Ausgabe der Fahrräder will am Bahnhof niemand quittiert haben, also fahren wir direkt zum „Parcel Office", um unsere Fahrräder erneut einzuchecken. Wir wollen ja weiter in den Süden. Es gibt wie immer Diskussionen über das „ob" und „wie" und „überhaupt". Unser Anschlusszug kommt aus Anuradhapura und um herauszufinden, ob im Gepäckabteil noch Platz ist, sollen wir warten, bis der Zug da ist. Nichts da, ich zeige die Quittung aus Kandy, auf der steht, dass es geht und zwar mit dem ganzen Gepäck. Der Angestellte willigt schließlich ein, verlangt aber 2,50 Rupien pro Kilometer und pro Fahrrad. Auf unserer Quittung stehen 2 Rupien pro Kilometer, der Normalpreis liegt bei einer Rupie, wie Katja weiß. Nach einer kurzen Diskussion geht es plötzlich auch für eine Rupie. Halleluja!

Anders als erwartet, ist der Zug nicht komplett voll und wir finden einen guten Vierer-Sitzplatz. Wir rattern durch die dicht bebaute Stadt. Die Strecke macht einen großen Bogen und umfährt die Villenviertel von Colombo – dieser umständliche Umbau fand aufgrund der Proteste der reichen Anwohner statt. Nun verläuft die Strecke fast ausschließlich direkt an der Küste. Aus dem Fenster sehen wir eine Hüttensiedlung, keine Wellblechhütten, aber eine reiche Gegend ist es auch nicht. Die Häuser stehen dicht an den Gleisen, nur einige wie Pfosten eingegrabene Schienen bilden eine zweifelhafte Abtrennung. Die Menschen leben hier mit den Zügen und müssen ständig auf sie achten.
Plötzlich wird der Zug langsamer, es rüttelt ein wenig und die Bremsen kreischen auf. Ich höre Menschen aufgeregt rufen und schaue hinaus. Frauen kreischen und lamentieren, ein Kind in Titus' Alter schreit erschrocken. Eine ältere Frau nimmt das Kind auf den Arm und versucht es zu beruhigen. Jetzt sehe ich eine junge Frau am Boden liegen. Sie bewegt sich nicht. Ein Mann hebt sie auf und trägt sie an unserem Fenster vorbei. Sie ist tot, schießt es mir durch den Kopf. Ihre weit aufgerissenen Augen starren leblos nach oben, ihr blutender Kopf hängt schlaff herunter. Sie sieht erstaunt aus, so als ob der Tod sie überrascht hätte. An der Stelle, wo die Frau lag, sickert eine Blutlache langsam in die braune, sandige Erde.
„Sie ist tot", sage ich halblaut und meine Brust zieht sich schmerzhaft zusammen. „Wenn sie noch nicht tot war, dann ist sie es jetzt", sagt Katja. „Bei Kopf- und Wirbelsäulenverletzungen darf die Verletzte nicht bewegt werden." Auch ihr stehen Tränen in den Augen. Inzwischen versucht der Mann, mit der Toten unter dem stehenden Zug hindurch auf die andere Seite der Gleise zu kommen. Um ihn herum hat sich eine große Gruppe von Men-

schen angesammelt. Als er auf der anderen Seite des Zuges zu sehen ist, hält ein österreichischer Reisender seiner Freundin die Hand vor die Augen. Etwas befremdlich, sie sollte eigentlich alt genug sein, um zu entscheiden, ob sie das anschauen kann.

Katja

Für einige Sekunden habe ich auch überlegt, ob Anika das mit ansehen sollte. Sie saß am Fenster und hat als erste von uns die Frau neben den Schienen liegen sehen, als noch niemand den Unfall bemerkt hatte. Ich habe Anika nicht die Augen zugehalten und sie nicht abgelenkt. Der Tod gehört auch zum Leben und der Weg dahin ist manchmal sehr kurz. Als Anika in Malaysia von dem Geländer gefallen ist und ein Loch im Kopf bekam, hatte sie großes Glück, es hätte auch so wie hier enden können.

Diese Frau war vermutlich noch nicht einmal dreißig Jahre alt. Noch vor einigen Minuten war sie da, mitten im Leben. Ich kann es kaum begreifen. Ich fühle nach, wie sich der Mann fühlen muss, der sie trägt, oder ihr Kind, das weggebracht wurde. Es muss ein großer Schock sein, die Mutter leblos in einer Blutlache liegen zu sehen, sie zu rufen, keine Reaktion zu bekommen und dann zu erleben, wie sie weggetragen wird und nichts tun zu können, weil fremde Arme einen festhalten und wegtragen. Vielleicht hatte sie noch mehr Kinder, die noch nichts davon ahnen? Wenn sie aus der Schule zurückkehren, wird ihnen jemand sagen, dass ihre Mutter tot ist. Sie werden sie nie mehr lebendig sehen können. Mir ist ganz flau im Magen und die Tränen stehen mir in den Augen. Jedem von uns kann jederzeit so etwas passieren!

Wir sagen nicht viel, uns stehen Tränen in den Augen. Die Blutlache hat inzwischen jemand mit Erde bedeckt. Mir wird bewusst, wie schmal die Grenze zwischen dem Leben und dem Tod ist. Warum leben wir noch? Haben wir einfach Glück gehabt oder ist es noch nicht unsere Zeit zu gehen? Der Schock steckt uns noch tief in den Knochen, den anderen Passagieren geht es ähnlich. Niemand sagt etwas, auch die Kinder sind ruhig. Ob Titus begriffen hat, was gerade passiert ist? Auch Anika ist in sich gekehrt und fragt nicht viel. Beiden ist auf jeden Fall klar, dass etwas sehr Schlimmes passiert ist. Es ist eine sehr stille Fahrt.

Nach etwas mehr als einer Stunde kommen wir in Ambalangoda an. Vor dem Bahnhof kommt uns ein Tuktuk-Fahrer entgegen, er möchte uns ein Hotel zeigen. Das alte Haus stammt aus der portugiesischen Kolonialzeit, ist sehr geräumig und nur durch eine kleine Straße vom Strand getrennt. Im Innenhof sprudelt ein kleiner Springbrunnen. Der Mann bringt mich netterweise auch noch zur Post, denn wir schleppen ja ein großes Paket mit Holzelefanten und „Wackeldackel"-Elefanten aus Pappmaché mit, die wir in Kandy gekauft haben. Der Postbeamte versteht angeblich kein Englisch, der

Tuktuk-Fahrer übernimmt die Übersetzung. Ich soll alles auspacken und den Inhalt des Pakets dem Mann hinter dem Schalter zeigen. Da stimmt doch etwas nicht! Bei mir geht eine Alarmglocke an. Ich nehme das Paket lieber wieder mit. Am Nachmittag bringe ich es ohne die Begleitung des Tuktuk-Fahrers noch einmal hin und kann es diesmal ohne Probleme aufgeben.

In Ambalangoda schauen wir uns im Maskenmuseum Masken an, die zu rituellen Zwecken, zur Heilung von Krankheiten, zur Austreibung von Dämonen oder aber auch zum Gegenteil benutzt wurden. In einem Anbau kann man zusehen, wie solche Schnitzereien entstehen. Im Haus des Batik-Künstlers Dudley Silva verbringen wir Stunden und lassen uns seine Arbeit erklären. Batiken werden überall auf Sri Lanka verkauft, die meisten sind jedoch laienhaft und ungenau gearbeitet. Dudleys Batiken sind äußerst fein und detailreich, sie erinnern ein wenig an Picasso, nur mit einheimischen Motiven. Seine erwachsene Tochter setzt die Bilder in Wachs um. Mit unglaublicher Geduld und Konzentration trägt sie mit einer Drahtspitze flüssiges Wachs auf ein weißes Tuch auf. Das dauert Stunden oder auch Tage. Danach kommt die erste Färbung, Entfernung des Wachses und Trocknung. Was vorher mit Wachs bedeckt war, nahm keine Farbe an. Jetzt geht es noch weiter: Was in dieser Farbe bleiben soll, wird wieder mit Wachs bedeckt. Wenn das fertig ist, erfolgt die erneute Färbung mit einer anderen Farbe. Die nicht mit Wachs bedeckten Stellen mischen sich mit der vorherigen Farbe, die bedeckten Bereiche bleiben so. Dieser Zyklus wird bis zu siebenmal wiederholt!
Dudley, ein kleiner Mann mit einem Seitenscheitel und dunkler Haut, lädt uns für den nächsten Vormittag in sein Atelier ein. Aus seinem Namen Sil-

va schließe ich, dass er portugiesische Vorfahren hat. Einige der Vorlagen sind fertig und können gefärbt werden. Dafür gießt er im Garten Wasser in große Betonbecken und mischt es mit Farbe aus einer Plastikflasche. „Made in Germany!", strahlt er uns an und zeigt auf das Etikett, auf dem der Name eines großen deutschen Chemiekonzerns steht. „Das sind die besten, die Farbe geht nie wieder ab!" Das Becken hat inzwischen die Farbe von Tinte angenommen. Nachdem er einige Tücher hineingetaucht hat, entfacht er unter einem Kessel, der auf Ziegelsteinen ruht, ein Feuer. Bis das Wasser kocht, dauert es natürlich sehr lange, aber mir kommt die Zeit kurz vor, denn Dudley erzählt viel über seine Kunst und sein Leben. Seine Arbeiten sieht er nicht nur als Kunsthandwerk an, sondern als echte Kunstwerke. Da kann ich nur zustimmen, so etwas habe ich noch nirgendwo gesehen. Seine Werke könnten in vielen europäischen Galerien hängen.
Eins ist uns klar: Wir nehmen von hier mehr als ein Tuch mit! Viele der Batiken hängen in einem Ausstellungsraum, aber noch mehr liegen unter dem Ladentisch. Wir suchen uns zehn aus, die wir in Deutschland verkaufen wollen. „Die grauen Frauen", ein Bild von Früchte tragenden Singhalesinnen, sieht Katja schon in einer Altbauwohnung in Deutschland hängen. Einige weitere fotografiere ich und dazu bekommen wir gratis noch viele kleine Muster.
Inzwischen kocht das Wasser, die gefärbten Stoffe werden in das siedende Wasser getaucht. Das Wachs löst sich, schwimmt auf die Oberfläche und wird abgeschöpft. Die Stoffe werden mit klarem Wasser ausgespült und zum Trocknen aufgehängt. Die Farbe muss etwas Besonderes an sich haben, denn sofort bildet sich eine Ameisenstraße, die über die Leine mar-

schiert. Die Bilder sehen toll aus, in der Mittagssonne leuchten die Farben besonders stark. Doch dann stehen mir plötzlich die Haare zu Berge: Das Färbewasser wird einfach in die Erde abgelassen! Beim genaueren Hinschauen sehe ich, dass Dudley Recht hat: Die Farbe geht nie wieder ab.

Die Sonne steht schon im Zenit über den Palmen. Wir fahren weiter in Richtung Süden, nach Galle. Die Strecke an der Küste ist langweilig, sie führt an unzähligen Hotelanlagen vorbei. Hikkaduwa war noch vor 30 Jahren ein verschlafenes Nest, das dann von Backpackern und Hippies aus der ganzen Welt entdeckt wurde. Heute kommen uns wenige Kilometer vor der Stadt Mädchen in Bikinis entgegen. Ein ungewohnter Anblick in einem Land, wo die Menschen sonst bekleidet ins Wasser gehen oder sich bekleidet am Brunnen waschen. Hier herrscht eben der ganz normale touristische Wahnsinn, der sich kaum von Badeorten in Spanien oder Bulgarien unterscheidet. Herzukommen ist auch nicht viel beschwerlicher, nur der Flug dauert ein wenig länger. Der Tsunami wird hier in nur einem Jahr eine entsetzliche Zerstörung anrichten und den schwersten Eisenbahnunfall der Geschichte verursachen. An Hikkaduwa fahren wir einfach vorbei, je schneller, desto besser. Die Zeit vergeht wie im Flug, schon rollen wir durch die „Old Town" von Galle, eine von den Holländern errichtete Festung, die Weltkulturerbe ist. Schon vor der Kolonialisierung war Galle ein bedeutender Seehafen, hier trieben Perser, Araber, Griechen, Römer, Malaien und Inder Handel. Nachdem die Portugiesen im Jahr 1640 kapitulierten, machten die Niederländer Galle zum Sitz des Gouverneurs der Niederländischen Ostindienkompanie und damit zur Hauptstadt von Niederländisch-Ceylon. Die ideale Lage auf einer Halbinsel lud zum Bau einer Festung ein. Die Briten, die das Land 1796 von den Niederländern übernahmen, nutzten das Bollwerk als örtliches Verwaltungszentrum, aber den Seehafen legten sie in Colombo an, wodurch Galle seine herausragende Bedeutung verlor.
Galle lebt heute hauptsächlich von Tagestouristen, die auf der „Rampart", der dicken Befestigungsmauer, spazieren gehen, den Ausblick auf die See genießen und gegen Abend wieder verschwinden. Dementsprechend ist die Auswahl an Unterkünften groß. Nach einer Weile haben wir das richtige gefunden: direkt an der Mauer, mit Aussicht auf das Meer. Eine kleine Kochnische gibt es auch. Beim Kartoffelschälen auf der Terrasse beobachten wir die Spaziergänger auf der Mauer, sie sind auf der gleichen Höhe wie wir in der ersten Etage. Am Sonntag, wenn die einheimischen Ausflügler kommen, wird es besonders interessant. In Galle gehen wir zum Strand und zum Leuchtturm, laufen auf der Mauer herum oder schauen einfach den heiligen Kühen zu, die überall herumlaufen. Anika hat auf jeden Fall immer ihr neues rotes Kleid an.

Von hier wollen wir weiter nach Mirissa, das soll vorerst unsere letzte Etappe sein. Der Verkehr ist heute recht stark, auf der breiten Straße sind viele Busse unterwegs, die wie üblich rasen. Im Gegensatz zur Ostküste sind auch viele Privat-Pkw unterwegs, meist teure, neuwertige japanische Fabrikate, manchmal auch ein glänzender Mercedes. Wir fahren ziemlich schnell, ich kann seit Langem mal wieder auf dem großen Kettenblatt fahren. Nach zehn Kilometern höre ich quietschende Reifen eines überholenden Autos und sehe noch, wie es ein abbiegendes Motorrad rammt. Das Motorrad prallt gegen einen Mast, der Fahrer landet daneben, steht aber gleich wieder auf. Ich bin sprachlos und steige erst einmal ab. Katja wartet einige hundert Meter vor uns.
Innerhalb von Sekunden versammelt sich eine Menschenmenge an der Unfallstelle. Das Motorrad ist in der Mitte geknickt, die Felgen sind verbogen. Glück gehabt, denke ich, sonst ist nichts passiert. Doch! Die Mitfahrerin ist gegen eine Mauer geschleudert worden und liegt bewusstlos am Boden. Ich kann hier nicht helfen. Mit zitternden Beinen steige ich wieder aufs Fahrrad und sehe noch, wie der Motorradfahrer mit der bewusstlosen Frau auf dem Arm in das Auto steigt, das den Unfall verursacht hat. Der Fahrer wendet und fährt mit aufheulendem Motor zurück in Richtung Galle. Mir wird erst später klar, wie es zu dem Unfall gekommen ist: Der Motorradfahrer hat uns überholt, um dann quer über die Straße in eine Einfahrt einzubiegen. Direkt

danach überholte uns ein Auto. Wahrscheinlich war der Fahrer so neugierig, dass er nicht auf die Straße, sondern links auf unsere Karawane schaute und nicht bemerkte, dass der Motorradfahrer dabei war, rechts abzubiegen. Er erwischte das Motorrad an der Seite, die Maschine flog an einen Mast, der Fahrer landete daneben und die Frau an der Mauer. Vor meinen Augen sehe ich wieder die Szene vor dem Zugfenster. Warum werden wir in so kurzer Zeit Zeugen zweier solcher Unfälle? Soll mir das zeigen, wie kurz das Leben sein kann und dass es sich nicht lohnt, sich über Nichtigkeiten aufzuregen?

Katja
Das war ein großer Schock. Die Strecke war sowieso schon sehr unruhig und der Verkehr stark. Der Reiseführer hatte das angekündigt und zur Vorsicht gemahnt, hier würden viele Unfälle passieren. Ich hätte nicht gedacht, dass wir zu einem Auslöser werden könnten! Immer haben die Autofahrer einen großen Bogen um uns gemacht oder sind besonders langsam und neugierig vorbeigefahren. So auch hier: Sie fuhren an mir vorbei und kurz danach flog das Motorrad durch die Luft. Das ging so rasend schnell. Die Frau hatte keine Chance, sie wurde voll gegen die Mauer geschleudert. Ich bin fassungslos!

Mirissa, der Wahnsinn

Kurz vor Mirissa rasten wir in Weligama und essen in einem winzigen Hotel Reis und Curry in der üblichen Schärfe, die wir aber gar nicht mehr als scharf empfinden. Ein älterer Mann erzählt uns, er wäre einmal in Deutschland gewesen, und übersetzt unsere Bestellung. Dann will er uns zu sich nach Hause einladen. So langsam rückt er damit raus, was er vorhat. Er sei Edelsteinschleifer und wir sollen einen Brief für ihn nach Deutschland mitnehmen. Etwas später will er uns ein paar Steine verkaufen, die wir in Malaysia weiterverkaufen könnten. Nein danke, damit kennen wir uns zu wenig aus. Zumindest beim Essen lässt er uns in Ruhe, rückt aber nicht von unserer Seite, ist sehr aufdringlich und unangenehm. Wir sollen unbedingt mitkommen! Er lässt sich nicht abschütteln und akzeptiert kein Nein. Erst als wir sagen, dass wir wiederkommen werden - nach dem Einkaufen -, lässt er uns abfahren. Wir decken uns mit Gemüse ein und fahren dann heimlich in die andere Richtung davon.
In Mirissa ist das erste Guesthouse, das wir aufsuchen, voll. Das zweite auch, das dritte auch, das vierte ... Nichts ist frei. Zudem sind die Preise doppelt so hoch wie im Reiseführer verzeichnet und fünfmal so hoch wie an der Ostküste. Andere Reisende haben uns von einem ruhigen Ort erzählt, wo es kaum Touristen gebe. Das war allerdings vor Weihnachten. Zur Jahreswende ist der Tourismus explodiert. Nach einer Stunde Suchen bleibt nur ein Hotel für 1.800 Rupien übrig. Es liegt zwischen dem Strand und der

Hauptstraße. Das Personal hilft uns immerhin, die Taschen hochzutragen. So richtig anfreunden kann ich mich mit der Situation nicht.
Auf dem Weg zum Strand am anderen Ende der Bucht fragen wir weiter nach Übernachtungsmöglichkeiten. Keine Chance, alles belegt. Doch dann, fast am Ende der Bucht, ein Lichtblick: In der „Moon Bay" wird ab morgen eine geräumige Hütte für 1.500 Rupien frei. Das ist viel Geld, aber das Frühstück ist inklusive. Ein paar Schritte weiter treffen wir eine Schweizerin, die wir aus Arugam Bay kennen. Sie hat mit ihrem Sohn und Freunden bei Thomas gewohnt. Nach acht Monaten in Südindien spricht der siebenjährige Lukas sehr gut Englisch. Morgen reisen sie ab, auch ihre Hütte wird also frei.
Wieder im Hotel, wird gerade das dritte Bett auf unser Zimmer gebracht. „Warum bleibt ihr nur eine Nacht?", fragt der Angestellte. „Der Hotelmanager wollte keine Preisreduktion geben", antworte ich. Im Gegenteil, normal hätte das Zimmer 1.500 Rupien gekostet, weil wir zwei Kinder dabei haben, kostet es aber 1.800 Rupien. Überall sonst in Sri Lanka haben wir nur für das Zimmer gezahlt, einheimische Reisende ziehen manchmal mit acht Personen in ein Doppelzimmer ein und es stört niemanden. Der Angestellte drückt auf die Tränendrüse und bettelt um Trinkgeld, er habe ein kleines Baby und verdiene nur 2.000 Rupien im Monat. Meine Erklärung, dass ich gar keinen Job habe und in diesem Jahr kein Geld bekomme, versteht er nicht. Er habe kein Auto und müsse mit dem Fahrrad zur Arbeit fahren! Was soll ich dazu sagen? Sicher sind wir für seine Verhältnisse reich, sonst hätten wir dieses Zimmer nicht bezahlen und auch diese Reise nicht machen können. Aber in Sri Lanka hält wirklich fast jeder die Hand auf. Wenn wir jedem etwas geben würden, der uns um Geld bittet, wäre unsere Reise schon längst zu Ende.
Im Hotelzimmer kochen wir Rote Bete mit Kartoffeln und genießen den Luxus, ohne Moskitonetze zu schlafen und morgens beim Duschen aufs Meer zu schauen. Das türkisfarbene Blau ist sogar bei einer Sitzung auf dem Klo präsent. Der Architekt hat ein Fenster direkt vor der Toilettenschüssel platziert! Am Morgen sind unsere Sachen schnell gepackt, mein Vorderrad hat allerdings wieder einen Platten. Etwas Luft aufpumpen wird schon für die kurze Strecke reichen, denke ich.

Der Manager von „Moon Bay" will heute statt der vereinbarten 1.500 Rupien doch lieber 1.800 Rupien haben. Der Grund sind: die Kinder. Er rechnet uns vor, wie viel ein Frühstück kostet. Na ja, meine Rechnung sieht etwas anders aus. Ein Brot kostet 15 Rupien und Marmelade kostet 80, aber die reicht für eine Woche. Er will sich nicht auf den vereinbarten Preis einlassen, doch dann macht er ein Zugeständnis: Wenn wir jeden Abend bei ihm essen, dann geht das klar. Das empfinde ich als Erpressung. Er prahlt sogar damit, dass er die drei deutschen Frauen, die uns gestern die Hütte gezeigt

haben, rausschmeißen werde, weil sie zu wenig konsumiert hätten. Das ist mehr als unverschämt. Gut, dass wir noch nicht abgeladen haben. Die drei Deutschen wissen noch nichts von ihrem unfreiwilligen Auszug. Der Manager sei ziemlich unfreundlich zu ihnen gewesen, vor allem, nachdem sie mit Freunden im Nachbarrestaurant gegessen hätten. Der Besitzer des Nachbarrestaurants war aber auch nicht netter: Er hat ihnen mehr als 300 Rupien für Reis und Curry abgenommen. In einem einheimischen Restaurant kostet so ein Essen 70 Rupien.
Mirissa ist plötzlich „in": Es hat sich herumgesprochen, dass der Krieg zu Ende ist, viele wollen wieder nach Sri Lanka reisen. Das nutzen die Einheimischen schamlos aus. Negative Dinge sprechen sich allerdings genauso schnell herum, das kann ganz schnell das Ende für Mirissas Tourismus bedeuten. Uns bleibt nichts anderes übrig, als weiter nach Matara zu fahren. Mirissa ist kein guter Ort, hier regiert die Gier.

Einige Kilometer weiter sehe ich Schilder, die auf Unterkünfte hinweisen. Katja fährt weit voraus und hört meine Rufe nicht. An einer Abbiegung hole ich sie ein. Auf gut Glück biegen wir in den schmalen Pfad ein, der sich dort, wo Katja angehalten hat, zwischen grünen Dschungelgärten und versteckten Häusern hindurch bis zu einigen Bungalows in einer langgezogenen Bucht am Strand windet. Die Angestellten zeigen uns einen: Er ist sehr groß, der Schlafraum ist mit einer Bastmatte vom Wohnraum abgetrennt und liegt auf einer Empore. Das ist ja purer Luxus! Nicht nur die Größe, sondern auch die Ausstattung ist für das, was wir bis jetzt gesehen haben, ungewöhnlich. Das Bett steht auf einem Betonsockel, die Sitzecke ist mit Polstermöbeln ausgestattet. Auch sehr ungewöhnlich sind die vielen Lampen mit Schirmen und die vielen Steckdosen. Blanke Glühlampen sind sonst Standard und funktionierende Steckdosen eine Seltenheit.
1.800 Rupien sind eine Menge Geld, doch nach den Bretterbuden in Mirissa ist das gerechtfertigt, denn der Strand ist traumhaft und die Häuser sind toll. Die einsame Bucht mit weißem, sauberem Sand, über den sich Palmen neigen, wirkt wie aus einem Reiseprospekt. Das wäre ein schöner Ort, um die letzten Tage auf der Insel zu verbringen, da sind wir uns einig. Der Angestellte bietet uns an, in einen kleineren Bungalow zu ziehen und morgen für 1.500 Rupien den größeren zu nehmen. Selbst die kleinere Hütte ist, verglichen mit dem, was wir sonst hatten, riesig. Nachdem wir alle Taschen von den Fahrrädern genommen haben, kommt der Angestellte noch einmal und bietet uns zum selben Preis das „Luxusapartment" für eine Nacht an. Dieser Bungalow sei wirklich zu klein für uns, meint er. Der gute Mann weiß nicht, wie klein unsere bisherigen Unterkünfte waren!
Das Apartment ist traumhaft. Wir genießen den Platz und die Sitzmöglichkeiten. Die Kinder finden zwei kleine Hocker, die sie gleich für sich be-

anspruchen. Auch die Küche ist klasse, wir können all unsere Utensilien einfach abstellen, ohne dass sie uns wie sonst im Weg stehen, weil wir sie entlang der Wände ausbreiten müssen. Die Wände sind hier rund, der Dachstuhl aus roten Holzbalken spannt sich wie ein Regenschirm über uns auf. Die Zwischenräume füllen rote Holzplatten. Draußen wartet eine sonnengeschützte Sitzecke mit Rattan-Möbeln auf den Fünf-Uhr-Tee. Wir fühlen uns seit Langem wieder zu Hause. Hätten wir nicht das schlechte Erlebnis in Mirissa gehabt, wären wir sicher nicht auf die Idee gekommen, hierzubleiben.

Der Strand ist ebenfalls sehr schön, mit feinem Sand und beschattet von Palmen und Büschen. Links und rechts liegen große Felsen im Wasser. In einer Wasserlache finden wir eine Seeschlange. Die Wellen sind zum Baden allerdings zu groß, das war in Mirissa anders. Doch das macht nichts, das hier ist ein Ort der Entspannung, die wir sehr nötig haben. Unser Umgang miteinander war nicht immer leicht in letzter Zeit, Spannungen und Streitereien häuften sich, ich habe immer öfter die Kinder angebrüllt und sie haben entsprechend reagiert – mit noch „schlimmerem" Verhalten. Reisen ist eben nicht Urlaub und der Stress bringt uns oft an die Grenzen der Belastbarkeit. Die schockierenden Unfälle in den letzten Wochen haben uns auch nicht gerade entspannter gemacht. Aber jetzt machen wir Urlaub: Urlaub von der Reise. Im nahe gelegenen Dorf gibt es alles, was wir brauchen. Wir essen trotzdem lieber abends im Restaurant, um uns nicht von Anfang an unbeliebt zu machen. Schließlich wollen wir morgen den anderen Bungalow bekommen.

Nachdem die anderen Gäste ausgezogen sind, wird gründlich saubergemacht. Das kennen wir gar nicht: Es wird sogar gewischt! Unsere neue Unterkunft ist viel einfacher ausgestattet und farbloser. Die Sitzecke ist betoniert und grau gestrichen, aber die Abtrennung zum Schlafbereich besteht aus schönem, dunklem Palmholz. Anders als im Luxusapartment gibt es einen Esstisch. Wir haben genug Platz, um uns so richtig schön auszubreiten, das Bedürfnis nach einem Zuhause ist hier ziemlich erfüllt. Aus dem Fenster schauen wir auf Palmen und das Meer, eine kühle Brise weht herein, die Kinder spielen draußen einträchtig mit Kokosnussschalen und den geschnitzten bunten Holzelefanten aus Kandy. Mehr brauchen wir nicht.
Wir können endlich in Ruhe lesen oder im Reisetagebuch schreiben. In Arugam Bay ist mir ein Buch über Anti-Erziehung von Ekkehard von Braunmühl in die Hände gefallen: „Zeit für Kinder". Das war genau der richtige Zeitpunkt, um meine eigenen Einstellungen zu überprüfen. Oft beobachte ich neidisch, wie gehorsam die einheimischen Kinder sind: Sie zappeln nicht beim Essen, sie stören die Erwachsenen nicht, wenn sie sich unterhalten, und hören auf sie. Dabei vergesse ich natürlich, dass dieses Verhalten manchmal auch mit dem Rohrstock erzeugt wird. Meine Kinder sollen keine Angst vor mir haben. Aber können sie sich frei und nach ihren Bedürfnissen entfalten, so wie ich selbst immer nach Freiheit strebe? Beim Lesen mir wird bewusst, dass ich Anika und Titus oft so haben will, wie es für mich passt. Und je mehr ich über sie bestimme, desto stärker wird ihr Widerstand, sie werden trotzig und machen genau das Gegenteil von dem, was ich von ihnen will. Erst jetzt wird mir bewusst, dass ich die Spannungen, den Ärger und die vielen Streits durch mein eigenes Verhalten erzeuge. Im Nachhinein sind dieses Buch und die Anregungen, die es mir gibt, der eigentliche Wendepunkt, den unsere Familie auf dieser Reise erlebt.

E-Mail an Zuhause

Liebe Freunde und Familie,
in wenigen Tagen werden wir Sri Lanka verlassen. Das bedeutet, dass auch die Reise bald vorbei sein wird. Nein, nicht ganz, aber die restlichen Wochen werden wir mit der Nacharbeit verbringen. Mehrere hundert Seiten Text sind zu lesen, 8.000 digitale Fotos durchzuschauen, mehrere Stunden Tonaufzeichnung auf CDs zu übertragen und an die Zukunft zu denken. Noch genießen wir in einer einsamen Bucht die Sonne und das Meer. Wir haben hier ein großes Haus gefunden, in dem genügend Platz ist. Es gibt sogar eine Kochnische, so dass wir nicht mehr heimlich kochen müssen. Das ist hier in Sri Lanka ein echtes Problem. Mietet man ein Zimmer, wird im Allgemeinen erwartet, dass man auch Frühstück und Abendessen bestellt. Das ist meistens um ein Vielfaches teurer als irgendwo draußen in einem Restaurant für Einheimische. Zudem ist es auch noch sehr lasch gewürzt, für Touristen eben.

Einmal mussten wir sogar wegen Selbstkochens ausziehen!

Von den vier Ländern, die wir bereist haben, hat Sri Lanka wohl den stärksten Eindruck hinterlassen. Die Menschen sind offen, manchmal zu offen. Sie kennen den Begriff Privatsphäre kaum. Es ist schwierig, sich abzugrenzen, ohne unfreundlich zu wirken. Aber nach dem fünfzigsten Mal am Tag „Hello, where are you going?" trete ich nur noch in die Pedale und schaue nicht links und nicht rechts. Die Freundlichkeit ist jedoch unübertroffen.

Hinter uns liegen drei Monate unterschiedlicher Erlebnisse. Die Begegnung mit dem Chaos auf den Straßen in Colombo war anstrengend. Kräftig in die Pedale treten, klingeln und mit den Bussen und Tuktuks mithalten, bis einem durch die schwarzen Wolken der Abgase die Puste ausgeht. Eine Fahrt mit einem klapperigen Zug aus der Kolonialzeit nach Anuradhapura war ein Ausflug in die Anfänge der Bahngeschichte. Und was den Begriff Stadt angeht, mussten wir auch umdenken. Ansammlung von vielen Häusern wäre der bessere Begriff. Ein Supermarkt war absoluter Luxus. Umso mehr überrascht waren wir, als wir alles, was wir zum Leben benötigten, in den kleinen Lädchen bekamen. Alles, aber eben nicht mehr. Dabei mussten wir fast immer dort, wo weiße Touristen auftauchen, darum kämpfen, dass uns nicht der mehrfache Preis abgenommen wurde.

Die altertümlichen Städte zeigten uns, wie viel Geschichte die Insel erlebte. Dann erlebten wir, was Regenzeit heißt. Das „bisschen" Regen aus Malaysia und Thailand wurde haushoch übertroffen. Es regnete tagelang fast ununterbrochen. Alles war nass und muffig, die Sättel, Taschen usw. Alles, was feucht blieb und nicht trocken zu bekommen war, schimmelte.

Die Ostküste stand im Zeichen des Stacheldrahts. Der Weg dahin: 70 Kilometer mit vielen Militärposten und die letzten 30 Kilometer mit Stacheldraht und Wachtürmen. Die Dörfer an der Ostküste waren nicht anders. In jedem Dorf ein Militärcamp, vermint und mit Stacheldraht geschützt. In den ehemaligen Badeorten gab es nur Ruinen. Was der Krieg nicht zerstört hat, plünderten die Menschen aus. Unterkünfte waren rar, denn die ehemaligen „Rest"-Häuser sind jetzt Militärcamps. So erlebten wir die tamilische Küche in einem Homestay in Kalkudah, sonntägliche Geschäfte der Einheimischen in einem Resthouse in Batticaloa, das Leben in einem christlichen Mädchenwohnheim in Kalmunei, den Alltag im muslimischen Pottuvil und dann einen Urlaub in Arugam Bay, wo Johnson, ein Einheimischer, Titus das Surfen beibringen wollte.

Diese Küste bleibt uns besonders in Erinnerung. Es waren viele Kilometer durch wenig besiedelte Gebiete, wunderschöne Lagunen, Reisfelder, grüne Hügel, wo Elefanten ihren Dung hinterlassen haben, viele, viele bunte Vögel, löchrige Straßen, überladene Busse, staunende Menschen, die Touristen höchstens hinter Glasscheiben gesehen haben, Fieber und dann Arugam Bay, wo eine Handvoll Weiße kiffend den Winter überbrückt.

Hier waren wir auf dem Fahrrad genau richtig, denn hier ist das Rad das

wichtigste Transportmittel. Die einfachen Drahtesel werden manchmal so beladen, dass es ein Wunder ist, dass sie nicht zusammenbrechen. Das Militär prägte die Ostküste. Jedes Dorf war ein Militärcamp. Nicht nur die Regierungstruppen waren präsent, auch die „Tamil Tigers" auf eine versteckte Art. Während wir im Waisenhaus übernachtet haben, wurden zwei Mädchen mit geschorenen Haaren von der Polizei gebracht. Sie sollten von den „Tamil Tigers" zu Soldatinnen gemacht werden. Zum Glück konnten sie fliehen.
Da ist noch die Erinnerung an wilde Elefanten auf dem Weg nach Monaragama und an unsere Erschöpfung und die letzte Kraft in den Pedalen. Dort waren wir wieder im „reichen" Sri Lanka. Von Badulla nahmen wir den Zug durch das Teehochland und blieben in Kandy länger als gedacht. Das kühle Klima, aber auch die Lage machen Kandy sehr angenehm. Hier verbrachten wir Silvester und im Elefantenwaisenhaus feierten wir Anikas Geburtstag. Noch bleiben wir einige Tage in dieser wunderschönen Bucht, um danach den Zug zurück nach Colombo zu nehmen.

Liebe Grüße
Titus, Anika, Katja und Waldemar

Abschied von Sri Lanka

Zum Abschied von unserem Luxusapartment bekommen die Kinder kleine Tröten geschenkt, die sie natürlich von da an ununterbrochen benutzen. Laut pfeifend erreichen wir die Hauptstraße und rollen weiter in den Süden der Insel nach Matara. Es sind nur wenige Kilometer, aber nach noch nicht einmal 300 Metern ist ein Reifen an Anikas Anhänger platt: Ein Dorn hat sich durch den Reifen gebohrt. Der Schlauch ist schnell gewechselt, denn dafür muss ich das Rad nicht ausbauen. Titus hilft mit, er möchte den Reifen aufpumpen.
In einem kleinen Laden wollen wir noch Wasser kaufen. Der Ladenbesitzer kommt uns entgegen und fragt nach unseren Wünschen. Ich gebe ihm 120 Rupien für vier Flaschen Wasser, doch er möchte uns unbedingt noch zum Tee einladen. Wir bleiben gern noch ein wenig und er erzählt, dass er das Wasser selbst inzwischen für 29 Rupien einkauft. Da er es aber immer für 30 Rupien verkauft hat, tut er es eben weiterhin. Lieber macht er weniger Profit und hat zufriedene Kunden. Die Verständigung in Englisch ist schwierig, ich muss oft nachfragen, was er meint. Auch uns versteht er nur schlecht und denkt, dass wir von Matara wieder zurückkommen und bei ihm zum Lunch vorbeikommen könnten. „Unbedingt!" Von Matara werden wir mit dem Zug nach Colombo fahren, aber wie sollen wir ihm das verständlich machen? Schließlich klappt es und wir versprechen ihm vorbeizukommen, wenn wir das nächste Mal in Sri Lanka sind. „Dann könnt ihr bei mir wohnen, umsonst!" So viel Freundlichkeit von einem Menschen, den man eben

kennengelernt hat, ist in Deutschland undenkbar. Und wenn doch, dann stimmt etwas nicht. Dieser Mann meint es wirklich ehrlich mit uns, im Gegensatz zu so vielen anderen, die mit den Touristen nur Profit machen wollen. Schade, dass wir weiter müssen. Menschen wie diesen Ladenbesitzer werden wir vermissen. In keinem der Länder, die wir auf unserer Reise besucht haben, hatten wir so viele Kontakte mit Einheimischen. Wir tauschen Adressen aus, er möchte uns unbedingt schreiben.

Matara ist sehr geschäftig, das im Reiseführer beschriebene Resthouse finden wir hinter dem Busbahnhof am Strand. Unsere Zimmernachbarn empfehlen uns ein kleines Restaurant, das auch im Lonely Planet steht und wie erwartet ziemlich westlich ist. Wir nehmen lieber eines der schummrigen „Hotels", wo der Boden mit Servietten aus Zeitungspapier bedeckt ist. Dort, wo die Einheimischen essen, schmeckt es sowieso am besten.
Dann entdeckt Katja einen Laden, wo es Kleidung gibt – Markensachen, die bei uns das Vielfache kosten! Mit Schrecken beobachte ich, wie die Kleiderberge wachsen. Schließlich tragen wir viele Plastiktaschen für umgerechnet nicht einmal 40 Euro. Einige Hosen, T-Shirts und Kleider sind für uns, der Rest ist für den Flohmarkt in Deutschland. Bevor wir den Tag beenden, bekommen wir noch Besuch: Ein junger Singhalese, mit dem wir einige Worte am Bahnhof sprachen, kommt zum „Englisch lernen". Er war noch nie an der Ostküste und fragt, ob die Tamilen wirklich so dreckig wären und viel Alkohol trinken würden. Das hat er im Fernsehen gesehen und in der Schule gelernt. Bei solcher Propaganda ist es kein Wunder, dass es keinen Frieden unter den beiden Volksgruppen gibt.

Der nächste Morgen beginnt schwierig. Der Bahnangestellte weiß nicht, wie er die Anhänger und das Gepäck berechnen soll, er holt seinen Chef und sie diskutieren lange. Der Chef will, dass wir das Gepäck abbauen und es extra berechnen: Pro 50 kg Gepäck sollen wir 90 Rupien zahlen, das wären also für die ganze Strecke 180 Rupien plus Steuern. Außerdem habe ich gar keine Lust, das ganze Gepäck von den Fahrrädern abzubauen: Das wären acht Taschen, zwei Säcke, zwei Rucksäcke, zwei Kinderrucksäcke, eine Rückentrage und der Kleinkram aus den beiden Anhängern. Das alles sollen wir jetzt einzeln in den Zug bugsieren? Ich zeige ihm die Gepäckquittung aus Kandy, aus der klar hervorgeht, dass wir die Fahrräder mit Gepäck eingecheckt haben. „Nein, das war ein Fehler, dies ist die korrekte Vorschrift!", er zeigt mir ein dickes Buch, das ich natürlich nicht lesen kann. Mit ärgerlicher Stimme gebe ich ihm zu verstehen, dass meines Erachtens überall in Sri Lanka von Touristen mehr Geld verlangt werde. Da protestieren die beiden: Das gelte nur für die Regierung!
Mit einem Taxi für 3.500 Rupien könnten wir bis zur nächsten Station fahren

und dort unser Glück versuchen, aber dafür ist es zu spät, der Zug fährt bald ab. Also legen wir unser Gepäck auf die Waage. Es wiegt genau 50 kg. Vielleicht sogar ein wenig mehr, aber der ältere Angestellte sieht die Sache nicht ganz so eng wie sein junger Vorgesetzter. Dann sollen auch die Anhänger auf die Waage. Warum? Sie gelten hier als Gepäck. Titus' Anhänger wiegt 13 kg, Anikas wiegt 20 kg. Das ist also billiger, als wenn sie als Fahrräder mitgehen. Verstehen muss ich das nicht, oder?
Der Vorgesetzte entschuldigt sich wortreich, das seien eben die Vorschriften. Offenbar haben die Bahnangestellten in Colombo, in Badulla und Kandy die Anhänger entgegen der Vorschrift als Fahrräder deklariert, was ich aus dem Gefühl heraus auch tun würde. Nur beim zweiten Mal in Colombo kamen sie auf die Idee, noch mehr verdienen zu können. Im Grunde wusste wahrscheinlich nie jemand etwas Genaueres und ich bin sicher, dass Fahrräder mit Anhängern und Gepäck gar nicht in den Vorschriften erwähnt werden, weil das schlichtweg niemand kennt. Das ist hier alles Auslegungssache. Nun sind wir schon so lange unterwegs, aber mein europäisches Denken kann ich schwer ablegen und falle immer wieder darauf rein: Es gibt hier eben nicht die eine Wahrheit.
Das alles geht mir durch den Kopf, als wir schon im Abteil sitzen. Plötzlich geht ein starker Ruck durch die Waggons und rüttelt mich aus den Gedanken. Der Zug fährt los, aber da stehen doch noch die Fahrräder auf dem Bahnsteig, die wir nicht selbst verladen durften!? Schreck lass nach, was passiert jetzt? Ich springe ans Fenster und sehe die Räder an uns vorbeiziehen. Was kann ich tun? Die Notbremse ziehen? Doch der Schock dauert nicht lange – der Zug wechselt nur das Gleis, damit das Einladen und Einsteigen leichter wird. Uff!

Colombo ist laut und dreckig, genauso wie vor drei Monaten. Schon kurz nach Sonnenaufgang liegt die Stadt unter einer Dunstglocke. Es sieht auch nicht besser aus, als wir zwei Stunden später über die Galle Road in Richtung Innenstadt fahren. Diese Straße ist wirklich anstrengend. Hier ist es heißer als anderswo und unsere Lungen weigern sich, die schwere, von Abgasen beißende Luft zu veratmen. Augen und Nase sind schnell mit Dreck vollgestopft. Doch es geht schnell, wir kennen uns ja aus. Katja will in den „Laksala Shop", dem staatlichen Laden für Handwerkskunst. Hier kann man Handwerksarbeiten aus ganz Sri Lanka kaufen: alles, was wir unterwegs nicht mitnehmen konnten. Nur fehlt mir die Stimmung dazu, denn erstens habe ich keine Puste mehr, als wir hier ankommen, und zweitens ist es etwas anderes, die Dinge auf einem bunten Markt zu sehen als hier in den Regalen eines „Supermarkts". Zwar kann man hier etwas über die Herstellung erfahren und den Künstlern bei der Arbeit zusehen, aber die Handwerker sitzen nur herum und rühren keinen Finger. Es ist eben ein staatlicher Laden.

Der Weg heraus aus der 500.000-Einwohner-Stadt ist nicht leicht zu finden. In dem Straßengewirr finde ich den Weg, der uns vor drei Monaten hierhin führte, nicht mehr. In einem Viertel, wo vorwiegend Hindus leben, halten wir kurz an, um etwas zu essen zu kaufen. Während Katja in den Laden geht, bleibe ich bei den Fahrrädern, mache Fotos und staune über die Menge, die sich schnell um uns herum versammelt. Als die Menschen merken, dass im Anhänger ein Kind sitzt, habe ich keine Chance mehr. Alle versuchen gleichzeitig hineinzuschauen. Je länger sich die Story herumspricht, desto mehr Menschen drängen sich um den Anhänger. Auch Anika beschwert sich, weil manche Leute versuchen, sie anzufassen. Es gelingt mir nicht, sie abzuhalten, es sind einfach zu viele! Hoffentlich kommt Katja bald wieder, damit wir endlich weiterfahren können, schießt es mir durch den Kopf. Da ist sie endlich! Sie kämpft sich zu uns durch. Die Menschenmenge wächst ständig, wie ein Hefeteig, und verklebt unsere Fluchtwege. Um wieder herauszukommen, müssen wir uns durchklingeln und mit den Vorderrädern richtiggehend gegen die Körper der Menschen drücken. Während des Tohuwabohus muss jemand aus Katjas Fahrradkorb ihre Sonnenbrille gestohlen haben. Danach ist sie auf jeden Fall nicht mehr da. Das ist schon die zweite Sonnenbrille. Die sind in Sri Lanka sehr beliebt.

Schade, dass wir in Colombo so weit weg von hier gewohnt haben. Die Gegend sieht interessant aus, auch wenn das Erlebnis gerade etwas anstrengend war. Nach Negombo fragen wir uns einfach durch. Der Verkehr ist zwar nicht stärker als auf der Galle Road, aber es gibt hier viel mehr Lkw, die uns ihre Abgase entgegenblasen. Die Nase ist voll mit Dreck, das Gesicht

klebt. So fahren wir schon fast eine Stunde und haben die Stadt immer noch nicht hinter uns gelassen. An einem indischen Supermarkt frage ich einen Wachmann nach dem Weg am Meer entlang. „Den gibt es nicht.“ Doch, den gibt es, wir sind ja von da gekommen. Ein Kunde kennt den Weg: Nach wenigen hundert Metern sollen wir links abbiegen. Tatsächlich: Bald sind wir an der Brücke, wo der alte Mann vor drei Monaten seinen Ochsen wusch. Die Menschen staunen und rufen uns hinterher, genauso wie vor drei Monaten. Auch sonst hat sich nichts verändert. Der Kanal ist dreckig, überall schwimmt Müll. Erst nach einigen Kilometern wird es ruhiger und etwas sauberer. An den Ufern stehen große Villen.
Irgendwann sind wir am Meer. Es geht jetzt nicht mehr so gut voran, wir sind müde und machen eine Pause in einem Kokospalmenhain am Strand. Jetzt gibt es die irgendwo an einem Straßenrand-Restaurant gekauften „tossai“ mit „dal“, Sesampaste und Chili. Lecker! Die Palmen im Hintergrund geben ein gutes Motiv für ein Gruppenfoto ab. Obwohl wir sehr geschafft sind, geht es schnell. Wir stellen uns an mein Fahrrad und Anikas Anhänger. Die Kamera ruht auf einem Stück Styropor, das im Straßengraben lag, ich springe einige Male zwischen der Kamera und dem Fahrrad hin und her. Erledigt. Auf diese unkomplizierte Art entsteht das Titelfoto dieser Reise.

Nach weit über 40 Kilometern erreichen wir endlich Negombo, das ganz anders wirkt als vor drei Monaten. Die Fischerboote sind größer und motorisiert, die ganze Gegend wirkt reicher als die Südküste. Im „Dephanys“ haben wir per E-Mail reserviert und bekommen sogar das gleiche Zimmer, das wir schon vor drei Monaten hatten. Die Kinder freuen sich sehr darüber. Es fühlt sich ein wenig an, wie nach Hause zu kommen. Der Boden im Badezimmer färbt die Füße immer noch rot, aber an den Fenstern hängen neue Gardinen und auch die Moskitonetze sind neu.
Auch draußen wirkt es ganz anders: Statt der Backpacker sitzen jetzt im Restaurant viele ältere Deutsche, die in Sri Lanka überwintern. Vor meinen Augen habe ich noch die Radler Babsi und Helmut; oder hieß ihr Freund Hans? Nun schaut eine ältere deutsche Dame schief, weil unsere spielenden Kinder ihre Ruhe stören. Ein Mann wundert sich laut darüber, wie lange wir schon unterwegs sind. Das sei ja unglaublich, was wir da machen. Hm! Es gab nicht viele reisende Familien auf unserem Weg, das stimmt. Aber wir haben keine Wüsten durchquert und auch keine Rekorde gebrochen. Es kommt mir ganz normal vor. Am schwierigsten war es, überhaupt die Entscheidung zu treffen, loszufahren, unsere Ängste zu überwinden und das Sicherheitsdenken zu überlisten. In der Diashow von Klaus Schubert und Claudia Metz, die 16 Jahre mit dem Motorrad um die Welt gefahren sind, blieb ein Satz besonders in meinem Gedächtnis hängen und ermutigte mich zu unserer Reise: „einen Termin setzen und es flutscht schon.“ Das

stimmt. Hinterher sieht alles wesentlich einfacher aus. Aber den Termin zu setzen, ist eben das Schwierigste. Aus der Sicht des europäischen Urlaubers ist unsere lange Reise wirklich unglaublich, uns ging es ja vor einiger Zeit auch nicht anders. Jetzt, nach vielen Monaten unterwegs, hat sich einiges an unserer Wahrnehmung verändert. Wir haben die Eile aufgegeben, wir haben gelernt, mit Gegebenheiten anders umzugehen. Auch wenn die europäischen Standards noch im Kopf sind und sie mich so manches Mal zum Verzweifeln bringen, sind sie schon lange nicht mehr das Maß aller Dinge für uns.

Eine schwedische Familie ist gerade angekommen, sie wollen hier zwei Wochen Urlaub machen. Sie sehen gestresst aus und leiden unter der Hitze. Kein Wunder: Da, wo sie herkommen, herrschen –18° Celsius! Gleich am zweiten Tag fahren sie mit dem Taxi nach Colombo und staunen über den Verkehr und den Gestank. Am nächsten Tag wollen sie an die Südküste fahren. Wir empfehlen ihnen den Zug, doch das ist ihnen zu viel, mit dem Taxi sei es bequemer. Ich habe vergessen, dass wir nach neun Monaten unterwegs einiges anders sehen. Wer aus Europa kommt, für den sind 65 Euro für das Taxi nach Mirissa nicht viel. Für uns ist es ein Vermögen und auch nicht notwendig. Es gibt ja eine Alternative: den Zug. Auch ein Zimmer mit Air Condition brauchen wir nicht, die Temperaturen sind für uns normal. Ich frage mich, ob wir je wieder im Stande sein werden, einen Urlaub von zwei bis drei Wochen zu machen?

Am Strand erkennt uns ein Souvenirverkäufer wieder, den wir vor drei Monaten schon getroffen haben. Für eine Maske mit schwarzen Glubschaugen, weißen Zähnen und einer herausgestreckten Zunge will er 700 Rupien haben. Ich biete ihm 200 Rupien, denn ich habe im „Laksala Shop" eine ähnliche Maske für etwas über 300 Rupien gesehen. Solche Schutz- oder Feuergeister hängen manchmal über den Eingangstüren der Häuser. Ich bekomme sie für 250 Rupien, tiefer will er nicht gehen. Das Geschäft macht sowieso ein anderer, er ist nur der Endverkäufer. Worüber ich staune, ist sein Verständnis. Er weiß, dass wir lange unterwegs sind und nicht so viel Geld zur Verfügung haben wie die Dreiwochentouristen.

Der Journalist, der uns vor drei Monaten hier fürs Fernsehen interviewt hat, wollte uns die Videokassette vorbeibringen. Beim ersten Anruf ist Ranjit gerade beschäftigt, am nächsten Tag will er sich nicht auf die Uhrzeit festlegen. Katja nagelt ihn auf 9 Uhr des nächsten Tages fest, er kommt aber nicht. Auch nicht um zwölf Uhr. Beim nächsten Anruf verspricht er, noch heute zu kommen. Wir warten vergebens. Als Katja ihn am Abend vor unserer Abreise noch einmal anruft, erinnert er sich gar nicht mehr an irgendwelche Abmachungen, verspricht aber hoch und heilig, die Kassette auf jeden Fall noch am Abend oder am frühen Morgen zu bringen. Als wir um 3 Uhr

morgens unsere Sachen in den Kleinbus zum Flughafen laden, liegt keine Kassette an der Rezeption. Die werden wir wohl nie sehen, genauso wie die Weihnachtspakete, die uns unsere Eltern nach Colombo geschickt haben. Die Benachrichtigung kam zu spät, die Lebkuchen hat hoffentlich jemand anders gegessen.
Am Flughafen werden wir beim Ausladen der Fahrräder von Moslems umringt, die auf Pilgerfahrt nach Mekka sind. Die Männer sind in Weiß gekleidet, manche sind nur mit einem langen Tuch umwickelt und tragen weiße Käppis. Die Frauen sind komplett verhüllt, auf dem Hinterkopf tragen sie Werbung für ein muslimisches Reisebüro! Unkoordiniert und rücksichtslos drängeln sie sich durch die Sicherheitskontrolle. Wir haben Mühe, uns zwischen ihnen auf den Beinen zu halten. Die Sicherheitskontrolle verdient ihren Namen nicht, das ständige Piepen interessiert niemanden. Die Beamten sind durch die Hadjis, die keine Ordnung kennen, so genervt, dass sie einfach alle durchlassen.

Malaysia

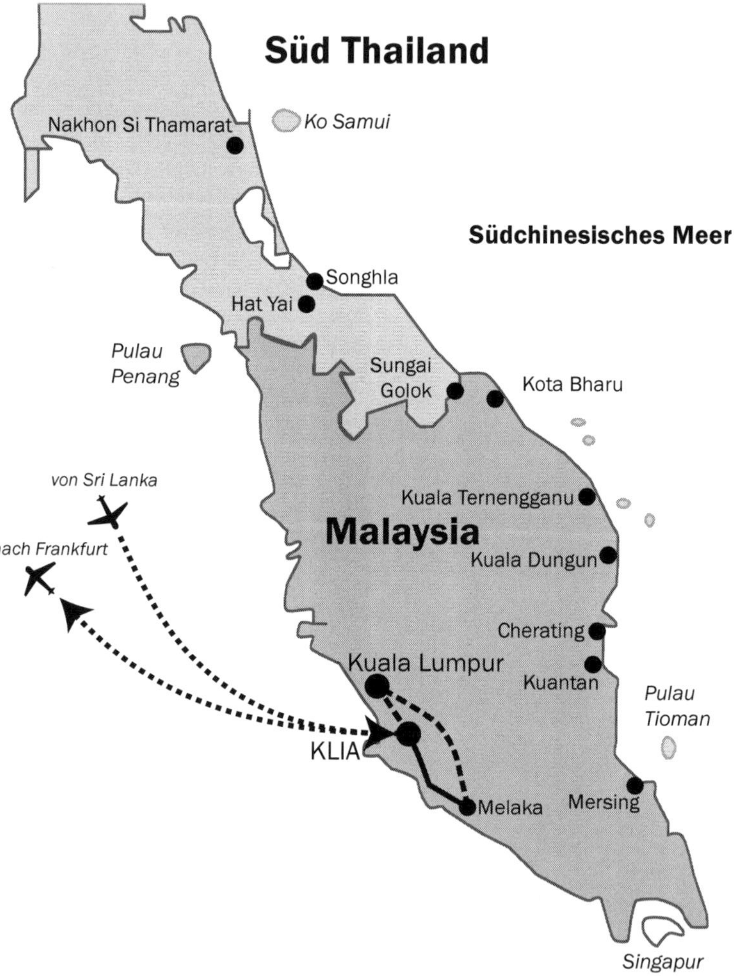

Süd Thailand
Nakhon Si Thamarat
Ko Samui
Südchinesisches Meer
Songhla
Hat Yai
Pulau
Penang
Sungai
Golok
Kota Bharu
von Sri Lanka
Kuala Ternengganu
nach Frankfurt
Malaysia
Kuala Dungun
Cherating
Kuala Lumpur
Kuantan
Pulau
Tioman
KLIA
Melaka
Mersing
Singapur

Das Gleiche noch einmal?

KLIA ist uns inzwischen sehr vertraut. Jetzt sind wir schon das fünfte Mal hier und wissen, wo der Hase langläuft - oder jedenfalls, wo wir mit unserem Hase-Anhänger hinmüssen. Nach dem Chaos im Flughafen von Colombo strahlt dieser hier majestätische Ruhe aus. Er ist so großzügig gebaut, dass sich die Menschenmengen gut verteilen und nirgendwo Unruhe entsteht. Von der Kapazität von 80 Millionen Passagieren pro Jahr werden heute erst 20 Millionen genutzt. Schnell haben wir unser Gepäck auf dem Wagen und holen noch die Fahrräder ab. Auch das Zusammenbauen der Anhänger ist inzwischen Routine. Jeder Griff sitzt und passt. Es geht wesentlich schneller als vor neun Monaten, als wir völlig übermüdet an der gleichen Stelle versuchten, die Teile in richtiger Reihenfolge einzubauen.
Jetzt müssen wir nur noch unsere Schätze aus Sri Lanka in ein Paket packen und nach Deutschland weiterschicken. Wie gerufen, zerlegen vor einem Laden zwei Männer Verpackungen mit der passenden Größe. Am Spielplatz, den wir auch schon vom letzten Mal kennen, lassen wir den Kindern freien Lauf, während wir das Paket packen. Mist - bei der Post können wir heute nichts mehr abschicken. Es ist Samstag, die Post öffnet erst am Montag wieder. Also laden wir das Paket in Titus' Anhänger, Titus muss auf Anikas Schoß Platz nehmen.
Auf der kurzen Fahrt zum „Concord Inn", wo wir schon fast Stammgäste sind, schläft Titus in Anikas Armen ein. Auf Sri Lanka ist schon Nachmittag und wir sind seit zwei Uhr morgens auf den Beinen. Während Katja sich das Zimmer ansieht, schläft Anika auch fast ein. Sie sitzt immer noch im Anhänger mit dem schlafenden Titus im Arm und gähnt. Wir sind froh über den Luxus, duschen mit warmem Wasser und gehen zum Swimmingpool. Danach sehen wir fern und schlemmen uns durchs Abendbuffet. Auch die Matratzen sind anders als bisher, sie sind nämlich weich. Moskitonetze brauchen wir nicht, denn die Klimaanlage lässt sich sehr fein regulieren.

Wir bleiben noch einen zweiten Tag, genießen die Ruhe und kommen langsam an. Zu Sri Lanka sind es nur zwei Stunden Zeitunterschied, trotzdem merken wir es. Wir schlafen einfach länger und gehen auch später schlafen. Unsere Wäsche hängt draußen zwischen den Anhängern. Beim letzten Mal mussten wir die Fahrräder auf dem Parkplatz lassen, diesmal haben wir gar nicht gefragt und sie einfach vor den Eingang unseres Zimmers gestellt. Einige Hotelbedienstete erkennen uns wieder, auch hier ist es wie eine Rückkehr nach Hause. Abends rufen unsere Eltern an und auch sie geben uns das Gefühl, dass wir bald wieder zurück sein werden und alles so sein wird wie vorher.

Endlich ist Montag. Das Paket wiegt genau 20,4 kg. Das heißt, es sind 400 Gramm zu viel. Wir haben das Paket noch nicht zugeklebt und könnten noch etwas herausnehmen, aber der Postangestellte sagt, das sei okay. Also kleben wir es zu und verpacken es mit Papier und Klebeband. Auf die Waage bringt es jetzt 20,6 kg. Das ist definitiv zu viel. Die Frau am Schalter weigert sich, das Paket anzunehmen. Wir argumentieren, dass es für den Kollegen in Ordnung war. „Ja, aber es sind jetzt 200 g mehr!" – „Ja sicher, die Verpackung wiegt auch etwas, das war doch schon vorher klar." Nach einer kurzen, aber heftigen Diskussion der Frau mit ihrem Kollegen können wir das Paket doch aufgeben.
Jetzt aber nichts wie los, es ist schon Mittag und wir haben noch über 60 km vor uns! Aus der Karte geht nicht eindeutig hervor, wo unser Hotel liegt, wir vermuten aber, dass es eine kürzere Strecke gibt als die, die wir letztes Mal gefahren sind. Ein Taxifahrer beschreibt uns den Weg, ein anderer bestätigt die Beschreibung. Doch nach einigen Kilometern wird uns klar: So landen wir auf der Autobahn, da ist der Weg 30 oder 40 Kilometer länger. Wahrscheinlich kennen sie nur diesen Weg, aber einen Fahrradfahrer auf die Autobahn zu schicken ist wirklich ziemlich blöd. In Sri Lanka konnten wir uns auf die Beschreibungen von Tuktuk-Fahrern immer verlassen. Malaysia ist leider schon viel tiefer in der Konsumwelt drin, die Straßen sind besser, die Autos schneller und die Menschen bewegen sich weniger aus eigener Kraft. Katja will gleich wenden und am Flughafen einen Minibus nach Melaka nehmen. Das gefällt mir aber nicht, ich habe es mir so schön vorgestellt, wieder diesen Weg zu radeln und neu zu erleben. Mitten auf der Autobahn reißt auch noch die Außenhülle meines Schaltzugs, in der Feuchtigkeit der Tropen ist er durchgerostet. Beim Schalten auf das große Kettenblatt hat sich die Außenhülle wie eine Ziehharmonika zusammengeschoben, Schalten ist nun unmöglich. Mit einem Gepäckgurt binde ich den Schaltzug an den Flaschenhalter. Ziehe ich den Gurt an, kann ich den Umwerfer auf die größeren Kettenblätter bewegen. Löse ich die Spannung, bewegt sich der Umwerfer wieder zurück. Das funktioniert! Mit meinem Ärger immer noch im Bauch, hole ich Katja ein. Sie ärgert sich über die unnötig gefahrenen Kilometer genauso wie ich und wir streiten.

Da fällt mir auf, dass mein Ehering fehlt. Stopp! Schluss mit dem Streit! Der Ring kann mir nur vom Finger gerutscht sein, als ich das Werkzeug herausgeholt habe. Ich schaue in der Anhängertasche nach. Tatsächlich, da ist er! Ich bin beruhigt. Vom Umkehren hält uns die Leitplanke in der Mitte der Autobahn zurück, aber unter einer Barriere, die zum Wenden für Polizeifahrzeuge gedacht ist, können wir die Fahrräder durchschieben und die Anhänger darüberheben.

Katja
Die Spannungen sind immer noch da. Als wir wieder am Flughafen sind, stellt sich die Frage: Fahren wir mit dem Fahrrad oder mit einem Minibus? Es ist schon spät und in meiner Erinnerung ist die Strecke schattenlos und hügelig. Zudem wollen wir an einem Tag so viel Strecke schaffen, wie wir vor neun Monaten in zwei Tagen gefahren sind. Waldemar ist sicher, dass wir diesmal besser vorankommen werden, an das Klima sind wir jetzt gewöhnt und wir haben keinen Jetlag, außerdem viel mehr Übung im Radfahren.
Ich sehe das etwas anders. Auf dieser Strecke hatten wir einige prägende Erlebnisse, die mich bremsen. Eines davon ist die Angst vor den Bergen. Schließlich gebe ich nach und wir radeln doch los. Wie ein Wunder rollen die Fahrräder wie von allein. Der Straßenbelag ist glatt wie ein Spiegel, keine Wellen, keine Löcher. Die allerbesten Straßen in Sri Lanka hatten zwar auch keine Löcher, aber eben waren sie trotzdem nicht. Jetzt gleiten wir mit über 20 km/h auf dieser vierspurigen Straße entlang, die uns vor neun Monaten so viel Schweiß gekostet hat. Die Steigungen sind kaum wahrnehmbar.
An markanten Stellen werden Erinnerungen wach: Hier mühten wir uns den „Berg" hinauf. An der Formel-eins-Rennstrecke suchten wir nach einer schattigen Gelegenheit für eine Pause. Hier an dem Verkaufsstand mit Melonen waren wir fast am Ende unserer Kräfte. Am Hindu-Tempel, wo wir damals so herzlich eingeladen wurden, halten wir nur kurz an. Dafür werden es ein paar Minuten mehr an einem verlassenen Verkaufsstand mit vier Stühlen. An dieser Stelle wurde Titus damals wach und fing an zu weinen. Nach nur einer Stunde haben wir die 20 Kilometer bis Sepang geschafft und lassen uns in einem kleinen Restaurant nieder. Anika wiederholt sich und isst wie vor neun Monaten nichts.

Kurz hinter Sepang sollen die gefürchteten „Steigungen" anfangen. In meiner Erinnerung ragt ein steiler Berg auf, der mir die Luft zum Atmen nahm. Kein Fahrtwind konnte die Hitze wegwehen, ich glaubte zu ersticken. Jetzt fahre ich mit gleichmäßigem Tritt den Berg hinauf und muss nicht einmal auf das kleine Kettenblatt umschalten. Die Verzweiflung, die ich damals empfand, als ich hinter dem Sattel das Ende der Steigung vermutete und sah, dass sie dort erst richtig begann, meldet sich mit einem blassen Bild wieder. Mit meiner provisorischen Gurtschaltung komme ich auch diesen Berg hinauf. An der Bushaltestelle machen wir eine nostalgische Pause und erinnern uns, wie geschafft wir damals waren. Anstrengend war es jetzt auch, aber es geht uns nicht mehr an die Substanz.
Meine Erinnerung kommt mit jeder Kurve und jeder Steigung wieder. Ins Gedächtnis brannten sich nur ein paar markante Punkte ein, der Rest war vorsichtshalber ausgeblendet. Vielleicht ist es auch besser so, denn es waren unangenehme Erlebnisse. Die Straße geht über langgezogene Steigun-

gen zwischen Palmenplantagen weiter. Wir fahren bergauf und bergab, bis wir den nächsten Erinnerungspunkt erreichen: ein altes Haus, an dem wir in der Hitze gewartet und uns gestritten haben, weil wir völlig überfordert waren. Jetzt steht ein modernes Bushäuschen daneben. Einen Kilometer weiter hatte ich den ersten Platten dieser Reise. An einem chinesischen Schrottplatz liefen Katja Hunde hinterher. Daran kann ich mich gar nicht erinnern. Stück für Stück erreichen wir Port Dickson. Die gefürchtete Etappe liegt hinter uns und hat ihren Schrecken verloren. Damals waren wir untrainiert und der Kultur- und der Klimaschock saßen uns im Nacken: Das erste Mal außerhalb Europas, das erste Mal in den Tropen, all das machte uns sehr unsicher. Heute haben wir mehrere tausend Fahrradkilometer in den Beinen und Asien ist uns ans Herz gewachsen. Es sind die Erfahrungen, die uns prägen. Kommen neue dazu, sieht vieles völlig anders aus. An den Grenzen, die sich uns in den Weg gestellt haben, sind wir gewachsen.
In einem chinesischen Fahrradladen will ich meinen gebrochenen Schaltzug reparieren lassen. Mein Wunsch wird zwar schnell erfasst, löst aber heftige Diskussionen aus. Die Angestellten verstehe ich kaum, der Akzent der Menschen in Sri Lanka war einfacher zu verstehen und ihr Englisch war besser. Bekomme ich nun die Außenhülle oder nicht? Ersatzteile gibt es genügend, sogar im Mülleimer sehe ich eine gebrauchte Schaltzughülle, die meinen Ansprüchen völlig genügen würde. Als ich gerade überlege, den Mülleimer durchzuwühlen, fragt man mich, ob ich den Zug selbst zurechtschneiden könne. Aber sicher! Für einen Ringgit nehme ich den Zug mit und wickele ihn mir um den Lenker. Woher kam diese Unsicherheit? Vielleicht fürchteten sie, einem Europäer oder besser: dem Standard meines Fahrrads nicht zu genügen?

Überall auf unserer Reise wundern sich die Menschen, dass ich unsere Fahrräder selbst repariere. Schon beim Anblick der europäischen Räder lehnen es viele ab, nach Ersatzteilen zu suchen. So muss ich immer selbst das Benötigte finden. Nur in Kota Bharu traf ich einen begeisterten Händler, der von dem Trets-Anhänger so angetan war, dass er gemeinsam mit mir nach einer Lösung für die gebrochene Weberkupplung suchte. Mir war klar, dass ich keine passende Halterung finden würde, um die Kupplung direkt an der Achse zu befestigen. Kein Problem, wir fuhren in seinem Geländewagen zu einem befreundeten Metallbauer, der gerade an einem selbst gebauten Cross-Auto schraubte. Er ließ alles fallen und stellte in einer halben Stunde aus einem Eisenprofil eine fast perfekte Nachbildung der Originalhalterung her. Die war zwar sehr schnell angerostet, hat aber die Reise locker überdauert und ist noch heute im Einsatz!

Salina, die Berlinerin mit dem Surfshop, ist gerade nicht da, aber ihr Mann erkennt uns sofort und freut sich, uns wiederzusehen. Auch die Kinder erkennen den Platz wieder. Sie erinnern sich an den Seeadler, der hier ins Wasser gefallen war und in einem Käfig trocknete und auch an die erste frische Kokosnuss, die sie direkt vom Baum gepflückt bekamen. Sie buddeln gut gelaunt im Sand und zeigen uns kleine Fische, die nebenan gerade geangelt wurden.
Am nächsten Morgen fahren wir zum Strand. Er ist immer noch dreckig, das Wasser auch. Nach der Ostküste Malaysias und den Stränden Sri Lankas sind wir da inzwischen etwas verwöhnt. Hier an der Westküste leiten die großen Städte ihre Abwässer ins Meer und die Hafennähe macht sich auch bemerkbar. Zudem ist die Meeresenge zwischen der malaiischen Halbinsel und der Insel Sumatra, die an der engsten Stelle nur 2,8 Kilometer breit ist, die meistbefahrene Wasserstraße der Welt. Täglich passieren 2.000 Schiffe die Straße von Melaka auf dem Weg vom Indischen Ozean in das Südchinesische Meer. Die meisten sind riesige Tanker, die das Öl aus der arabischen Welt bringen oder Container aus China und Japan nach Europa fahren.

Am Nachmittag fahren wir wieder zu Salina. Sie hat Magenprobleme und kommt gerade vom Arzt. Das Leben in Malaysia scheint für eine Europäerin nicht einfach zu sein. Um ein Dauer-Aufenthaltsvisum zu bekommen, durfte sie fünf Jahre lang nicht aus Malaysia ausreisen. Im September war es endlich soweit und Salina konnte mit ihrem Mann für einen Monat in ihre Heimatstadt Berlin fahren. Ein Urlaub war es nicht, denn nach so vielen Jahren wollte sie alle ihre Freunde besuchen und auch amtliche Angelegenheiten standen auf dem Plan. Salina scheint immer angespannt zu sein und immer zu arbeiten, sie beklagt sich über die Unzuverlässigkeit der Malaien und ihren Fahrstil. Wir unterhalten uns lange und erzählen von unseren Erlebnissen. Zum Bürgerkrieg auf Sri Lanka hat Salina eine eigene Geschichte: Ein tamilischer Freund, der in Deutschland lebte, ging während des Krieges zurück nach Sri Lanka. Die Kontrollen waren damals so stark, dass er immer auf der Hut sein musste, wenn er von West nach Ost oder umgekehrt reiste. Ihm durfte kein tamilisches Wort aus dem Mund schlüpfen, das konnte seinen Tod bedeuten. Der Druck war so groß, dass er nach einigen Jahren einen tödlichen Gehirntumor bekam.
Die Zeit vergeht schnell, Salina und ihr Mann haben noch eine Verabredung, die zu platzen droht, weil sie sich nicht von uns trennen kann. Sie hat sicher nicht viele Gelegenheiten, sich auf Deutsch zu unterhalten. Bevor wir wirklich gehen, schenkt sie Katja noch eine Sonnenbrille aus ihrem Surfshop, als Ersatz für die in Colombo gestohlene. Dafür sollen wir ihr schreiben, wie Düsseldorf uns begrüßt hat. In der Fremde wird der Begriff Freunde ganz anders definiert. Durch die gemeinsame Sprache und die Kultur rückt

man wesentlich näher zusammen. Manche dieser Begegnungen würden in Deutschland erst gar nicht entstehen. Auch Anika definiert Freundschaft inzwischen so: Sie meint, alle Kinder, mit denen sie spielt, sind ihre Freunde.

Wie vor neun Monaten fahren wir auch heute wieder vorbei an riesigen Luxushotels und Resorts, bei denen ich mir nicht vorstellen kann, dass sie je gefüllt werden können. Bei „Taman Anika", einem Park, machen wir wie vor neun Monaten ein Foto. Ich bin gespannt, wie wir uns verändert haben, wenn wir die beiden Aufnahmen vergleichen. Immer wieder tauchen Erinnerungen auf: Hier haben wir Bananen und Waschpulver gekauft, hier eine Pause eingelegt und da nach dem Weg gefragt. Die ständigen Steigungen auf der Strecke hatte ich vergessen. Nachdem wir endlich von der Hauptstraße abgebogen sind, wird es ruhiger und schöne Kampung-Häuser dominieren. Nirgendwo sonst in Südostasien haben wir so gepflegte Holzhäuser auf Stelzen gesehen.
Die Entfernung ist größer als in meiner Erinnerung, der Weg zieht sich. In Bidara, unserer Zwischenstation auf dem Weg nach Melaka, fahren wir direkt zur „Bidara Beach Lodge" und bekommen unser altes Zimmer. Das ist gleich geblieben, aber die Kinder der Gastgeber haben sich verändert: Das Baby kann inzwischen laufen und Titus lässt sich von dem gleichaltrigen Jungen nichts mehr gefallen. Anika und Titus finden im Garten Spielzeugautos und sind beschäftigt, also können wir in Ruhe duschen, Zeitung lesen und entspannen - nachdem ich eine riesige Spinne aus dem Badezimmer gescheucht habe. Vor neun Monaten waren wir vom Fahrradfahren so fertig, dass wir von Bidara fast nichts mitbekommen haben. Heute geht es uns gut! In dem kleinen Strandrestaurant von damals essen wir „roti canai" und warten den kurzen, aber heftigen Regen ab. Hier haben wir vor neun Monaten unsere ersten „roti" probiert. Der Strand sieht noch schlimmer aus, als wir in Erinnerung hatten: überall Glasscherben und Müll, nur die großen runden Felsen im Wasser sehen malerisch aus. Eigentlich wäre das hier ein sehr schöner Platz. Die Menschen in Sri Lanka hatten - noch - nicht so viel Geld, um so viel Wohlstandsplastikmüll zu erzeugen. Die Strände sahen dort wesentlich sauberer aus.

Zu Hause bei Freunden

Melaka ist nicht mehr weit, wir sehen die ersten Trishaws. Einige schauen erstaunt herüber, ein anderer Trishaw-Fahrer winkt uns lächelnd. Vielleicht hat er uns erkannt? Es kommt uns vor, als würden wir nach Hause zurückkehren. Noch einige Male abbiegen, da ist das chinesische Viertel. Jetzt klingeln wir noch kräftig, und schon stehen wir im „Sama Sama" bei Gabi und Soon. Hier hat sich hier einiges verändert: Der Enthusiasmus der beiden hat wohl etwas nachgelassen, es gibt kein Frühstück mehr und die Küche sieht

unaufgeräumt aus. An der Wand hängt noch der Kalender vom Mai 2003, dem Monat, wo wir hier waren. Gabi sagt, sie wären oft bis tief in die Nacht wach und könnten deshalb morgens kein Frühstück anbieten.
Trotzdem hat das Haus immer noch eine Menge guter Atmosphäre. Im Hof hängen jetzt noch mehr Mobiles, die Soon aus Abfällen gebastelt hat, und es ist sehr grün. Die Kinder nehmen sofort die Hängematten in Beschlag; das geht nicht ohne Streit, obwohl es drei davon gibt. Biko, der Kater, ist ziemlich groß geworden und lässt sich nicht mehr so einfach tragen wie vor einigen Monaten. Anika versucht es trotzdem und bekommt ein Fauchen als Antwort. Die Gäste ähneln denen vor neun Monaten: Hannah, eine ältere Australierin, muss einige Monate pro Jahr Australien verlassen, um Geld zu sparen. Sicher sucht sie auch Gesellschaft und Unterhaltung. Don, ein asiatischer Kanadier, reiste von Osteuropa über die Türkei und Indien hierher und bleibt noch einige Zeit. John, ebenfalls Australier, hat ein Jahr in Thailand gearbeitet und bleibt hier einen Monat, um am Computer zu arbeiten. Der Ort eignet sich gut dafür, es ist ruhig; außer, wenn unsere Kinder wach sind. Auch ich nutze die Zeit zum Schreiben und zum Ordnen der Fotos auf der Festplatte. Die vielen Eindrücke sollen irgendwann zu einem Buch verarbeitet werden, aus den Fotos und Tonaufnahmen soll eine Dia-Show entstehen. Die meisten Dia-Filme warten bereits entwickelt zu Hause. Die nagenden Gedanken, was aus unserer Zukunft in Deutschland werden soll, vertagen wir erst einmal. An so einem Ort gibt es keine Krisen, hier kann es einem nur gut gehen!

Katja
Ankha, Alex und Marcus, die mongolisch-australische Familie, die wir aus Penang kennen, finden wir im billigsten Guesthouse der Stadt. Ankha freut sich so sehr, uns zu sehen, dass sie ganz schnell redet und wir sie kaum verstehen können. Marcus dreht ebenfalls durch und tobt mit unseren Kindern laut und wild herum. Wir treffen uns noch einige Male. Im Park an der „Istana", einem nachgebauten Sultanspalast aus Holz, können die Kinder unbeschwert miteinander spielen. Die drei werden Malaysia im August oder September verlassen, wenn der „Winter" in Australien vorbei ist.
Alex hat wieder einen Tipp für uns: Er hat ein Einkaufszentrum entdeckt, wo er abgelaufene Produkte für wenig Geld bekommt. Am nächsten Morgen fahren wir mit. Das Einkaufszentrum ist sehr groß und die Hausmarkenprodukte sind wirklich günstiger als anderswo. Alex hat aber Pech, der Manager ist nicht da, der ihm die abgelaufenen Waren versprochen hat. Dafür gibt er uns den Tipp, wo es am Sonntag kostenlose Kekse gibt und wo man die Zeit billig verbringen kann. Alex' Leben besteht aus Spartricks und Sonderangeboten. Das ist bestimmt notwendig, um lange Zeit mit wenig Geld zu überleben, aber sicher auch sehr anstrengend. Alex wird bald sechzig, er ist eine Menge gereist. Sein Gesicht ist eingefallen, als würde er in ständiger Sorge um seine Existenz leben. Dabei kauft er ständig Sachen für Marcus. „Wenn wir weiterfahren, lassen wir es hier und kaufen später etwas neues." Sich selbst gönnt Alex nur wenig, aber vielleicht fühlt er sich verpflichtet, Marcus ein besseres Leben zu bieten?
Ankha, die viel jünger ist als Alex, macht sich über seine Art zu leben manchmal etwas lustig. Ich kann mir vorstellen, dass sie mehr vom Leben erwartet als Sonderangebote. Sie will einen Platz zum Leben finden, wo Marcus Gleichaltrige treffen kann. Das fehlt ihm sehr und sicher würde es auch ihr und Alex gut tun. Erwachsene brauchen Zeit für sich und das ist bei ihnen etwas schwierig. Sie sind immer zu dritt, immer auf engstem Raum. Alex erzählt, dass sie sich in einer billigen Gegend von Australien niederlassen könnten, doch überzeugt wirkt er davon nicht. Ich kann mir nicht vorstellen, dass ein Mensch, der so lange unterwegs war, plötzlich sesshaft wird.

Das Leben in Melaka wird ein wenig zur Routine, genauso wie das Reisen auch. Das ist nicht unbedingt negativ, es gibt uns ein wenig Bodenständigkeit. Wir sind eher mit den Dingen des täglichen Lebens beschäftigt als mit touristischen Sehenswürdigkeiten. Manchmal steht Katja vor uns auf und fährt zum Einkaufen. Wenn sie wieder da ist, sind wir auch wach. Die Küche nutzt niemand außer uns, Gabi und Soon holen sich ihr Essen aus den umliegenden Restaurants. Melaka öffnet sich uns nun von einer anderen Seite. Arbeiten, Entspannen, Dinge in Ordnung bringen, Kochen, mit den Kindern ins Schwimmbad oder auf den Spielplatz gehen. Der Tag ist fast immer

durch Titus' Mittagsschlaf geteilt, dann lesen oder schreiben wir oder lassen die Zeit einfach in einer Hängematte verstreichen.
In Melaka ist ständig etwas los. Nichtsahnend geraten wir in eine Begrüßungsfeier des Malaiischen VW-Käfer-Clubs. Diese Autos sind zwar recht selten, aber äußerst beliebt. Einige Teilnehmer sind von hier nach China gefahren. Die Fahrer, alles Übersee-Chinesen, wollen eine symbolische Verbindung in ihre Heimat schlagen. Nach mehreren Wochen sind sie nun zurück und werden auf einem großen Platz von Freunden und Familien empfangen. Wir werden einfach in die Gruppenfotos einbezogen und bekommen zum Schluss eine große Tüte Proviant.

Mit den Kindern erkunde ich das aufgeschüttete Land am Meer. In den Achtzigern erlebte Melaka während des Wirtschaftsbooms einen enormen Aufschwung, Bauland wurde knapp. Am Meer schüttete man Millionen von Kubikmetern Erde und Bauabfälle auf, um neues Gelände zu erschaffen. Einiges davon wurde mit hochmodernen Hochhäusern bebaut. Danach kam die Krise: Das restliche Land liegt bis heute brach und sieht eher wie ein Schuttplatz aus. Das chinesische Viertel liegt seitdem nicht mehr am Meer.
In der ehemaligen Jonker Street, die heute Jalan Hang Jebat heißt, findet jeden Samstag ein Nachtmarkt statt. Heute sind viel mehr Stände als sonst da, vielleicht, weil das chinesische Neujahr erst zehn Tage zurückliegt. Als wir hier ankamen, wurde gerade der achte Tag gefeiert. Er ähnelt dem Erntedankfest bei uns: In den Häusern stehen Gabentische mit Früchten und anderen Lebensmitteln; Geschenke an die Götter des Universums. Ein Altar, der immer auf dem Boden steht, ist Mutter Erde gewidmet, ein anderer ist mit Götterfiguren bestückt, die diese Familie braucht. Oft stehen auch Fotos und Andenken der Ahnen darauf.
Die Chinesen feiern überhaupt viel und gern. Manchmal schleichen wir uns abends aus dem Zimmer, wenn die Kinder schon schlafen, um unbeschwert durch die Straßen zu flanieren. Einmal bringen wir Schlangen aus Holz mit, die Gelenke haben und sehr echt wirken. Die legen wir in das Moskitonetz der Kinder. Die Überraschung am nächsten Morgen ist groß: „Wo kommen die her?"

Am Sonntag gehen wir zum „Cheng Hoong Teng“-Tempel in der Verlängerung der Jalan Tukan Besi, wo auch unser Guesthouse liegt. Dieser Tempel ist einer der ältesten Melakas und vereint Taoismus, Konfuzianismus und Buddhismus. Auch viele schamanische Züge sind in diesem Glauben verankert. Die Atmosphäre ist locker und angenehm, es herrscht chaotische Geschäftigkeit. Die Menschen laufen durcheinander, zünden Räucherstäbchen an, bringen Opfergaben dar oder verbrennen Papier. Den Kindern gefällt es hier so gut, dass sie sich wie die Chinesen vor den Altären verbeugen. Der sonntägliche Gang zum Tempel wird in den nächsten fünf Wochen fortgesetzt. Anika und Titus bestehen darauf.
Schlendert man ganz in der Frühe über die Jalan Hang Kasturi, kann man tote Ferkel auf dem Pflaster entdecken. Sie werden gerade frisch geliefert und können am nächsten Tag im Restaurant verzehrt werden. Die meisten Restaurants sind nach vorn offen. Man kann zuschauen, wie das Essen zubereitet wird. In den Wok auf den Gasflammen werden, je nach Wunsch, nacheinander verschiedene Zutaten hineingeworfen. Es riecht nach Knoblauch und Soja-Soße. Jede Portion wird einzeln zubereitet. In der Mittagszeit, wenn viele Kunden da sind, geht es ganz schnell. Ist der Andrang vorbei, werden die Utensilien auf der Straße über den Abflussgräben abgewaschen. Die Kanalisation ist in den Nebenstraßen jeweils nur an den Hauseingängen überdeckt. Ratten gehen nachts hier auf Futtersuche, einmal habe ich sogar einen metergroßen Waran darin gesehen!
Unser Lieblingsessen bleibt aber indisch. In einem „Banana-Leaf-Restaurant“ sind wir fast Dauergäste. Wir trinken aber auch gern „teh tarik“ und essen „roti“ in einem schummrigen kleinen Lokal. Danach fahren wir wie alle Rad- und Mopedfahrer in Melaka gegen die Einbahnstraßenrichtung in der

Dunkelheit nach Hause. Nur haben wir im Gegensatz zu den anderen Licht. Wenn es zu heiß wird und der allabendliche Regen ausbleibt, kühlen wir uns manchmal im Einkaufzentrum an der Jalan Merdeka ab, wo kühle 22°C herrschen. An einem Sonntag endet hier eine Etappe der „Tour de Langkawi", einem jährlich stattfindenden Radrennen. Am nächsten Tag sind nicht nur die Radprofis, sondern auch wir in zwei Zeitungen und auf der Polizeihomepage zu sehen. Nein, nicht wegen Störung des Rennens: Der Polizeifotograf wollte sich „so viel Exotik" nicht entgehen lassen.

Die Abreise naht. Soon organisiert für uns einen Geländewagen, der uns nach Kuala Lumpur bringen soll. Katja und Gabi trennen sich unter Tränen, sie haben viel miteinander unternommen. Die Fahrt ist traurig, wir wissen, dass es die letzten Tage unserer Reise sind. Ein ganzes Jahr ist so schnell vorübergegangen!

Katja
Das ist für mich der schwerste Abschied von allen. Ich hatte mich so wahnsinnig gefreut, wieder zurück nach Melaka zu kommen. Hier habe ich am Anfang der Reise meinen Geburtstag gefeiert und in Gabi eine Freundin gefunden. In den letzten Wochen haben wir viel Zeit miteinander verbracht, haben Probleme gewälzt und zusammen gelacht. Ich hoffe sehr, dass wir in Kontakt bleiben werden, weiß allerdings auch, dass sie keine große Schreiberin ist und so etwas eher schleifen lässt. Ich will nicht gehen! Lange liegen wir uns in den Armen, aber es nützt nichts, das Auto wartet. Wir müssen los.

Der Van zum Flughafen ist diesmal völlig intakt, alles klappt problemlos, keine Abenteuer mehr. Es ist wie in Deutschland. Auch der Flug verläuft ruhig und ist im Gegensatz zu unserem Hinflug alles andere als aufregend. Niemand fragt uns etwas, niemand will wissen, was wir vorhaben. Warum auch, wir sehen aus wie die übrigen Passagiere. Niemand sieht, was hinter uns liegt: zehn Monate, die uns und unser Leben verändert haben. Der Abreisetermin war ja immer da, aber irgendwie auch immer in der Ferne. Noch vor einigen Tagen konnte ich mir überhaupt nicht vorstellen, dass wir bald zurück nach Deutschland fliegen werden. Was soll ich dort? Meinetwegen könnte es so weitergehen wie bei Alex und Ankha ...
Merkwürdig, ich habe gar nicht das Gefühl, nach Hause zurückzukehren. Ein voller Mond schaut während der letzten Stunde des Fluges durch das Fenster und begleitet uns als stummer Zeuge. Es ist der letzte Vollmond dieser Reise. Beim Aussteigen vergesse ich Titus' Schlaffell im Flugzeug, das ihn so viele Monate begleitet hat. Mit haushoch beladenen Gepäckwagen rollen wir durch die Zollkontrolle. Dahinter warten Katjas Eltern mit einem Herz aus Pappe: „Herzlich willkommen", steht darauf. Freunde haben unsere Rückfahrt organisiert. Draußen, kaum zu glauben, liegt noch Schnee.

Kulturschock Deutschland

Zurückkehren ist schwerer als Wegfahren

Seit zwei Wochen sind wir wieder zu Hause in Düsseldorf. Im Vergleich zu den Tropen ist es hier eisig kalt, obwohl die Temperaturen um die 10° Celsius liegen. Wir trauen uns kaum nach draußen, erledigen nur das Nötigste und verbringen die meiste Zeit in der Wohnung bei voll aufgedrehter Heizung. Hier drin herrschen fast tropische Temperaturen!

Bis jetzt hatten wir kaum Gelegenheit, über unsere Reise zu berichten. All die Erfahrungen sind gespeichert und wollen mitgeteilt werden, aber außer unseren Freunden Marion und Thomas, die ein Jahr zuvor selbst ein Jahr lang durch die Welt gereist sind, finden wir nur wenige interessierte Zuhörer. Unsere Familien sind vor allem froh, dass wir wieder da sind, das Erlebte steht für sie nicht im Vordergrund. Die Kinder und Eltern in Anikas Kinderladen begegnen uns, als wären wir nie weg gewesen.

Ich kann das verstehen, für die Hiergebliebenen läuft der Alltag einfach weiter, nur für uns hat sich alles geändert. Trotzdem fühlen wir uns ein wenig unwillkommen und einsam. Auf der Straße reden die Menschen nicht miteinander, sie schauen mit starren Gesichtern vor sich hin, jeder in eine andere Richtung. Ihre Blicke begegnen sich nur selten, gelächelt wird so gut wie nie. Alles ist grau, die Bäume sind noch kahl, die einzigen Farben stammen von Reklamen. Mir kommt die Atmosphäre „da draußen" ebenso eisig vor wie das Wetter. Am liebsten würde ich direkt ins Flugzeug steigen und nach Asien zurückkehren.

Die Kinder nehmen die Umstellung leichter als wir. So wie für Titus jeder Platz, wo er sein Fell zum Schlafen auslegte, „zu Hause" war, ist das hier für ihn nur eine weitere Station. Anika wird gleich am zweiten Tag nach der Rückkehr bei ihrer Freundin Kaya zum Geburtstag eingeladen. Sie hat mit den anderen Mädchen kaum Berührungspunkte, ihre Spiele sind ihr fremd und schließlich beschäftigt sie sich allein mit einem Kindercomputer. „Daran muss ich mich erstmal wieder gewöhnen", sagt sie und meint ihre alten-neuen Freunde.

Titus ignoriert die anderen Kinder komplett und genießt den Überfluss an Spielzeug. Das war auf der Reise ja ziemlich limitiert. Zu Hause räumen die beiden erst mal alles heraus, was sie finden. Gespielt wird damit aber nicht und danach sind sie mit dem Einräumen total überfordert. Als ich alles in Plastiksäcke packe, ist Anika erleichtert. Mit den wenigen Dingen, die noch übrig sind, spielen beide Kinder jetzt ausdauernd. Ich habe aber nicht den Eindruck, dass sie in Asien etwas davon vermisst haben.

Inzwischen sind fast alle unsere Kartons ausgepackt, die im Kinderzimmer auf uns gewartet haben. Das meiste brauchen wir gar nicht, es belastet uns nur und macht Arbeit. Der allgegenwärtige Konsum stößt uns bitter auf. Reduziert auf vier Taschen pro Fahrrad, hatten wir genug zum Leben, ich habe nichts vermisst – manchmal sogar im Gegenteil gedacht, dass auch das wenige schon zu viel war. Nach diesem Jahr kann ich nur noch schwer verstehen, dass die Menschen immer mehr und mehr kaufen müssen. Wozu? Um die innere Leere auszugleichen?
Die Reise ist vorbei, etwas Neues ist noch nicht in Sicht. Das Loch, das ich in mir fühle, will ich aber nicht mit sinnlosem Konsum stopfen. Vielleicht ist unsere Reise für die anderen wirklich nichts Außergewöhnliches, für uns aber ist sie es. Ich fühle mich hier unwohl und fremd und hoffe nur, dass nicht alles kaputt geht, noch bevor es zu keimen beginnt.

Vier Wochen später

Mein Job ist weg, mein Arbeitsplatz existiert nicht mehr. Der Geschäftsführer schwärmte von unserer Reise und hatte viele Fragen, aber dann übergab er mir die Kündigung. Ich bin erleichtert, denn die Vorstellung, hier wieder zu arbeiten, bereitete mir schon seit Tagen Bauchschmerzen. Ich habe keine Lust mehr, in die Tiefe der Bedienungsanleitungen für Klebstoffauftragsmaschinen einzusteigen. Als ich im Auto sitze, bin ich glücklich, arbeitslos zu sein. Ich bekomme noch vier Monate lang mein Gehalt und bin freigestellt. Auch eine Abfindung erwartet mich noch. Das kommt wie gerufen, um die Reise zu verarbeiten.
Der Weg für Neues ist offen. Wir sind nicht mehr bereit, in die alten Strukturen unseres Lebens zurückzukehren. Die Zukunft ist ungewiss, aber wir haben die Gewissheit, dass es weitergehen wird. Ich bin jetzt erst einmal zu Hause, Katja arbeitet zwei Tage in der Woche in einem Internetreisebüro. Gar nicht so einfach, dieser Haushalt, den Katja fast sechs Jahre lang gemanagt hat: tagtäglich Anika in den Kinderladen bringen und abholen, für Titus sorgen, einkaufen und kochen ...
Vor der Reise hatte ich von den Kindern nicht viel mitbekommen. Wenn ich morgens aus dem Haus ging, schliefen sie noch. Gegen fünf kam ich nach Hause, habe ein wenig mit ihnen gespielt oder herumgetobt, dann gab es Abendessen, Vorlesezeit und einen Gute-Nacht-Kuss. Dabei habe ich immer darauf geachtet, keine Überstunden zu machen wie manche Kollegen, die ihre Kinder nur am Wochenende oder im Urlaub gesehen haben. Erst auf der Reise habe ich gelernt, was es heißt, mit Kindern zu leben: ihre Bedürfnisse zu erkennen, Windeln zu wechseln, Essen zuzubereiten und alles andere, was dazu gehört. Jetzt habe ich die Gelegenheit, hier den Alltag zu erleben und verstehe etwas besser, wie Katja sich in den letzten Jahren gefühlt hat.

Es ist seltsam: Ich habe das Gefühl, dass ich nichts Sinnvolles tue, dabei ist mein Tag mit den Kindern, dem Haushalt und der Aufbereitung unserer Erlebnisse sehr ausgefüllt. Irgendwo sitzt da der Glaubenssatz fest, dass nur bezahlte Arbeit zählt. Schon meine Elternzeit wurde nicht nur von meinem Vorgesetzten, sondern auch von manchen Kollegen als ein Übel betrachtet. So etwas sei schädlich für die Karriere! Dabei hätten manche gern mit mir getauscht und mehr Zeit mit ihren Kindern verbracht. Die Angst, den Job zu verlieren, war stärker. Doch was bringt ein Job, zu dem man sich täglich hinquält, damit man sich ein großes neues Auto leisten und den Kredit fürs Eigenheim abbezahlen kann? Was nützt es, wenn ich dann mit 50 Jahren an einem Herzinfarkt sterbe? Habe ich dann wirklich das gelebt, was ich wollte?

Neun Monate später – Anikas und Titus' Weg

Auf unserer Reise haben wir unser Leben jeden Tag selbständig gestaltet, auch Anika. Zu Hause fiel es ihr anfangs schwer, jeden Tag in den Kinderladen zu gehen. Die vielen Kinder und der neue, fremdbestimmte Alltag waren ihr an manchen Tagen zu viel. Sie sagte dann einfach im Kinderladen Bescheid, dass sie morgen nicht kommen werde. Selbstbestimmt wuchs sie langsam in die neuen Strukturen hinein. Im August hatte das ein Ende: Die Schule begann.

Anika hatte sich so sehr darauf gefreut, sie wollte „richtig" Lesen und Schreiben lernen (obwohl sie ja schon seit Jahren Buchstaben erkennen und schreiben konnte). Mit der Einschulung erlebte sie ihre erste Enttäuschung: Sie sollte lange an einem Tisch sitzen und abwechselnd Rechnen und Schreiben üben. Das hatte sie sich anders vorgestellt. Auf der Reise hat sie überall etwas Neues mitbekommen, ganz von selbst Englisch gelernt und viel über andere Kulturen erfahren. Ihre ersten Worte schrieb sie mit Spaß und Begeisterung in den Sand. Jetzt soll sie vor einem Heft sitzen und „Raupe malt" schreiben. Da weigert sie sich: „Raupen können doch gar nicht malen!" Anika war so unglücklich, dass sie morgens sagte: „Mama, ich will nicht aufstehen und zur Schule gehen!" Das wollten wir ihr nicht bis zum Schulabschluss antun. Die Idee der Freien Alternativschule erwachte wieder. Auf der Reise hatten wir Bücher von Olivier Keller („Denn mein Leben ist Lernen") und Ekkehard von Braunmühl („Zeit für Kinder") gelesen, die uns total begeisterten und meine Sichtweise auf Pädagogik und auf das Zusammenleben mit meinen Kindern fundamental veränderten. Vieles, was Keller über unbeschulte Kinder berichtet, hatten wir auf der Reise bei Anika beobachten können. Homeschooling ist keine wirkliche Alternative für uns, denn wir denken, dass Kinder andere Kinder brauchen, um voneinander lernen zu können. Im Rheinland gibt es schon ein paar freie Schulen, aber die Fahrerei! Und umziehen? Nein, wenn schon umziehen, dann richtig und nicht nur 40 km im Umkreis. In Leipzig, wo wir in den Herbstferien Freunde besuchten, hörten wir von einer Freien Schule, wo die Kinder selbst wählen, was sie lernen wollen. Spontan fuhren wir hin. Das sollte eine Schule sein? Keine Spur von Klassenräumen, wie wir sie kannten, auch keine Spur von Schulbänken oder Tafeln, dafür sahen wir ein selbstgebaute Hochebene und eine Kuschelecke. Anikas Augen leuchteten seit Langem wieder: „Hier will ich zur Schule gehen!", strahlte sie. Ein Jahr nach unserer Rückkehr zogen wir nach Leipzig. Wir hatten immer noch das Gefühl, auf Reisen zu sein, denn in Düsseldorf waren wir nie angekommen.
Titus war das Reisen mit den täglichen Umstellungen so gewohnt, dass er die unruhige Situation im Kinderladen in Düsseldorf klaglos ertrug – wegen Umbauarbeiten wurden die Kinder jeden Tag mit dem Bus in einen „Urlaubskindergarten" gebracht. Erst in Leipzig, in einem Freien Kindergarten, ging es ihm sichtlich gut. Mittlerweile geht er zusammen mit seiner großen Schwester auf die Freie Schule in Leipzig.

Katjas Weg

Es war nicht leicht mit dem Wiederankommen. All die Jahre war ich mit meinen Kindern allein zu Hause gewesen und hatte den Alltag gemanagt. Auf der Reise war es anders: Es gab keine festen Räumlichkeiten mit festgelegten Strukturen, keine alltägliche Routinen ... Na ja, so ganz stimmt das nicht, auch

beim Reisen sind wir immer routinierter geworden. Nur ist es ein Unterschied, ob man seine Sachen in vier Packtaschen verstaut oder eine 90-Quadratmeter-Wohnung in Ordnung hält.
Man kann nicht einfach für ein Jahr aus seinem Leben aussteigen und dann einfach wieder da einsteigen, wo man aufgehört hat. Ich wollte nach der Reise gern weiter mit Reisen zu tun haben und so fragte ich bei einem Internetreisebüro, für das ich schon während der Elternzeit von zu Hause gearbeitet hatte, nach einem Job. Sie waren mittlerweile in ein großes Büro gezogen und ich konnte dort zwei Tage pro Woche arbeiten. Ich und ein Bürojob? Das war ja nun so gar nicht meine Welt. Es ging auch nicht lange gut. Nach all der Freiheit und Offenheit an einer Hotline zu sitzen und Buchungen einzupflegen, das war einfach nichts für mich. So ging ich nach ein paar Monaten wieder.
Das hatte aber auch zur Folge, dass ich nun mit Waldemar gemeinsam zu Hause war! Es kam des Öfteren zu Reibereien, da wir uns erst einmal aneinander in unseren neuen Rollen gewöhnen mussten. Es war eine Zeit des Umbruchs – auf nahezu allen Ebenen.

Die Überlegung, ob wir nach Leipzig ziehen sollen, hat uns lange beschäftigt. Es war ein Abwägen: Was haben wir jetzt, was wird uns dort erwarten? Nun, wir haben es getan und haben es bis heute nicht bereut! Es war die richtige Entscheidung, das alte Leben abzulegen und an einem neuen Ort noch mal neu zu starten. Wir kannten nur wenige Menschen in Leipzig, mussten neue Kontakte knüpfen und sehen, wie das Leben im „wilden Osten" funktioniert. In unserer Wohnung in einer relativ ruhigen Ecke Leipzigs hat jeder ein eigenes Zimmer mit Kachelofen. Im großen Garten stehen alte Obstbäume, auf denen die Kinder Buden bauen, klettern und Äpfel pflücken können, einfach all das, was Kinder gern tun.
All die Veränderungen hatten auch Auswirkungen auf unsere Beziehung. Es war ein Auf und Ab mit Trennung, Auszug und Wiederannäherung. All das war notwendig, um für uns selbst klarzubekommen, wer wir sind, was wir wollen, wo unser Weg ist, ob wir ihn allein bewältigen und die Verantwortung für unser Leben, unser Überleben tragen können ...
Unsere Ideen, von denen wir in Sri Lanka so begeistert waren, konnten wir nicht so verwirklichen wie gedacht. Die geschnitzten Holzfiguren, die Masken und gebatikten Tücher verkauften sich nur sehr schleppend, die Leute wollten nur wenig dafür bezahlen. Schließlich ließen wir es sein und behielten die restlichen Figuren. Auch die gebatikten „Grauen Frauen" haben wir nicht verkauft, obwohl ich mir so sicher gewesen war! Jetzt schmücken sie unsere eigene Wand und wir sind froh, sie nicht verkauft zu haben.
Beruflich war es eine Zeit massiver Veränderungen: ehrenamtlich im Vorstand der Freien Schule, Projektleitung bei der Neubauplanung der Schulerweiterung, Ausbildung und Gesellenprüfung zur Handweberin und nach zwei

Jahren Ausbildung mittlerweile auch Heilpraktikerin mit eigener Praxis. Ich bin gespannt, was noch kommen wird. Es wird sicherlich noch einige Veränderungen geben, bevor jeder von uns von sich sagen kann: Jetzt bin ich zu Hause angekommen in mir!

Waldemars Weg

Die „geplatzte" Videokassette am Ende unseres Sri-Lanka-Aufenthalts war nicht die einzige negative Erfahrung, die wir mit der Berufsgruppe der Journalisten gemacht haben. Sobald der Job erledigt ist und das Geld in der Tasche klingelt, scheinen alle Versprechungen vergessen zu sein. Oft haben wir uns geärgert, dass Fakten verdreht oder falsch wiedergegeben wurden, versprochene CDs mit Fotos haben wir nie gesehen, auf vereinbarte Interviewtermine vergebens gewartet. Es gibt aber auch positive Beispiele: In Malaysia konnten wir uns auf Meng vom „Star" verlassen, der sogar das Paket mit Anikas geliebter Puppe Nina für uns angenommen hat. Auch auf seinen Kollegen in Penang konnten wir zählen. Vom „Rheinboten" und von der „Libelle" aus Düsseldorf bekamen wir problemlos Belegexemplare von unseren Interviews, „Radio Funkhaus Europa" aus Köln hat ein Interview mit uns gesendet. Das Ergebnis beim Stand unserer Rückkehr: drei Belegexemplare von 13 Möglichkeiten, dürftig!
Unsere Sponsoren waren trotzdem zufrieden und einige Zeit nach unserer Rückkehr kam es doch noch zu einer Flut von Berichten über uns – die Sorgen waren also umsonst gewesen. Einige Firmen wie Ortlieb unterstützen uns immer noch auf unseren Reisen, auch wenn die jetzt eine Nummer kleiner ausfallen. Für andere arbeite ich inzwischen regelmäßig. Nach meiner Kündigung habe ich mich nämlich selbständig gemacht und bin heute darauf spezialisiert, was mir am meisten Spaß macht: auf Fahrräder.

Unseren Sponsoren bin ich nicht nur für die Produkte dankbar, mit denen sie uns unterstützt haben. Sie haben mich auch dazu gebracht, regelmäßig über unsere Reise zu schreiben, mit der Presse zusammenzuarbeiten und Diashows zu machen. Ohne unsere Sponsoren wäre dieses Buch nicht entstanden, wir hätten nicht den „Long Distance Biker"-Award 2006 als erste radelnde Familie auf der „Long Distance Biker Convention" in Köln bekommen und vor allem hätten wir viele andere radreisende Familien nie kennengelernt. Die „Reise-Community" ist klein, besonders im Bereich Familien. Man kennt sich und sieht sich immer irgendwo wieder.
Das gilt leider nicht für die vielen Bekanntschaften und Freundschaften, die wir während unserer Reise geschlossen hatten. Trotz ausgetauschter E-Mail-Adressen und feierlicher Versprechungen sind die Kontakte zu Ankha und Alex oder zu Gabi und Soon aus Melaka eingeschlafen. Von Keron aus Neuseeland und von Dawn, der Krankenschwester aus Afghanistan, haben

wir nie wieder etwas gehört. Die Fotos, die wir unseren Gastgebern im christlichen Mädchenwohnheim nach Kalmunai in Sri Lanka geschickt haben, kamen wieder zurück. Durch den Tsunami, der knapp ein Jahr nach unserem Aufenthalt dort so schrecklich gewütet hat, ist wahrscheinlich viel zerstört worden. Außer von unserem Gastgeber Lionel aus Sigiriya haben wir von niemandem mehr etwas gehört. Wir wissen, dass Victoria aus dem „Simla Inn" die Katastrophe überlebt hat - ihr Mann Thomas, der immer etwas benebelt wirkte und mit dem ich mich gut verstanden habe, jedoch nicht. Der Gedanke, wie viele von diesen gastfreundlichen Menschen in der Flutwelle gestorben sein mögen, lastet noch heute schwer auf uns.

Inzwischen steht die Reise nicht mehr so im Mittelpunkt für uns. Wir versuchen nicht, davon zu leben, wie es so viele andere tun, die wir nach unserer Rückkehr kennengelernt haben. In dieser „Branche" gibt es viel Druck und der Gegenwind ist stark. Anfangs wurden wir von den Profi-Reisenden wie Bruno Baumann, der Wüsten zu Fuß durchquert und versunkene Königreiche wiederentdeckt, belächelt, weil wir auf unserer Reise keine „richtigen" Abenteuer erlebt haben. Will man als Reisender „im Geschäft" bleiben, muss man immer wieder neue Themen entdecken und neue, ungewöhnliche Reiseziele finden. Das ist nicht nur anstrengend und mit Kindern kaum zu verwirklichen, wir wollen es auch nicht.

Reisen und Radfahren macht uns immer noch Spaß, wir sind aber durch unsere Erfahrungen langsamer geworden und nehmen uns mehr Zeit. Wenn wir wegen der Schule der Kinder und eigener beruflicher Projekte nicht so viel Zeit haben, dann reisen wir lieber innerhalb Deutschlands.

Wir haben drei asiatische Länder bereist, die auf den ersten Blick sehr ähnlich sind. In Malaysia fühlten wir uns sehr wohl, da die Menschen dort sehr freundlich, aber nicht zu aufdringlich waren. Die Infrastruktur ist schon relativ westlich, da Malaysia durch seine Ölvorkommen zu relativem Reichtum gekommen ist. Die Versorgung ist daher kein Problem und auch die Verständigung auf Englisch klappt fast problemlos. Gleichzeitig fehlt aber die asiatische „Exotik" nicht: Neben Malaien leben dort auch Chinesen und Inder, die ihre eigenen Kulturen mitgebracht haben. Für Reisen mit Kindern ist Malaysia das angenehmste Land, mit dem wir sehr schöne Erinnerungen verbinden und wo wir viel Freundschaft erlebt haben.

Thailand war zu unserer Überraschung das genaue Gegenteil: zwar sehr interessant, aber die aufdringlichen und die Grenzen unseres Anstandsgefühls überschreitenden Menschen haben es uns und vor allem den Kindern nicht leicht gemacht. Besonders der blonde, kleine Titus hat zeitweise richtig gelitten. Ernsthafte Warnungen, dass wir auf die Kinder aufpassen sollen, haben das Reisen in Thailand nicht entspannter gemacht.

Sri Lanka war das interessanteste Land unserer Reise. Das Radfahren mit

den Kindern war hier sehr anstrengend, aber auch sehr spannend. Die Menschen wirkten hier ursprünglicher auf uns, der Tourismus und die globalisierte Wirtschaft hatten noch nicht so sehr Einzug gehalten. Inzwischen hat sich das sicherlich geändert und unsere Erlebnisse hier sind nur noch „historisch" interessant. Die Menschen waren hier sehr kinderfreundlich, allerdings mitunter auch extrem neugierig. Ich empfand sie dabei nicht so distanzlos oder grenzenüberschreitend wie die Thais, aber vielleicht hatten wir inzwischen einfach schon Routine im „Beschützen vor Kinderbegrabschern".
Unser Abstecher nach Neuseeland, der unfreiwillig sehr kurz wurde, stand von Anfang an unter keinem guten Stern, hier taten wir uns nicht nur wegen des schlechten Wetters und der ungewohnt hohen Lebenshaltungskosten schwer, Anschluss an Land und Leute zu finden. Die Krise, die wir hier meisterten, zeigte uns aber auch, dass wir das, was wir auf unserer Reise suchten, nur in uns selbst finden konnten. Diese „Lektion", die wir in Sri Lanka mit mehr Ruhe und vielen Diskussionen noch vertieften, heilte uns auch ein wenig vom Reisefieber. Immer neue Orte und Projekte sind nicht das, was wir vom Leben wollen.

Unsere Reise war eher ein Startpunkt für unsere eigene, innere Reise: Von da an strebten wir für uns, aber auch für unsere Kinder ein möglichst selbstbestimmtes Leben an. Heute sind wir beide Freiberufler, haben keinen Chef und unsere Kinder können in der Freien Schule das lernen, was sie für sich benötigen und was ihren Interessen entspricht. Sie haben die Chance, das zu tun, was sie ausmacht und nicht das, was jemand anderes meint, das gut für sie wäre. Wir haben einen schwierigen Weg für uns gewählt, aber es hat sich gelohnt. Ohne diese Reise wären wir an diesem Punkt nie angekommen.

ISSUED SUBJECT TO RAILWAY
REGULATIONS
NOT TRANSFERABLE
TRAIN No. 30
SEAT No.
COACH No.
NAME
DATE
CEYLONGOVERNMENTRAILWAYCEYLON
KANDY TO
GAMPAHA
Rs. 58.00
Tranz Metro
Must be shown on demand
or another fare paid
Any Stage
Bicycle Charge
No
Subject to Company's CONDITIONS OF CARRIAGE
PINE HARBOUR
FERRY
ADULT RETURN
PINE HARBOUR
to or from
AUCKLAND
2218
Admission Ticket
020263
Foreign (Child)
Rs.
100/-
250/-
Inclusive of 12.5% G. S. T.
Dept. of National Zoological Gardens, Elephant
許錦和醫師
หมอพีรพงศ์
074-246953, 355232
MON-FRI
17.00-20.00
SAT-SUN
09.00-12.00
MRS. KATIA
30
โรงพยาบาลดอนสัก จ.สุราษฎร์ธานี
0014798
Titus Piontek
2 ปี
10 ส.ค. 2546
RAPID

Mehr Infos auf:
www.39grad.de
oder
www.weltreise-statt-kindergarten.de
oder
per Email